本书系国家社科基金项目"新型农村社会养老保险风险识别与防范研究"(项目批准号为12CGL078)最终成果。

# 新型农村社会养老保险风险识别与防范研究

何晖 著

中国社会科学出版社

# 图书在版编目(CIP)数据

新型农村社会养老保险风险识别与防范研究 / 何晖著. —北京：中国社会科学出版社，2020.5
ISBN 978-7-5203-6304-4

Ⅰ.①新… Ⅱ.①何… Ⅲ.①农村—社会养老保险—风险管理—研究—中国 Ⅳ.①F842.612

中国版本图书馆 CIP 数据核字(2020)第 059372 号

| | | |
|---|---|---|
| 出 版 人 | 赵剑英 | |
| 责任编辑 | 王莎莎 | |
| 责任校对 | 张爱华 | |
| 责任印制 | 张雪娇 | |
| 出　　版 | 中国社会科学出版社 | |
| 社　　址 | 北京鼓楼西大街甲 158 号 | |
| 邮　　编 | 100720 | |
| 网　　址 | http://www.csspw.cn | |
| 发 行 部 | 010-84083685 | |
| 门 市 部 | 010-84029450 | |
| 经　　销 | 新华书店及其他书店 | |
| 印　　刷 | 北京君升印刷有限公司 | |
| 装　　订 | 廊坊市广阳区广增装订厂 | |
| 版　　次 | 2020 年 5 月第 1 版 | |
| 印　　次 | 2020 年 5 月第 1 次印刷 | |
| 开　　本 | 710×1000　1/16 | |
| 印　　张 | 23.5 | |
| 插　　页 | 2 | |
| 字　　数 | 381 千字 | |
| 定　　价 | 139.00 元 | |

凡购买中国社会科学出版社图书，如有质量问题请与本社营销中心联系调换
电话：010-84083683
**版权所有　侵权必究**

# 序　言

长期以来，中国农村老年人与城镇老年人或其他年龄段的劳动群体相比更加贫困和脆弱。2009年9月1日，国务院颁布《关于开展新型农村社会养老保险试点的指导意见》，逐步实行并建立新型农村社会养老保险制度（以下简称"新农保"）。此后，新农保试点工作在全国迅速展开。截至2019年9月底，全国社保卡持卡人数达12.99亿人，已覆盖超过93.1%的人口。[①] 新农保政策的主要目标是建立覆盖农村居民的社会养老保障体系，推动农村减贫并缩小城乡差距，推进基本公共服务均等化。新农保政策作为我国新时期社会基本养老保障体系建设的一项重大举措，对缩小城乡差距、改变城乡二元结构、推进基本公共服务均等化，实现广大农村居民老有所养，乃至促进社会全面进步，都具有重要的现实意义。

而作为一项重要的民生工程和社会经济政策，新农保保障能力本身也可能面临一定的不确定性，即新农保本身也存在风险。新农保与其他社会保障制度一样，政府承担支付兜底责任，风险事件一旦发生将造成公共财政支出的增加，损害公共利益，甚至导致社会动荡。因此，迫切需要加强对新农保风险识别和防范问题的系统研究。何晖博士以其敏锐的学术嗅觉，及时地捕捉到了这一重要学术问题，并对该问题展开了系统而深入的研究，其扎实的研究获得了学术界的高度认可，也因此获得国家社科基金项目立项资助。经过数年的不懈努力，其专著《新型农村社会养老保险风险识别与防范研究》为该领域增加了一项重要的创新性成果。

---

① http://www.xinhuanet.com//2019-10/21/c_1125132586.htm.

该书主要内容围绕以下几方面展开：首先，系统分析了新农保的风险形成过程，创新性地提出了新农保风险管理的期望临界值理论，明确并部分量化了新农保风险管理的期望值。其次，系统分析了新农保的制度内生风险、制度外生风险和外部效应风险，并对以上风险进行了精准识别和科学评估，较好地拓展了新农保风险管理的相关研究。最后，提出了系统科学、具有较强前瞻性和可操作性的新农保风险防范策略，为我国城乡居民社会基本养老保险风险防范与制度完善提供了坚实有力的理论支撑。围绕以上内容，作者进行了卓有成效的研究，在理论、内容、方法上，均取得了较为突出的创新成果。

开展此项研究充分体现了何晖博士扎实的学术功底和坚强的学术睿智。一方面，新农保风险的识别、评估及防范是一个技术要求高、综合性强的研究方向。诸多风险因素中，有的因素能量化，有的因素难以甚至不能量化，在风险评估和度量时既需要定性分析也需要定量分析。在新农保的风险管理上既需要管理学、金融学、经济学、投资学、保险学等学科的知识基础，又需要数理统计、精算、计算机等的技术支持。另一方面，对新农保的风险清单、关键性风险识别及风险因素生成传导机制的研究，需要通过开展调查研究和数据收集与整理工作，掌握大量经验材料和有效数据。何晖博士及其研究团队先后在湖北、湖南、河南、陕西、山东、海南、北京、重庆等省份进行了实地调研，获取了大量关于新农保风险识别和防范的第一手数据和资料，他们多数寒暑假都是在调研中度过，其间辛苦，冷暖自知。

该书是何晖博士所主持的国家社会科学基金青年项目的研究成果，为中国社会保障理论发展贡献了智慧，填补了短板，同时也期待从风险治理的全流程，对城乡居保制度进行进一步的深入探讨。

何晖博士是武汉大学社会保障研究中心2009级博士毕业生，在读期间表现优异。毕业后，一直从事社会保障领域的教学与科研工作，取得了较为突出的成果。她推动中国社会保障事业发展的赤子之心可表，坚持社会保障理论研究的恒心可敬。故而在此作序以勉励之。

邓大松

2020年4月6日于武汉大学

# 前　言

党的十九大报告明确提出："兜底线、织密网、建机制的要求，全面建成覆盖全民、城乡统筹、权责清晰、保障适度、可持续的多层次社会保障体系。"社会保障制度作为国家解决社会成员可能遭遇的各种自然风险与社会风险而采取的规避、补救措施，其保障能力关系到制度的成败和人们能否安居乐业，也是现代国家应对社会风险最有效的工具之一。但是，正如市场机制与政府机制都不可避免地存在"失灵"现象一样，由政府主导的社会保障制度同样也存在"失灵"或"实效"问题。

我国新型农村社会基本养老保险制度（以下简称新农保）是保障9亿农村居民老年基本生活的核心制度安排。自2009年开始全国试点探索，到2012年制度的全面覆盖，再到2014年与城镇居民基本养老保险（简称城居保）合并成为城乡居民基本养老保险制度（以下简称城乡居保），这一过程无论是其制度目标，还是推进实绩，都显示出历史性的跨越。在城乡统筹步伐不断加快的变革中，作为一项重要的民生工程和社会经济政策，新农保保障能力本身也可能面临一定的不确定性。制度理念是否符合新的实际情况？制度设计是否科学合理？制度目标是否能实现有效的民生改善实效？此外，新农保的运行过程中也存在各类风险，保障对象的"道德"风险、制度的管理风险，以及至关重要的基金运营风险，等等。同时，在人口老龄化和全球经济增长放缓等外部环境下，新农保对外部社会经济可能造成哪些不确定性影响？这些不确定的因素会在多大程度上影响制度设计目标的实现？新农保制度预期目标会发生多大的扰动和偏离？这一系列的问题都是在深化制度完善改革中不可回避的现实问题。

新农保与其他社会保障制度一样，最终以政府承担支付兜底责任，风险事件一旦发生将造成公共财政支出的增加，势必造成对公共利益的损害，甚至导致社会动荡、制度崩溃。那么如何有效地应对新农保风险？通过哪些手段能够合理地预测、规避新农保风险？这些都需要我们冷静地思考，展开全面、系统而科学的分析和研究。因此，界定新农保风险的概念与形成机理，厘清新农保风险识别与防范的基本功能与原则，以新农保的"保基本""可持续"及"城乡统筹"制度目标为依据，并科学分析、甄别及评估新农保在制度设计、制度运行及外部环境等方面的风险因素，进而提出有效可行的防范、规避措施具有重要的理论与实践意义。

本书研究内容主要分为三大方面：第一，新农保风险界定及风险因素全面识别研究；第二，新农保关键风险因素评估；第三，新农保风险防范策略研究。研究成果注重定量分析与定性分析相结合、理论分析与实证分析相结合、实地调研与政策研究相结合、微观分析与宏观顶层设计相结合，尝试从多学科、综合性视角剖析新农保的风险识别与防范，以实现预期的创新目标。

第一，新农保风险界定及风险因素全面识别。

研究成果解决了四个关键问题：其一，什么是新农保风险？其形成机理如何？其二，新农保风险识别的依据是什么？其三，新农保风险的识别步骤是什么？其四，新农保风险的分类及其关键风险有哪些？这些问题的厘清为进一步有针对性地重点评估风险、制定相应的风险防控策略奠定了重要的基础。

首先在明确新农保风险、新农保风险识别及防范的相关概念的基础上，分析新农保风险形成机理，再将新农保风险识别依据确定为"保基本""可持续"及"城乡统筹"，然后按照风险生成过程对新农保风险因素进行系统识别和分类，将新农保风险分为新农保制度内生风险、制度外生风险以及外部效应风险共37类风险；最后运用YAAHP模糊综合评价法和德尔菲专家咨询法反复甄别筛选出15个新农保关键风险。

第二，新农保关键风险因素评估。

研究成果对新农保15个关键风险分制度内生风险、制度外生风险以及外部效应风险三个方面进行评估，具体采用了两种方式：其一，从定量的角度评估关键风险有多大；其二，从定性的角度评价关键风险包括哪些风险因素，可能的影响是什么。新农保关键风险的评估或评价，是对新农保风险识别结果的进一步确认和推进。

首先是新农保的制度内生风险评估,这是风险因素评估较为集中的部分,包括制度设计风险、基金管理风险、资金筹集风险以及经办管理风险等四个二级风险指标下的11个关键风险评估。笔者分别运用保险精算法、国民生命表、预先分析法、风险评级法、波动分析法,分析新农保风险结果的活动范围和变动趋势,既包括静态分析,也包括动态预测。其中,对制度设计风险的评估采用全国统计年鉴、人口普查数据,以及广东省、辽宁省、湖北省、湖南省、重庆市、四川省、宁夏回族自治区、青海省、西藏自治区9省(自治区、直辖市)以及湖南省湘潭市、张家界市两个地级市的省份的人社局与统计局数据,通过替代率水平、个人账户计发系数、政策文本分析等进行评估;对个人账户基金投资风险分别对现行模式和未来进入资本市场情况进行评估;对资金筹集风险的县级财政风险选取了湖北省13个县(市、区),通过构建财政补贴力度系数进行评估;对个人账户筹资能力风险则选取了全国9省320个县(市、区),通过个人最大缴费能力对个人缴费能力风险进行实证评估。

新农保的外部效应风险评估则包括经济因素和社会因素两大二级风险指标的三个关键风险的评估。笔者采用CFPS数据库,筛选了2010年和2014年中具有代表性的消费支出变量,通过双重差分法检验农村老年居民在领取新农保养老金后其相应的消费性支出项目是否具有显著的变化,以此评估新农保对农村居民消费的影响。笔者选取湖南省湘潭市石潭镇下的古云村、古城村为研究样本,随机选择了26名参保老人进行深度访谈,研究新农保实施近十年来对农村家庭养老的影响;选取中国健康与养老追踪调查(CHARLS)数据,评估新农保对农村居民幸福感的影响。

第三,新农保风险防范策略研究。

针对新农保风险识别和评估的结果,研究成果从两方面提出了风险防范策略:一方面,新农保制度内生风险的防范策略;另一方面,新农保制度外生风险及外部效应风险的防范策略。其中,由于新农保制度外生风险和外部效应风险相互交互、相互关联,在风险的防范上无法将两类风险的防范措施截然分开,因此将新农保外生风险和外部效应风险的防范相结合,探讨新农保风险防范策略更为可行有效。在具体的防范策略上,既从完善制度设计、构建新农保风险防范预警体系等宏观角度来制定风险防范策略,又针对各个风险提出了相应的防范措施。

新农保风险的识别、评估及防范是一个技术性强、综合性强的研究方向，诸多风险因素中既有能量化的又有不能量化的因素，在风险评估和度量时既需要定性分析也需要定量分析，在新农保的风险管理上既需要结合管理学、金融学、经济学、投资学、保险学等学科，作为定性风险分析、非量化风险分析的知识基础，又需要引入数理统计、精算、计算机等自然科学的学科作为量化分析、定量分析的技术支持，加之新农保外部的经济环境与制度本身还处于不断的变化中，所以风险识别和防范策略有待不断丰富和调整。由于时间与经费所限，本书仅仅侧重于对新农保涉及的农村居民基本养老保险制度的风险识别和防范的探索性工作，在接下来的研究中，我们将进一步研究现行的包括城镇居民的城乡居保制度效率与风险管理等问题，为我国社会养老保险制度改革贡献自己的绵薄之力。

本书系笔者主持承担的国家社科基金青年项目"新型农村社会养老保险风险识别与防范研究"（项目批准号为12CGL078）的最终成果，在博士学位论文的基础上做了较大幅度的修改和完善。受作者水平和时间所限，本书中的疏漏和不当之处在所难免，欢迎各位专家和广大读者批评、赐教。

# 目 录

第一章 导论 …………………………………………………（1）
　第一节 研究目的和意义 ……………………………………（1）
　　一 研究目的 ………………………………………………（1）
　　二 研究意义 ………………………………………………（2）
　第二节 国内外相关研究现状分析 …………………………（3）
　　一 社会保障风险的分类研究 ……………………………（3）
　　二 社会养老保险风险分类及防范研究 …………………（7）
　　三 新农保、城乡居保制度风险研究 ……………………（13）
　　四 有关风险识别与防范的技术与方法研究 ……………（21）
　　五 对国内外已有研究的评述 ……………………………（25）
　第三节 主要内容和章节安排 ………………………………（26）
　　一 主要内容 ………………………………………………（26）
　　二 章节安排 ………………………………………………（28）
　第四节 研究方法与创新之处 ………………………………（30）
　　一 研究方法 ………………………………………………（30）
　　二 创新之处 ………………………………………………（31）

第二章 新型农村社会养老保险风险识别与防范的理论分析 ……（33）
　第一节 新农保风险界定、要素及其特点 …………………（33）
　　一 新农保风险的含义 ……………………………………（33）
　　二 新农保风险的要素 ……………………………………（39）
　　三 新农保风险的特性 ……………………………………（40）
　第二节 风险识别的基本理论 ………………………………（42）
　　一 风险识别的内涵 ………………………………………（43）
　　二 风险识别的主客体 ……………………………………（44）

  三　风险识别的方法 …………………………………………（45）
  四　风险识别的过程 …………………………………………（48）
 第三节　新农保风险识别的目标、原则与方法 ……………………（50）
  一　新农保风险识别的目标 …………………………………（50）
  二　新农保风险识别的原则 …………………………………（51）
  三　新农保风险识别的方法 …………………………………（54）
 第四节　新农保风险防范的目标及策略 ……………………………（59）
  一　新农保风险防范的目标 …………………………………（59）
  二　新农保风险防范的原则 …………………………………（62）
  三　新农保风险防范策略 ……………………………………（64）
  四　构建新农保风险预警体系 ………………………………（66）

第三章　新型农村社会养老保险风险的形成机理与识别步骤 ……（68）
 第一节　新农保风险形成机理分析 …………………………………（68）
 第二节　新农保风险来源分析 ………………………………………（72）
  一　新农保所处的风险场域 …………………………………（72）
  二　新农保风险的前因性分析 ………………………………（74）
  三　新农保的运作流程及其风险 ……………………………（76）
 第三节　新农保风险识别步骤 ………………………………………（80）
  一　初步识别 …………………………………………………（80）
  二　因素筛选 …………………………………………………（80）
  三　监控评估 …………………………………………………（81）
  四　确认诊断 …………………………………………………（82）

第四章　新型农村社会养老保险风险因素初步识别与筛选 ………（83）
 第一节　新农保制度风险识别的依据 ………………………………（83）
  一　保基本 ……………………………………………………（84）
  二　可持续 ……………………………………………………（87）
  三　城乡统筹 …………………………………………………（90）
 第二节　新农保风险因素分类 ………………………………………（91）
  一　制度内生风险 ……………………………………………（92）
  二　制度外生风险 ……………………………………………（100）
  三　外部效应风险 ……………………………………………（106）

第三节　新农保关键风险因素筛选与确定 …………………… (112)
　　一　新农保风险因素指标体系的构建 …………………… (112)
　　二　基于 YAAHP 软件和德尔菲专家打分法的新农保
　　　　关键风险预测判别 ……………………………………… (116)

**第五章　新型农村社会养老保险制度设计风险评估** …………… (124)
　第一节　养老金替代率风险评估 ……………………………… (124)
　　一　养老金替代率风险评估依据 ………………………… (124)
　　二　总的养老金替代率风险评估 ………………………… (125)
　　三　基础养老金替代率风险动态评估 …………………… (136)
　　四　个人账户养老金替代率风险精算评估 ……………… (143)
　第二节　个人账户计发系数风险评估 ………………………… (149)
　　一　个人账户计发系数风险的产生背景 ………………… (150)
　　二　个人账户计发系数精算模型及农村国民生命表 …… (152)
　　三　个人账户计发系数风险评估结论 …………………… (158)
　第三节　制度碎片化与衔接风险评估 ………………………… (160)
　　一　农村社会养老保险制度体系"碎片化"风险 ………… (160)
　　二　与城镇企业职工基本养老保险制度的衔接风险 …… (163)

**第六章　新型农村社会养老保险个人账户基金投资风险评估** …… (167)
　第一节　新农保个人账户基金投资风险的相关理论 ………… (167)
　　一　核心概念说明 ………………………………………… (167)
　　二　新农保个人账户基金投资的理论依据 ……………… (170)
　　三　新农保个人账户基金风险评估的基本原则 ………… (172)
　　四　新农保个人账户基金投资的必要性 ………………… (174)
　第二节　新农保个人账户基金投资运营现状及风险分析 …… (176)
　　一　新农保个人账户基金规模现状 ……………………… (176)
　　二　新农保个人账户基金投资运营现状 ………………… (179)
　　三　新农保个人账户基金投资的潜在风险 ……………… (182)
　第三节　新农保个人账户基金投资风险评估 ………………… (187)
　　一　现行模式下的新农保个人账户基金投资风险评估 … (187)
　　二　资本市场中新农保个人账户基金投资风险评估 …… (191)

**第七章　新型农村社会养老保险资金筹集风险评估** …………… (199)

第一节　财政筹资风险评估 …………………………………（199）
  一　中央及省级财政风险评价 ……………………………（199）
  二　县级财政风险评估——以湖北省13个试点地区为例 ……（200）
第二节　集体筹资风险评估 …………………………………（206）
  一　集体经济筹资意愿分析 ………………………………（207）
  二　集体经济筹资能力评估 ………………………………（207）
第三节　新农保个人缴费能力风险评估 ……………………（209）
  一　个人缴费能力风险评估指标的确定 …………………（209）
  二　省级农村居民缴费能力风险评估 ……………………（211）
  三　各市、县农村居民个人缴费能力风险评估——以全国
      9省320县（市）为例 …………………………………（217）
  四　评估结论 ………………………………………………（228）

## 第八章　新型农村社会养老保险经办管理风险评估 ………（230）
第一节　新农保及其经办管理风险的基本理论 ……………（230）
  一　基本概念界定 …………………………………………（230）
  二　新农保经办管理风险防范的必要性 …………………（232）
第二节　新农保经办管理体系及其成效评价 ………………（233）
  一　新农保经办管理体系 …………………………………（233）
  二　新农保经办管理取得的成效评价 ……………………（235）
第三节　新农保经办管理风险因素 …………………………（239）
  一　经办主体风险 …………………………………………（239）
  二　内部流程风险 …………………………………………（243）
  三　经办管理信息化风险 …………………………………（244）
  四　外部事件风险 …………………………………………（247）

## 第九章　新型农村社会养老保险外部效应风险评估 ………（249）
第一节　新农保对农村居民消费的影响 ……………………（249）
  一　数据和变量设定 ………………………………………（251）
  二　实证分析 ………………………………………………（254）
  三　评估结论 ………………………………………………（260）
第二节　新农保对农村传统家庭养老的影响 ………………（261）
  一　理论框架与研究设计 …………………………………（262）

二　调查样本与数据 ································· (267)
　　三　研究的信、效度检验 ····························· (273)
　　四　新农保对农村老人家庭养老的影响 ················· (275)
　　五　评估结论 ······································· (285)
  第三节　新农保对农村居民幸福感的影响 ··················· (287)
　　一　文献评述与研究假设 ····························· (288)
　　二　研究设计 ······································· (291)
　　三　实证结果与讨论 ································· (293)
　　四　研究结论 ······································· (300)
第十章　新农保制度内生风险防范 ··························· (302)
  第一节　稳定养老金替代率水平 ··························· (302)
　　一　基础养老金以统一比率计发方式替代定额补贴制 ····· (302)
　　二　发挥地方补贴作用激励个人缴费 ··················· (304)
　　三　继续发挥土地和家庭的养老保障功能 ··············· (306)
  第二节　规避个人账户计发系数风险 ······················· (306)
　　一　提高个人账户计发系数，并适时因地调整 ··········· (307)
　　二　调整地方政府"补入口"的方式，新增社会统筹账户 ··· (307)
　　三　科学确立养老金保障水平，研究完善养老金给付的
　　　　正常调整机制 ··································· (308)
  第三节　制度碎片化与衔接风险防范 ······················· (308)
　　一　制度"碎片化"的大统一 ··························· (308)
　　二　城乡养老保险制度的衔接 ························· (311)
  第四节　创新新农保基金管理方式 ························· (312)
　　一　提高基金统筹管理层次 ··························· (312)
　　二　完善基金投资管理机制 ··························· (312)
　　三　改变新农保基金给付方式 ························· (313)
　　四　完善新农保基金监管机制 ························· (313)
  第五节　资金筹集风险防范 ······························· (313)
　　一　完善建立协同筹资机制 ··························· (313)
　　二　建立稳健的财政分级补贴机制 ····················· (315)
　　三　因地制宜明确集体筹资责任 ······················· (316)

四　优化档次设置匹配个人缴费能力 …………………………（318）
　第六节　经办管理风险防范 ………………………………………（318）
　　一　充实基层经办队伍并提升经办队伍的素质 ………………（318）
　　二　推进经办管理标准化体系的建设 …………………………（320）
　　三　加强经办网络信息安全 ……………………………………（321）

第十一章　新农保制度外生及外部效应风险防范策略 …………（324）
　第一节　建立新农保精算制度 ……………………………………（324）
　　一　健全新农保精算法律法规 …………………………………（325）
　　二　设立新农保保险精算机构 …………………………………（326）
　　三　定期编制精算报告 …………………………………………（327）
　　四　注重精算人才选拔和培养 …………………………………（327）
　　五　建立精算成本补偿机制 ……………………………………（328）
　第二节　建立小额养老金制度 ……………………………………（328）
　　一　印度小额养老金计划 ………………………………………（329）
　　二　建立新农保小额养老金的启示 ……………………………（329）
　第三节　新农保制度满意度风险防范 ……………………………（331）
　　一　加强经办机构管理 …………………………………………（331）
　　二　创新社会保障基金管理 ……………………………………（332）
　　三　完善参保宣传激励 …………………………………………（332）
　　四　合理化补贴方式和额度 ……………………………………（333）
　第四节　完善相关防范措施 ………………………………………（333）
　　一　新农保对农村居民消费影响风险防范 ……………………（333）
　　二　基本养老保险对农村居民幸福感的影响风险防范 ………（334）

第十二章　主要结论、研究局限与展望 …………………………（337）
　第一节　主要结论 …………………………………………………（337）
　第二节　研究局限及展望 …………………………………………（341）
　　一　研究局限 ……………………………………………………（341）
　　二　研究展望 ……………………………………………………（343）

参考文献 ………………………………………………………………（344）

# 第一章　导论

## 第一节　研究目的和意义

### 一　研究目的

党的十九大报告明确提出："兜底线、织密网、建机制的要求，全面建成覆盖全民、城乡统筹、权责清晰、保障适度、可持续的多层次社会保障体系。"社会保障制度作为国家解决社会成员可能遭遇的各种自然风险与社会风险而采取的规避、补救措施，其保障能力关系到制度的成败和人们能否安居乐业，也是现代国家应对社会风险最有效的工具之一。但是，正如市场机制与政府机制都不可避免地存在"失灵"现象一样，由政府主导的社会保障制度同样也存在"失灵"或"失效"的问题。

我国新型农村社会基本养老保险制度（以下简称"新农保"）是保障9亿农村居民老年基本生活的核心制度安排。自2009年开始在全国试点探索，到2012年制度的全面覆盖，再到2014年与城镇居民基本养老保险（以下简称"城居保"）合并成为城乡居民基本养老保险制度（以下简称"城乡居保"），这一过程无论是其制度目标，还是推进实绩，都显示出历史性的跨越。在城乡统筹步伐不断加快的变革中，作为一项重要的民生工程和社会经济政策，新农保保障能力本身也可能面临一定的不确定性。制度理念是否符合新的实际情况？制度设计是否科学合理？制度目标是否能实现有效的民生改善实效？此外，新农保的运行过程中也存在各类风险，保障对象的"道德"风险、制度的管理风险，以及至关重要的基金运营风险，等等。同时，在人口老龄化和全球经济增长放缓等外部环境下，新农保对外部社会经济可能造成哪些不确定性影响？这些不确定的因素会在多大程度上影响制度设计目标的实现？新农保制度预期目标会发生多大的扰动和偏离？

这一系列的问题都是在深化制度、完善改革中不可回避的现实问题。

新农保与其他社会保障制度一样，最终要政府承担支付兜底责任，风险事件一旦发生将造成公共财政支出的增加，势必造成对公共利益的损害，甚至导致社会动荡、制度崩溃。那么如何有效地应对新农保风险？通过哪些手段能够合理地预测、规避新农保风险？这些都需要我们冷静地思考，展开全面、系统而科学的分析和研究。因此，界定新农保风险的概念与形成机理，厘清新农保风险识别与防范的基本功能与原则，以新农保的"保基本""可持续"及"城乡统筹"制度目标为依据，并科学分析、甄别及评估新农保在制度设计、制度运行及外部环境等方面的风险因素，继而提出有效可行的防范、规避措施具有重要的理论与实践意义。

## 二 研究意义

第一，依据新农保制度设计及实施目标，对其作用机理及实施效果进行深入研究，有利于丰富社会保障理论（尤其是养老保障理论）、福利经济学（福利效应、福利代际传递）、社会公平（城乡差别、贫富差距）等相关理论的研究内容。

第二，有助于全面了解和系统认识新农保制度设计及实际实施过程中的不确定因素，结合"问题式"风险管理和事前风险管理，在风险事故发生之前采取相应的措施预防风险的产生。

第三，有助于夯实新农保的基础数据，将"保基本""可持续"和"城乡统筹"的基本原则以及公平性、流动性、可持续性的"三性"问题具体化，形成科学意义上的判断依据，为理论界和实务界后续研究及相关工作开展提供具有参考价值的数据资料。

第四，有利于从根本上考察制度运行的有效性和实际效果，深入了解老年人的需求，更好、更有针对性地满足老年人的养老需要；明确新农保可能面临的外部风险，为评价各地政府公共服务绩效提供依据。

第五，有利于完善城乡居民社会养老保险制度，健全养老保障体系。通过对新农保制度的实施效果进行评价，从而了解其实施的约束因素、面临的形势及存在的问题，进而提出有针对性的政策建议，以完善新农保制度，推进城乡一体化养老保障体系的建设。

## 第二节 国内外相关研究现状分析

通过梳理国内外相关的前期成果，主要可分为以下几个方面。

### 一 社会保障风险的分类研究

尽管风险及其管理研究获得了较快发展，但由于风险随机性、复杂性和变动性的特点，决定了建立数学模型分析风险必然面临较大的困难。为此，国内外学者一直试图通过风险分类研究来取得突破。关于社会保障风险识别，已有社会保障风险分类，按照范围从小到大主要有以下几类。

（一）"社会保障风险最终反映为财政风险"

当前政府相关部门和学界主要关注社会保障资金的支付压力和风险，尤其是以国家财政兜底的社会保险的支付风险。国际社会保障协会（ISSA）的部分专家学者认为，社会保障风险作为一种公共基金危机，其最终是以政府承担支付兜底责任为表现的，财政是社会保障风险的最后承担者。[1]因无法满足庞大的社会保障资金给付需求，致使社会保障"减震器""降压阀""安全网"的功能无法正常发挥，最终都将反映到财政风险上。[2]美国学者指出，由于人口老龄化的不断加剧，美国的养老保障计划和医疗卫生保险体系有财政崩溃的风险，并建议中国等发展中国家应大幅度延长退休年龄以应对社会保障待遇支付的财政风险。[3]

社会保障风险事件一旦发生将造成公共财政支出的增加，造成对公共利益的损害，甚至导致社会动荡、制度崩溃。[4]财政作为社会保障风险的最后承担者，从社保资金筹集上看，不稳定、不足额的收入会给支出带来压力，最终增加财政负担；[5]财政最终兜底，使得社会保障的筹资、支付、保值增值风险以及潜在长期性风险都将引发财政上的危机，因此社会保障

---

[1] ISSA, "Social Security Responses to the Financial Crisis" (http://www.issa.int/aiss/news-events/news/issasurvey-social-response-to-the-financial-crisis.)

[2] 陈士新、杨力：《防范社会保障风险的财政政策研究》，《湖北财税》2001年第2期。

[3] Jerome, Siegel, "China's Economic Growth and the U.S. Social Security Crisis", *Journal of New Economy*, 2005.

[4] 邓大松、何晖：《社会保障风险及其防范的几点理论认识》，《求实》2011年第6期。

[5] 林毓铭：《社会保障财政风险与危机管理战略》，《人口与发展》2009年第6期。

风险是财政风险的重要组成部分。[1]

（二）"社会保障风险是社会保障制度本身的风险"

安东尼·吉登斯认为，福利国家并非是简单的财政危机、应对制度及政策本身进行全面改革，从而揭示了社会保障风险是制度本身的风险以及通过制度完善防范风险的重要性。[2]在这一社会保障制度本身风险的定义下，国内学者还进一步将社会保障风险进行了分类。杨燕绥按照社会保障风险的来源将社会保障风险分为政策体系风险和服务体系风险两大类，其中政策体系风险包括资金筹集、基金管理和待遇支付三个因素，服务体系风险因素有行为标准风险、组织体系风险和信息系统风险。[3]杨仁君将社会保障风险分为制度风险、财政风险和管理风险，其中财政风险又分为社会救助、养老保险、失业保险三个方面的风险。[4]张琳将社会保障制度风险因素分为人口因素、经济因素、技术因素以及社会因素，并用基尼系数、赡养率等指标对这些风险因素进行了识别和预警。[5] 白维军、韩羚认为，社会保障风险包括社会保障服务需求与供给的失衡、养老结构变化与老年保障不足的矛盾、失业与就业结构改变对就业服务的新需求、医改成效不彰与医疗服务需求旺盛的矛盾，等等。[6]

在"社会保障风险就是社会保障制度本身的风险"的理解下，一些学者直接按照社会保障系统的子项目进行了风险划分。张思峰按照社会保障的项目，将社会保障风险分为养老风险、医疗风险、失业风险、工伤风险、生育风险、贫困风险。[7]吴忠、汪泓将社会保障基金风险分为养老风险、医疗风险、失业风险等，并以上海市为例进行了具体的风险识别研究。[8]同时学者们还主要针对社会保障制度中的某一类风险进行了识别和分析，比如

---

[1] 李海飞、谢颖：《社会保障风险的财政分析与防范》，《财贸研究》2002年第1期。

[2] ［英］安东尼·吉登斯：《第三条道路——社会民主主义的复兴》，北京大学出版社2000年版，第68—70页。

[3] 杨燕绥：《社会保障风险管理》，社会保障风险管理国际学术会议论文，武汉，2010年。

[4] 杨仁君：《中国社会保障风险研究》，《技术经济》2006年第6期。

[5] 张琳：《中国社会保障制度风险预警问题研究》，硕士学位论文，山西财经大学，2004年，第15页。

[6] 白维军、韩羚：《社会保障新风险及公共服务治理回应：基于新社会风险的视角》，《青海社会科学》2017年第2期。

[7] 张思峰等：《社会保障精算理论与应用》，人民出版社2006年版，第10页。

[8] 吴忠、汪泓：《社会保险基金预警预报系统开发研究》，北京大学出版社2008年版，第23页。

李珍分析了养老金个人账户风险①，何晖等分析了养老保险经办管理风险，②封铁英、刘子兰等分析了养老保险基金风险等。③④⑤这种分类方法，可以在更具体的层面上对社会保障风险进行识别，有利于研究者更精细地关注具体的社会保障风险，但也要求社会保障风险识别和防范具有更强的专业性。

（三）"社会保障风险是社会保障制度及制度对外造成的风险"

国际社会保障协会在对社会保障主要发展趋势的预测中强调，社会政策的设计原则应是通过加强和保护那些对生产力起决定作用的社会因素实现支持经济发展的目标。⑥自此对社会保障制度的管理也从社会保障制度的设计及实施推及到了社会、经济、政治等因素对社会保障制度造成的不确定影响，因此社会保障风险的含义也相应扩大。英国政府精算部的克里斯托弗·戴肯将社会保障风险划分为运营风险、资产流通风险、债务风险、经济风险、投资风险、灾难风险、政治风险等。⑦

在国内有代表性的观点中，曹信邦、王建伟将社会保障风险分为基金收支风险、制度风险和社会风险，其中基金收支风险因素包括"人口老龄化与养老金空账运行""高失业率对基金给付需求增加""基金管理不善"等；制度风险因素包括"城乡二元制度安排模式""社会保障立法滞后""事权划分不清"等；社会风险则主要指社会保障导致居民对政府信誉、社会制度的信赖等方面的风险。⑧也有学者认为社会保障风险包括内生风险、外生风险以及社会风险。其中，内生风险指社会保障基金筹集风

---

① 李珍：《论社会保障个人账户制度的风险及其控制》，《管理世界》1997 年第 6 期。
② 何晖、李惠华：《城乡居民养老保险制度经办管理风险及其防范对策》，《湖湘公共管理研究》2014 年第 5 期。
③ 封铁英、仇敏：《新型农村社会养老保险经办机构服务能力及其影响因素的实证研究》，《西安交通大学学报（社会科学版）》2013 年 1 月 5 日第 1 版。
④ 刘子兰、严明：《全国社会保障基金投资风险管理研究》，《当代经济研究》2006 年 8 月 15 日第 8 版。
⑤ 封铁英、李梦伊：《新型农村社会养老保险基金收支平衡模拟与预测——基于制度风险参数优化的视角》，《公共管理学报》2010 年第 4 期。
⑥ ISSA, "Social Security Responses to the Financial Crisis" ( http：//www.issa.int/aiss/news - events/news/issasurvey - social - response - to - the - financial - crisis. )
⑦ ［英］克里斯托弗·戴肯：《社会保障财务监管和风险管理》，国际社会保障协会第 28 届全球大会会议报告，北京，2004 年 9 月，第 10 页。
⑧ 曹信邦、王建伟：《风险：我国社会保障面临的挑战》，《税务与经济》2004 年第 1 期。

险、运营风险以及道德风险；外生风险指人口老龄化、高失业率、自然灾害等；社会风险则指社会保障制度的不完善引起的社会不安定、劳动力供给短缺以及对储蓄和消费的不利影响。童星教授将社会保障风险分成内部风险和外部风险。[①]其中，内部风险指社会保障子系统在社会系统环境因素（如腐败、通货膨胀、老龄化、体制转型等）的影响和干扰下导致其不可持续性；外部风险指社会保障子系统自身的运行与完善对社会系统造成的损失和不确定性。邓大松、何晖按风险发生的原因将社会保障风险分为自然风险、责任风险、经济风险和政治风险。[②]

财政部财政科学研究所的刘尚希等人则专门讨论了社会保障制度引发的公共风险，认为主要包括道德风险、过度保障风险和刚性风险。[③]笔者认为这些风险也可称为制度外部效应风险。学者们尤其关注社会保障制度外部效应风险中的道德风险、[④⑤⑥] 社会风险[⑦]及管理风险。[⑧⑨] 除此以外，还有学者认为要用效率和公平的观点来认识社会保障问题才是比较全面和科学的，认为社会保障风险就是社会保障在追求公平的过程中可能产生的效率损失。按照社会保障风险的层次分类，分为由国家和政府承担的宏观风险、由企业和社会保障管理部门等承担的中观风险以及由社会成员个体承担的微观风险。[⑩]从资源配置、社会保障资金运营、社会保障资金管理三个层面进行分析，解析了社会保障的核心性风险、经营性风险和摩擦性风险，等等。[⑪]

---

① 童星：《社会保障的外部风险探析》，《公共管理高层论坛》2010年第6期。
② 邓大松、何晖：《社会保障风险及其防范的几点理论认识》，《求实》2011年第6期。
③ 刘尚希、王敏等：《以公共风险为导向完善我国社保制度》，《经济参考报》2010年6月4日第8版。
④ 刘燕生：《社会保障的道德风险与负激励问题》，中国劳动社会保障出版社2009年版，第33页。
⑤ 李永杰、游炳俊：《社会保障领域的道德风险与财政防范》，《华南师范大学学报（社会科学版）》2006年第5期。
⑥ 黎民：《社会保障领域的道德风险及其规避》，《社会科学研究》2004年第5期。
⑦ 白维军：《社会风险与社会保障制度的负相关分析》，《特区经济》2009年第2期。
⑧ 杨仁君：《中国社会保障风险研究》，《技术经济》2004年第6期。
⑨ 郑功成：《优化社会保障制度设计 核心在于明确政府责任》，《中国社会报》2007年2月13日第3版。
⑩ 张思峰等：《社会保障精算理论与应用》，人民出版社2006年版，第17页。
⑪ 胡志华、王岱山：《社会保障基金管理风险的认识》，《社会保障研究》2004年第9期。

综上可见，学界对社会保障风险的划分和认知，经历了一个范围从小到大，内容从关注制度本身到关注制度造成的影响的变化，为了更全面地认识和了解社会保障制度及其产生的影响，本书也认为将社会保障风险定义为更宽的范畴，更有利于其风险的识别和防范，从而保障制度对社会经济发展的功能和效果。

## 二 社会养老保险风险分类及防范研究

具体到社会养老保险领域，系统性的风险因素梳理和分类较少，绝大部分相关研究集中在社会养老保险的基金风险（包括企业年金）、财政风险以及制度设计风险上。

### （一）养老基金风险

养老保险基金的保值增值是一个世界性问题，基金无法有效地保值和增值必然会造成整个制度运行的不确定性。因此养老保险的基金风险，尤其是基金投资运营风险已被国内外学术界广泛关注，大量文献从经济学、金融学等角度分析养老基金运营风险和基金入市风险。识别方法主要采用保险精算中的风险评估及数学模型。如 Francesco Menoncin 在对现收现付制的养老保险基金的资产组合问题进行分析中，提出当在职工人的增长率高于或者低于退休工人的增长率时，最优资产组合的风险要比莫顿组合风险更大或者更小。[①] Booth 运用 Wilkie 随机投资模型对养老基金投资风险进行了模拟和分析，并与其他各种不同的投资风险衡量方法进行了比较研究。[②] 赵飞采用传统的风险度量方法和 Var 法，对基金投资风险进行了实证分析和比较，通过剖析国外社会保障基金资产配置状况，分析出多元化可以选择的资产类别，然后运用现代资产配置理论构建中国社会保障基金资产配置模型，在此基础上提出适合中国的最佳投资模式和基金监管模式。[③] 张萌采用随机最优控制理论的 Legendre 转换以及对偶理论对养老基金的最佳资产配置框架求解，获得了最佳投资份额以及养老基金财富总额

---

[①] Francesco Menoncin, "Cyclical Risk Exposure of Pension Funds: A Theoretical Framework", *Insurance: Mathematics and Economics*, Vol. 36, No. 3, June2005, p. 12.

[②] P. M. Booth, "The Management of Investment Risk for Defined Contribution Pension Schemes." *Transactions ICA Brussels*, Vol. 3, June1995, p. 10.

[③] 赵飞：《我国社会保障基金投资及其风险研究》，博士学位论文，吉林大学，2008年，第41页。

的动态变化微分方程。之后采用数值分析的方法从影响最优投资份额的不同因子来探讨养老基金最优资产配置策略的演化规律。[1] 陈艳采用了保险精算、ELES 模型以及 ARIMA 模型等方法，对城乡居保基金管理中可能遇到的保值增值以及给付层面的风险进行了相对完整的分析和研究，并在此基础上提出了风险规避的政策建议。[2] 梁晓蓓从宏观角度将养老保险的风险类型分为投资风险、盈余风险、发起人风险、利率风险、货币风险、集中风险、通货膨胀风险、非金融风险，并通过组合养老保险大系统风险管理的综合协调预测模型、基于 L－R 模糊数和基于 T－S 模糊模型综合协调控制模型和评价模型，在风险识别的基础上进行了评估预测和控制。[3] 盛国毅尝试将 BP 人工神经网络引入城镇职工基本养老保险基金风险预警中，从基金征缴、基金投资运营和基金给付三个方面分别选择对应指标，来构建城镇职工基本养老保险基金风险预警系统。最后根据该风险预警系统分析我国城镇职工养老保险基金风险的来源，并提出相应的对策建议。[4] 高萍基于模糊综合评价方法，引入 VAR 模型对养老基金现实中所面临的投资风险程度进行了测评，进而根据最终的评测结果开展风险决策，实施控制投资风险的措施。[5]

除了上述从经济学、保险金融学的研究方法为主要特征的研究成果以外，从养老保险基金风险识别和分类的角度进行的相关研究也较为丰富。Robert J. Shiller 在分析养老保险个人账户风险时强调，政府不干预会产生个人投资收益风险，而政府干预又会产生倾向于高风险投资的道德风险，此外还存在因个人收入差异、风险偏好不同、固定资产大小、退休年龄选择不同等因素造成的投资选择非同质化风险，提出政府应该使用先进科技进行参数综合设计，以规避相应风险。[6] 李珍、孙永勇、张昭华阐释了社

---

[1]  张萌：《养老基金最优资产配置研究》，硕士学位论文，天津财经大学，2016 年，第 19 页。
[2]  陈艳：《金昌市城乡居民基本养老保险基金的风险分析及规避研究》，硕士学位论文，甘肃农业大学，2016 年，第 17 页。
[3]  梁晓蓓、朱道立、汤兵勇：《组合养老保险风险管理的协调评价指数》，《自然灾害学报》2006 年第 1 期。
[4]  盛国毅：《城镇职工基本养老保险基金风险预警系统研究》，硕士学位论文，湘潭大学，2013 年，第 18 页。
[5]  高萍：《基于模糊综合评价模型在养老基金投资风险中的应用》，《时代金融》2016 年第 15 期。
[6]  Robert J. Shiller, "Social Security and Individual Accounts as Elements of overall Risk‐sharing." *The American Economic Review*, Vol. 93, No. 2, May 2003, p. 345.

会养老保险基金风险的特征、风险分类与风险传递,具体分析了中国社会养老保险基金的制度环境风险、制度风险、技术操作流程风险,以及自上而下和自下而上的风险传递机制,探讨了风险控制的对策。[①]游文茹对社保基金运行诸环节的风险进行了分析,并对构建基金风险防控机制提出对策建议。[②]刁玉宇、刘青对中国养老基金投资风险进行了分类识别,认为其主要包括宏观经济风险、资本市场风险和道德风险。在此基础上,通过借鉴国际经验提出从提取风险准备金、公开信息与形成管理监督体制、加强思想道德建设等方面来规避养老基金投资风险。[③]李珍在分析养老保险个人账户的风险时,将其细分为制度本身风险和制度对退休人口和政府造成的风险,其中制度本身风险因素包括人口老龄化风险、经济风险(包括政治经济不稳定风险、经济周期风险、不确定因素造成的投资风险),而个人账户制度又会引起个人投资失误风险、投资成本增加风险、长寿风险,同时这些风险也使政府暴露于无法规避的风险之中。[④]章萍对养老基金个人账户"实账"基金运行的潜在风险进行了分析,认为在相关配套制度尚未完善的情况下,个人账户面临资金短缺风险、管理风险、运营风险、通货膨胀风险、替代率风险以及个人账户信息化管理风险,在此基础上提出了相关配套制度改革对其进行风险管理。[⑤]王仕明通过分析养老基金风险的形成原因,建议防范风险必须从逐步做实"个人账户"、加大基金扩面征缴、完善基金支付办法和提高基金统筹层次等诸多方面入手,未雨绸缪,提前防控,提高养老保险基金抗风险的能力。[⑥]有学者认为新形势下的养老基金风险防范,需逐步完善信用风险防控机制,进行养老基金风险排查,主要可从委托人和行业、区域和个体三个层面开展"排雷",

---

[①] 李珍、孙永勇、张昭华:《中国社会养老保险基金管理体制选择——以国际比较为基础》,人民出版社2005年版,第23页。

[②] 游文茹:《城乡居民社会养老保险基金风险防控的分析与思考》,《就业与保障》2017年第21期。

[③] 刁玉宇、刘青:《中国养老基金投资风险与控制研究》,《中国集体经济》2018年第4期。

[④] 李珍:《论社会保障个人账户制度的风险及其控制》,《管理世界》1997年11月24日第6版。

[⑤] 章萍:《个人账户养老基金"实账"运行的潜在风险分析》,《管理百科》2010年第3期。

[⑥] 王仕明:《新形势下社保养老基金支付风险浅析》,《中国集体经济》2017年第18期。

坚决守住养老钱安全底线。[1] 在风险排查的基础上，进而推行"白名单"和"黑名单"制度，严格风险准入，加强预警压退隐患标的，有效规避养老基金投资营运的风险。[2]

企业年金作为养老保险基金的重要组成部分，对其风险的讨论主要围绕基金投资风险[3][4][5][6]和委托代理风险[7]等方面。黄诚通过研究企业年金的运营过程，认为企业年金主要面临三大类风险：与生存有关的风险、与积累基金有关的风险以及与制度有关的风险。[8]于阳、王瑞梅认为企业年金基金的特点是强调在保证资产的安全性和流动性的前提下，追求基金内资产的增值。企业年金基金的这个特点要求年金基金投资管理机构必须以资产安全为重心，构建一套科学严密的管理和控制程序，控制年金基金资产投资管理和内部组织运作过程中可能发生的各种风险。[9] David A. Love、Paul A. Smith、David W. Wilcox 为识别和防范企业年金风险，对企业年金风险管理的最优效果进行了分析，提出在企业年金没有实现全覆盖的前提下，最优的风险防范策略是在定价合理的基础上，将企业年金基金委托给养老保险信托基金，并全部投资于无风险资产。[10] 冯丽从委托人角度，对企业年金投资面临的各类风险因子，提出建立涵盖事前、事中、事后全流程的风险监测指标及管控机制，为公司加强企业年金产品化投资运营的风险管理提供理论依据和实施方案设计。[11]张海英选取 CVaR 风险测度方法，

---

[1] 刘一宁、楚立松、刘海宁：《新形势下养老基金投资面临的主要风险及防范》，《中国劳动保障报》2018 年 1 月 17 日第 6 版。

[2] 吴复成、毕舟、杨光明：《企业年金治理及其风险控制的影响因素分析》，《武汉金融》2017 年第 1 期。

[3] 叶小兰、张佩：《企业年金全面风险管理框架构建》，《保险研究》2010 年第 7 期。

[4] 章伟、何勇：《企业年金投资风险的识别与管理》，《统计与决策》2006 年第 8 期。

[5] 梁庆文：《农业生产资料价格波动与农业经济发展关系的实证分析》，《运筹与管理》2006 年第 2 期。

[6] 陆解芬：《企业年金投资风险研究》，《统计与决策》2010 年第 6 期。

[7] 黄瑞：《完善社会保障制度刍议》，《西南民族大学学报（人文社科版）》2005 年第 1 期。

[8] 黄诚：《企业年金的风险识别研究》，《科技经济市场》2014 年第 9 期。

[9] 于阳、王瑞梅：《企业年金风险管理略论》，《社会科学家》2012 年第 S1 期。

[10] David A. Love, Paul A. Smith and David W. Wilcox, "The Effect of Regulation on Optional Corporate Pension Risk." *Journal of Financial Economics*, Vol. 101, No. 1, June2011, p. 20.

[11] 冯丽：《养老金产品模式下企业年金风险管控机制研究》，《企业改革与管理》2017 年第 23 期。

利用 CVaR 理论模型实证分析了企业年金入市风险，计算投资组合的 CVaR，进而得到投资标的边际 CVaR 和成分 CVaR 值，从而为企业年金投资管理人的投资管理活动提供控制的依据。[①]叶小兰、张佩构建了企业年金全面风险管理框架，借鉴了 COSO、Basel、CAS、Towersperrin 等风险管理标准，对企业年金全面风险管理的内涵、主体、目标、流程和方法进行研究。[②]魏新雅采用随机最优控制方法，构建了 DB 型、DC 型企业年金最优资产配置模型，通过数值分析解析关键变量对企业年金风险资产投资比例的影响，提出企业年金发展的政策建议[③]。

(二) 财政风险

社会养老保险的健康持续发展离不开公共财政的支持。但日渐加深的人口老龄化问题对我国社会养老保险造成巨大冲击，由此带来的财政负担和风险也日趋加大。无论是城镇职工基本养老保险还是城乡居民基本养老保险，都对财政补贴的依赖性日趋增强。宫晓霞认为，社会养老保险的财政风险是指，在某一特定的环境下（如人口的老龄化等），某一特定的时间段内（如一年或未来的几年、几十年），不确定因素（如巨额的财政赤字、财政体制的改革等）引起的能够对养老保险制度可持续运行形成不利影响的可能性。按风险的显露程度，可分为显性风险和隐性风险。[④]徐迪将养老保险与财政风险相联系，从风险管理的角度对城乡居民社会养老保险的财政风险及其防范进行研究，分析造成城乡居民社会养老保险产生财政风险的因素，并有针对性地提出了相应的措施建议。[⑤]贾占标、刘进财认为在统账结合的制度模式下，只有拓宽资金来源渠道、优化机制设计、提升统筹层次，才能从根本上增强我国社会养老保险的可持续性。[⑥]姚金海通过

---

① 张海英：《基于 CVaR 模型的企业年金投资风险研究》，《财会通讯》2017 年第 29 期。
② 叶小兰、张佩：《企业年金全面风险管理框架构建》，《保险研究》2010 年第 7 期。
③ 魏新雅：《企业年金最优资产配置框架设计研究》，硕士学位论文，南京师范大学，2017 年，第 11 页。
④ 宫晓霞：《财政支持城乡居民养老保险制度：面临的风险及应对策略》，《经济社会体制比较》2018 年第 1 期。
⑤ 徐迪：《城乡居民社会养老保险的财政风险及其防范》，硕士学位论文，湘潭大学，2017 年，第 15 页。
⑥ 贾占标、刘进财：《中国社会养老保险的财政负担与可持续性研究》，《未来与发展》2016 年第 12 期。

构建一个理论模型对人口老龄化、养老金收支与财政风险之间的关系进行了实证研究。结果表明，养老基金投资收益率的提高、退休年龄的延长有利于缩小养老金收支缺口，可以有效防范和化解由此带来的财政风险。[①]

### （三）道德风险

社会养老保险的道德风险表现形式与商业人寿保险有着很大区别。张晶通过研究道德风险在养老保险中的表现方式，认为道德风险主要表现在以下几个方面：冒领养老保险、多数私营企业不规范的提前退休、参保方逃费等。[②]与商业人寿保险的道德风险相比，社会养老保险道德风险发生机制更加复杂。魏心怡基于制度惩戒视角，对社会养老保险的道德风险进行了较为系统的研究，他认为社会养老保险道德风险的产生主要原因在于信息不对称、养老保险体系不健全、养老保险体系中利益主体多元化、监管体系不完善以及惩戒制度严重缺失等。[③]邹素珍在研究养老保险道德风险的危害和原因的基础上，提出现行法律制度规避养老保险中道德风险存在的不足，建议对养老保险中的道德风险从法律制度上进行规避。[④]在对道德风险的防范和规避上，李喆进行了更为全面的研究，他通过对社会养老保险道德风险表现的分析，认为是信息不对称、人的机会主义倾向以及社会养老保险体系不健全等导致了社会养老保险道德风险，并提出建立信息公开化、透明化的社会养老保险运行机制、建立利益激励和约束机制以规避社会养老保险体系的道德风险。[⑤]

### （四）制度设计风险

张思锋等通过养老精算的视角提出，养老制度设计风险来自于需求和供给两方面。从养老需求看，主要是制度设计上没有完全覆盖以及老年人缺乏分享社会发展成果的机会；从养老供给看，主要是制度面临人口老龄

---

[①] 姚金海：《人口老龄化，养老金收支缺口与财政风险的传导与化解——以A市为例的一项实证研究》，《管理评论》2016年第4期。

[②] 张晶：《浅析养老保险的道德风险与规避》，《科技经济导刊》2017年第25期。

[③] 魏心怡：《养老保险的道德风险及规避——基于制度惩戒视角》，《管理观察》2016年第6期。

[④] 邹素珍：《养老保险中的道德风险及其法律规制》，硕士学位论文，南昌大学，2014年，第14页。

[⑤] 李喆：《社会养老保险的道德风险及规避研究》，硕士学位论文，河南大学，2013年，第19页。

化的支付危机和保险基金投资运营效率低，难以保值增值。①王翠琴、薛惠元认为，社会养老保险的制度设计风险主要表现为精算风险。如养老保险计发月数过低，会导致参保人未死亡个人账户养老基金就提前支付完毕，出现收不抵支的现象；计发月数过高，又会导致个人账户养老基金的大面积剩余，无法实现制度的预期效果。②刘燕认为，制度风险是指因为经济社会文化环境的改变，同时由于存在代际赡养逻辑的差异，老年人群体便产生了巨大的养老风险。为了规避养老风险，政府设计出一系列制度试图化解风险，如构建社会保障体系等，但正是这些制度本身反而产生了意料之外的种种风险。③

### 三 新农保、城乡居保制度风险研究

（一）普惠型农村养老保险及风险研究

新农保在待遇给付上分为两部分：第一部分为基础养老金；第二部分为个人账户养老金。其中，基础养老金是由国家财政全额保证支付的，属于非缴费型普惠制养老金。这类非缴费型普惠制制度就国际社会保障实践而言，主要在发展中和不发达国家实施。如：斯里兰卡、南非、纳米比亚和博茨瓦纳等④，且取得了显著的效果。哥斯达黎加的非缴费型农村养老保险计划大大降低了本国的贫困率，使其远远低于其他拉美国家。在实行非缴费型农村养老保险制度后，阿根廷、巴西、智利和哥斯达黎加的赤贫率都有明显降低。⑤ Kakwani 和 Subbarao⑥ 还有 A. Barrientos⑦ 等的研究表明，非缴费型普惠制养老金制度在发展中国家和低收入国家不仅能够满足农村

---

① 张思锋等：《社会保障精算理论与应用》，人民出版社 2006 年版，第 58 页。

② 王翠琴、薛惠元：《新型农村社会养老保险风险预警指标体系的构建》，《统计与决策》2011 年第 16 期。

③ 刘燕：《制度化养老的意外后果及其风险分配——基于纵向多案例研究》，《社会保障研究》2016 年第 6 期。

④ 张运刚、陈志国：《非纳费型养老保险制度国际比较及其在我国农村的适用性》，《社会保障制度》2008 年第 1 期。

⑤ 王榕彬：《非缴费型农村养老保险制度的构建》，《台湾农业探索》2008 年第 4 期。

⑥ Kakwani, N., and Subbarao, K., "Ageing and Poverty in Africa and the Role of Social Pensions." Working Papers, Vol. 11, No. 3, June 2005, p. 448.

⑦ Armando Barrientos, and Peter Lloyd - Sherlock, "Non - contributory pensions and social protection." *Issues in Social Protection*, October 2002, p. 18.

老年人的基本生活需要,而且还起到了反贫困、提高预期寿命、推动经济增长以及带来农村地区整体社会福利水平提升等效果。[1]非缴费型普惠制养老金制度对于发展中国家而言比收入关联型养老金制度更具优势[2],其增强了受益人及其家庭的风险承受能力,刺激了生产资料和商业投资,促进了实施地区商业中心的建立。[3] Barrientos 和 Lloyd – Sherlock 发现其增强了农村家庭内部的收入转移功能,老年人有能力对年轻一代的教育培训和健康开支进行资助,反过来年轻人又乐意给予老人更多的尊敬和照料。[4] 该制度模式得到了联合国、世界银行以及国际劳工组织等国际组织的提倡和重视,并在很多国家得以推广实施。[5][6][7]

在对非缴费型养老保险制度的一片赞誉声中,有少量文献关注到制度可能出现的风险和引起的不确定因素。Van Zyle 指出该制度的良好运行及发展受制于一国的经济财政实力、政党力量、人口结构、原有既定的养老保障制度安排、特定的社会文化结构的制约和影响,此外,制度的经办管理等因素也会对普惠制养老保险制度产生影响。[8]尤其在老龄化的背景下,可能使财务压力过大,毛里求斯就存在着从普惠制重新转为收入测试制度的可能。为此,就财政补贴上的风险因素,研究指出财政应在建立农

---

[1] Johnson, J. K. M., and Williamson, J. B., "Do Universal Non - contributory Old - age Pensions Make Sense for Rural Areas in Low - Income Countries?" *International Social Security Review*, Vol. 59, No. 4, October 2006, p. 48.

[2] Larry Willmore, "Universal Pensions for Developing Countries." *World Development*, Vol. 35, No. 1, 2007.

[3] Gorman, M. A. and Security, "How Social Pensions can Deliver effective Aid to Poor Older People and Their Family." London: Help Age International, 2004.

[4] Barrientos, A. and Lloyd – Sherlock, P., "Non – contributory Pension Schemes: A New Model for Social Security in the South Africa?" Social Security in a Long Life Society, International Research Conference on Social Security, Geneva, May 2003.

[5] Devereux, S., "*Social Pensions in Namibia and South Africa.*" Sussex, Institute of Development Studies Discussion Paper No. 379, February 2001.

[6] Schwarzer, H. and Querino, A. C., "Non – contributory Pensions in Brazil: The Impact on Poverty Reduction", Geneva, Extension of Social Security Paper No. 1, January 2002.

[7] Duflo and Esthe, "Child Health and Household Resources in South Africa: Evidence from the Old Age Pension Program", *American Economic Review*, Vol. 90, No. 2, May 2000, p. 396.

[8] Van Zyle, "The Old Age Pension System in South Africa", Paper presented at the Globalization & Social Protection Research Conference, held at Chateau de Coppet, Switzerland, 26, February 2003.

村养老保险上给予不同程度补贴,Armando 和 Enid J. Schatz 分别以巴西、印度、南非等发展中国家为例,得出建立普惠制农村社会养老保险的财政补贴比例的经验数据。① 另外,这种非缴费型养老制度如何与缴费型养老保险计划整合衔接,是否有效率也都存在很大的不确定性。② Cem Baslevent 和 Hasan Kirmanoglu 通过对欧洲的社会调查发现,个人对福利政策的态度受到社会人口特征、个人基本的价值观、思想状况及宗教信仰等因素的影响。人们对自身的直接利益的感受最容易决定对福利好坏的评价,此外对政府的信任和忠诚度也对福利态度有着潜在的影响。③

(二) 新农保制度效果的相关评估研究

从 1986 年农村社会养老保险制度开始探索建立以来,这方面的研究随着制度实践的发展而深化,大致可分为两个阶段:第一个阶段主要围绕对老农保制度的反思,在建立新农保制度的必要性、可行性、制度模式的选择以及政府应承担的责任等方面进行;第二个阶段是新农保在全国各地进行试点和探索,新农保存在的问题、制度的试点完善、制度运行效果评估等方面成为该领域研究的热点和前沿。

目前,关于新农保的相关研究主要是制度设计存在的问题和完善研究,包括相关的财政补贴投入、经办管理、农户参与意愿、保障水平、筹资机制、基础养老金待遇调整、制度的经济效应等方面,正所谓"风险的标志就是改革中的社会问题过多",相关的新农保存在问题的揭示及评估实际上表示出对新农保风险识别和防范的重要,相关成果对本书具有重要的借鉴意义。

关于新农保替代率的研究。主要从两方面进行研究,一方面,是探讨理论替代率应为多少;另一方面,是实际的替代率是多少。根据人均领取养老金总额与农村居民人均纯收入水平的比率测算城乡居保的替代率,很

---

① Enid J. Schatz, "Reframing Vulnerability: Mozambican Refugees' Access to State – Funded Pensions in Rural South Africa." *Journal of Cross Cultural Gerontology*, Vol. 24, No. 3, January 2009, p. 241 – 258.

② 陈志国:《发展中国家农村养老保障构架与我国农村养老保险模式选择》,《改革》2005年第 1 期。

③ Cem Baslevent and Hasan Kirmanoglu, "Discerning Self – interested Behavior in Attitudes Towards Welfare State Responsibilities across Europe", *International Journal of Social Welfare*, Vol. 20, No. 4, July 2011, p. 347.

多学者计算出这一区间在 14%—31%。[1]其中，李伟、赵斌、宋翔提出合意的理论替代率应在 58%—75%，而实际的替代率以 2.5% 的利率测算，参保农村居民每年交费 100 元，15 年缴费后所领取养老金的替代率仅为 18.1%;[2]高鉴国认为应将农村居民养老保险替代率的理想目标定位于等同甚至稍高于城镇职工养老保险的替代率水平;[3] 米红、肖金萍等认为作为保障农村居民老年最基本生活需求，基础养老金标准确定可参照农村最低生活保障标准进行，[4][5][6] 而穆怀中、沈毅等人认为，养老金目标替代率应为农村居民人均纯收入的 50%。[7]邓大松等在分析新农保实施中存在的地方政府筹资、参保意识维持等难题的基础上，认为在现行制度设计下新农保替代率水平较低，应在适当的情况下实现基金投资运营，同时强化土地保障和家庭保障功能。[8]方倩雪基于安徽省数据，运用保险精算的方法，测算发现若参保农村居民推迟养老金领取年龄至 65 岁，则养老金目标替代率最高可增加 5.58%，如果对个人账户养老基金进行投资运营，在收益率为 5% 的情况下农村居民能获得的最高养老金替代率可以超过 50%。[9]丁煜发现，固定额度缴费时间越长，个人账户替代率越低，同时政府的补贴激励机制效果不明显，提出建立弹性领取养老金年龄机制。[10]黄丽通过构建目标替代率模型提出将农村居民人均纯收入的 50% 作为新农

---

[1] 邓大松、薛惠元：《新型农村社会养老保险替代率的测算与分析》，《山西财经大学学报》2010 年第 4 期。

[2] 李伟、赵斌、宋翔：《新型农村社会养老保险的替代率水平浅析》，《中国经济导刊》2010 年第 16 期。

[3] 高鉴国：《中国新型农村社会养老保险的社会包容特征：解释框架》，《社会科学》2011 年第 3 期。

[4] 米红、王鹏：《城乡居保制度模式与财政投入实证研究》，《中国社会保障》2010 年第 6 期。

[5] 肖金萍：《农村老年人最低生活保障水平的测量及实施》，《人口与经济》2010 年第 6 期。

[6] 毕红霞、薛兴利：《财政支持农村社保的差异性及其有限责任》，《改革》2011 年第 2 期。

[7] 穆怀中、沈毅、陈曦：《农村养老保险综合替代率及其结构分析》，《人口与发展》2013 年第 6 期。

[8] 邓大松、薛惠元：《新型农村社会养老保险替代率精算模型及其实证分析》，《经济管理》2010 年第 5 期。

[9] 方倩雪：《延迟领取与基金投资对新农保替代率影响的比较》，《湖南农业大学学报》(社会科学版) 2015 年第 2 期。

[10] 丁煜：《新农保个人账户设计的改进：基于精算模型的分析》，《社会保障研究》2011 年第 5 期。

保的目标替代率比较适度，但现实中的实际替代率远远低于这个水平。①

关于新农保养老金财务可持续研究。这方面的研究包括定量和定性两类。定量研究主要集中在构建基础养老金或者个人账户的养老金收支平衡模型，薛惠元基于整体法对新农保个人账户基金收支进行了模拟和预测。② 刘昌平、殷宝明基于现收现付平衡模式的角度，对城乡居保的财政补贴机制可行性进行研究，认为应建立财政提供缴费补贴的阶段式现收现付制平衡模式，明确财政补贴责任，规避城乡居保基金失衡风险。③ 毕红霞、薛兴利在分析城乡居保财政补贴压力时，提出中央和地方在城乡居保财政补贴上的总体负担较轻，但各省在城乡居保的财政补贴上压力不均，提出建立体现地区经济差异性和财政责任有限性的财政支持模式，在增加中央补贴力度的同时，地方各级政府建立以均衡补贴的"4-3-3"模式、省级补贴为主的"5-3-2"模式以及以县级补贴为主的"2-3-5"模式。④ 赵斌、原浩爽通过建立基础养老金长期收支模型分析了收支平衡状况，并从财政合理支付角度对其财务可持续性进行了动态评估。结果显示，政府每年拿出财政收入的约2.34%，即能保持基础养老金支付需要，据此提出政府必须建立稳定的养老金财政补贴机制等建议，以应对潜在的缺口危机。⑤ 封铁英、高鑫通过构建人口动态平衡方程和农村养老金精算模型，应用 VAR 模型实证分析人口老龄化对农村养老金可持续性具有显著的负向冲击，且老年抚养比对农村养老金可持续性的负向冲击效应大于老龄化系数，应采取措施应对农村养老金不可持续性风险。⑥ 殷俊、黄蓉在精算分析框架下运用随机模拟方法测算基础养老金的长期收入、支出和结余积累水平，结果发现基础养老金将在 2062 年出现缺口，当结余基金收益率在

---

① 黄丽：《城乡居民基本养老保险保障水平评估与反思》，《人口与经济》2015 年第 5 期。
② 薛惠元：《基于整体法的新农保个人账户基金收支平衡模拟与预测》，《保险研究》2014 年第 2 期。
③ 刘昌平、殷宝明：《新型农村社会养老保险财政补贴机制的可行性研究——基于现收现付平衡模式的角度》，《江西财经大学学报》2010 年第 3 期。
④ 毕红霞、薛兴利：《财政支持农村社保的差异性及其有限责任》，《改革》2011 年第 2 期。
⑤ 赵斌、原浩爽：《我国基础养老金财务平衡与可持续性分析——基于财政合理支付视角》，《财经科学》2013 年第 7 期。
⑥ 封铁英、高鑫：《人口老龄化对农村养老金可持续性的冲击：基于 VAR 模型的实证研究》，《管理评论》2015 年第 6 期。

0—5%变动时，2070年基金缺口很可能高达当年缴费收入总额的15倍。①

在经办管理方面，刘玉璞提出将业务流程再造引入社会保险经办领域，建立起"扁平化""前后台一体化"的组织结构和服务模式，化解由于经办管理不力导致的有关风险；②李娜从新型农村社会养老保险经办成本的角度出发，通过对经办机构的调研发现，经办机构存在资源配置不合理的现象，如60周岁及以上的参保人的单位作业成本要高于16—59周岁的参保人的单位作业成本，启动年份的经办成本高于启动以后年份的经办成本。③吴振亚认为政府可通过购买服务，充分发挥各类社会组织的优势，积极引导保险公司和农村金融机构参与新农保经办管理服务体系建设，提高新农保经办管理服务的质量和效率，降低行政成本，以促进农村社会保障事业的健康发展。④何晖等认为提高经办管理效率、降低成本可借鉴印度的"微型养老金"做法，利用移动终端和金融系统信息化网络，实现参保缴费的小额、高频次、灵活缴费，在降低经办管理成本的同时，可提高基金缴费积累。⑤

在参与率与参与意愿方面，其作为制度顺利推进的重要因素，很大程度上决定着制度实施的吸引力和可持续性。张若瑾、邓啓平、刘科采取两阶段回归法（2SLS）研究新农保参保行为的影响因素，发现金融机构空间集聚对参保行为的影响具有显著正向影响。年龄大、收入高、信息渠道广、养老模式单一的农户新农保参保率较高。⑥柳晨运用Logistic回归模型实证分析发现，年龄、受教育程度、健康状况、职业、家庭年收入、家庭耕地面积、家庭60岁及以上老人比例等因素对农村居民参保行为具有显著影响，而性别、家庭子女数量、意愿缴费档次、村集体经济状况和邻里

---

① 殷俊、黄蓉：《中国基础养老金长期财务可持续性分析——基于随机模拟方法的研究》，《云南社会科学》2013年第1期。

② 刘玉璞：《健全缴费基数管理机制》，《天津社会保险》2009年第9期。

③ 李娜：《新型农村社会养老保险经办成本研究》，硕士学位论文，湖南大学，2014年，第20页。

④ 吴振亚：《新型农村社会养老保险经办管理服务问题研究——基于政府购买服务理论视角》，《劳动保障世界（理论版）》2013年第7期。

⑤ 何晖、芦艳子：《创新与治理：印度社会养老金制度的改革与前瞻》，《湘潭大学学报（哲学社会科学版）》2018年第5期。

⑥ 张若瑾、邓啓平、刘科：《新农保参保行为影响因素的中西部跨省研究——基于1010份问卷的实证分析》，《辽宁大学学报》（哲学社会科学版）2017年第6期。

互助情况对参保行为的影响并不显著。①田北海、丁镇对农村居民参与新农保的意愿进行了调查，发现多数农村居民愿意参加新农保，但是相对于新型农村养老保险制度中的规定，农村居民更倾向于"少缴多得"。同时在缴费意愿上还存在地区上的差异：在经济欠发达地区的农村，极端贫困的农村居民需要养老金，但却难以缴纳养老费；经济发达地区的部分农村居民则期望通过高费率缴纳以领取较多养老金。②陈其芳以还未参与新农保的农村居民为研究对象，实证分析了影响农村居民参与新农保意愿的影响因素，发现在"新农保市场"中存在"逆向选择现象"和"邻里效应"。③

在制度实施效果方面，刘远风构建倍差法模型，发现城乡居保制度有显著的扩大内需效应，应进一步扩大新农保覆盖面以增强这一效应。④王翠琴、田勇根据湖北省的数据研究了新农保对居民收入差距的调节作用，发现制度缩小了湖北省城乡居民之间的收入，但是对湖北省地区收入差距的调节作用并未显现。⑤李时宇、冯俊新基于多阶段世代交叠模型，量化分析了城乡居保的经济效应，认为城乡居保能促进居民消费并降低储蓄率，对城乡收入差距有显著的调节作用，并能够提高临近退休人员的福利总效用，但同时会降低非参保人群中年轻人的福利效用。⑥王翠琴、薛惠元、龙小红运用层次分析法，从新农保政策运行的经济功能、社会功能、基金管理和经办服务四方面构建绩效评估指标体系，并对湖北省团风县和宜都市新农保政策进行实证评估。⑦薛惠元通过广西壮族自治区 43 个样本县 2009—2010 年的基本经济数据和湖北省试点县的抽样调研数据发现城

---

① 柳晨：《农村居民参与新农保的影响因素》，《西北农林科技大学学报》（社会科学版）2017 年第 4 期。

② 田北海、丁镇：《农村居民参与新型农村社会养老保险的意愿研究》，《甘肃行政学院学报》2011 年第 3 期。

③ 陈其芳、罗荷花：《农村居民参与新农保意愿影响因素的实证分析》，《经济地理》2016 年第 8 期。

④ 刘远风：《城乡居保扩大内需的实证分析》，《中国人口·资源与环境》2016 年第 2 期。

⑤ 王翠琴、田勇：《城乡居民基本养老保险缩小了收入差距吗？——基于湖北省数据的实证检验》，《农村经济》2015 年第 12 期。

⑥ 李时宇、冯俊新：《城乡居民社会养老保险制度的经济效应——基于多阶段世代交叠模型的模拟分析》，《经济评论》2014 年第 3 期。

⑦ 王翠琴、薛惠元、龙小红：《新型农村社会养老保险政策绩效的评估》，《统计与决策》2014 年第 19 期。

乡居保在县级层面具有显著的减贫增收效用,但在农户层面的减贫效果并不明显。[1]范辰辰、陈东使用中国健康与养老追踪调查 2011 年全国基线调查数据证实,农村居民虽然没有缴费能力风险,但由于缴费较少造成个人账户累计薄弱,导致养老金保障能力不足,养老金支付水平远不能满足农村居民的养老需求。[2]刘畅、杨河清从经济的角度指出提高社会保障水平能够改善居民的消费预期,从而拉动消费,即社会保障制度对居民消费存在正向的外部效应。[3]马光荣、周广肃使用 2010 年和 2012 年中国家庭追踪调查(CFPS)数据,考察城乡居保对家庭储蓄和消费的影响,发现城乡居保显著降低了 60 岁及以上居民的储蓄率,而对 60 岁以下参保居民的储蓄率和消费没有产生显著影响。[4]

(三) 新农保制度优化研究

关于基础养老金调整的研究,刘远风、宋晓毅指出城乡居保基础养老金动态调整应包括养老金计发系数、常规调整和动态性调整等三个方面的内容,当前阶段应该增强基础养老金的补偿功能。[5]沈毅、杜晓宇从"生存公平"的角度出发,建立了城乡居保基础养老金调整模型,从替代消费和财政负担两个维度检验调整指数,进而确定了调整方案。[6]薛惠元、仙蜜花构建了城乡居民基础养老金动态调整模型,运用目标替代率和财政支持能力对模型进行验证,得出按经济发展水平或者按物价上涨率加经济增长的 40% 两种调整方案,能满足保基本和财政可持续两个目标。[7]李运华、叶璐通过构建城乡居保精算模型,设计五种调待方案并进行验证,得

---

[1] 薛惠元:《新型农村社会养老保险减贫效应评估——基于对广西和湖北的抽样调研》,《现代经济探讨》2013 年第 3 期。

[2] 范辰辰、陈东:《新型农村社会养老保险的减贫增收效应——基于"中国健康与营养追踪调查"的实证检验》,《求是学刊》2014 年第 6 期。

[3] 刘畅、杨河清:《社会保障水平对居民消费影响的实证分析》,《消费经济》2008 年第 3 期。

[4] 马光荣、周广肃:《新型农村养老保险对家庭储蓄的影响:基于 CFPS 数据的研究》,《经济研究》2014 年第 11 期。

[5] 刘远风、宋晓毅:《城乡居保基础养老金动态调整机制研究》,《湖南财政经济学院学报》2015 年第 10 期。

[6] 沈毅、杜晓宇:《城乡居保基础养老金动态调整方式及其选择》,《党政干部学刊》2012 年第 6 期。

[7] 薛惠元、仙蜜花:《城乡居民基本养老保险基础养老金调整机制研究》,《统计与决策》2015 年第 15 期。

出应建立差异化的调待机制,同时应加大个人账户的补贴。①边恕、孙雅娜以农村基础养老金动态调整机制为研究对象,通过构建模型,对调整后的基础养老金规模进行模拟和预测,并比较了调整前后中央财政的负担水平,得出中央财政能够负担起动态调整后的基础养老金支出的结论。②

城乡居保的筹资机制方面,李琼、汪慧从经济基础、公共财政支持和参保人员的个人缴费能力等三个方面考察了影响城乡居保筹资机制的因素,并从经济发展质量、公共财政支持及基金保值增值等方面探讨提高城乡居保筹集能力的对策。③薛惠元、仙蜜花运用个体法,在构建基金收支平衡模型的基础上,模拟和预测了城乡居保个人账户未来收支平衡状况,发现个人账户基金在未来会出现缺口,账户收益率、计发系数以及参保人预期寿命等因素影响着个人账户收支平衡。④

**四 有关风险识别与防范的技术与方法研究**

做好新农保风险识别及防范研究,首先要对风险识别以及风险识别的技术方法有充分的认识。从已有的关于社会保障风险识别来看,基本上都是从定性角度进行描述性分类,因此需要借鉴其他学科的风险识别技术和方法。国内外学术界从不同的学科视阈出发,研究了风险识别与防范的技术及方法,在数量上已经具有相当规模,虽然学科间在风险识别的方法选择上具有较大差别,但一个较明显的趋势是理工科的定量和模拟的分析方法在风险识别中的运用已逐渐被引入到人文社会学科上来。这些已有的成果,虽然与本书并非直接相关,但却给研究提供了有意义的启发和技术路线借鉴。目前,关于风险识别与防范技术的研究主要集中在以下三个方面。

**(一)经济技术层面**

与经济学相对成熟的定量研究传统相联系,研究多集中在商业、金融

---

① 李运华、叶璐:《城乡居民基本养老保险待遇调整方案的优化与选择》,《华南农业大学学报》(社会科学版)2015年第4期。

② 边恕、孙雅娜:《农村基础养老金调整与财政负担水平研究》,《北京航空航天大学学报》(社会科学版)2015年第1期。

③ 李琼、汪慧:《统一的城乡居民基本养老保险筹资机制构建研究》,《甘肃社会科学》2015年第2期。

④ 薛惠元、仙蜜花:《城乡居民基本养老保险个人账户基金收支平衡模拟与预测——基于个体法的一项研究》,《当代经济管理》2015年第10期。

领域的项目管理及评估，商业保险风险识别与防范等方面。C. 小阿瑟·威廉斯、迈克尔·史密斯和彼得·C. 杨在《风险管理与保险》一书中认为，风险识别应包括如何收集风险源（sources of risk）、危害（hazards）、风险因素（risk factors）、危险（perils）和损失暴露（exposures to loss）等方面的信息。①而具体到不同的学科，风险识别则有着不同的视角和侧重点。

第一，在项目管理领域中，克里斯·查普曼和斯蒂芬·沃德认为风险识别应包括两项特定的任务：一是采用思考、访问、头脑风暴和编制检查表等一系列技术手段查明风险来源和应对措施；二是采用综合和分解方法，对风险和应对措施进行分类，以建立合适的定义体系，强调搜集资料、关注风险来源，通过细分和识别后找出主要风险因素。② Odom 和 Sharda（1990）对企业破产风险的识别中，采用了 BP 神经网络方法，发现其识别效果优于传统的统计识别，提出神经网络模型能根据数据资料进行自我学习、调整，对数据分布要求不严，因而具有较好的风险识别能力。③ 万春梅将层次分析法应用于风险管理研究，将风险定性问题进行定量化分析，提高了风险评估的精确性和客观性。④

第二，在金融领域中，风险识别更关注可能给金融机构带来意外损失和额外收益的风险因素，偏重于对不同风险之间的相互关系、风险来源、风险机构等进行分析，⑤ 因而在金融机构的风险识别中更倾向于对风险类别的梳理和细分，以考察不同风险的具体形态，形成与财务有关的指标体系⑥。比如，斯坦福大学的刘遵义在对东亚部分国家和地区的经济、金融环境进行分析的基础上，建立了 10 项指标体系，并以墨西哥为参照，运用实证数据较准确地

---

① [美] C. 小阿瑟·威廉斯等：《风险管理与保险》，马从辉等译，经济科学出版社 2000 年版，第 5 页。

② [英] 克里斯·查普曼、斯蒂芬·沃德：《项目风险管理：过程、技术和洞察力》，李兆玉等译，电子工业出版社 2003 年版，第 8 页。

③ Odom, M. D., and Sharda, R., "A Neural Network Model for Bankruptcy Prediction", Neural Networks, 1990., 1990 IJCNN International Joint Conference on, IEEE, San Diego, July 1990.

④ 万春梅、林玲：《层次分析法在工程项目风险管理中的应用》，《现代商贸工业》2015 年第 1 期。

⑤ 王仁祥、喻平：《金融风险管理》，武汉理工大学出版社 2004 年版，第 15 页。

⑥ 马鸣家：《金融风险管理全书》，中国金融出版社 1994 年版，第 33 页。

预测到金融危机的发生概率。①加州大学伯克利分校的 James A. Ohlson 使用有条件的 Logistic 回归分析模型对企业破产风险进行建模识别,发现了引起财务破产的四个风险因素为企业的规模、财务结构、绩效手段和流动性资产,经过历史数据验证,模型对实际风险进行了较好的识别。②

第三,在保险领域中,由于其最早涉及风险管理,风险识别方法已比较成熟,对于保险公司而言,其承担的风险主要存在于理赔方面,保险公司承担的风险主要是由承包客户转移而来的风险,因此其风险识别主要包括潜在财产、责任和人力资源损失风险以及导致这些损失的危险因素和事故等方面,③ 在技术方法上,Richard A. Derrig 和 Kizysztof M. Ostazewski 运用模糊集理论,通过模糊聚类识别技术对商业保险的人身伤害责任索赔欺诈风险进行分类、识别,进而确定风险的等级,提出模糊聚类风险识别方法在商业保险理赔中的优点。④ Piet De Jong 和 Gillianz. Heller 通过累计比例优势模型,对保险公司的财产赔付风险进行识别和分类,根据指标的变化对风险进行了较好的防范。⑤ 潘兴通过研究我国商业健康保险风险,发现可从产品开发定价、产品设计、健康服务提供等方面具体实施风险管理活动。⑥

(二) 社会理论层面

自从贝克、吉登斯和拉什等人提出风险社会理论以来,相应的风险识别理论和实践研究久盛不衰。⑦ 佩鲁恂提出了著名的"六大危机"说,认

---

① Lawrence J. Lau, "The Sources of Long-term Economic Growth: Observations from the Experience of Developed and Developing Countries," *The Mosaic of Economic Growth*, 1996, p. 63–91.

② Ohlson and James A., "Financial Ratios and the Probabilistic Prediction of Bankruptcy", *Journal of Accounting Research*, Vol. 18, No. 1, April 1980, p. 111.

③ [美] C. 小阿瑟·威廉斯等:《风险管理与保险》,马从辉等译,经济科学出版社 2000 年版,第 6 页。

④ Richard A., Derrig and Kizysztof M., "Ostaszewski. Fuzzy Techniques of Pattern Recognition in Risk and Claim Classification", *Journal of risk and insurance*, Vol. 62, No. 3, September 1995, p. 453.

⑤ Piet De Jong and Gillianz. Heller: Generalized Linear Models for Insurance Data. Cambridge University Press, 2008, p. 175.

⑥ 潘兴:《我国商业健康保险风险管理研究》,博士学位论文,对外经济贸易大学,2014 年,第 31 页。

⑦ [德] 乌尔里希·贝克、[英] 安东尼·吉登斯、斯科特·拉什:《自反性现代化》,赵文书译,商务印书馆 2001 年版,第 5 页。

为发展中国家存在的合法性危机、认同危机、参与危机、贯彻危机、分配危机和整合危机密切相连、互为因果。[①] 在经验研究路线上,罗杰·卡斯帕森认为灾害事件与心理、社会、制度、文化交互作用会加强或消减对风险的感知并塑造风险行为,其反过来造成新的社会或经济后果。[②] F. T. 汉厄建立了综合政治、经济和社会风险识别的"富兰德指数",通过这一指标体系可识别商业风险及采取相应防范措施;美国系统学派研究出了AGNET模型,在识别风险的基础上实施全面的优化调控和管理决策,并为美国联邦政府优化决策所用。罗伯特·J.希勒介绍了一种全新的风险管理及防范体系,设计出一种心理框架(GRID),通过风险识别将风险因素公布并提高人们的风险意识。[③] 宋安将社会保障风险分为收支风险、制度本身风险和社会风险三类,认为相应的风险因素包括:人口因素、经济因素、技术因素、社会因素等,在识别过程中,还采用了赡养率、老年人口数量、医疗保障费用占社保总支出比率等10个指标,用主成分分析法进行了识别。[④]张思峰等在其编著的《社会保障精算理论与应用》一书中,将社会保障风险界定为风险与社会保障两个概念的相互结合,认为社会保障风险是由无法准确预见的因素导致社会保障活动的实际结果与预期结果之间存在偏差和损失发生的可能性。[⑤]

克里斯托弗·戴肯认为社会保障风险中最重要的是运营风险,强调社会保障机构、精算机构在风险识别中的作用,建议通过监控和管理内部和外部审计活动,以及对风险的识别、量化和管理,拟定风险综合名单,根据风险的类别,确定风险的防范、转移或规避。[⑥]日本滋贺大学的成濑龙夫从风险管理的角度探讨了社会保障的特征及问题,提出将风险研究和潜在能力研究融合在一起的必要性。[⑦]

---

① L·W·Pye, Aspects of Political Development. Boston: Little Brown & company, 1966, p.63-67.
② 罗杰·卡斯帕森:《风险的社会放大》,中国劳动社会保障出版社,2010年版,第17页。
③ 罗伯特·J·希勒:《金融新秩序》,中国人民大学出版社,2004年版,第5页。
④ 宋安:《我国社会保障制度的风险研究》,《生产力研究》2006年第7期。
⑤ 张思峰等:《社会保障精算理论与应用》,人民出版社2006年版,第58页。
⑥ [英]克里斯托弗·戴肯:《社会保障财务监管和风险管理》,国际社会保障协会第28届全球大会会议报告。
⑦ [日]成濑龙夫:《社会保障与风险管理》,崔万有译,《东北财经大学学报》2004年第3期。

### （三）自然科学领域

气象学建立了对洪水、飓风等灾害天气的识别系统；地理、地质学开展了针对地震等自然灾害的预警；环境科学致力于环境质量的识别和预测；公共卫生领域，研究者们也尝试建立包括突发流行病、传染病、动物疫情在内的疾病识别与监测体系。如张巧凤利用3S技术结合野外实地调查、数学建模、社会经济数据统计分析和自然灾害风险评估等方法，对草原进行干旱灾害监测和风险评估，从而进一步提高草原的干旱灾害监测和防灾减灾能力。[①]Renders通过人工神经网络方法，对引起核电站发生故障的风险因素进行识别，并提出了相应的防范机制。Zolghadri在对航空安全的风险因素进行识别中，通过建立航空安全飞行参数，对乘务人员的航空风险因素进行识别，达到使航空失误影响最小化的目的。[②]此类研究成果非常丰富，在此不一一枚举。由此可见，学科间在风险识别方法选择上有一定差别，也有重合，但是总的趋势是在研究中使用定量和模拟的方法。以上研究成果为本书研究提供了可供借鉴的技术方法和路线。

### 五 对国内外已有研究的评述

第一，已有的新农保和城乡居保的相关研究对本书具有重要的借鉴意义。但由于大部分研究视域多集中于制度问题的分析、解决上，因而对于新农保从风险识别与防范视角进行研究还显得不足，对新农保风险形成机理分析和阐述的研究更是少见，也缺乏一定的系统性。

第二，在社会保障领域的风险识别方法上，大多是对风险因素进行定性分类，凭借个人理解和经验对主要风险做简要罗列与分析，识别策略上对风险因素与风险事件的因果关系分析不够透彻，对风险的形成路径研究较少，因而在风险识别结论上各不相同，由于各种分类缺乏明确标准，无法给出风险的量化特征，不利于后续的风险评估，也使得风险防控缺乏科学依据，大大降低了社会保障风险识别和防范的效果。

第三，在风险识别内容和对象上，现有大部分成果集中在社保基金风

---

① 张巧凤：《锡林郭勒草原干旱灾害监测与风险评估研究》，博士学位论文，中国农业科学院，2016年，第25页。

② Zolghadri, A., "Early Warning and Prediction of Flight Parameter Abnormalities for Improved System Safety Assessment", *Reliability Engineering & System Safety*, Vol. 76, No. 1, April 2002, p. 19–27.

险，或者制度本身存在的问题范围，随着制度的推行和时间推移，制度本身作为一个有机整体，其对系统外的其他经济、社会等方面也会产生一定的影响，而目前对这些方面的研究还显得较为薄弱。

综上所述，目前的相关研究成果为本书提供了可供借鉴的技术路线和方法思路，但总体而言，目前对新农保制度的研究还未上升到全面风险识别和防范的高度，对新农保风险总体状况如何还未见令人信服的研究成果，制度是否能实现预期目标，其对民生、经济、社会等方面的客观效果如何尚未有系统性的实证研究，我国新农保风险相对而言究竟是高是低，到目前为止还只是一个仁者见仁、智者见智的问题。因而在制度的整体性推进和相关理论的研究深入过程中，容易产生头痛医头、脚痛医脚的弊端，导致制度改革成本不可控。

对新农保以及城乡居保风险因素识别不清晰，就不可能对制度实施效果有一个较准确的把握，也就缺乏相应风险控制和防范的合理方案。本书将主要注重从风险识别的角度对我国新农保风险进行全面研究，确定新农保风险识别和划分的依据，通过对新农保风险形成机理的分析，甄别其中的关键风险并对其进行量化评估和辨识，为相应的风险防范提供科学依据和可行的防范策略，因此本书具有较重要的理论创新意义和实际运用价值。

## 第三节 主要内容和章节安排

本书注重定量分析与定性分析相结合、理论分析与实证分析相结合、实地调研与政策研究相结合、微观分析与宏观顶层设计相结合，尝试从多学科、综合性视角剖析新农保的风险识别与防范，实现了预期的创新目标。

### 一 主要内容

（一）新农保风险理论及风险因素全面识别

本书解决了四个关键问题：其一，什么是新农保风险？其形成机理如何？其二，新农保风险识别的依据是什么？其三，新农保风险的识别步骤是什么？其四，新农保风险的分类及其关键风险有哪些？这些问题的厘清为进一步有针对性地重点评估风险、制定相应的风险防控策略奠定了重要的基础。

首先在明确新农保风险、新农保风险识别及防范的相关概念的基础上，分析新农保风险形成机理；再将新农保风险识别依据确定为"保基本""可持续"及"城乡统筹"；其次按照风险生成过程对新农保风险因素进行系统识别和分类，将新农保风险分为新农保制度内生风险、制度外生风险以及外部效应风险三个方面37类风险；最后运用YAAHP模糊综合评价法和德尔菲专家咨询法反复甄别筛选出15个新农保关键风险。

（二）新农保关键风险评估

本书对新农保15个关键风险分制度内生风险、制度外生风险以及外部效应风险三个方面进行评估，具体采用了两种方式：其一，从定量的角度评估关键风险有多大；其二，从定性的角度评价关键风险包括哪些风险因素以及可能的影响。对新农保关键风险的评估或评价，是对新农保风险识别结果的进一步确认和推进。

首先是新农保的制度内生风险评估，这是风险因素评估较为集中的部分，包括了制度设计风险、基金管理风险、资金筹集风险以及经办管理风险4个二级风险指标下的11个关键风险评估。笔者分别运用保险精算法、国民生命表、预先分析法、风险评级法、波动分析法，分析新农保风险结果的活动范围和变动趋势，既包括静态分析，也包括动态预测。其中，对制度设计风险的评估采用全国统计年鉴、人口普查数据和广东省、辽宁省、湖北省、湖南省、重庆市、四川省、宁夏回族自治区、青海省、西藏自治区9省（自治区、直辖市）以及湖南省湘潭市、张家界市两个地级市的人社局与统计局数据，通过替代率水平、个人账户计发系数、政策文本分析等方面进行评估；对个人账户基金投资风险从现行模式和未来进入资本市场情况两个方面分别进行评估；对资金筹集风险的县级财政风险选取了湖北省13个县（市、区），通过构建财政补贴力度系数进行评估；对个人账户筹资能力风险则选取了全国9省320个县（市、区），通过个人最大缴费能力对个人缴费能力风险进行实证评估。

新农保的外部效应风险评估则包括经济因素和社会因素两大二级风险指标的三个关键风险的评估。笔者采用CFPS数据库，筛选了2010年和2014年中具有代表性的消费支出变量，通过双重差分法检验农村老年居民在领取新农保养老金后其相应的消费性支出项目是否具有显著的变化，以此评估新农保对农村居民消费的影响。笔者选取湖南省湘潭市湘潭县古云村、古城村为研究样本，随机选择了 26 名参保老人进行深度访谈，研究新农保实施近十年来对农村家庭养老的影响；选取中国健康与养老追踪调查（CHARLS）2013 年的数据，评估新农保对农村居民幸福感的影响。

（三）新农保风险防范策略研究

针对新农保风险识别和评估的结果，本书从两方面提出了风险防范策略：一方面，新农保制度内生风险的防范策略；另一方面，新农保制度外生风险及外部效应风险的防范策略。其中，由于新农保制度外生风险和外部效应风险相互交互、相互关联，在风险的防范上无法将两类风险的防范措施截然分开，因此将新农保外生风险和外部效应风险的防范相结合，探讨新农保风险防范策略更为可行有效。在具体的防范策略上，既从完善制度设计、构建新农保风险防范预警体系等宏观角度来制定风险防范策略，又针对各个风险研究了对应的防范措施。

## 二 章节安排

第一章"导论"。概述了研究目的和意义，国内外相关研究现状、研究的主要内容和章节安排、研究采用的方法及研究的前沿性和创新性。

第二章"新型农村社会养老保险风险识别与防范的理论分析"。系统界定了新农保风险的基本范畴和本质，新农保风险识别的基本理论，新农保风险识别的目标、原则和方法，并从风险管理的视角，提出新农保风险防范的目标、一般原则和策略。

第三章"新型农村社会养老保险风险的形成机理与识别步骤"。在新农保风险形成机理分析的基础上，从新农保所处的风险场域和前因性分析研究了新农保风险的来源。从新农保参与主体入手，梳理了新农保的参保流程及风险、业务管理流程及风险、资金流程及风险以及政策运作流程及风险；最后提出新农保风险识别的四大步骤，即初步识别、因素筛选、监控评估和识别诊断，为第四章的具体识别提供依据。

第四章"新型农村社会养老保险风险因素初步识别与筛选"。根据前一章的识别步骤，首先明确新农保风险识别的依据，分别为保基本、可持续和城乡统筹，并将其量化处理，为后续的风险评估及诊断提供依据。再按照前面提出的风险识别方法，通过新农保风险来源及流程的梳理，将新农保风险因素进行全面识别和分类，最后基于 YAAHP 法和德尔菲专家预测法对新农保关键风险进行筛选。

第五章"新型农村社会养老保险制度设计风险评估"。本章主要评估新农保制度设计风险的三个风险。其中养老金替代率风险评估分为总的养老金替代率风险评估、基础养老金替代率风险动态评估和个人账户养老金替代率风险精算评估三个方面；个人账户计发系数风险评估主要采用了我国 9 个省及两个地市的农村居民人口普查数据，通过构建国民生命表进行评估；制度碎片化与衔接风险评估则主要从农村社会养老保险制度体系的碎片化及新农保合并成城乡居保后，与城镇企业职工基本养老保险制度的衔接两大方面展开。

第六章"新型农村社会养老保险个人账户基金投资风险评估"。本章基于基金投资风险的相关理论，对新农保个人账户基金投资运营现状及风险进行分析，评估了新农保个人账户基金投资所面临的风险。

第七章"新型农村社会养老保险资金筹集风险评估"。本章按照新农保筹资主体，分别从财政、集体、个人三方进行筹资意愿和能力评估。其中财政风险依据实际财政补贴，从中央、省级及县级财政进行了财务可持续风险评估。个人缴费能力风险评估主要通过构建个人最大缴费能力系数，对我国东、中、西部 9 个省 320 个县的缴个人缴费能力进行了计算和评估。

第八章"新型农村社会养老保险经办管理风险评估"。在新农保经办管理风险的基本理论的基础上，经过对新农保经办管理体系的调查研究，发现在新农保的经办流程中，主要存在经办主体、内部流程、经办管理信息化以及外部事件四个方面的风险，并对这些风险进行了评估。

第九章"新型农村社会养老保险外部效应风险评估"。随着新农保实施时间的增长，制度对外部环境也必然会产生一些影响。本章分别对筛选出的三个关键风险进行了评估。其中，新农保对农村居民消费的影响采用中国家庭追踪调查数据（CFPS, Chinese Family Panel Studies），选用基于核匹配的双重差分法（DID）进行实证分析；新农保对农村传统家庭养老的影响运用深度访谈的方法进行 NVIVO 编码提炼风险因素；新农保对农村居民幸福感的影响，采用中国健康与养老追踪调查（CHARLS）2013

年的数据，基于自评健康的中介作用和生活水平感知的调节作用评估新农保对农村居民幸福感的影响。

第十章"新农保制度内生风险防范"。分别根据前面章节的内生风险评估结论提出了对应的风险防范策略。

第十一章"新农保制度外生及外部效应风险防范策略"。基于新农保制度外生风险和外部效应风险相互交互、相互关联，本章在风险的防范上将两类风险的防范措施相结合，既从完善制度设计、构建新农保风险防范预警体系等宏观角度来制定风险防范策略，又针对各个风险研究了对应的防范措施。

第十二章"主要结论、研究局限与展望"。本章是对整个研究的总结。首先汇总了本书得出的七方面的主要结论；然后阐述了本书的局限与不足之处，对进一步研究的方向与内容进行了展望。

## 第四节 研究方法与创新之处

### 一 研究方法

本书注重定量分析与定性分析相结合、理论分析与实证分析相结合、实地调研与政策研究相结合、微观分析与宏观顶层设计相结合，尝试从多学科、综合性视角剖析新农保的风险识别与防范。

第一，文献资料收集。利用 Web of Knowledge、ProQuest 博士论文全文数据库，从多角度、不同路径对国外文献进行检索；利用中国知网、超星数字图书馆、书生数字图书馆、读秀图书搜索等数据库查找国内相关期刊和图书文献；收集人口的统计数据、新农保的地方试点政策办法、宣传手册及与新农保相关的其他资料。

第二，访谈与问卷调查。课题组先后于 2012 年 7 月、8 月，2013 年 6 月、7 月，2014 年 1 月、2 月，2015 年 10 月，2016 年 7 月、8 月，2017 年 7 月、8 月赴湖南省、湖北省、河南省、山东省、陕西省、重庆市、北京市等 12 个省及直辖市的相关社会保障管理部门进行实地调研，采取问卷调查、访谈座谈会、实地考察等形式，收集各地农村参保人口的相关统计数据、新农保相关地方政策及实施办法、宣传手册及与新农保相关的其他资料，获取农村居民养老需求、参保能力、保障水平等主客观一手数据资料，了解当前新农保制度实际运行过程中存在的风险类别以及现行的防范、控制、规避新农保风险的经验和教训，获取了大量关于新农保风险识别和防范的第一手数据和资料，并将部分调研数据和资料应用到了最终研究成果之中。

第三，精算与数学模型构建。运用保险精算定量分析和数学模型对新农保的预期目标和实施效果通过指标替代进行量化分析，使用 SPSS、STATA、AMOS、Nvivo、YAAHP 及 EXCEL 等软件工具对大量原始数据进行分析，运用 DID 差分法对影响新农保农村居民消费结构相关因素进行分析和评估，运用中国健康与养老追踪调查（CHARLS）2013 年的数据对农村居民主观幸福感进行测评，运用 NVIVO 软件对新农保对农村家庭养老的影响进行分析，运用精算建模通过 EXCEL 对新农保基础养老金替代率、国民生命表进行仿真和预测。

第四，公共政策仿真法。运用课题组建立的 2012—2017 年系列专题调研数据，构建相关仿真指标，对新农保地方财政补贴、个人账户基金入市运营、基础养老金筹资机制等进行多范式仿真。

## 二　创新之处

本书的前沿性和创新性主要体现在：

第一，基于风险识别与防范理论，界定了新农保风险的基本概念与范畴、意义与功能，归纳了新农保风险的形成机理，并对新农保风险的类别进行划分，明确新农保风险的关键风险及基本特征。

第二，归纳了新农保风险识别的基本原则、主要流程及方法，尝试将新农保风险识别的基本流程分为初步识别、因素筛选、风险评估、确认诊断等环节，并分析了新农保风险识别各个环节的主要内容，对筛选出的新农保关键风险逐一进行评估，为更好地化解新农保风险提供了实证依据。

第三，以湖南、湖北、河南、广东、陕西、安徽、辽宁、海南、重庆、北京、上海 11 个省及直辖市约 320 多个县为样本，测算新农保个人最大缴费能力及农村居民国民生命表，以东、中、西部相关 9 省及湖北省的 13 个试点县、湖南省 20 多个试点县的新农保运行情况为样本，通过问卷调查、实地调研、深度访谈等方式，对新农保及城乡居保展开大量调查研究，通过构建评估精算模型和公共政策仿真，深入分析新农保相关风险及其大小。

第四，从手段与条件的互动角度，探讨新农保风险防范策略。既探索提出完善新农保制度模式、运行机制、制度设计等，又通过借鉴英国、日本、法国、印度等典型发达国家或发展中国家的相关经验提出相关风险防范策略，实现制度可持续发展。

# 第二章 新型农村社会养老保险风险识别与防范的理论分析

## 第一节 新农保风险界定、要素及其特点

### 一 新农保风险的含义

（一）风险的内涵

风险不是一个单一维度上的概念，而是一个多维度的概念。在学术界，对于风险概念的定义并不统一（见表2-1）。按照一般的理解，风险是与事件的结果和目标联系在一起的，总体上是一种不确定性和潜在的威胁，是人类所厌恶的非常现象。[1]风险具体指一件事情产生人们所不希望得到的结果的可能性，或者发生不幸事件或出现险情的概率，"它之所以重要，是因为其关系到人们的福利"。[2]

表2-1　国内外学者关于风险定义的不同观点汇总

| 学科 | 代表观点 |
| --- | --- |
| 保险学 | 美国学者罗伯特·梅尔：风险即损失的不确定性；<br>多数保险教科书中定义为：损失的不确定性；<br>美国学者Irving Pfeffer：风险是客观存在，不确定性损害的大小与个人了解与估计风险的能力有关；<br>美国学者Hardy：风险是与费用、损失或损害相关的不确定性。 |

---

[1] 周宜波：《风险管理概论》，武汉大学出版社1992年版，第1页。
[2] ［美］兹维·博迪等：《金融学》，曹辉等译，中国人民大学出版社2010年版，第24—32页。

续表

| 学科 | 代表观点 |
| --- | --- |
| 保险学 | 英国项目管理协会（UK Association for Project Management）：风险是指一个不确定性事件或者一系列的不确定性环境，一旦成为现实，将影响项目目标的实现；<br>美国项目管理协会（US Project Management Institute）：风险是一种不确定事件或者形势，一旦发生，则会对项目目标产生积极或者消极的影响；<br>吴百福《国际货运风险与保险》：风险包括正面效应和负面效应的不确定性，即包括不确定的收益和损失。 |
| 金融学 | 金融学奠基人之一，著名金融学家罗伯特·C.默顿：风险为损失增加的可能性；<br>刘立峰《宏观金融风险——理论、历史与现实》：风险是某一种时间预期后果估计中较为不利的一面；<br>宋清华《金融风险管理》：风险是与收益相对应的，是与损失联系在一起的；<br>美国学者 Cooper 和 Chapman：风险是由于从事某项特定活动过程中存在的不确定性而产生的经济或财务损失、自然破坏或损伤的可能性；<br>日本学者龟井利明：德国和日本基本将"风险是损失发生的可能性"视为通说；<br>Marshall 和 Bansal《金融工程》：金融资产未来价格偏离其期望值的可能性；<br>董小君《金融风险预警机制研究》：风险是实际结果与预期结果的差距；<br>刘园《金融风险管理》：风险强调结果的双重性，既可以带来经济损失，也可以获取超额收益，既有消极影响也有积极影响；<br>格利茨《金融工程学》：风险是指结果的任何变化，既包括希望的结果，也包括不希望的结果。 |
| 经济学 | 美国经济学家、芝加哥学派创始人 Knight：风险是从事后角度看由于不确定性因素造成的损失；<br>美国学者海恩斯：损害发生的可能性；<br>施兵超、杨文泽《金融风险管理》：风险的认识分为"主观说"和"客观说"，前者认为风险是发生损失的不确定性；后者认为风险是可以用客观尺度度量的客观存在事物；<br>英国经济学家凯恩斯：风险是事件预期结果的变动。 |

续表

| 学科 | 代表观点 |
|---|---|
| 精算学 | 风险可表示为事件的可能损失与概率的函数：R = (Q, P)，其中 R 为风险；Q 为事件的可能损失；P 为发生损失的事件出现的概率。其认为风险是"人们不需要的、竭力避免的负效用"，且具有一定的可度量性。 |
| 统计学 | Wald：风险是由于错误的最终决策而产生的预期实验成本和预期损失之和；<br>英国皇家银行学会（CIB）布赖恩·科伊尔：风险源于事件的不确定性，人们对风险的态度通常是排斥的，是不利的后果。 |
| 审计学 | 全美反财务舞弊委员会的发起组织委员会（COSO）：风险是对银行的实现目标产生负面影响的事件；<br>国际内部审计师协会：风险是发生某种影响目标完成的事件的不确定性。 |
| 决策论 | Williams：风险是在一定条件下、一定时期内可能产生结果的变动；<br>Knight：一个事件的状态概率如果可测定，则为风险事件。 |
| 社会学 | 贝克：风险可以被界定为系统地处理现代化自身引致的危险和不安全感的方式。 |

资料来源：许晖：《国家化风险识别与控制研究》，科学出版社2010年版，第9—16页；刘新立：《风险管理》，北京大学出版社2006年版，第29—33页；周宜波：《风险管理概论》，武汉大学出版社1992年版，第9—11页。

尽管学者们的意见不统一，但是从风险管理学界主流的风险定义来看，关于风险的概念，首先强调的是一种不确定性，是由于对未来的未知性产生了相对于期望值而言的各种不确定结果，是预期结果与实际结果间的偏离；[①]其次多数认为风险给人们带来的损害和不利的影响更重要，把风险视为给定条件下各种可能结果中的较坏的那些结果及出现较坏结果造成损失的可能性及概率，这一理解也较接近于人们对风险的习惯性认识，强调损害发生的可能性，从而更有利于体现制度或项目的目标和设置初衷。因为损害作为风险发生所产生的一种不利结果是风险管理研究的出发点，也是研究的焦点。[②]在本书中，也将采用后一种观点，即风险是指在

---

[①] 顾孟迪、雷鹏：《风险管理》，清华大学出版社2009年版，第3页。
[②] 周宜波：《风险管理概论》，武汉大学出版社1992年版，第9—11页。

特定客观情况下、特定时间内,某一事件的实际结果相对于预期结果或目标的负偏离,负偏离大则可能损失大,负偏离小则可能损失小。

(二)新农保风险的概念

根据上述风险的界定,本书的新农保风险是指:"在特定条件和境况下,由于无法准确预见的因素,导致新农保活动与绩效和预期目标之间的负偏离及相应损失。"

如前所述,新农保风险是相对于新农保预期目标而言的,新农保作为一项具有集人口、经济和社会为一体的综合功能的农村社会保障核心制度之一,其制度目标包括两个层面:一是制度本身的目标。主要包括保障农村居民在老年时的基本生活需要;应对农村人口结构的变化,尤其是人口老龄化的挑战,实现制度财务的可持续性;经办管理环节流程规范、运行高效;在预定的时间期限内实现制度的全覆盖,等等。简单来说,就是被保险人在参加了新农保后,制度在生活上、经济上的保障作用,能够实现"老有所养"。二是制度对外部经济社会的影响,即与制度相应的经济社会功能的实现,稳定发挥经济保障功能,包括收入再分配功能、反贫困功能、人力资本保护功能、农村资本积累促进功能、消费需求扩大功能以及推动经济增长、实现社会公平等目标的实现。因此,新农保制度的目标即在保护与激励相统一的原则下,既保证社会稳定,又促进经济发展,以保证社会稳定为重点;既有利于社会公平,又有利于提高效率,以有利于社会公平为主;既保障农村居民老年生活,又激励劳动力积极劳动,以解决年轻劳动力年老的后顾之忧为目标;提高公民风险防范能力,促进社会进步。

此外,作为一项社会制度,新农保的预期目标分为近期和远期两种。近期目标是要实现制度全覆盖,保证制度的可持续运行;远期目标则包括支持农业迅速发展、发挥农村社会福利再分配作用、刺激农村有效需求、缩小城乡二元差距、优化农村劳动力资源配置、稳定社会运行秩序等功能。

风险无处不在、无时不有,新农保制度是否能实现各个阶段的预期目标,受到很多因素的影响,也存在很大的不确定性。相对于以上目标的实现,相应的风险因素导致的相对于制度的预期目标负偏离也有两个维度:第一,引起制度本身不确定性的因素。即新农保子系统在社会系统环境因素（人口老龄化、体制转型等）的影响和干扰下导致其不能保基本、全覆盖，制度出现不可持续的结果，可分为内生因素和外生因素两个方面。内生因素指新农保作为一项综合性的社会经济政策，其投入之后的政策在运行实际中，实际效果难免会受到制度设计、筹资管理、基金运营、待遇给付等环节诸多因素的影响；外生因素是指在人口老龄化、城镇化的客观条件下，新农保制度在当今乃至今后实现全面覆盖后，政府行为和制度政策、经济社会发展环境甚至自然条件的变化，都会影响新农保预期效果和目标的实现，相对于制度预期目标而言具有较大的不确定性，同时也包括制度对外部环境造成不确定性的因素。

这里有必要区分一下新农保中的问题与新农保风险。可以说，这两个概念既有区别，又有联系。其中，新农保中的问题是针对现实而言的，具有确定性的后果。而新农保风险是指向未来的，具有不确定性。两者的联系在于，现实的问题如果不解决，就会转化为未来的新农保风险。新农保风险按照表现形式的不同，可以分为广义、中义和狭义三个维度来理解。

维度一：制度及整个外部系统的风险。

这是广义理解上的新农保风险，是指新农保由于制度设计本身不完善或制度拥有的公共资源不足等因素使其无法实现既定的目标，以致经济、社会的稳定受到损害的可能性。据此可以推论，新农保风险并非单纯的制度风险，而是政府和整个社会经济系统面临的公共风险，包括系统性风险和非系统性风险。将新农保置于整个社会经济系统环境中进行考虑，就制度的预期目标"保民生和维护社会稳定"来看，一方面新农保子系统作为社会经济政策在社会经济系统环境的影响和干扰下，可能负偏离于预期的制度目标，导致制度不可持续；另一方面新农保制度作为社会经济子系统，又可能对社会经济系统造成损失和不确定性，比如其收入再分配功能、反贫困功能、保护人力资本功能、对农村资本积累功能、促进内需功能，以及促进社会公平和经济增长，等等，对社会的稳定和效率造成了负面影响和损失。因而，新农保风险因素包括复杂而广泛的内容，涉及社会和经济的方方面面，对新农保风险问题的分析将涉及多方面学科，比如社会学、管理学及经济学多方面的学科分支，包括新制度经济学、计量经济学、财政学和保险学等，对该问题的讨论将涉及广泛的空间和众多的内容。

维度二：制度本身的风险。

福利国家的社会保障体系在运行了数十年后，20世纪80年代开始出现"福利危机"，制度暴露出不同程度的缺陷，我国由于新农保试行不久，在实证研究方面非常薄弱，存在缺乏数据的支持以及制度的实际效果无从测量的问题，同时新农保作为规避农村居民养老风险的手段，是否恰当尚不确定。与福利国家相比，中国作为世界上最大的发展中国家，新农保制度的实施有其特殊的国情，无论是经济发展程度、制度革新成本、社会问题都面临更大的不确定性，目前我国新农保由于处于制度实施之初，人们普遍关注其积极作用，而一定程度上忽视了可能存在的不确定性。

因此，从中义层面理解的新农保风险，主要关注新农保本身相对于制度预期目标的不确定性和负偏离，类似于一般的企业项目风险。新农保作为一项社会经济制度，在复杂的外部经济社会自然环境中，涉及制度制定的精算和参数设定、资金的筹集给付运行、基金的运营监管等方面的不确定性，导致新农保制度的预期目标与现实结果之间出现负偏离。新农保风险的存在与客观环境和一定的时空条件有关，当这些条件发生变化时，相关的风险因素、风险事故和风险结果也可能发生变化。

维度三：待遇支付风险。

新农保的待遇支付能力是新农保制度可持续性和制度效果能否实现的核心问题，相应的筹资支付风险是新农保的筹资主体缺乏可持续支付的能力，是新农保风险最主要、最直接的表现形式，属于狭义理解的新农保风险。从根本上说，引起新农保制度波动和相对于预期目标的负偏离的一个主要原因就是，由于资金匮乏、基金收支失衡导致对未来农村老年居民基本生活的保障能力或保障水平下降。当养老金的收入意外减少或支付（现金流出）意外增加时，养老资金出现收支缺口，就会极大地影响制度的顺利运行。这其中的影响因素主要包括老年人口的增多、财政支付能力的下降和养老金实际替代率下降，此外经济金融方面，比如价格风险、[①] 汇率风险、利率风险、收入风险等都会导致新农保的筹资支付风险。

---

① 绝大多数战略风险和经营风险都可以看作是价格风险的特例。

## 二 新农保风险的要素

新农保风险的要素由新农保风险因素、风险事故和风险损失三部分构成。

### (一) 新农保风险因素

风险因素是指引起或促使风险事故发生,以及风险事故发生时,致使损失增加、扩大的条件。风险因素在风险事故发生之前作为潜在条件而存在,是风险事故发生的潜在条件。[①]相对于新农保的预期目标——"保基本、广覆盖、有弹性、可持续"而言,是指由于无法准确预见的各种因素,导致阻碍新农保顺利运行,使制度实际结果相对预期目标发生了损失或负向波动。根据新农保风险因素的性质,可分为客观风险因素、道德风险因素及心理风险因素;根据引发新农保风险事故的原因,可分为自然风险因素、人为风险因素、经济风险因素、政治风险因素;根据引发新农保具体风险事故的不同,又可分为养老金替代率风险因素、个人账户计发系数风险因素、制度碎片化和衔接风险因素、财政风险因素、个人筹资风险因素、集体经济筹资风险因素、监管风险因素、基金保值增值风险、欺诈冒领风险因素,等等。

### (二) 新农保风险事故

风险事故又称为风险事件,是指风险成为现实,引起风险损失的事件,表示风险的存在及风险存在的状况,是损失的媒介物和导致风险事故的直接原因。新农保风险事故意味着风险的可能性或不确定性,而且还揭示了潜在的风险造成损害的可能性或不确定性,即新农保风险的发生。

### (三) 新农保风险损失

风险与损失密切相关,风险的程度决定和影响着损失的程度。在企业或者项目风险中,风险损失指非故意的、非计划的和非预期的经济价值的减少。但新农保风险损失有其特殊性,根据本书对新农保风险的定义,相应的新农保风险损失指制度实际目标相对于预期目标发生的非故意的、非计划的负偏离,导致一系列社会不安定、财政收支失衡或经济波动。新农保风险损失既有直接的经济价值的减少,如新农保基金的投资运营不善导

---

① 刘金章:《保险学导论》,清华大学出版社、北京交通大学出版社2009年版,第3页。

致基金缩水,发生贬值;又有间接的损失,如新农保替代率风险导致制度无法保障农村老年人的基本生活,或者由于筹资风险导致制度无法可持续运行,最后导致制度公信力下降,引发群体性事件或政治危机,造成社会的不安定,这一损失往往较大,是无法直接用财产和经济价值来衡量的。

### 三 新农保风险的特性

新农保风险作为社会保障风险的一种,必然同其他风险尤其是保险风险有着千丝万缕的联系。把握新农保风险的特性,对于有效识别和评估新农保风险,加强新农保风险防范有着十分重要的意义。[①]

#### (一)新农保风险同其他风险的共性

第一,不确定性。风险基本上是一种随机现象,就个别单位而言是不可预知的。主要表现在三个方面:第一个方面是发生的时间和地点的不确定。就个体而言,存活多久、何时死亡以及何时生病失去劳动力等,都是难以准确预测的;第二个方面是风险发生的概率不确定。虽然可以根据以往的经验和数据,在一定程度上预测这一未知结果,但这是在一定的置信区间或可能性下得出的,是非确定的;第三个方面是一旦发生,其损害程度不确定。尤其作为社会制度,其不确定影响势必扩展到对整个社会的不同程度的危害,人们由此产生信任危机,造成政府公信力的下降等,这些会在多大范围、多长时间以及产生多大的影响是不可预知的。

第二,客观性。虽然风险什么时候发生、在哪里发生、发生的概率及其发生后的损失程度如何都不确定,但风险又是客观存在的,人们在经济社会活动中虽可部分地控制和规避所面临的自然灾害、人为事故以及经济决策失误等风险,但风险作为一种客观存在,是不以人的意志为转移的,人们可以经过主观努力,在一定范围内改变风险形成的条件,降低风险事故的发生,而不能彻底消除。比如由于人口老龄化、世界金融危机带来的养老保险基金支付风险就是客观存在的。

第三,突发性。虽然风险具有客观性,但风险的发生又往往表现出意外和偶然。这也是由风险的不确定性引起。世界万物都处在不断的变化和发展过程中,风险亦如此。由于风险因素的不断变化导致风险的发生与预

---

① 邓大松、何辉:《社会保障风险管理的几点理论认识》,《求实》2011年第4期。

测上的偏离，有量的变化，也有质的变化；有旧风险的消亡，也有新风险的不断产生。风险这种意外的变化，往往表现为突发性，并带来意外的损失，甚至表现为紧急的危险，导致灾害性的后果。比如，由于人类生态环境的恶化，或者地球地壳运动的改变，在特定的时间往往发生一些意料之外的自然灾害，比如地震、旱涝等自然灾害带来的财产的损失和人员伤亡，造成城乡居民养老保险支出的意外增加。

第四，损害性。无损害，也就无风险。风险事故发生后，必然直接和间接给人们的生命财产造成损失。事故造成的损失有大有小，损失范围有所不同，有的损失是经济上的，可以用货币进行衡量；有的损害是精神层面的，无法估量。风险事故一旦发生，往往会给人们的生产生活带来负面的影响，甚至造成巨大的灾难。因而需要识别和规避风险，将损害减少到最小程度。城乡居民养老保险风险事故的发生往往造成大量的财产、人力资源的损失，并造成极为不良的社会影响。

第五，风险的可预测性。在拥有相似风险大量资料的前提下，可以测定、评估风险的值，随着科学技术的进步和识别、管理与控制风险能力的加强，根据过去的经验和数据分析，在一定程度上、一定时期内，可以通过概率的方式提前预见这种未知结果。但风险的这种可预测会因为风险预测时间的长短以及风险管理技术方法的不同而不同，随着时间的延长，很多不确定因素会增多，风险也会随之增大。

(二) 新农保风险的特性

第一，风险发生的可测性与不可测性并存。新农保制度从建立、试点运行到进一步扩面，最终合并为城乡居保过程中，既存在制度设计是否科学、合理的风险，又有制度运行过程中的道德风险和基金运营风险，此外，还有制度之外由于自然规律或意外事故导致的风险。这些风险类型各异，有着各自不同的性质与特征，有的可以预测，而有的无法预测。如新农保制度设计中的替代率下降风险、个人账户计发系数风险是事先可以人为预知的，精算系数设计不科学、人口老龄化都可能导致以上风险发生。但是自然灾害和某些人为过失造成的风险，什么时候发生或者在哪里发生，事先不可预知，是非确定的。

第二，风险发生单位的普遍性。新农保风险一旦发生，涉及的通常不是个别家庭或少数人，而是通过乘数破坏效应影响到为数众多的亿万农村参保人。根据大数定律和社会保障制度的公共性，新农保覆盖全体农村居民，时间跨度上长达几十年，涉及几代劳动者的收入及福利待遇，与农村居民的生活息息相关，一旦风险事件发生，造成的损失将是巨大的，不仅会带来社会福利的损失，还会影响社会稳定。同时，新农保作为社会经济政策，其风险带给公众的心理影响也是比较复杂的，某一风险事故的发生，往往带来一连串的问题，产生连锁反应，因而影响到整个社会公众的心理和行为，甚至引起人们心理上的不安和恐惧，进而引发社会危机、政治危机等。

第三，风险补偿或给付的连续性。完善社会保障制度，抵御社会保障风险已成为现代社会文明的一个重要标志和公民的一项基本权利。与纯粹的商业性保险不同，新农保风险事件一旦发生，其补偿或给付是长期且连续的，养老金的给付直至被保险人亡故。正因为风险补偿的连续性，因而在应对诸如人口老龄化的养老金支付风险时，需要政府作出长期的预算、精算及风险防范措施。

第四，风险补偿或给付的有限性。根据新农保"保基本""可持续"等基本原则，新农保风险补偿或给付也以满足被保险人最基本的生活需要为原则，它也是由制度的福利性、救助性以及政府慎防"动力真空"现象决定的。因此，在目前而言，还需要家庭、土地以及商业保险等作为补充，以提高整体保障水平。

第五，风险补偿或给付的政治意义大于经济意义。生存保障是社会稳定的逻辑起点，政府作为新农保的主办方，其实现对新农保养老金待遇的给付及其风险补偿有着特殊的政治意义。新农保作为保障民主、社会和谐的又一大政治举措，是经济社会发展到一定阶段，社会矛盾加剧、城乡差距扩大的必然选择，也是政府合理性的体现。为了保障社会和谐和政局稳定，政府必须想方设法改善和调整生产关系，建立和完善社会保障体系。

## 第二节 风险识别的基本理论

风险管理是在全面而又充分的识别风险基础上，选择最有效的手段和措施对风险进行控制和处理，以最小成本获得最大安全保障的一种科学管理活动。① 风险管理是风险管理单位（企业或个人）处理其遭遇风险的合理程序，是在损失发生前做出计划，也为损失之后绸缪资源的策略。风险管理行为贯穿于损失发生的全过程，其总目标是"以最小的风险管理成本获得最大的安全保障"。目前，风险管理的过程在业内已形成共识，包括风险识别、风险测度、风险评价、风险控制和风险管理评价等主要环节，且整个过程是一个循环系统。风险识别是整个风险管理活动的基础和前提。②

### 一　风险识别的内涵

有学者认为风险识别是风险管理人员在对主体所在外部宏观和内部微观风险环境分析基础上，根据风险管理的目标，运用专门的风险识别技术，开展收集有关风险源、风险因素、风险事件和损失暴露等方面信息的活动，通过对这些信息进行加工处理，并最终识别出潜在风险的过程。③这主要包括三个步骤：细分主体风险、选择识别风险的工具、开展风险识别活动。也有学者认为风险识别不是一个简单的步骤，而是一个循环往复的过程：风险识别是指系统地、连续地识别并记录可能对项目造成不利影响的因素，包括列出所有与项目相关的过程、参与者及存在的问题，从中确定风险的来源、产生条件。④

本书认为风险识别的内涵主要包括以下几个方面：第一，风险识别是一项复杂的系统工程。既包括系统内相关流程的方方面面，也要考察周围环境的各种各样的影响因素；第二，风险识别是一个循环连续、不间断的过程。由于万事万物都在不断地运动发展中，组织和个人都处于不断地旧的风险消失、新的风险出现的动态过程中，并且风险的暴露也有一个逐渐发展的过程，因此风险识别也相应是一个长期的过程，不可一蹴而就；第三，风险识别并不是主观的臆断，需要依赖一定的科学工具和方法进行全面的总结和归纳。风险识别的内容除识别与归类具体的风险因素之外，还应论及风险产生的原因、条件以及可能导致的后果；第四，风险识别的目

---

① 周宜波：《风险管理概论》，武汉大学出版社1992年版。
② ［美］威廉姆斯C.A.、汉斯R.M.：《风险管理与保险》，陈伟等译，中国商业出版社1994年版。
③ 卓志：《风险管理研究》，中国金融出版社2006年版。
④ 刘仁辉、安实：《项目风险识别量化方法研究》，《中国管理科学》2007年第15期。

的是衡量和规避风险，控制风险损失。风险识别的质量会直接影响风险管理的效果，因此风险识别的主要目的就是将识别结果作为衡量风险和采取相应防范措施的依据，调查和分析风险，实现风险管理的目标。

在充分考虑各个风险因素特点的前提下，列出影响各个风险因素及各因素之间的相互作用，将这些因素视为系统要素，构建各个风险的子系统模型，然后分析该风险的形成机理，是风险识别阶段的主要任务，它为进一步定量的评估风险、制定相应的风险控制策略和防范对策奠定重要的基础。风险识别过程具体包括两个方面：调查风险和分析风险。调查风险即了解风险的客观存在；分析风险即掌握产生风险的原因和可能后果。调查风险和分析风险两者相互联系，只有通过调查掌握了风险的存在，才能进一步在此基础上寻找风险的存在及分析导致风险事故发生的原因。因为风险管理的任务就在于对客观存在的各种风险采取应对措施，消除不利因素，减轻不利影响，使不利方面朝有利方面转化，因此，分析风险即掌握产生风险的原因及评估成为风险识别的关键。

## 二 风险识别的主客体

风险识别是风险管理的重要内容，在相应风险事件发生之前运用多种方法对风险进行的辨别和鉴别，是系统地、连续地发现风险和不确定性的过程。目前，在关于风险识别的研究中，大多数学者都把风险识别作为风险管理的第一个阶段，是其他环节的基础和前提。在进行风险识别之前，首先需要明确风险识别的主体和客体，即谁对谁的识别。

风险识别的主体是实施识别行为的人、单位或机构，是进行风险识别活动的每一个个体以及由这些个体组成的组织或机构，即风险由谁来识别。根据主体的波及范围，可以把风险识别的主体分为三个层面：微观识别主体，主要包括个人或家庭、企业等；中观识别主体，即相关的经办机构、专业行业组织等；宏观识别主体，即国家及政府社会保险相关管理机关。三个层面的主体共同作用，相互补充，进行风险识别。

风险识别的客体，即被识别的对象（识别什么）。主要是指风险识别主体面临的各种风险、可能造成的结果以及相关的各种风险因素，包括风险的来源、风险可能造成的危害、发生的可能性、影响的范围以及损失破坏程度等。

新农保作为一项国家层面的公共政策，受到复杂环境的影响，面临着多种风险因素以及风险的威胁,其中大部分风险可以通过一定的方法识别出来并可以采取措施进行防范,以减轻甚至消除风险因素可能造成的风险损失,促进新农保的健康可持续发展。

其中需要被识别的最重要的客体是新农保风险因素,本书将其划分为三类,一是制度内生风险,二是制度外生风险,三是外部效应风险;三类风险又分别包含着多种风险因素。由于风险因素以及新农保所面临的外部环境的复杂性,在进行识别时,可以运用多元治理模式来进行风险识别和防范,多主体共同参与,更好地进行风险识别和防范。

### 三 风险识别的方法

风险识别的方法有许多种,不同学科从不同角度提出了不同的风险识别方法,各种方法各具优势和不足,有一定差别也有重合,由于环境错综复杂以及风险因素形形色色,因此在具体的风险识别中,需要灵活运用各种风险识别方法,通过各种分析方法取长补短,及时发现各种可能引起风险事故的风险因素。常用的风险识别方法如表2-2所示。

表2-2　　　　　　　　常用风险识别方法

| 风险识别方法 | 具体内容和做法 | 优缺点 |
| --- | --- | --- |
| 1. 经验反馈法 | 基于"在岗人员最清楚所在岗位风险"的假设,通过合理的奖惩制度鼓励员工主动指出日常工作中的小事件(偏差)。 | 优点:既有利于减少损失,又有助于员工岗位工作的顺利完成及其晋升和奖励;<br>缺点:需员工配合,并要求及时采取纠正和反馈行动,使管理者疲于应付。 |
| 2. 现场调查法 | 对风险进行全面详尽的普查,包括调查前的准备、现场调查和访问、调查结果和情况的反馈,出具调查报告书。 | 优点:可获得第一手资料;<br>缺点:时间久、成本高。 |
| 3. 列表检查法 | 用事先设计好的调查表对主要风险进行对照检查。 | 优点:成本低、识别过程简单迅速,并可同时跟踪监测整个风险管理过程;<br>缺点:检查表的制定比较费时,难以有效控制质量。 |

续表

| 风险识别方法 | 具体内容和做法 | 优缺点 |
| --- | --- | --- |
| 4. 流程图法 | 将风险主体按照生产经营的过程、活动内在的逻辑关系绘成流程图，针对流程中的关键环节和薄弱环节调查风险、识别风险。 | 优点：将复杂的生产过程或业务流程简单化，有效识别风险及重大风险点；<br>缺点：流程图的绘制耗费时间，不能进行定量分析判断风险发生可能性的大小。 |
| 5. 事故树法（广泛运用） | 从某一事故出发，运用逻辑推理的方法寻找引起事故的原因，从结果推导出引发风险事故的原因，用各种事件符号和逻辑门来表示可能的事件，一般是在已知风险的情况下，通过分析引起风险的动因，识别相应风险事件，顶端是可能的结果，下面是原因分解。 | 优点：风险因素和因果关系一目了然，可进行量化分析、灵敏度分析，尤其适用于特定风险的深入分析；<br>缺点：要求较高、较专业，成本较高，有关事件概率的准确程度直接影响识别后果。 |
| 6. 预先分析法 | 在项目计划阶段对风险进行定性识别，通过检查原始意图，发现有无偏离意图的情况，寻找偏离原因，预测偏离后果。 | 优点：可在项目实施前就发现风险并加以处理；<br>缺点：费时，需要详细的设计系统图的支持。 |
| 7. 财务报表分析法 | 特殊的列表检查法，通过对资产负债表、利润表等财务报表的分析来识别风险。 | 优点：信息准确、客观、清晰、扼要，容易被外部人员接受；<br>缺点：风险反映不全面。 |
| 8. 组织结构图分析法 | 通过画出整个经济单位的组织结构图来发现风险可能产生的区域，寻找风险产生的环节。 | 优点：风险识别中有专门的指向和目的；<br>缺点：受限于风险管理人员的风险发现能力。 |
| 9. 风险损失清单表 | 按照直接损失、间接损失、责任损失将已经认识的、最基本的各类风险以清单形式列出，对照实践识别。 | 优点：简单明了，系统地识别出基本的风险，还可开展跟踪连续监测；<br>缺点：侧重于概括与普遍归纳，无法顾及个体项目的特殊性，制作与调查过程耗时。 |

续表

| 风险识别方法 | 具体内容和做法 | 优缺点 |
| --- | --- | --- |
| 10. 因果图法 | 从导致风险事故的因素出发，推导出可能发生的结果，将导致风险事故的原因归纳为类别和子原因，画成形似鱼刺的图。 | 优点：全面系统，可揭示风险事故与其因素的因果关系；<br>缺点：风险因素的重要程度无法区分，取决于风险管理者对风险的认识程度和观念。 |
| 11. 问卷调查法（也称"书面调查法"，或称"填表法"） | 用书面形式间接搜集研究材料的一种调查手段。通过向调查者发出简明扼要的征询单（表），请示填写对有关问题的意见和建议来间接获得材料和信息的一种方法。 | 优点：可广泛借助社会力量发现风险；<br>缺点：调查地点、被调查人选择的代表性有较大要求。 |
| 12. 外部环境分析法 | 通过分析外部环境及其变化，重点考虑其与内部风险的联系及程度，以分清主次，分别处理。 | 优点：侧重于项目风险发生的外部条件，通常可发现一些潜在风险因素；<br>缺点：风险识别的精度不可控，可能提高风险管理成本。 |
| 13. 德尔菲专家预测法 | 就特定的风险按规定程序，向相关领域内的专家反复征询意见，并经统计处理得到预测结果的一种预测方法。 | 优点：将专家个人调查法和专家会议调查法相结合；<br>缺点：周期较长、受专家知识的局限。 |
| 14. 分解分析法 | 将复杂的事务分解为多个比较简单的事务，将大系统分解为具体的组成要素，从中分析可能存在的风险及潜在损失的威胁。 | 优点：广泛运用于项目风险管理，有利于复杂事务的简化；<br>缺点：风险因素容易交叉、重叠，需要后期进一步甄别。 |
| 15. 因子分析法 | 通过对原始变量的相关系数矩阵内部结构的研究，导出能控制所有变量的少数几个综合变量，通过这几个综合变量去描述原始多个风险因素之间的相关关系，简化风险识别难度。 | 优点：把具有错综复杂关系的变量归结为少数几个综合变量，同时减少信息损失；<br>缺点：对风险公共因子的理解及命名因人而异。 |

续表

| 风险识别方法 | 具体内容和做法 | 优缺点 |
| --- | --- | --- |
| 16. AHP 层次分析法 | 把复杂系统的风险因素通过划分相互联系的有序层次使之条理化，对每一层次风险因素的相对重要性给予定量表示，并通过数学方法赋权值，最后按权值大小进行重要次序排序，以识别重要风险因素。 | 优点：将复杂的评价思维过程数量化，提高风险识别的精确度和科学性，并有利于提高权重确定的信度和效度；<br>缺点：要求评价者对风险的要素和相互逻辑关系十分了解。 |

资料来源：王晓玲：《基于风险管理的内部控制建设》，电子工业出版社 2010 年版，第 102—107 页；刘钧：《风险管理概论》，中国金融出版社 2005 年版，第 21—22 页；刘金章：《保险学导论》，清华大学出版社、北京交通大学出版社 2009 年版，第 7 页；范柏乃：《政府绩效评估与管理》，复旦大学出版社 2007 年版，第 235—246 页；孙建军、成颖、邵佳宏、徐美凤：《定量分析方法》，南京大学出版社 2002 年版，第 108—139 页，相关资料整理而来。

### 四 风险识别的过程

风险识别的过程实际上就是收集有关风险事故、风险因素、损失暴露和危害（损失）等方面信息的过程。风险识别过程包括以下几个方面。

#### （一）发现或者调查风险源

在风险事故发生以前，发现引发风险事故的风险因素，是风险识别的核心，是风险识别是否全面和深刻的一个主要表现，也是对风险因素的揭示，只有这样才能有的放矢地改变风险源存在的条件，防止风险因素的增加或者聚集。引发风险事故的风险因素大致可以分为物质风险、社会风险、政治风险、法律风险、操作风险、经济风险、认知风险等。其中，社会风险主要指人们的道德信仰、价值观、行为方式、社会结构和制度等方面，而这些因素可能又源于社会环境的变化，比如法制系统、经济结构、文化背景和劳动者素质等。认知风险是指由于人们发现、理解、估算和测定风险的能力不足或过失，使风险管理理论与现实产生差距，导致风险事故的发生。

#### （二）寻求减少风险因素增加或传递的条件

在发现或者调查风险源之后，应该寻求引发风险因素减少的条件，根据风险因素的轻重缓急，对可能引起重大事故的风险因素及时进行处理，同时对危害较小的风险因素也要做相应的防范措施。按照风险事故发生后的严重程度，从轻到重可将风险因素划分为四类：第一类是事故后果可以忽略，可以不采取控制措施的风险因素；第二类是事故后果比较轻，暂时不能造成人员伤害和财产损失，应该考虑采取控制措施的风险因素；第三类是事故后果严重，会造成人员伤亡和系统损坏，需要立即采取措施加以控制的风险因素；第四类是造成灾难性后果的风险事故，必须立即采取措施予以排除的风险因素。风险因素的分类提供了考察风险事故后果产生过程的方法，改变了风险因素产生的条件，从而一定程度上减少风险事故发生的概率，降低风险事故造成的损失。比如，对于投资于证券市场的养老保险基金而言，风险因素是一些能够影响各种证券价格的宏观经济变量，如通货膨胀率和外汇汇率等系统性风险，识别这些系统性风险，首先需要了解宏观经济环境和经济发展的状况，其次需要了解国家法规、政策的变化，尤其是国家对证券市场监管政策的变化。又如，对于影响企业运行的内部人员规范操作及财务管理状况等非系统性风险，可以通过规范内部管理、了解市场潜力等方式，及时阻断风险事故发生的可能路径。

（三）预见危害或威胁

一般而言，对于传统和常见的风险凭经验便可识别与预见损失，但是由于风险管理存在成本问题，对于一些小的风险损失进行风险管理的成本远远大于风险损失本身，因此，风险识别过程中，必须采取积极、主动和谨慎的态度，根据风险的危害或者威胁的大小有的放矢，就需要初步预见风险事故的危害或损失，将可能产生危害的条件消灭在萌芽状态。

（四）重视风险暴露

风险暴露是风险识别的重要组成部分，凡是可能面临损失的物体，都有风险暴露的可能，必须重视风险的暴露。例如，年纪大的人身体不适是风险因素，由于身体不适引起患病医疗费用的增加，导致其他消费水平的降低，甚至变得贫困、生计困难就是风险的暴露。这些风险暴露包括实物资产风险暴露、金融资产风险暴露、法律责任风险暴露和人力资本风险暴露等。其中，实物资产风险暴露指实物资产和无形资产的损失，例如，公众的赞誉、政治上的支持、知识产权的损失等，对于诸如新农保等公共制度供给，这是非常值得重视的方面；金融资产风险暴露一般是指拥有债券资产的组织和个人,其金融资产可能遭遇的损失,与市场环境有着非常密切的关系;法律责任风险暴露源于司法系统所确定的各种义务和国家法律、法规、政府机关实施颁布的管理条例、规章等所规定的当事人的责任义务。比如在新农保制度中,国家必须履行相应的财政补贴责任,由于自然灾害、人口老龄化等风险因素,这有可能引发财政支出意外增加的风险,整个国家可能出现资不抵债,社会发生动荡的风险暴露;人力资本风险暴露,是指就企业而言,作为企业财富的重要组成部分的企业员工可能发生的伤亡以及带来的相应损失。人力资本的损失不仅指员工身体、心理上受到的伤害,而且还包括企业员工损伤带来的利润减少、支出增加。由于风险暴露涉及的领域非常广泛,目前还没有能够适用于所有领域的一般性的解决风险暴露的方法,这也使得风险识别成为一项复杂的系统工程,且方法迥异。总体而言,风险识别的过程如图2-1所示。

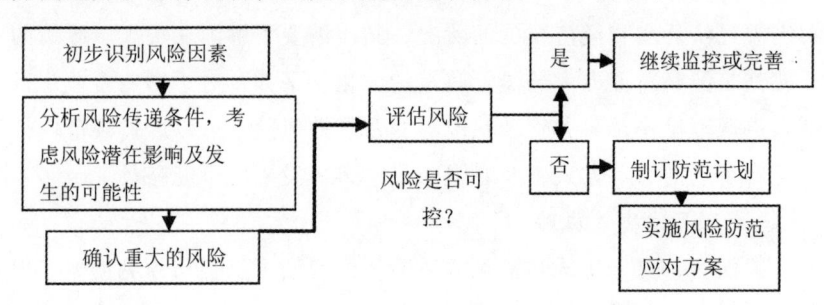

图2-1 风险识别与确认流程

## 第三节 新农保风险识别的目标、原则与方法

### 一 新农保风险识别的目标

新农保风险识别是利用各种科学的方法与工具对于威胁新农保活动的各种隐性及显性风险进行系统的认知、归类及分析,以揭示各类风险的性质、产生原因及发生条件,并描述风险的特征及其可能造成的后果。作为新农保风险管理的第一步,新农保风险识别将新农保制度运行过程中的不确定因素转变为清晰明了的风险描述,在准确了解新农保可能面临什么风险后,能事先或及时采取相应手段积极应对这些风险,避免陷入被动的事后补救,为新农保风险规避以及防范提供了认知基础和科学依据。

新农保风险识别的目标，与新农保风险管理的目标一致，即为了保障新农保的制度目标的顺利实现，尽可能将导致新农保活动偏离预期目标的因素发现出来，因而是与新农保制度的目标联系在一起的。新农保正处于试点、普及时期，迫切需要对制度的执行效果进行识别评价，实现对制度设计的完善。

新农保制度的目标基本包括：解决农村老年人基本生活所需，增加社会公平；制度具有可持续性，增强社会安全感。其一般的管理目标包括实现人群代际及期间的社会再分配作用、财务制度的可持续性、管理经办的简便程度，个人激励、个人权益的便携性；其附属功能包括促进经济增长、政治社会稳定，扩大消费内需能力、促进农村人力资本发展。在识别确认风险时，应优先关注它的基本功能的实现，其次才是它的一般管理目标以及附属外部效应风险。新农保风险事故一旦发生，不仅会对国家的经济发展和社会稳定带来威胁，而且会对政府的管理能力和民众信任的提高提出巨大挑战，因此加强新农保风险识别，对提高新农保风险管理水平具有非常重要的意义。

**二 新农保风险识别的原则**

从新农保风险识别的目标上看，新农保风险识别应以预见性为导向、以矫正为目的，具体而言包括以下几条识别原则。

（一）系统性原则

系统性原则也称为整体性原则，它要求把识别对象视为一个系统，以系统整体目标的优化为准绳，协调系统中各分系统的相互关系，使系统完整、平衡。系统是由相互作用、相互依赖的各部分组成的有机整体，具有一定的结构与特定的功能。系统由子系统组成，子系统又可由更小的子子系统或模块构成。新农保作为整个国家层面运作的体系，具有显著的系统性特征。因此，在新农保的识别中，应该将各个小系统的特性放到大系统的整体中去权衡，不仅仅局限于说明新农保风险因素有哪些，还需要系统地分析出这些风险因素的来源，甄别促成因素形成的条件。同时还要预测风险引致的结果，分析其经济损失程度及目标价值偏离程度。系统的风险识别使得研究者对于每类风险前因后果和发展脉络有清晰的认识，为有针对性地开展风险管理打下良好的基础。

## (二) 动态性原则

风险识别的结果并非一劳永逸，而是一个循环往复的动态过程。一方面，新农保制度内部各个要素是运动和发展的，它们之间相互联系又相互制约，各个内部要素是随着时间动态变化的。同时，新农保的正常运转，不仅受到本身条件的限制和制约，还受到外部其他有关因素的影响和制约，并随着时间、地点以及人们的不同态度而发生变化；另一方面，风险识别不是一次性的活动，是一个持续改进的过程，与新农保活动息息相关。随着新农保制度的推进，风险识别必须是一个连续不断的、动态的和制度化的过程。同时，由于研究人员能力有限加上研究工具的局限性，识别结果的精准性难以保证，只能通过反复的检验与验证将误差减到最低。

## (三) 全面性原则

风险识别并不是片面地罗列当前显著的新农保风险因素，而是尽其所能地全面分析新农保活动所面临的所有风险因素，全面系统地考察、了解新农保运作过程中各种风险事件存在环节和可能发生的概率以及损失的严重程度。由于当前隐性的、微小的风险可能转变为日后显性的、重大的风险，若某些风险因素在风险识别阶段被忽略，则更谈不上对其进行评估确认、选定衡量指标或指定应对方案，从而导致严重的风险后果。因此在新农保风险识别过程中，不得发生遗漏，尽量覆盖制度所有业务及管理流程的全过程，以免留下隐患。

## (四) 关键性原则

风险识别的目的就在于为风险防范管理提供前提和决策依据，以保证政府、集体和参保农村居民以最小的支出来获得最大的安全保障，减少风险损失。因此目前在新农保资源有限的条件下，必须根据实际情况和财务承受能力，来选择效果最佳、经费最省的识别方法。人们对损失危害的衡量，直接决定风险防范措施的选择和管理力度，如果风险识别不把握重大风险和关键风险，不分轻重缓急，将引起较高的风险防范成本，造成新农保资源的严重浪费。因此在新农保的风险识别和衡量中，必须做综合的考察分析，在对制度的目标、战略和内外部环境全面分析的基础上，分清轻重缓急，关注整体风险与重大风险，抓住关键风险。把主要资源放在关键风险和重大风险的防范上，减少损失发生的概率及其后果的严重程度，以便及时而清楚地为决策者提供比较完备的决策信息。

## (五) 有效性原则

新农保是一个范围广、影响大且涉及亿万群众的国家制度,其有效性和可靠性具有重大意义。无效的或虚假的信息会给国家和人们带来重大影响,甚至是不可挽回的损失。主要关注两个方面的内容:一方面,是否合规和科学。对风险进行识别的过程,同时是对单位、家庭、个人在新农保运作过程中的利益状况及其所处环境进行量化核算的具体过程。风险的识别和衡量要在马克思主义理论指导下,以严格的数学理论作为分析工具,在普遍估计的基础上进行统计和计算,以得出较科学合理的分析结果;另一方面,是否可操作。新农保风险的识别,识别方法的选择、组织和结果的考察等不能仅从理论上的最优化出发,而应考虑到我国自身的文化、经济和社会特点等其他因素,并非简单地选择理论上最好的。

新农保风险的防范应具备保证新农保工作顺利进行的职能,既要对可能造成风险的行为进行纠正、控制、预防与回避,减少误差,在捕捉到风险的信号后,尽快地判断出风险来自于何处,对风险构成进行判定和细分,为控制新农保风险提供科学的防范依据,并采用各种科学的风险控制措施来对其进行控制;与此同时,又要能举一反三,对潜在的、同类型和同性质的风险与危机演化过程进行成功预测和迅速识别,使新农保的风险防范措施具有切实的可靠性。

## (六) 全员性原则

新农保风险识别过程中,应该是全员参与,政府、企业、个人和社会团体等都是利益相关者,应该积极参与到新农保风险识别中来。以风险识别为目的,通过风险意识的提高,尤其是提高组织中处于关键地位的中高层管理决策人员的风险意识,实现对风险的认知,保障新农保活动向预期目标发展。

## (七) 预见性原则

新农保风险的预见性就是以对不确定和不稳定现象的预测为前提,在纷繁复杂的社会环境和经济环境下,通过科学地判定风险发展的趋势和方向,制定有效对策,在潜在风险还没有形成现实或者造成有效威胁的情况下,及时阻断风险传播链条,通过制度完善和相关措施,对可能的风险事故进行纠正、控制、预防与回避,降低风险的威胁系数,或者对同类型和同性质的失误进行迅速预测或识别。

在新农保中存在着各种风险,不管是已经显露出来的风险还是还没有被察觉和发现的风险,我们都应该对其进行防范,而防范风险的首要环节就是要及时发现风险。相关部门应加强对新农保风险的识别,以便能及时发现和规避风险。如新农保经办管理环节,有些地区做得比较好,比如辽宁省的丹东市就做得比较好。为了规范丹东市新农保各级经办机构的工作,2017年3月,相关部门对丹东市市区新农保的经办机构进行了多方面详细而严格的检查,实时监督经办机构的具体工作,严格把关,及时发现风险和预防风险。各级经办机构也应该树立起自觉接受人民群众监督的工作理念,严格要求自己,最终实现自我监督。因此,必须严格按照国家要求的信息公开标准,对规定要公开的相关资料和工作进行公开,自觉接受人民群众的监督,这也有利于对经办管理工作中风险的规避。

(八) 政府主导、社会参与的原则

我国现有的新农保制度是通过先试点、后推广的战略,经过不断地探索和反复试验后作为一项正式的政策由政府推行出来的,我国政府是整个制度制定和实施的负责主体。所以,政府也就相应地担当起该制度在运行过程中产生的风险责任,这也是我国政府对构建我国的社会保障体系所负有的主导责任的具体表现。我国的新农保制度正式实施的时间比较短,还在不断地完善和发展当中,还存在许多的问题和风险。为了保障其正常运行,政府需要承担起监督和管理的责任;同时,作为我国一项重大政策,该制度不仅涉及广大人民群众的切身利益,也与国家的发展有着紧密联系,因此,社会公众必须为该制度的健康运行建言献策,尤其是相关专家学者,有理由也有义务为我国的建设事业奉献自己的智慧。所以,政府应该主动承担起责任,同时要鼓励社会公众为此奉献自己的智慧和力量,创造机会和条件让公众参与进来,广泛反映人民群众的意愿,集中广大人民群众的智慧,而且还有助于公众对该制度的深入了解和充分接受,最终推动该制度顺利运行。

### 三 新农保风险识别的方法

如前所述,风险识别方法多种多样,各具优势和不足,只有遵循风险识别的原则,将各种风险识别方法综合灵活应用,才有可能达到风险识别的理想目标。具体到新农保风险识别,有其相应的特殊性,新农保风险识

别方法有如下几种:

### (一) 流程图法

依据新农保运营过程进行新农保风险识别,有助于从纵向角度把握整个新农保制度的实施过程,从而在识别风险的过程中,尽可能做到不遗落、不忽略。新农保从制度设计到待遇给付总共经历"制度设计环节—资金筹集环节—基金管理环节—待遇给付环节"四大环节,如图2-2所示。每一环节都可能直接导致新农保发生风险损失,致使制度实际目标低于新农保风险管理的期望值,发生负偏离,构成相应的制度设计环节风险事件、资金筹集环节风险事件、基金管理环节风险事件以及待遇给付环节风险事件。

制度设计环节 ⇒ 资金筹集环节 ⇒ 基金管理环节 ⇒ 待遇给付环节

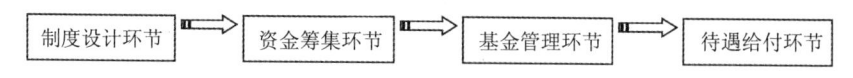

**图 2-2 新农保制度流程**

通过对新农保流程图的分析,揭示每个环节中潜在的风险因素,找出影响制度整体效果的风险源,包括实质风险因素、道德风险因素以及心理风险因素等。其中以待遇给付环节风险为例,相应的风险因素既包括待遇领取方欺诈、冒领养老金和经办方发放养老金存在的道德风险,经办机构经办流程不规范和专业技能缺乏的实质性风险,又有责任心不强的心理风险等。

如图2-3所示,新农保的待遇给付环节的待遇支付业务流程,通过将各个流程展示出来,可以将风险识别细化到每一个办理环节,避免风险因素的遗漏。可见在新农保的待遇支付环节,主体涉及了经办人员、参保人员以及财政、金融机构。

如前所述,新农保采取流程图法,可以清晰直观地显示新农保环节的风险,将新农保业务流程简单化,有效识别新农保的风险及重大风险点,但此法不能进行定量分析,因此无法判断风险发生可能性的大小,并且没有寻求引发风险事故的原因。

### (二) 环境扫描法

环境扫描法是企业环境分析方面最早提出的一种方法。它一般是指企业对有关外部环境变化的信息进行系统收集和处理,其目的是使管理者了解或感知外部环境的变化状况及趋势,为企业决策提供参考。环境扫描通

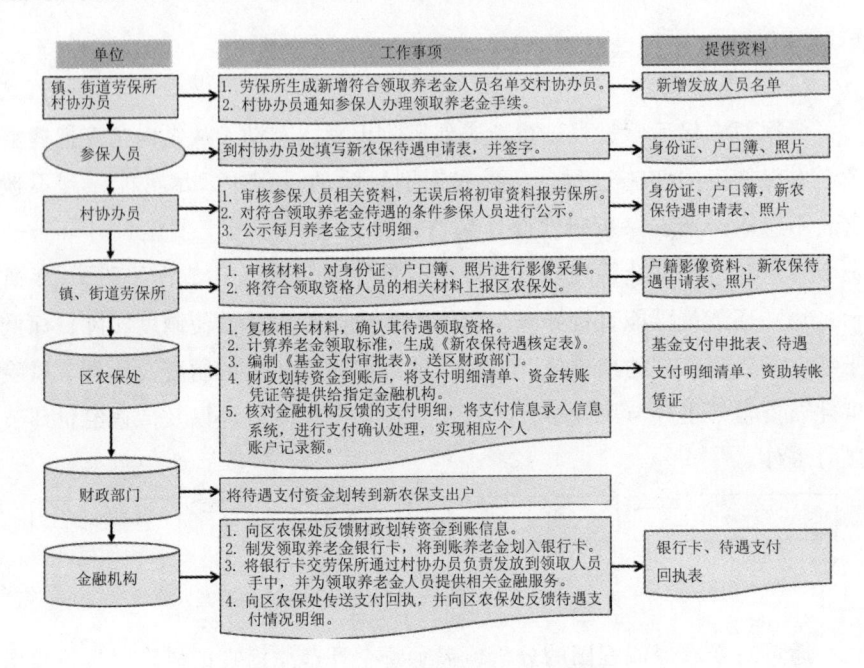

| 单位 | 工作事项 | 提供资料 |
|---|---|---|
| 镇、街道劳保所村协办员 | 1. 劳保所生成新增符合领取养老金人员名单交村协办员。<br>2. 村协办员通知参保人办理领取养老金手续。 | 新增发放人员名单 |
| 参保人员 | 到村协办员处填写新农保待遇申请表，并签字。 | 身份证、户口簿、照片 |
| 村协办员 | 1. 审核参保人员相关资料，无误后将初审资料报劳保所。<br>2. 对符合领取养老金待遇的条件参保人员进行公示。<br>3. 公示每月养老金支付明细。 | 身份证、户口簿，新农保待遇申请表、照片 |
| 镇、街道劳保所 | 1. 审核材料。对身份证、户口簿、照片进行影像采集。<br>2. 将符合领取资格人员的相关材料上报区农保处。 | 户籍影像资料、新农保待遇申请表、照片 |
| 区农保处 | 1. 复核相关材料，确认其待遇领取资格。<br>2. 计算养老金领取标准，生成《新农保待遇核定表》。<br>3. 编制《基金支付审批表》，送区财政部门。<br>4. 财政划转资金到账后，将支付明细清单、资金转账凭证等提供给指定金融机构。<br>5. 核对金融机构反馈的支付明细，将支付信息录入信息系统，进行支付确认处理，实现相应个人账户记录额。 | 基金支付审批表、待遇支付明细清单、资助转账凭证 |
| 财政部门 | 将待遇支付资金划转到新农保支出户 | |
| 金融机构 | 1. 向区农保处反馈财政划转资金到账信息。<br>2. 制发领取养老银行卡，将到账养老金划入银行卡。<br>3. 将银行卡交劳保所通过村协办员负责发放到领取人员手中，并为领取养老金人员提供相关金融服务。<br>4. 向区农保处传送支付回执，并向区农保处反馈待遇支付情况明细。 | 银行卡、待遇支付回执表 |

图2-3　新农保待遇支付业务流程

常是对与企业的生存和发展相关的政治、经济、社会、科技以及参与者等外部环境因素变化的信息进行收集与整理，即扫描"一般环境"和"任务环境"因素。[①]新农保制度作为一项社会经济政策，在一定的政治、经济、社会和自然环境下运行，一方面，环境的变化会给新农保制度带来不确定的负面影响；另一方面，新农保制度也会对我国的经济、社会和政治等方面产生影响，根据本书的定义，我们主要关注的是与预期目标背离的影响。外部环境识别就是通过对外部政治、经济、社会、法律以及自然环境的变化的分析来发现新农保制度的潜在风险因素。外部环境因素及其变化是经济实体内部风险产生的主要原因之一，在分析各种外部因素时，重点考虑它们与内部风险相互联系的特点及程度，以便分清主次，加以处理。[②]

例如，针对环境变化对制度的影响而言，以老农保为例，由于政治举

---

[①] 赵锡斌：《企业环境分析与调适——理论与方法》，中国社会科学出版社2007年版，第165—166页。

[②] 刘金章：《保险学导论》，清华大学出版社2009年版，第7页。

措从大力推行试点到一度停滞,影响人们对政府公信力的评价及对制度的信心,引起新农保的参保率风险;又如,宏观经济所固有的周期性波动对新农保基金的保值增值存在较大的影响,通货膨胀会给新农保基金带来贬值的风险;而地震等大的自然灾害除直接给新农保经办机构带来财产损失之外,还会引发大量的遗属支付,带来支付风险。针对新农保制度对外部经济社会带来的影响,比如新农保若在一定时期内不能实现全覆盖,就会对社会公平造成损失,可能引发群体性事件等政治和社会风险;又如,新农保基金的保管一般通过商业银行等存款类金融机构代理,月末向财政专户划转,减少了农村居民可支配的储蓄,产生了农村资源虹吸的负面影响,带来了农村资本积累风险。因此,从外部环境的风险识别,新农保制度面临着制度外生风险和外部效应风险。

(三) 现场调查法

新农保的现场调查法包括一般风险管理的现场调查法和经验反馈法。由于新农保还处于试点阶段,各地因地制宜,所探索的具体试点方案各有不同,因此要实现对风险的全面详尽的普查,可以采取现场调查法,通过调查前的准备、现场调查和访问、调查结果和情况的反馈,获取有关新农保风险的第一手资料,调查结果具有真实可信的特点,最后还可形成调查报告书。然后在调查报告书的基础上,通过经验反馈法,基于"在岗人员最清楚所在岗位风险"的假设,选取部分有代表性的新农保经办机构,通过合理的奖惩制度鼓励经办人员主动指出新农保操作经办工作中的小事件(偏差),既有利于新农保经办方风险的识别,也可以及时纠正经办流程不规范,减少新农保操作中不必要的损失。

(四) 德尔菲专家咨询法

新农保风险识别的德尔菲专家 (Delphi) 咨询法是通过对多位社会保障领域的专家进行咨询及意见反馈,在初步识别的新农保风险因素中确定关键风险因素,进而为关键风险因素的定量识别和评估提供依据,既可用于长期预测,也可用于短期预测。德尔菲法是由众多专家根据其知识和经验对研究对象做出的判断,因而特别适用于以下两个领域:第一,缺乏历史数据和自身固有的发展规律的领域时,依靠专家们的知识和判断可以使风险识别工作顺利进行下去;第二,识别对象很大程度上取决于非技术因素领域(如社会、经济、科学技术等),由于新农保试点时间不长,缺乏历史数据，并且新农保风险很大程度上受到社会、政治和人为因素的影响，这些非技术因素都超出了农村社会养老保险领域本身的发展因素，仅仅依赖于历史数据也很难对研究对象做出正确的识别和预测，同时其作为公共政策，很多人为和社会的因素时时刻刻影响着制度的运行。全面而详细的历史数据因为种种原因无法获取，德尔菲专家预测这时就具有举足轻重的作用，它将建立在专家们的知识经验和主观判断能力的基础上，凭借其专业的敏感性和判断思维，能较好地对新农保的关键风险进行辨识。

本书在新农保风险识别中所采用的德尔菲专家咨询法，是一般通用风险识别方法的综合，具体包括问卷调查、访谈及德尔菲法等方式。新农保风险多且杂，通过问卷制作，对前人的研究成果进行总结，并且利用焦点访谈的方式收集对新农保风险的认识，将搜集到的有关风险因素通过进一步访谈，整理编制成一个大约由40多个题项构成的初步问卷，对各个风险因素的重要程度采用李克特五点量表进行评分。选择了30位左右社会保障领域知名专家，以专家填写调查问卷以及访谈的方式征询专家小组成员的意见，专家之间不进行互相讨论，不发生横向联系，只与调查人员沟通，调查人员通过集结问卷填写人的共识及搜集各方意见，经过几轮征询，使专家小组的意见趋于集中，最后做出相关结论。

（五）层次分析法

层次分析法是对定性问题实现定量分析的灵活、实用的多准则决策方法。新农保风险作为一个庞大的风险系统，具有多层次、多指标的风险因素，由很多子系统构成，每个子系统下又有多个风险因素，每个风险因素对于风险事故的影响或者重要性存在区别，因此需要应用层次分析法尝试对新农保风险因素的权重进行定量化的识别分析，从而找到引起风险事故进而造成损失的权重较大的风险因素，这也是风险识别和防范中有效性原则和成本—收益原则的需要。

（六）因子分析法

因子分析最早用于研究解决心理学和教育学方面的问题。由于计算量大，又缺少高速计算的设备，使因子分析的应用和发展受到很大的限制，甚至停滞了很长时间。因子分析是将具有错综复杂关系的变量（或样品）综合为数量较少的几个因子，以再现原始变量与因子之间的相互关系，同时根据不同因子还可以对变量进行分类。它也是属于多元分析中处理降维的一种统计方法。

以新农保的人们参保意愿的可持续风险为例，影响因素包括农村居民的受教育程度、健康状况、外出务工情况、食物支出情况、贫富感知、农业收入状况、对管理机构评价、养老预期、新农合政策效果、教育支出、医疗支出、耐用消费品价值和日常居住费用等，运用因子分析法对新农保风险进行综合，提取数量较少的几个公共因子，达到风险因素降维的效果。以上影响农村居民参保可持续性的因素，通过因子分析法可以提炼出农村居民自身风险因素、制度风险因素以及制度外风险因素。

（七）预先分析法

要防止新农保风险的发生，就要在新农保风险事件发生之前建立起相对应的规避程序和应对措施，对可能发生的风险进行识别和追踪。因此需要通过预先分析，对风险进行定性、定量识别，发现有无偏离意图或者制度预期目标的情况，并进一步寻找偏离原因，预测偏离后果，可在项目实施前就发现风险并加以处理。新农保风险因素涉及领域广且错综复杂，在对关键风险因素进行确认以后，需要对其可能引发的风险事故进行预测，进一步明确风险因素的紧急和重要程度。这与传统的"问题式"风险管理有一定的区别。相对于"问题式"风险管理的"哪里有问题，就到哪里解决问题"这种典型的事后纠错方式，预先分析的风险识别方法，侧重于在风险发生之前就已经预测到风险可能发生的时间、地点和程度大小等，并已经采取相应的应对措施预防风险的发生，有利于减少风险事故的损失。

## 第四节 新农保风险防范的目标及策略

### 一 新农保风险防范的目标

新农保风险的产生对于新农保制度自身及制度辐射范围内群体的伤害是巨大的。新农保风险防范将有效地降低风险的发生，提升新农保制度的有效性，保持制度充满活力。新农保风险防范的基本目标是尽量减少制度实际运行效果相对于预期结果的负偏离，实现制度的预期目标，使有限的农村社会养老资源实现养老效用最大化。①新农保的风险防范就是为了让新农保政策更好地实现预期的功能，具体包括以下四个目标：

(一) 保障农村居民老年基本生活

新农保风险防范的核心目标是保障基金保值增值，以保障参保人群的老年生活。随着新农保的覆盖面不断扩大，新农保基金保值增值压力不断加大。由于新农保主要以县为覆盖范围，基金大多数集中在县级保障部门，其保值增值受到人才、信息和投资能力等方面的限制。②且随着通胀预期的加大和央行进入加息周期，如果收益率，尤其是个人账户收益率过低，财政兜底压力过大，会严重影响基金的可持续性。新农保在资金运用上，仍以存银行为主要方式。如果继续将新农保基金存银行和买国债，资金缩水将非常严重，将会面临和城镇企业职工基本养老保险一样的危机。

新农保作为一项惠民政策，其风险防范最重要的目标是保障参保人群的老年生活，在维持基本生活水平的同时，提升他们的生活幸福感。但由于制度存在各种各样的风险，因此新农保风险防范主要通过完善制度本身、监督制度运行过程，从而保证农村老人在参保后能够按时领取他们的养老金，实现制度承诺，提高人们对制度的信任度。

维护广大新农保制度覆盖下的人民群众的基本权益是新农保风险防范的根本目标，也是最终目标。新农保作为惠及我国民生的一项重大制度，是为我国年满16周岁的农村居民（不含在校学生）设计的，在他们年老后可以帮助他们维持基本生活需要，让他们能够"老有所依，老有所养"的一项社会保险制度，该制度的参保群体不是在国家机关事业单位工作的人员，也不是参加职工基本养老保险的人员。因此，做好新农保风险防范工作就是要通过对新农保关键风险因素进行识别、评估与防范，以规避风险，确保该制度的参保人员在满足法定的领取年龄等领取条件时可以按时领到足额的养老金，最终实现该制度的承诺。

(二) 保证制度可持续发展

随着经济的发展和社会的进步，我国城乡差距越来越小，但农村面临

---

① 邓大松、刘远风：《社会保障制度风险：以新型农村养老保险为例》，《当代经济科学》2011年第4期。

② 尹静、秦增元：《对新型农村社会养老保险制度存在的问题的思考》，《劳动保障世界》（理论版）2011年第2期。

的养老问题却越来越多。新农保制度作为保障农村老人养老生活的一项重要制度，在运行过程中会存在诸多风险，这有碍于制度的可持续发展，会减缓基本公共服务均等化过程，阻碍和谐社会的构建。因此，通过新农保风险防范既解决已有风险问题，也预见未来可能存在的风险，将其扼杀在摇篮中，减小风险的伤害力度与范围。

新农保制度要达到预期的目标和效果，必须保证制度可持续发展、长远发展。如果制度本身都不能保持持续性，更不用谈保证人们的老年生活。当前，新农保在全国范围内尚处于试点推行阶段，由于各地区经济社会发展状况不同，各地区的试点情况也有所不同。因此，防范新农保风险，保障新农保可持续发展，需要因地制宜分析筹资风险和经办管理风险，等等。新农保可持续发展是制度发挥效用的基础，新农保的可持续发展能够在经济上给予农村居民养老保障，满足农村老人的养老需求，对巩固社会稳定、发展农村经济具有不可替代的作用。

实现新农保制度健康、可持续地运行，是保障该制度能够达到预期目标和理想效果的必要前提和基础条件。我国的新农保制度正式运行的时间还不长，由于人口老龄化形势的日益严峻和制度合并后带来的业务量的剧增，该制度在实施过程中还存在着一些问题。因此，我们要通过做好新农保风险防范工作来为新农保制度的健康与可持续运行保驾护航。

(三) 维护政府的信誉和形象

新农保是在党的领导下，我国政府实施的一项重大的惠民制度，事关人民群众的切身利益；新农保也是一项重要的社会治理政策，事关我国政府的信誉和形象，是提升政府公信力的一个重要机会，是我国转变政府职能，建设服务型政府的重要表现和具体要求之一。新农保实施效果的好坏，不仅是人民群众关心的重大问题，也是检验政府是否具有公信力的一道重要考题，直接影响政府的信誉和形象。经办管理工作的好坏是该制度成功与否的关键之一，因此，切实做好新农保的经办管理风险防范工作，是维护政府的信誉和形象的重要要求。

(四) 促进社会和谐稳定发展

新农保作为一项重大的惠农政策，是整个国家朝着促进社会公平正义、破除城乡二元结构、逐步实现基本公共服务均等化的一个重大步骤。因此，新农保风险防范的一个政策性目标就是要实现制度的目标，改变城乡社会养老方面的二元现状，从而达到维护社会和谐稳定的目标。新农保制度一旦出现问题，轻则导致退保潮，重蹈老农保的覆辙；重则出现社会动荡。因此，新农保风险防范策略的好坏，直接关系到农村老年人及其家庭生活状态的好坏，在一定程度上与社会稳定息息相关。所以，新农保风险防范的作用就是在对风险识别和判断的基础上，保证新农保制度能够规避风险或者将风险控制在较小范围内，达到新农保制度效果最大化。换言之，本书认为新农保风险防范的重点在于制度层面，只有保证新农保制度不断完善，才能实现制度运行的可持续性，进而保障社会的和谐稳定。

新农保在全国范围内实现了社会基本养老保险城乡无差别，为促进我国社会公平公正、破除城市和乡村结构二元化以及实现我国基本公共服务均等化的重大目标作出了巨大贡献。我国是世界上老年人口最多且人口老龄化十分严重的国家之一，如果新农保在运行过程中出现问题，势必就会给社会的稳定与和谐发展造成巨大冲击，尤其是在老农保的阴影还未完全消散的情况下，会让人民群众变得缺乏安全感。因此，做好新农保的风险防范工作有利于实现新农保制度的目标，从而保障社会和谐安定。而安定和谐的社会环境是社会经济发展的关键因素之一，稳定的、没有后顾之忧的良好的社会环境能够为社会经济的发展提供支撑和保障。

## 二 新农保风险防范的原则

### （一）全面性原则

新农保风险防范应遵循全面性原则，即整体系统性。首先把新农保看作一个整体系统，确定新农保系统风险防范的整体目标，并建立新农保风险防范的整体框架；其次用整体目标指导和协调系统中各个部分和环节的风险防范目标，在对新农保的各个部分与环节面临的风险因素以及风险防范进行考虑时，要站在新农保整体防范目标的角度去看待，使得其他部分和环节的目标与整体目标相适应，并服务于整体目标，对各部分和环节的目标进行协调，可以使各环节风险防范产生的叠加效果超过整体目标的预期效果。

### （二）客观性原则

客观性原则要求在进行新农保风险防范时以客观实际作为依据，要求详细认真并深入了解新农保所面临的实际情况，充分了解新农保所处的外部环境以及外部环境对新农保产生的影响，同时要深入了解新农保政策制定与实施的最新情况，才能更好地对新农保面临的风险因素进行分析，为新农保风险防范提供客观实际的依据。

（三）成本效益原则

新农保在进行风险防范时，还应遵循成本效益原则。这就要求在风险防范时，要注意新农保风险防范成本和产生的效果之间的比例关系，要求在达到风险防范目标的前提下，尽可能地以较低的成本来换取更好的效果。在进行风险防范方式的选择时，应充分考虑这一原则。

（四）有效适用原则

这一原则要求新农保风险防范在立足于客观实际情况的基础上，在进行风险防范方式的选择和使用时，应遵循科学、合理和有效的标准，使风险防范方式与风险因素相适应，能够对识别出的新农保关键风险因素进行有效防范。这就要求我们对风险因素以及外部环境要进行充分的了解，同时要对风险防范方式有深入的了解。

（五）动态性原则

动态性原则要求在进行新农保风险防范时，应根据环境的变化以及新农保政策制定与实施的实际情况作出动态调整，以适应环境的变化和政策的变动。这就需要对外部环境与新农保的政策以及实施情况进行充分的了解，为新农保风险防范的动态调整提供基本依据，最终达到减轻甚至消除外部风险因素对新农保产生的不利影响的目的。

（六）前瞻性原则

新农保进行风险防范时，在对实际情况以及外部环境变化进行充分了解的基础上，要充分考虑到新农保未来的发展趋势以及外部环境的发展趋势，除了对现在已经造成新农保风险事故发生的风险因素进行识别、评估与防范之外，还要运用科学的方法预见未来可能造成新农保风险事故发生的风险因素。

（七）预防为主原则

新农保风险防范属于事前防范，在造成风险事故之前就识别出风险因素，然后及时采取措施进行防范，以减轻甚至消除新农保风险因素造成风险事故的可能性，最终达到保持新农保制度可持续运行的目的，从而保障每一位参保人员的利益。

### 三 新农保风险防范策略

防范新农保风险,建立和健全新农保制度是一个巨大的社会和经济工程。新农保制度的保基本和可持续发展是我国社会保障制度发展完善战略中的重要组成部分,使得风险防范的内涵丰富、涉及面广,与政治和经济改革有着千丝万缕的联系。研究新农保风险防范的基本策略,建立新农保防范对策集,通过完善新农保制度设计,阻断风险因素传递路径,达到防范新农保风险的目的,才能有的放矢,促进我国新农保制度健康有序地向前发展。本小节在明确新农保风险防范原则的基础上,提出对应的新农保风险防范策略,以供理论借鉴和新农保实践参考。

(一) 分层次防范

新农保风险产生的因素有许多,因此防范风险也不能一概而论,需要具体情况具体分析。新农保风险主要分为三个层次:制度内生风险、制度外生风险和外部效应风险,对于不同层次的风险应该采取相应的防范措施。[1]制度内生风险是新农保系统内部与生俱来的,源于制度设计、运行过程中由于经验数据缺乏或种种假设条件设定不合理,相关主体行为人(管理者、农村居民)主观决策以及获取信息的不充分性等因素。制度内生风险的防范应该从新农保制度本身去优化、创新和完善。任何一个事物都处于特定的环境之中,新农保制度作为一项公共制度同样暴露于复杂的环境中,除了制度本身的设计和运行过程中存在风险之外,外部环境的变化也会对制度产生影响。因此,制度外生风险的防范需随时关注外部环境的变化及其对制度的影响,包括政治环境、经济环境、自然环境和社会环境等。外部效应在经济学中指某个经济主体的活动所产生的影响不表现在它自身的成本和收益上,而是会给其他的经济主体带来好处或者坏处,相应地分为正外部效应和负外部效应。新农保作为一项重要的社会经济行为,是转移支付、国民收入再分配的重要手段。[2]

(二) 重点防范

由于防范风险本身需要付出相应的成本,因此风险的重点防范需要放

---

[1] 何晖:《新型农村社会养老保险风险识别及其分类》,《湘潭大学学报》(哲学社会科学版) 2013 年第 1 期。

[2] 邓大松:《社会保障风险管理》,人民出版社 2016 年版。

在可能产生重大风险的环节上,而不是所有细小环节上。风险防范不仅需要多层次,还需有重点地开展防范工作,对预测风险较大的部分要重点处理。新农保风险防范的重点之一为内生风险的防范,新农保制度实施的效果与其制度内容、基金营运和待遇给付有着密不可分的联系,制度设计的好坏一定程度上会影响新农保运行的可持续性。正如美国 COSO 委员会(反虚假财务报告委员会下属的发起人委员会)颁布的《企业风险管理——整合框架》要求将精力主要放在可能产生重大风险的环节上,而不是所有细小环节上。所以,对不同的风险因素采取有重点有区别的防范措施,有利于避免对新农保风险的盲目认识,全面把握风险,节约人力、物力与财力。

(三) 多形式防范

防范风险的形式需多样化,促使新农保风险防范更加全面,减少遗漏。且面对不同层次的风险,不同形式的防范方法能更好地发挥作用,争取一步到位。如新农保政策风险发生概率与政策的宣传力度有关,降低新农保政策风险,可从加强政策宣传力度入手。就目前政策宣传渠道来看,不能满足农村居民获取信息的需求,开发多种形式的传播渠道,使之与传统的信息渠道共同发挥信息传播的功能,能有效地解决这一问题。如乡村公交装载公交电视、通过手机短信的形式传播政策的内容、通过互联网搭建政策解释平台等,增加农村居民对新农保风险的认识及了解,增强新农保政策的透明度。农村居民了解新农保政策相关知识后,必然会增强风险意识,最终达到规避新农保风险的目的。

(四) 适度性防范

新农保风险的防范,也应该将成本作为一个考虑因素。在有限的资源条件下,要根据实际情况来对新农保中存在的或者潜在的风险进行防范,选择合适的防范策略。必须要认识到,我们应该把握重大风险和关键风险,分清风险的轻重缓急,控制风险防范成本,之所以要考虑成本,是因为如果防范风险所产生的成本比风险本身所产生的成本还要高的话,那么此项风险防范就是不必要的,而且有很多风险是可以通过对其他相关风险的防范和控制而进行防范和控制的,一旦与之相关的某项风险得到很好的控制,它所体现的问题也自然而然就会得到解决。比如基层经办人员流动性大与人员不足所呈现的风险,它们之间存在着密切的联系,防范好流动性的风险,经办人员不足的风险也就能够得到相应的控制。因此,对新农保风险的防范应做到适度。

**四 构建新农保风险预警体系**

新农保风险预警是指在对影响新农保运行负变量进行监测和评估的基础上,对新农保接近负向质变的临界值的程度所做出的早期预报。其实质是评判新农保制度安全运行的稳定性程度,从而达到识警防患、事先预防控制的目的。

风险预警是风险管理的重要环节,要控制新农保风险,就要建立一个风险预警体系。新农保风险预警是新农保制度健康与可持续运行的保证,构建新农保风险预警体系显得尤为重要。如果将风险预警引入我国新农保制度,建立新农保风险预警机制,可以对新农保风险进行动态监测,及时发现危机征兆,给管理者打好预防针,使其及时采取预防措施,从而保证新农保制度平稳、可持续地运行。具体步骤如下:

第一,选取风险预警指标。完善的新农保风险预警指标体系的构建,是新农保风险预警体系的基础,是决定新农保风险预警效果的关键因素。一方面需要从理论的角度,全面、客观地研究构成新农保风险的形成因素;另一方面还需要新农保经办管理机构根据实践及时总结经验情况,建立科学的新农保风险预警指标体系。在设计指标体系时应该遵循以下几个原则:科学性原则、全面性与代表性原则、灵活性原则、可操作性原则和可比性原则。[1]

第二,设定风险容忍区域。每种新农保风险都有其自身的特点和复杂性,对于研究者和管理者而言,设计针对每种风险的研究方法和管理战略非常困难,尤其是信息获取方面的难度降低了操作的可行性。这就需要对新农保风险进行区域分类,在分类的基础上再进行风险研究和战略设计。通常按照发生的可能性和损失程度来定位:正常区域、中间区域和无法容忍区域。处于正常区域的风险有大有小,一般情况下不影响制度运行。中间区域代表风险仍然可以管理和控制,但需要采取事前预防措施,以降低风险发生的可能性。无法容忍区域则代表这类风险一旦发生,后果会很严

---

[1] 刘均:《养老保险基金投资运营的风险预警和防范》,清华大学出版社 2010 年版。

重，必须提前做好防范准备。①

　　第三，建立风险预警模型。研究中已使用的预警模型有 ARMA 模型、STV 横截面模型、MCS 模型、Logistic 模型和 VAR 模型等，这些模型都有其优缺点和适用范围。而一个好的新农保风险预警模型，应该能够反映新农保基金的各个环节的运转情况和基金各方面的状况。既要考虑到新农保资金的运行环节，又要考虑到新农保基金的构成问题。这些风险管理预警模型不能直接适应新农保风险的预警，需要对现有的相关领域的风险预警模型进行调整。

---

① 许晖:《中国企业国际社会化风险识别与控制研究》，科学出版社 2010 年版。

# 第三章 新型农村社会养老保险风险的形成机理与识别步骤

风险识别的任务就是从认识风险的来源开始,通过对风险因素的提取和分析,就风险因素引起风险事件即风险的机理进行推断和假设。[①] 风险机理是风险评估和制定风险内部控制的依据和前提,风险因素作为风险发生的必要条件又是风险机理分析的前提要素。风险存在于新农保运作的各流程中,新农保内部的各个组成部分需要相互联系和协调才能实现其预期目标以及制度的可持续运行。这种运作的不协调和不持续是新农保风险产生的根源。同时,新农保作为一个开放系统需要与环境进行物资、能量和信息的交换。它对外部环境存在着依赖性,受到外部诸如政治、经济和文化的多重影响。

## 第一节 新农保风险形成机理分析

正如凯恩斯[②]对古典经济学的均衡理论提出的批评,认为均衡(即供给等于需求)只是一种"偶然巧合",经济发展过程在众多因素的影响下,客观上的常态是非均衡的,总是在"非均衡—均衡—非均衡—均衡"的运动过程中不断地波动。同理,新农保活动与许多因素有关,引发因素或造成的影响在不同环节、不同时期和不同主体可能有所不同,有时可能只与一两个因素有关,有时可能是许多因素的综合反映,[③] 在

---

① 祝志明等:《企业战略风险识别研究》,《科研管理》2005年第6期。
② [美]约翰·梅纳德·凯恩斯:《就业、利息和货币通论》,商务印书馆1997年版。
③ 李连友:《企业年金基金运行论》,湖南大学出版社2006年版,第186—189页。

这些因素的影响下，新农保活动实际上也是不断地以不同阶段的预期目标为轴线而调整和完善的过程，在这一过程中就有可能出现制度运行相对于制度预期目标的负偏离，如图 3-1 所示。

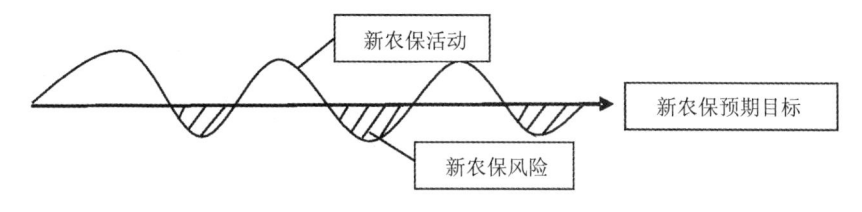

**图 3-1 新农保风险的形成过程**

资料来源：根据本书绘制。

根据新制度经济学理论，将制度变迁与外部性、产权结合在一起分析意义重大。这种把外部性引入制度分析的形式被称为"制度外部性"。"制度外部性"主要有三方面的含义：第一方面，制度是一种公共物品，本身极易产生外部性；第二方面，在一种制度下存在，在另一种制度下无法获得的利益（或反之），这是制度变迁所带来的外部经济或外部不经济；第三方面，在一定的制度安排下，由于禁止自愿谈判或自愿谈判的成本极高，经济个体得到的收益与其付出的成本不一致，从而存在着外部收益或外部成本。

新农保风险是一个历史范畴，从现实的经济生活来看，导致新农保风险产生的有许多因素，形成原因很复杂。通过前面的分析，我们可以把新农保风险的生成原因归结为制度本身的内生性变量和制度实施中受到的外生变量的扰动，并且制度的这种完善和实施又会反作用于外部环境，导致制度的社会效果相对于制度预期目标的不确定性，它包括动态性和复杂性。因此，由于外部环境本身的动态性和复杂性造成了新农保制度对预期目标的偏离，又由于制度本身的非完善和复杂性，使新农保实际运行与预期目标之间不可能达到即时一致，这就形成了新农保风险。而产生新农保风险的具体原因可能主要有以下三个方面：

第一方面，当外部环境一定时，新农保制度设计不完善或制度本身发生了变化；

第二方面，当新农保制度一定时，外部环境发生了变化；

第三方面，当新农保制度和外部环境同时发生了变化，但两者的变化速度或方向不一致。

于是导致新农保活动相对于预期目标发生负偏离,新农保风险产生了。如图3-2所示:

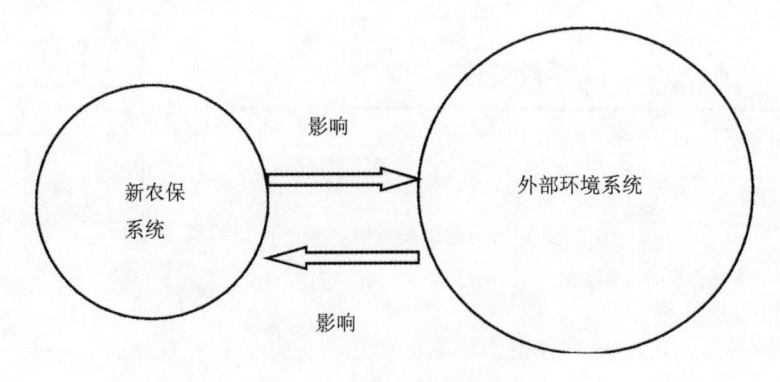

图3-2 新农保风险的形成

资料来源:根据本书绘制。

内生变量是指受新农保制度系统内部因素影响而自行变化的变量,通常不被系统外部因素所左右。而外生变量则是指系统受外部因素的影响或决定的变量,既然新农保风险不完全是制度内生的,风险的影响并非仅限于新农保制度内部。

为了证明这一点,可以先假定新农保制度完善、外部环境稳定、新农保制度与外部环境之间都处于一种达到制度预期的目标状态,在这种条件下,新农保风险是如何出现呢?或者说,是什么原因导致了新农保相对于预期目标的负偏离?本书的回答是,相对于其他环境要素而言,某一方本身的动态性决定了其不稳定性,于是便打破了原有的平衡状态,即使其他要素也会随之发生相应的变化,但由于制度和外部环境本身的复杂性又决定了这种调适是不及时和不充分的,或者说,新农保制度各方面及其外部环境因素之间变动的时空、变动的速度和变动的方向也会不完全一致。于是,新农保制度实际实施情况与预期目标的不一致就出现了。这一过程中,我们可以清晰地发现,环境本身的动态性和复杂性、制度的非完善性是新农保风险产生的原动力。

从新农保制度和外部环境来看,它们之间既相互联系也相互独立。新农保制度的各个要素与社会环境、经济环境、政治环境、文化环境、科技环境和市场环境等外部环境都有着各自独特的运动规律,在它们各自的运动过程中，存在着相互调适和影响的过程。但这种调适和影响不可能是即时和同步的，可能会存在时滞和差异。这必然从根本上带来制度与预期目标的偏离问题。所以，制度实际运行效果相对于预期目标发生偏离是一种常态，而与预期目标相一致是这一过程中的特例，是相对的。新农保制度在试点阶段的不完善性和各地区的制度实施环境的较大差异性，再加上经济、政治、文化和历史等诸多因素的作用，特别是在当前世界经济政治格局动荡、中国经济社会发展面临诸多风险与挑战的时期，新农保制度作为一项注重民生的社会政策，实际效果相对于预期目标的实现还面临着人口的心理、年龄结构、性别结构、知识结构的变化以及文化传统等不确定因素的影响。[①]导致的新农保风险便是在这些偏离中的负偏离，如何识别和评估从而减少并防范这些负偏离正是本书的目的。

环境不确定性和制度调适不耦合产生的风险包括以下几类情形：第一类，当环境发生变化时，新农保制度系统没有进行调适，以至于因不能适应环境而产生风险；第二类，制度的调适滞后于环境变化，决策者虽然意识到了环境变化对制度造成的影响，但由于制度本身的结构惰性或资源能力的限制或决策层存在对制度调适策略的分歧而不能及时调整，从而产生风险；第三类，制度的调适不足以抵消环境冲击，这种情况通常是由环境冲击超过了制度系统所能承受的范围，或制度决策层对环境变化评估不足而投入较少的资源；第四类，过度调适，这可能是由于错误的预测目标；第五类，制度与环境均衡，此时新农保制度适应环境而又不存在过度调适，制度系统处于与环境博弈过程中的最优决策点。新农保运作中我们要尽量达到系统与环境均衡，减少各种可能的风险，在综合考虑经济、社会和政治因素的情况下找到最佳的均衡点。

调适是系统适应环境不确定性和非均衡的过程或模式，威濂姆森指出"展开调适是经济组织的核心问题"，调适能力决定了系统能够在多大程度上缓释环境不确定性对系统造成的冲击，即决定了风险的程度。[②]制度调适中产生风险的原因在于调适的"结构惰性"，结构惰性是系统在面对

---

[①] 李珍：《论社会保障个人账户的风险及其控制》，《管理世界》1997年第6期。

[②] Flinoy S., "Corporate Risk Strategy: Does It Vary Across Business Activities?", *European Management Journal*, Vol. 21, No. 1, 2003.

环境压力时，由于惯性的存在而难以快速回应环境变迁的情形。新农保作为一项全国性的政府主导的制度系统，其惰性比一般的企业单位更大。现有农村养老保险制度出现了客观上制度供给不足与主观上制度需求不足的矛盾局面；中国农村养老保险制度完善之关键，在于从外生性制度与内生性制度彼此互相配合的角度去化解其演化路径的锁定状态，建立符合现代文明、体现社会公平与公正的新农保制度体系。[1]由于结构惰性限制了新农保系统弹性反应，在面对环境变化和内容因素调整时，决策者不一定能快速采取行动进行调适，从而使战略决策变化在时间上落后于环境和内部变化，当影响到新农保目标实现时就会产生各种风险。

## 第二节　新农保风险来源分析

### 一　新农保所处的风险场域

（一）老农保制度的"破产"

20世纪80年代以来，由于家庭联产承包制的推广和农村集体经济的削弱，中华人民共和国成立以来在农村地区普遍推行的集体养老方式被逐渐废弃。1992年颁布的《县级农村养老保险基本方案》标志着我国农村社会养老保险制度开始建立。1998年政府机构改革，农村社会养老保险由民政部门移交给劳动和社会保障部，由于多种因素的影响，农村社会养老保险制度在实施过程中出现重重困难，直接导致国务院于1999年决定对老农保业务实行清理整顿，停止办理新业务。老农保制度实际破产。

1. 财政补贴缺位

老农保本质上属于政府制定的个人养老储蓄制度，老农保资金主要来自于个人缴费，村集体和国家财政的相关资金投入甚少，而且养老保险的管理服务费也从农村居民缴纳的保险金中支出。这种完全的个人积累，不仅丧失了代际和代内收入再分配的功能，失去社会养老保险应有的共济性和社会性，而且拉大了农村居民和城市居民在养老待遇上的差距，更虚化了政府在农村应有的财政责任，最终导致农村居民参保热情不高，参保率

---

[1]　刘鑫等：《中国农村养老保险制度完善之关键：演化路径的"解锁"》，《江西财经大学学报》2008年第1期。

的大幅度下降。

2. 统筹层次过低

老农保的基金统筹和管理主体设置在基层——以县、乡为单位组织实施。统筹层次过低，增加了制度的不稳定性。首先，由于基层在具体执行过程中多数带有地方行政长官的意愿，政策会随着人事变动而发生改变，最终导致制度的随意性较大。其次，统筹层次过低还容易导致资金被挪用和挤占的风险，致使老农保资金大量流失，严重影响了基金的正常运转。再次，基层受地方行政干预影响较大，容易导致老农保在管理方面"各自为政"，制度实施效果难以保证。

3. 投资方式保守

老农保资金管理主要通过购买国债和存入银行，由于通货紧缩的影响，中国银行利率持续下降，再加上通货膨胀，老农保基金不仅没有实现养老保障，反而相比较于农村居民个人储蓄还减少了使用的弹性，更不具备优越性，制度的吸引力明显不足。

(二) 农村社会养老保险制度的快速推进

从2009年的全国10%的地区正式试点，到2012年的制度全覆盖，再到2014年制度并轨为城乡居民基本养老保险，制度的快速推广和发展需要及时的总结和评估其效果，以防范其中可能存在的风险。

第一，财政补贴的适度性确定。新农保的基础养老金由国家财政保证支付，改变了老农保财政缺位的情况，为农村社会养老保险注入了强大的支持，其具有一定的转移支付性质，能够分散养老风险。但究竟设定多大的补贴规模，仍存在不确定性。首先是对个人基础养老金的补贴额度，从55元到70元再到88元，是否满足农村居民的需要？其次是对东部和中西部的地区差异补贴，是否符合各地差异性的经济发展实践？最后是中央政府和地方政府在财政补贴责任的划分上如何做到科学与合理，超出139个月的计发时间后，养老金支付由哪一级政府负担？这些问题在新农保的快速推进中尚未显现出来，但终究需要尽快解决，防范其演变为风险。

第二，统筹层次提升的制约。为规避老农保统筹层次过低的风险，新农保的统筹层次有所提升，取消了村、乡层次，但由于更为顽固的地区利益和地方主义桎梏，统筹层次仍限于县级统筹，实际上老农保因统筹层次低导致的问题，新农保无法从根本上规避，导致基金运营的安全性和收益率不高，各地区之间资金的统筹互济和管理问题依旧存在。

第三，制度衔接和城乡统筹的有效性问题。不论是2014年的《城乡养老保险制度衔接暂行办法》，抑或是同年颁布的《关于建立统一的城乡居民基本养老保险制度的意见》，都旨在解决城乡人口流动加剧背景下的社会养老保险转移接续问题。一方面，在待遇水平上城乡存在的较大差异；另一方面，农村居民与城镇居民在实际养老成本上的区别，因而如何彻底打破长期存在的社会福利领域的城乡藩篱，构建统筹城乡、保障一体的"全民养老"格局，理论和实践仍存在较大差距，相应的制度有效性需要更具体的措施进行加强。

## 二 新农保风险的前因性分析

### （一）社会经济体制转轨

首先，新农保制度保障的对象是广大的农村居民，农村是一个特殊的社会结构，根据农村社会学的相关理论，风险社会下社会经济体制转轨使农村社会脆弱性加大。我国农村具有自身的特征，比城市更加复杂，各种不可控和不可预见的因素更多，农村基层的风险社会正在迅速形成，这些是新农保风险形成的潜在前因。

其次，新农保制度运行的核心因素，即新农保的财务可持续性及基金运营与经济环境有密切的联系。转轨而形成的市场经济本身就是一种风险经济，市场经济越发达，金融的地位越重要，新农保面临的金融环境带来的不确定性越大，既有长期风险积累的凸显，又有新时期市场经济多元化、复杂化程度加深所形成的独特风险。新农保制度建设除了要解决农村居民养老的基本问题，还要统筹考虑投资消费、资本市场、劳动投入、家庭伦理和法律法规等多种经济社会要素，在这一社会经济体制转轨时期制度实施效果不确定性必然存在。

### （二）改革的制度路径依赖

如前所述，老农保因其本身制度的缺陷及其在运行过程中的不规范和管理的混乱，导致其在实际运行中难以体现出保障性，于20世纪90年代基本停滞。新农保建立在老农保之后，由于制度路径依赖的惯性，在相关的政策配套、组织动员以及五花八门、零散分割的各项养老保险制度衔接等方面，多少会受到老农保的影响。特别是人们对新农保的认可很大程度上建立在老农保的基础之上，从1999年国务院开始对老农保进行清理整顿，农村社会养老保险制度基本处于停滞状态，参保的农村人口从全国31个省、自治区、直辖市76%的乡镇的8000万人下降到2007年底的5171万人。制度产生的对参保农村居民的心理影响以及新老农保的衔接等都是新农保风险生产的前因性因素。

（三）制度创新

目前覆盖弱势群体是依靠税收资助，需要增加公共预算的成本，那么新农保所面临的"财政空间"，无论现在和未来，都需要政治干预和保护。制度创新是指在人们现有的生产和生活环境条件下，通过创设新的、更能有效激励人们行为的制度和规范体系来实现社会的持续发展和变革的创新。所有创新活动都有赖于制度创新的积淀和持续激励，通过制度创新得以固化，并以制度化的方式持续发挥着自己的作用。[1]制度创新的核心内容是社会政治、经济和管理等制度的革新，是支配人们行为和相互关系规则的变更，是组织与其外部环境相互关系的变更，新农保作为农村社会养老保险制度的重要创新，同样需要人们行为和外部环境的相应变革，由于其出台属于政府主导的渐进型的制度变迁，对旧制度存在着一定的制度依赖。正如熊彼特的观点，创新既是发展的强大推动力，也是一种"创造性破坏"的力量，创新制度的过程同时也是"创造"风险的过程。[2]

（四）人为因素

新农保是一项社会制度，其保障对象和制度运作的主体都是人，很多方面受到人为因素的影响。作为理性人，"人是关心个人利益的，是理性的，并且是效用最大化的追逐者。"[3]这就意味着经济活动中的每一个人都只受个人利益的驱使，并根据成本—利益的分析，作出最符合自身利益的选择。在新农保活动中，制度的管理者、参与方和经办方等作为理性主体，同经济活动中的个人并没有本质上的区别，他们也是理性的，由于各自的利益需求，在选择过程中，同样会用最小的成本，作出最有利于自己

---

[1] 张娟：《制度创新》，湖南人民出版社2010年版。
[2] ［美］约瑟夫·熊彼特：《资本主义、社会主义与民主》，商务印书馆1999年版。
[3] Dennis C. Mueller, *Public Choice II*, Cambridge University Press, 1989, pp. 1–2.

的决策,将对新农保实际运行产生作用方向不同的推力和拉力。以参保农村居民为例,中国农村存在较为普遍的谨慎防备和不敢花钱的消费心理,社会保障意识差,个人参与感差,缺乏有效的社会保障激励机制,农村居民的缴费意愿是新农保筹资可持续性,或者说造成新农保筹资来源的重要的不确定因素,是新农保能否可持续的重要因素。

### 三 新农保的运作流程及其风险

从理论角度上说,新农保风险主要源于制度设计和制度过程中主体的多元化与不确定因素等。微观主体行为和宏观经济运行环境等因素都可以从不同侧面直接或间接导致新农保风险的产生。为了解新农保风险的形成机理,有必要对新农保运作流程做一详细梳理,通过对新农保运作流程的分析,可以识别出新农保风险传导的不同环节和因素。根据参保主体、业务管理及资金形态等的不同,新农保运作流程可细分为参保流程、业务管理流程、资金流程以及制度运作流程。

#### (一) 新农保参保流程及风险

由于新农保采取的是自愿参保形式,从参保方进行制度梳理是风险识别必需的也是必要的。新农保的参保流程主要包括"宣传发动—参保缴费—领取待遇"三个环节。

首先,宣传发动对于新农保制度的普及和可持续性意义重大,由于参加新农保采取自愿方式,缴纳保费基本是自由选择,并需要参保人每年持续缴纳保费,再加上老农保制度的种种问题对农村居民心中的社会养老保险制度和政策的印象的不良影响,都决定了宣传动员工作的重要性,且必须长时期不间断地加强宣传。这一环节可能存在的风险因素有:由于农村地区经济和文化发展落后,大量的信息无法快速有效地传递给农村居民或者传递有误,造成部分农村和城市地区的隔阂;由于执行宣传工作的都是基层工作人员,其经验和宣传的积极性对于参保具有较大的不确定性,在宣传政策或接受咨询时误导农村居民,影响政府声誉;在制度实施之初宣传力度大,而之后便趋于懈怠,因此存在宣传的可持续和有序化问题。

其次,在参保缴费环节,较高档次的选择和缴费的可持续性是制度取得良好效果的关键因素,存在的不确定性主要有:部分农村居民对政策和制度的安全性和可信性存在怀疑，养老保险因为时间跨度大，缴费和领取时间间隔长，农村居民对是否确实能够领取养老金感到担心；部分农村居民在支出项目上将新农保支出排位靠后，优先考虑住房、教育及农业生产等其他支出；部分农村居民对新农保的期间过长、财政补贴和支出均少于城镇居民的社会保险制度感到不平，而对新农保产生抵触情绪；随着制度实行的推进，60岁以上老人直接领取养老金的"首因效应"消失和15年缴费年限的规定，参保缴费还面临着年轻农村居民普遍观望的可能。此外，经办服务的态度及服务便捷性也对农村居民参保缴费的可持续性产生较大的影响。如农村居民自担风险能力比较差，农村居民的缴费筹资风险就很容易转化为财政风险，甚至导致制度不可持续。

最后，在待遇领取上，领取的便捷性影响着农村居民对制度的评价，没有足够的人员配备保证经办机构的有效运营，此外主要的风险因素在于，养老金待遇的实际保障水平风险和养老金欺诈冒领风险，从基础养老金的欺诈冒领现象就可见一斑。

（二）新农保业务管理流程及风险

新农保业务大致可分为参保登记业务、信息变更业务、缴费收缴业务、待遇支付业务和保险关系转移业务等。在这些环节中，可能由于人为因素、制度因素、技术因素以及外部环境因素引发相应风险。

人为因素比如管理经办人员由于道德、知识技能等方面的原因，导致出现违规操作，或者由于工作过失带来其他损失。据相关部门的初步调查，因人为失误造成新农保信息录入差错率达10%左右。[①]

制度因素主要是由于制度设计不完善、监管不严或者流程无效，导致经办环节之间职能协调不当等造成的管理出现差错或者效率低下。新农保由于内部制度不健全或是制度执行不严格往往导致风险的发生。有的无章可循，有的有章可循，但缺乏激励约束机制，使新农保风险失去了制度约束和防范，为新农保风险的产生提供了制度上的生成基础。

技术因素是指业务管理过程中涉及的技术问题，比如网络设备安全、信息共享管理等。在经济欠发达、人口频繁流动、居民身份复杂及居住分

---

① 程乐华：《社保经办应防范五大风险》，《中国社会保障》2009年第12期。

散的现实条件下，新农保的推动既面临制度构建方面的问题，也面临相当大的管理和操作难题，其中也涉及技术因素。例如，新农保运作过程中的信息经济问题，相关信息存在不完全性与不对称性。还有新农保数据较为复杂，涉及地区多，为提高效率，也应该实现计算机联机信息管理，主要包括新农保应用系统、新农保联网监测系统、新农保查询服务系统、新农保财务管理系统功能和新农保业务管理系统等。但是在我国广大农村信息基础设施薄弱，农村居民信息技术水平不高，使用相关系统推广应用存在问题，引起潜在风险的发生；由于新农保信息系统的不完善，技术人员操作不当或违规操作，或经办人员业务技术不高或偶然失误可能造成的损失。

外部环境则包括自然灾害的影响、参保农村居民的意愿及行为和法律法规等对业务管理方面造成的影响。新农保风险的产生并非完全源于制度体系内部，其与外部环境密切相关，外部环境的改变可能加大新农保风险甚至引发新农保事故，导致制度不可持续。制度外部风险即制度外在的不确定性，是经济运行过程中随机性、偶然性的变化或不可预测的趋势。如政治局势、宏观经济的走势、自然资源环境和社会条件等，这种外在不确定性对整个社会都会带来影响，导致的制度外部风险属于"系统风险"。因为新农保政策不可能孤立地存在，任何活动都是在一定环境下进行的，环境的改变可能影响到活动参与者的利益。影响新农保风险的环境因素很多，既有经济因素，也有政治因素和社会因素，还有自然环境因素。

### (三) 新农保资金流程及风险

从资金的流程来看，新农保经历了"基金筹集—投资运营—待遇给付"三个环节。

社会保险基金筹资是新农保资金流程中的第一个环节。新农保采取参保农村居民缴费、集体补助和政府补贴相结合的模式，三方筹集的资金都应纳入财政专户管理，这是整个新农保制度得以运行的前提和首要条件，关系到制度运行的财务平衡机制以及制度的可持续性。与基本养老保险制度相似，新农保基金采取的是现收现付制与基金积累制相结合的模式，即基础养老金部分采取的是财政转移制度（类似于统筹部分的现收现付制），个人账户部分采取的是基金积累制。这其中存在的可能风险因素有：个人账户缴费相对固定，不便调整；保险基金统筹层次低；缴费人群范围有限。

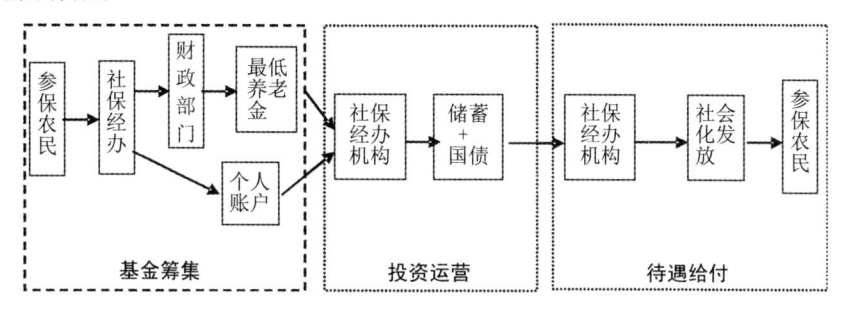

图 3-3 新农保资金流程

新农保基金的投资运营是资金流程的第二个环节,其直接关系到基金的保值增值能力、偿付能力以及新农保制度发展的可持续性。新农保基金在政府严格的制度安排和监督管理下,基金的安全性有了较好的保障,但在通货膨胀率上涨和人口老龄化加剧的背景下,如何对社会保险基金进行投资运营管理显得尤为重要。这个环节面临的主要风险因素有:管理主体不明确且缺乏积极性;投资运营渠道单一且效率低下;监督管理体系不完善。[①]目前试点地区金融支持及服务滞后于新农保发展的需求;缺少专业的基金管理人才、监管手段缺乏、基金管理效率水平低下,导致基金被挪用和挤占的腐败行为。

社会保险基金给付是资金流程的最后一个环节,相应的管理关系到社会保险基金的正常、稳定发放。给付能力或者给付水平的稳定增长受到经济因素、人口年龄结构、人口预期寿命以及社会养老保险财务模式等因素的影响。其中的风险因素为:发放面临着长寿风险;给付监管不严,待遇支付过程中存在冒领和骗领养老金的现象。

(四) 新农保政策运作流程及风险

新农保从制度设计到待遇给付一共经历"政策制定—资金筹集—基金管理—待遇给付"四大环节,这一过程基本上包括了前面提到的参保流程、业务管理流程、资金流程,因此在后续的风险识别和分析中,本书

---

① 乡镇劳动保障机构负责征收新农保基金,只有基金保管和投向的建议权,而没有具体保管和投向的处分权,财政部门只能做到对数额巨大的保险金支付实行兜底责任,并不能有效监管。

主要沿着这一思路进行。

## 第三节 新农保风险识别步骤

### 一 初步识别

从新农保体系本身机能分析，它直接关系着农村老年人生活保障程度的高低，也直接关系着农村社会保障体系的覆盖率，农村居民生活质量的提高；从新农保的外在经济因素分析，它直接与国民经济增长水平相联系，同时还直接和间接地影响投资和储蓄等经济活动。新农保制度是否能实现其在各个阶段的预期目标，受到很多因素的影响，也存在很大的不确定性，正如本书前面已经界定的新农保风险是制度实际效果或目标相对于预期的负偏离。这里的制度目标包括两个层面：层面一是制度本身的目标。主要包括稳定发挥经济保障功能，满足农村居民的基本生活需要；应对农村人口结构的变化，尤其是人口老龄化的挑战，实现制度财务的可持续性；经办管理环节流程规范、运行高效；在既定的时间期限内实现制度的全覆盖等。层面二是制度对外部经济的影响，即制度相应的经济社会功能的功能，包括收入再分配功能、反贫困功能、人力资本保护功能、农村资本积累促进功能、消费需求扩大功能以及推动经济增长、实现社会公平目标的实现。新农保风险错综复杂，通过运用问卷调查法、现场调查法、流程图法及外部环境识别法等方法形成风险因素集。初步识别风险从两个层面进行。层面一，按照新农保制度的内外因的角度，根据分解分析法和问卷调查法将新农保风险分解为内部风险因素、外部风险因素及外部效应风险因素；层面二，运用新农保制度运作流程图法及外部环境识别法等多种风险识别方法将上述三类风险进行进一步识别和细分。此外，作为风险管理的第一步，本书的风险识别机制以新农保"保基本、广覆盖、有弹性、可持续"的基本原则量化新农保风险管理的期望值，将其作为风险识别的标杆，为后续的临界触发机制提供依据。

### 二 因素筛选

新农保风险因素筛选是将识别出的新农保风险因素集的各种风险因素，采用德尔菲专家预测法和YAAHP法进行进一步的筛选，以确定新农保关键性风险因素，为下一步的风险辨识和评估提供依据。德尔菲法和YAAHP法的综合，一方面可以发挥德尔菲法在缺乏历史数据和影响因素超出制度本身领域的优势；另一方面又结合YAAHP法的逻辑一致性判断原则，将德尔菲专家咨询法多次、复杂的评价思维过程简化，提高风险识别的精确度和科学性，并有利于提高风险重要性权重确定的信度和效度，解决德尔菲法需要多次反复发放和回收调查表及风险识别周期较长的问题。关于关键风险因素的筛选内容具体包括：确定哪些风险因素会明显地引起损失，哪些因素需要进一步研究，哪些因素由于不重要应该排除出去。

新农保风险识别步骤

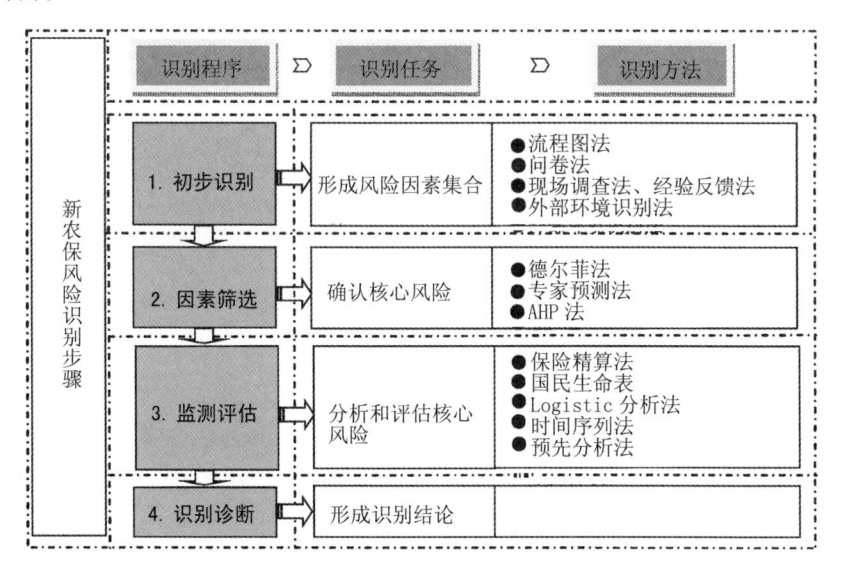

| 识别程序 | 识别任务 | 识别方法 |
| --- | --- | --- |
| 1. 初步识别 | 形成风险因素集合 | ●流程图法<br>●问卷法<br>●现场调查法、经验反馈法<br>●外部环境识别法 |
| 2. 因素筛选 | 确认核心风险 | ●德尔菲法<br>●专家预测法<br>●AHP法 |
| 3. 监测评估 | 分析和评估核心风险 | ●保险精算法<br>●国民生命表<br>●Logistic分析法<br>●时间序列法<br>●预先分析法 |
| 4. 识别诊断 | 形成识别结论 | |

图3-4 新农保风险"识别—筛选—监测—诊断"识别步骤

### 三 监控评估

如何开展新农保项目的监测评估，是保障新农保项目的顺利实施，保证新农保项目实现国家目标的重要手段，并已成为新农保管理的重要环节。对筛选出来的关键性风险因素进行分析和评估，采用保险精算法、国民生命表、因子分析法、预先分析法和时间序列分析法，掌握新农保风险结果的活动范围和变动趋势，即包括风险因素的静态分析和动态预测。监测是收集相关数据及信息，并进行综合分析的持续且复杂的动态过程，与评估往往一体化运作。整个过程是通过跟踪已识别的风险，监视残余风险和识别新风险,保证新农保计划的执行,并评估这些计划对降低风险的有效性等。

### 四 确认诊断

确认诊断是新农保风险识别最后的步骤,也是最重要的环节。根据监测的结果进行分析、评价和判断,对风险进行识别,并建立临界值触发机制,通过将当前新农保实际运行情况或事件与期望值目标相比较,以警醒管理决策层对潜在风险的关注,或按需要做出进一步的评估或立即进行应对等结论。

# 第四章　新型农村社会养老保险风险因素初步识别与筛选

按照第三章新农保风险识别的"初步识别—因素筛选—监测评估—确认诊断"步骤，本章要进行"新农保风险的初步识别与筛选"。在进行新农保风险初步识别之前，首先需要确定风险的期望值，即明确进行新农保风险初步识别依据。然后，在初步识别形成的新农保风险因素分类基础上，根据新农保风险识别的"有效性、关键性"原则和新农保风险防范的"分层次、有重点"策略，进行新农保关键风险的筛选，以便于之后新农保风险的"监测评估"。

## 第一节　新农保制度风险识别的依据

习近平同志在党的十九大报告中指出，"全面建成覆盖全民、城乡统筹、权责清晰、保障适度、可持续的多层次社会保障体系"，"全面实施全民参保计划，尽快实现养老保险全国统筹"以及"建立全国统一的社会保险公共服务平台"，在新农保的制度建设要求基础上，进一步明确了"覆盖全民、城乡统筹、保障适度、可持续"是社会保障制度进一步完善的主要要求和基本目标。由此可见，作为保障广大农村居民的重要民生政策，其基本功能在于制度待遇的保障力、制度运行的可持续性以及制度的城乡统筹效果，以及在此基础上增强公平性、适应流动性、促进经济社会协调发展的目标。根据《国务院关于开展新型农村社会养老保险试点的指导意见》（以下简称《试点意见》）以及《国务院关于建立统一的城乡居民基本养老保险制度的意见》（以下简称《统一意见》），新农保的基本原则是"保基本、全覆盖、有弹性、可持续"，要求从农村实际出发，低水平起步，筹资标准和待遇标准要与经济发展及各方面承受能力相适应；个人家庭、集体及政府要合理分担责任，权利与义务相对应；政府主导和农村居民自愿相结合，引导农村居民普遍参保；中央确定基本原则和主要政策，地方制定具体办法，对参保居民实行属地管理。可见，"保基本""可持续""城乡统筹"是新农保制度的政策初衷，也是检验制度实施效果的基本准则，因而本书将其作为新农保风险识别的基本依据。

## 一 保基本

"保基本"是指新农保提供的养老金待遇能够保障参保人在老年生活时期能够满足其基本生活需要，这是制度最基本也是最重要的目标之一。新农保制度能否实现"保基本"的目标，既取决于制度本身的设计，包括筹资和支付的水平设计，参保激励机制的引入等，也可能因为制度外的其他因素干扰而导致新农保无法"保基本"。比如由于经济周期的波动、人口老龄化的冲击等新农保制度以外的因素导致新农保无法按期足额给付，出现不能"保基本"的危机。除此之外，新农保作为社会保障制度的重要内容，是一种重要的国家治理手段或工具，[①] 其对于经济、社会和政治等方面的影响客观来讲也具有不确定性。比如，因为养老金的获得而"挤出"农村储蓄，导致长期经济投资的减缓，从根本上减缓经济增长动力，而导致广大参保农村居民出现养老金待遇不能"保基本"的风险。

新农保的养老保险待遇包括基础养老金和个人账户养老金。其中，基础养老金经国务院批准由中央财政确定的待遇标准在逐渐提高，从2009年的每人每月55元，到2014年每人每月70元，再到2018年每人每月88元，由国家财政全额支付。个人账户养老金待遇取决于个人的参保缴费积累，即由个人的年缴费档次高低和参保缴费时间的长短共同决定。目前个人可选择的缴费档次在国家的指导标准下，各地有所差异，总体来讲随着新农保的发展和向城乡居保的演进，缴费档次逐渐增多，最高缴费档次也不断提高。参保缴费时间参照企业职工基本养老保险制度，最低不得少于15年，在此基础上，参保人参保缴费时间越长，个人账户的养老金积累

---

① 中国社会保障学会理论研究组：《中国社会保障推进国家治理现代化的基本思路与主要方向》，《社会保障评论》2017年第3期。

也越多。

新农保制度的"保基本"是从现阶段农村经济发展的实际水平出发，筹资和待遇要与经济发展及各方面承受能力相适应，保障老年人的基本生活，先解决养老金"从无到有"的问题，再循序渐进解决养老金"由低到高"的问题，因此"保基本"是一个相对且不断发展的概念。关于新农保制度是否能够"保基本"的判断，目前主要可分为绝对标准和相对标准两类衡量指标：

第一类是"保基本"的绝对标准。这类标准主要包括以下三种：第一种，以当地城乡居民最低可支配收入作为农村居民老年基本生活所需标准（2014年，新农保与城居保合并以后，国家统计年鉴中相应的居民收入统计指标由原来的"农村居民纯收入"改为"城乡居民可支配收入"）；第二种，以当前各地实际的农村居民最低生活保障标准作为农村居民老年基本生活所需待遇；第三种，利用恩格尔系数反推，将恩格尔系数乘以农村居民可支配收入计算出食品消费所需的支出，以此计算出的食品支出作为农村居民养老的基本所需。以上三类"保基本"的标准中，第二种确定的最低生活保障水平标准最低，可因此确定新农保"保基本"的最低风险期望值。也即如果新农保制度提供的养老金待遇无法达到当地农村居民的最低生活保障水平，则有理由认为当地的新农保存在"保基本"的风险——有无法保障参保老人基本生活的可能。

第二类是测算新农保"保基本"的相对指标。一般采用养老金相关替代率进行测量，[1]能较好地反映和评估养老保险制度对于老年生活消费平滑的效果。但关于多少是合适的养老金替代率，大到世界各国，小到我国的某个地区，在理论研究和实践探讨中都存在着较大的差异。一般而言，经济发达的国家或地区比经济较为落后的养老金替代率水平要高，制度实施时间较长的国家和地区比制度实施较短的要高，总的来看，目前世界主要国家的基础养老金替代率水平大致在40%—50%，如表4-1所示。

---

[1] 即参保者退休后的养老金收入相对于其退休前收入的比重，可以较好地衡量参保者在退休前后生活水准的变化。

表 4-1　　发达国家与发展中国家养老金替代率对比表
（括号中为女性的养老金替代率，单位%）

| 发达国家 | | | | |
|---|---|---|---|---|
| | | 缴费系数 | | |
| 国家 | 退休年龄 | 0.5 | 1.0 | 1.5 |
| 澳大利亚 | 67 | 82.8（80.0） | 32.2（29.4） | 32.1（29.3） |
| 加拿大 | 65 | 54.1 | 41.1 | 28.5 |
| 英国 | 68 | 44.3 | 22.1 | 14.8 |
| 法国 | 64 | 60.5 | 60.5 | 54.8 |
| 德国 | 65 | 38.2 | 38.2 | 38.2 |
| 美国 | 67 | 48.3 | 38.3 | 31.7 |
| 日本 | 65 | 47.8 | 34.6 | 30.2 |
| 韩国 | 65 | 58.5 | 39.3 | 28.7 |

| 发展中国家 | | | | |
|---|---|---|---|---|
| | | 缴费系数 | | |
| 国家 | 退休年龄 | 0.5 | 1.0 | 1.5 |
| 阿根廷 | 65（60） | 81.7（74.0） | 71.6（64.3） | 68.2（61.1） |
| 中国 | 60（55） | 96.0（82.6） | 76.0（65.1） | 69.4（59.2） |
| 南非 | 60 | 32.1 | 16.0 | 10.7 |
| 墨西哥 | 65 | 34.7 | 26.4（24.8） | 25.1（23.5） |
| 印度尼西亚 | 65 | 62.1（57.8） | 62.1（57.8） | 62.1（57.8） |
| 印度 | 58 | 87.4（83.1） | 87.4（83.1） | 87.4（83.1） |
| 智利 | 65 | 39.1（36.9） | 33.5（30.3） | 33.6（30.4） |
| 俄罗斯 | 60（55） | 46.1（41.0） | 33.7（28.6） | 29.1（24.1） |

资料来源：2017 年，OECD 官网（Pensions at a Glance 2017）（https：//read. oecd - ilibrary. org/social - issues - migration - health/pensions - at - a - glance - 2017_ pension_ glance - 2017 - enJHJpage103）。

随着城乡统筹养老保险制度的逐步推进和完善，本书认为新农保"保基本"的养老金替代率应至少与我国现阶段的城镇企业职工基本养老保险制度规定的水平保持一致，即达到目前标准的 50% 左右，这也是我们化解城乡二元差距，从实质上推进城乡统筹的重要体现。

综上，新农保"保基本"判断依据引发风险程度不同分为两个等级：第一，以最低生活保障水平作为新农保"保基本"的最低风险期望值；第二，以与城镇企业职工养老保险相当的养老金替代率作为新农保"保基本"的适度风险期望值。也即如果新农保制度提供的养老金待遇无法达到当地农村居民的最低生活保障水平，则有理由认为当地的新农保存在"保基本"较高风险，而若相应的养老金待遇无法达到企业职工基本养老保险制度提供的养老金替代率，则认为新农保存在"保基本"的一般风险。

### 二 可持续

"可持续"是新农保制度的基本原则，新农保制度的可持续能够给参保者一个稳定的心理预期，不仅待遇给付要可持续，而且制度保障能力能够延续，要与经济发展相适应，在促进社会经济可持续发展的基础上，保障当代农村人口基本养老保障需求的情况下而不影响和中断下一代农村人口享有基本养老保障的权利，最终目标是增进社会福利。具体而言，就是既要保障当代老年农村居民的老有所养，又要考虑新生代农村居民将来年老后的养老问题，还要有利于社会经济的可持续发展，有效发挥其"安全阀"和"稳定器"的功能。

从制度本身设计的可持续而言，主要包括养老金制度目标替代率的设定、养老金计发系数的大小、制度与其他相关政策的衔接，等等。尤其，新农保养老保险基金作为整个制度的物质基础，是新农保制度正常运转和制度目标得以实现的基本保证，不但关系到国家和社会的稳定，也与每一个参保人的切身利益相关。特别是在人口老龄化的快速加剧，社会保障制度的财务危机、支付危机日益突出情况下，新农保的可持续很大程度上取决于新农保基金管理，包括基金的筹集、基金的给付和基金的投资运营等等。第一，从基金筹集来看，基金筹集过程中涉及的各个主体的筹资能力和意愿将很大程度上决定基金来源的可持续。第二，从新农保基金的给付的可持续来看，既要保证农村居民养老保障待遇的合理适度，又不能因为养老金待遇的发放而牺牲养老金未来支付能力而"寅吃卯粮"。第三，从新农保基金的投资运营来看，新农保的个人账户基金采取的积累制，尤其需要保障其在几十年积累中的保值增值,拓宽基金运营渠道,防范各种因素导致的基金流失或者贬值的风险。

从制度运行而言,既包括外部因素对制度的不确定影响,比如我国社会经济的发展水平影响新农保的基金收入和支出水平,也包括制度对外部的影响;比如养老基金的长期稳定投资对于资本市场、股票市场的稳定作用,对经济持续稳定增长具有重大的意义。因而新农保的可持续运行,不仅包括新农保基金的可持续,还包括制度管理可持续、制度监督可持续、农村居民缴费意愿的可持续等一系列的可持续,进而体现在经济可持续和社会可持续。

经济可持续既指新农保的筹资和待遇标准与经济增长保持协调,不能超过各方筹资主体的承受能力,也不能对外部经济增长和发展造成负担,因为作为收入再分配领域,新农保最终仍依赖于经济发展带来的物质财富基础。其中,从各方筹资主体的承受能力可持续看,可以分为个人筹资能力水平、集体筹资能力水平及政府筹资能力水平等几个方面。首先,体现在个人缴费能力水平的可持续上,可通过农村居民个人最大缴费能力和新农保的个人缴费率来衡量个人缴费能力水平。2012年薛惠元运用ARMA模型,通过长期动态分析,用全国水平的农村居民收入的可持续增长来评估农村居民未来承担新农保的缴费水平的能力。即选取农村居民个人最大缴费能力与个人缴费率之差来评估。农村居民个人最大缴费能力 = (农村居民人均可支配收入 − 农村居民人均生活消费支出)/农村居民人均可支配收入;新农保个人缴费率 = 农村居民的缴费数额/农村居民人均可支配收入。若其两者之差小于0,农村居民个人没有承担新农保缴费水平的经济能力;若这两者之差大于0,则表示农村居民个人有承担新农保缴费的经济能力。[1]除此之外,还可以从农村居民人均可支配收入低于最低缴费标准的户数比重、农村居民人均可支配收入低于最低缴费标准与贫困线标准的户数比重之和来评估个人筹资能力水平。其次,是集体补助的可持续。作为吸引农村居民广泛参保的重要方面和激励方式,农村居民参保率与集体补助成正相关的关系,只要有集体补助,农村居民的参保积极性就

---

[1] 薛惠元:《新型农村社会养老保险风险管理研究》,中国社会科学出版社2013年版,第91页。

会显著提高。提高集体筹资能力水平，能够起到对农村居民普遍参保的促进作用。最后是各级政府补助水平的高低，这是决定新农保制度"可持续"发展的关键。

制度可持续主要取决于新农保制度的物质基础新农保个人账户基金的保值增值的实现。目前关于新农保基金统筹层次和新农保的投资渠道的规定：一是将新农保基金纳入社会保障基金财政专户，实行收支两条线管理，单独记账、核算；二是新农保工作经费纳入同级财政预算，不再从新农保基金中提取，一定程度上杜绝了新农保基金挪用滥用现象的发生，也充分体现了新农保的公益性；三是基金管理透明度增加，新农保经办机构和村民委员会每年在行政村范围内对村内参保人缴费和待遇领取资格进行公示，接受群众监督。[①]这一规定有利于参保人了解和关注自己的养老金动向，一定程度上保证了新农保基金的安全性。但基金的安全并不能完全保障基金的保值增值。目前，绝大部分地区的新农保基金收支、管理、支付都是实行的县级单位负责的方式，在县级统筹形式下的基金处于分散管理状态。首先，管理机构不统一，基金规模相对较小，基金的调剂范围及跨度小，不符合社会保险的"大数法则"，基金在社会养老方面发挥的作用有限。另外，统筹层次水平过低，基金管理资源使用分配受到限制，易产生基金流失和违规存放、违规挤占、危险、基金监管非法运营的现象等。投资渠道狭窄，账户基金可持续保值增值困难，新农保政策规定新农保基金只能存入银行或者购买国债。对于其他的投资渠道并没有做出规定来引导基金的投资取向，而新农保制度在实施的实际运行过程中，受到各方面的影响因素限制，同时以县为单位的投资主体也没有更好地对新农保基金进行投资，而是把大部分的基金都存入了银行。一方面，国家没有给予新农保基金增值运行的保护性和优惠性政策，随着试点的增多，基金的数额越来越大，管理成本越来越高，单一的基金渠道无法保障基金的高收益性；另一方面，基金存入银行就目前经济金融情况分析，反而还使庞大的新农保基金造成了一定规模的缩水与流失。个人账户储存额目前每年参考中国人民银行公布的金融机构人民币一年期存款利率计息的规定，加上

---

① 国务院：《国务院关于建立统一的城乡居民基本养老保险制度的意见》，2014年2月21日。

国内通胀形势的影响,这样存入银行的基金利息收益率实际已经成为负数,基金的缩水风险较大。

### 三 城乡统筹

随着城乡居民基本养老保险制度的出台和实施,统筹城乡的养老保险制度顶层设计趋于完善,并具有通过新农保与城居保合并来反推城乡统一、缩小城乡差距的政策意蕴。城乡统筹是指消除城乡二元格局,促进实现城乡之间的经济、社会及人民生活的协调发展,公平与效率相统一,逐步缩小甚至消除新农保制度与城镇企业职工基本养老保险制度、机关事业单位养老保险制度等城乡之间在社会养老保险制度及待遇水平上的基本差别,实现城乡在社会保障政策上的平等的国民待遇,让农村居民享受到和城镇居民同样的公平和实惠,实现劳动力资源的合理流动和配置,优化分工、协调发展,使整个城乡经济社会全面、协调、可持续的发展。

由于我国长期的城乡二元经济发展结构和区域经济发展不平衡的现状,大部分普通农村居民,尤其是中西部经济欠发达地区的农村居民的社会养老意愿、养老参保能力以及养老待遇给付预期与城镇居民仍然存在一定的差异。因而实际的制度实施效果与城乡统筹的制度设计初衷存在着一定差距。除了制度本身的约束以外,从制度城乡统筹的外部环境而言,也因为涉及的是重大而深刻的社会变革,需要思想观念的更新、政策措施的变化、发展思路和增长方式的转变、产业布局和利益关系的调整等等,因此实现制度的城乡统筹尚存在一些制约性因素,应加以识别并进行积极干预。

从制度设计本身而言,新农保采取的是自愿参保和自由选择缴费档次的做法,其较大的灵活性,一方面体现了制度本身的包容性和开放性,能满足不同收入水平的农村居民多样化的养老保障需求;另一方面也可能存在制度灵活性,自愿选择无法保证制度全覆盖或制度档次较低而丧失制度保障能力。比如在基金筹集方面,更多的农村居民基于有"一亩三分地"的口粮保障,而普遍选择最低的缴费档次,①而导致养老基金个人账户积

---

① 何晖、李惠华:《城乡居民养老保险经办管理风险识别与防范》,《湖湘公共管理研究》2014年第5期。

累较少，无法达到与城镇居民养老待遇相当的水平。同时农村居民的个人账户缴费投入不足，政府支付的养老金只有在共同资金中得到差额补足，统筹部分的财政资金比较紧张。因此，在基本养老保险关系城乡转移接续过程中，实际养老金积累较低的农村居民在城镇化过程中转为城镇居民后，其养老金将无法达到成本较高的城市养老生活消费成本补偿作用，同时，一些经济较为发达的人口流入城市，趋于地方利益，将很难实现有效接转，导致劳动力要素合理配置受限。

三是权益享受全覆盖。全覆盖的问题不单单是一个制度、目标群体的覆盖范围，更是这项制度到底为参保人提供什么样的保障。目前，制度全覆盖的基础养老金实质上是一种非缴费制普惠型的社会保障，主要由财政承担，而适龄参保人群的全覆盖涉及地方财政的缴费补贴，而反贫困和"横向公平"的作用发挥也可能因为城乡的区域差异受到影响，尤其对于经济欠发达的地区，随着人口老龄化快速增长，领取养老金待遇的人员不断增加，而参保缴费却相对减少，政府承担的兜底压力，一方面可能为了保证养老金的按时足额发放，不得不提高参保人员的个人缴费额，然而社保费高又是实现全覆盖目标的障碍；另一方面可能出现社保缴费上农村居民"反哺"城镇居民，阻碍城乡统筹的制度目标。

以上的"保基本""可持续""城乡统筹"三个新农保风险判断依据，实际上是整个新农保制度和相关系统的晴雨表，它们能反映出制度设计、运行的合理性及相关系统的变化影响。

## 第二节 新农保风险因素分类

根据前述的风险生成机理，新农保作为一个系统，面临着来自系统自身和系统之外的不确定性因素的干扰，同时反过来也会对系统外部因素产生影响，造成与预期不一致的结果。而这些不确定性的影响因素如果与制度预期目标发生负偏离，则是我们需要加以识别和防范的新农保风险。根据具体的影响方向，我们称制度自身因素可能引起的相对预期目标的负偏离为制度内生风险，由制度之外因素可能引起的相对目标的负偏离为制度外生风险，而制度反过来对外部系统造成的可能的外部负效应，则称之为外部效应风险，如图4-1所示。

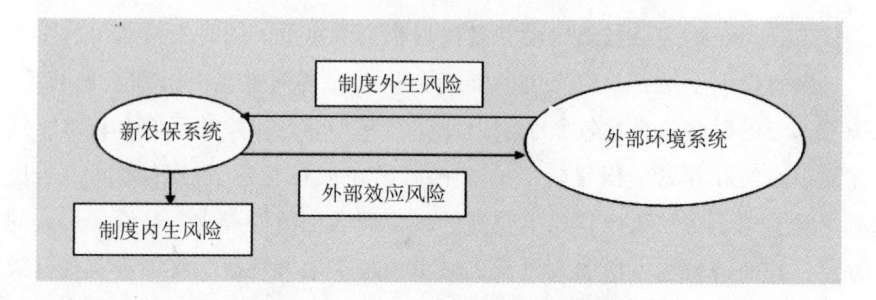

图 4-1　新农保风险形成的示意图

## 一　制度内生风险

新农保的制度内生风险是指新农保子系统自身运转失灵,导致制度效果与预期目标的负偏离的可能。新农保从制度出台到付诸实施经历了"制度设计—资金筹集—基金管理—待遇给付"四大环节,每一环节都可能由于制度内部的各种因素直接导致新农保风险事故,发生风险损失,致使制度实际目标低于新农保风险识别的期望值,发生负偏离。根据流程图法、现场调查法可细分为制度设计风险、资金筹集风险、基金管理风险、经办管理风险。这种制度内在的不确定性可以通过完善制度设计,优化规则、程序等途径来降低,所以制度内生风险属于"非系统性风险"。

(一) 制度设计风险

虽然新农保在制度设计上进行了重大改进和创新,但由于制度外部环境的变化,老农保制度的路径依赖等因素,使制度设计可能存在不能满足新的社会要求的问题,或因为缺乏精算或精算有误,导致实际结果与预期目标间的负偏差,即"制度设计风险"。其主要表现为养老金替代率风险、个人账户计发系数风险、制度碎片化与衔接风险。

1. 养老金替代率风险

养老金替代率风险是指在制度设计之初将养老金替代率设定得较低或较高,替代率较低导致制度无法保障农村老年人的基本生活,不能实现"保基本"目标;替代率较高又会给个人或国家带来缴费或财政负担,导致制度"不可持续"风险;抑或相同的替代率水平相对于城镇居民低,而对于农村居民高,导致不能较好地实现"城乡统筹"的可能。养老金替代率风险可分为基础养老金替代率风险、个人账户养老金替代率风险以及总的养老金替代率风险三方面。

2. 个人账户计发系数风险

个人账户计发系数风险指因为没有预先精确预测到人口预期寿命,导致制度对个人领取养老金的计发系数设定过大或过小,新农保的个人账户无法实现自身的收支平衡的可能。如果计发系数过大,也即制度设计的领取养老金年限过长,在养老金待遇一定的情况下,每次计发的养老金数额过低,不能保基本;若计发系数过小,或者说老人领取养老金的时间设计的太短,则新农保的个人账户出现支大于收的风险,通俗地说也就是,人还在养老金用光了,需要政府增加额外的养老金补贴支出,如果这种情况出现较多的话,则由于财政压力过大导致制度不可持续风险。

3. 制度碎片化与衔接风险

制度碎片化与衔接风险指制度设计时,由于历史原因单独设立的小制度,使制度扩面和待遇确定上产生的不确定性。我国是以解决特定人群的特定问题不断分设制度的方式扩展社会保障体系的,不同的部门针对不同的问题,具有不同的政策立场,人口群体亦是制度区隔的重要标准,这种制度的碎片化不仅造成了行政管理的复杂性还使不同群体的保障待遇参差不齐。在新农保制度出台前,各部门、地方政府推出了老农保、农村五保供养、计划生育户养老保险、村干部养老保险、失地农村居民养老保险、水库移民养老保险和民办教师养老保险等各类针对特定农村居民群体的养老保障制度,由于立法层次低并以部门决策为主,各地养老待遇标准各不相同,不同制度之间的协调性差,甚至不同制度的保障对象有交叉重叠部分。在新农保与城居保并轨后,由于一系列城乡二元体制尚未打破,制度对农村居民的保障与对城镇居民的保障面临着城乡消费水平客观上存在较大差异,同时在基本养老保险关系城乡转移接续过程中,实际养老金积累较低的农村居民在城镇化过程中转为城镇居民后,其养老金将无法达到成本较高的城市养老生活消费成本补偿作用,同时,一些经济较为发达的人口流入城市,出于地方利益,将很难实现有效接转,导致劳动力要素合理配置受限。无法真正实现城乡统筹的风险。

(二) 资金筹集风险

所谓资金筹集风险是指由于新农保资金筹集主体,包括政府、集体和个人,目前或未来在承担新农保补贴、补助和缴费能力的不确定性,而导致无法履行相应的筹资责任,导致制度财务不可持续,制度待遇无法保基本的可能。与筹资主体相对应，资金筹集风险具体包括财政筹资风险、集体筹资风险和个人缴费能力风险。

1. 财政筹资风险

财政筹资风险即财政风险，指中央或者地方政府在当期或者未来，由于各级政府间财政责任不明确等原因，出现没有能力负担新农保政府补贴的风险。新农保制度设计中的最大特点，是通过建立各项财政补贴机制，构建普惠式的农村居民养老金制度，因此财政风险事关重大。我国除中央政府以外，还包括四级地方政府，即省级、地市级、县级、乡镇级，相应的财政风险就分为中央财政风险、省级财政风险、地市级财政风险、县级财政风险和乡镇财政风险。尤其是各地的政策在地方财政补贴的规定上各不相同，在资金筹集上对中央与地方政府，以及地方政府之间的职责没有明确界定，各地各级财政风险大相径庭。

其一，中央财政筹资风险。根据世界其他各国的社会保障实践，由于"福利刚性"的客观规律，一国的社会保障制度建立时间越长，则福利水平越高。随着新农保运行时间的拉长，制度覆盖面的扩大，加之人口老龄化的加速到来，新农保将产生较大的补贴资金需求，这给负责全额补贴中西部地区基础养老金、对东部地区补贴一半基础养老金的中央财政形成了一定的不确定性。补助到位和是否有财力进行持续性的补贴，是需要高度关注的问题。

其二，地方各级财政筹资风险。在《试点意见》及《建立意见》中，对地方政府财政补贴要求是一样的，地方各级财政筹资责任主要表现在以下两个方面：一方面体现在基础养老金的补贴责任上。规定"地方人民政府可以根据实际情况适当提高基础养老金标准；对长期缴费的，可适当加发基础养老金，提高和加发部分的资金由地方人民政府支出"；另一方面是个人账户的补贴责任。具体为"地方人民政府应当对参保人缴费给予补贴，对选择最低档次标准缴费的，补贴标准不低于每人每年30元；对选择较高档次标准缴费的，适当增加补贴金额；对选择500元及以上档次标准缴费的，补贴标准不低于每人每年60元"，"对重度残疾人等缴费困难群体，地方人民政府为其代缴部分或全部最低标准的养老保险费"。由于我国地区经济的巨大差异，新农保在地方财政补贴上规定的是"具体标准和办法由省（区、市）人民政府确定"。由于考虑到各地经济发展不平衡性的现实,在地方政府财政补贴的界定较为模糊,这也为各级政府根据自己的偏好来选择责任承担留下了制度漏洞。根据官僚理论,地方各级政府作为理性的"经济人",可能存在因为追求自身利益最大化而逃避自己应当承担的新农保建设中的财政责任的风险。[①]除了省级财政以外,省级以下财政的补贴资金都无刚性约束,在制度运行后能否补助到位,尤其是贫困地区较集中的市、乡财政能否继续补贴,是否有财力继续补贴,具有相当大的不确定性。[②]比如地方政府为了减少财政补贴支出,控制财政风险,存在并不根据当地的经济发展实际情况来制定相应的缴费补贴的动机和可能,而仅仅满足于制度中规定的最低补贴水平。地方财政补贴与各地实际经济发展水平的脱离,尤其是地方财政补贴低于实际所需补贴,则导致由于制度补贴额偏小,存在不能保基本的可能,同时因为制度补贴偏低也影响了农村居民的参保积极性,导致制度不可持续风险。

在地方各级财政补贴中,从各省实际做法来看,很多省对新农保支出的大部分财政责任都主要由新农保制度规定的统筹层次——县级政府承担,而在我国各级财政中,县级财政是各级财政中最困难的财政,很多县级财政被形象地喻为"吃饭财政""乞丐财政",因此新农保中地方财政责任由县级财政承担,无论是从县级政府的主观意愿还是客观能力上都存在筹资偏低的风险。

2. 集体筹资风险

集体筹资风险主要指由于筹资意愿和筹资能力等方面的不确定导致集体对新农保的补助无法到位的风险。其表现为两个方面:一方面,无意愿负担新农保补助的风险。制度考虑到各地区经济发展不平衡的情况,对"有条件的村集体对参保人缴费给予补贴"不是一个强制性规定,且激励机制不够,为集体减少承担补助责任留下了制度漏洞,集体补助难以落实;另一方面,没有能力负担新农保补助的风险。根据我国的实际情况,各地集体经济实力差异很大,除了东部经济较发达地区和一些经济较富裕的农村外,大部分地区农村集体经济没有财力进行新农保补助,实际上,只有部分乃至少数有集体企业的村、镇,才有条件提供补助。在经济欠发

---

① 汪雪:《农村社会保障中政府责任的反思》,《湖北社会科学》2009年第1期。

② 同上。

达地区，集体经济组织几乎不复存在，集体收入更是微乎其微，这直接导致新农保集体补助实现乏力，最后新农保筹资结构衍变为个人缴费和政府补贴。即使是有一定补助能力的地方，也难以保证对农村居民个人账户进行公平的补贴。参保的绝大多数村和乡镇补干部、不补群众，少数村即使补助所有参保者，也存在干部多补、群众少补的情况。[①]

3. 个人缴费能力风险

个人缴费能力风险指个人在当前或将来没有能力负担新农保缴费的风险，既有档次设置不合理的原因，又有包括参保者的客观原因。其中客观因素主要指由于经济环境的恶化或个人本身的劳动能力缺陷，参保者收入水平较低，参保人没有参保缴费的经济能力，尤其是一些贫困地区以及贫困家庭的农村居民，没有能力如期足额参保缴费。缴费能力的不确定性主要体现在市场经济条件下，农村居民收入存在极大的不确定性，而且收入差异大，因此导致个人缴费能力差异大。部分农村居民会因为缴不起应缴保费而被排除在制度覆盖范围之外，即使参保，也往往按最低档次缴费，致使养老保险待遇不能保基本。

（三）基金管理风险

基金管理风险是指新农保的基金收支及管理环节中，由于腐败、运营操作风险的存在，导致新农保基金存在安全隐患，基金财务不可持续的风险。由于本书将这一风险划分在制度内部风险范畴，新农保基金主要由基础养老金和个人账户养老金两部分构成，因此基金管理风险主要指基础养老金的基金监管风险和个人账户基金的投资风险，而诸如外部经济风险，如通货膨胀、系统性市场、政治风险等因素引起的基金贬值或预期回报率较低的风险不划在本类别，而将在制度外生风险中进行分析。同时这一划分也符合基金管理分工细化的趋势，遵循了社会保障基金管理中投资职能与管理监督职能适当分离的原则。

1. 基础养老金基金监管风险

基础养老金基金是国家通过经常性预算和财政性拨款等形成的专门用于新农保财政补贴的基金。由于基础养老金实际上没有基金的积累，而是

---

① 李中义：《农村社会养老保险制度建设中的政府行为重构》，《社会科学战线》2008年第9期。

由国家财政每年的"现收现付"方式完成,所以基础养老金基金并没有投资营运的风险,而其面临的主要是基金监管方面的风险。因此,基础养老金基金的监管风险指由于监管主体的责任不到位或者管理不善,导致基金运营机构的选择不正确,各项监管规则不完善,基金被挤占、截留或挪用,导致新农保基础养老金不能长期稳定运行,无法实现其社会政策目标的风险。[在我国由政府主导的监管体制下,社会保障部门充当委托人、投资者和资产管理者,政事不分,没有透明的信息披露,缺乏市场监督,中央政府和地方政府的不同部门之间缺乏有效的协调机制和信息共享机制,社会保险基金监管不到位以及信息披露不充分等是引发基金监管风险的重要因素。] 在《国务院关于试行社会保险基金预算的意见》(国发〔2010〕2号)中规定的"目前中国社会保险基金预算的编制范围包括:企业职工基本养老保险基金、失业保险基金、城镇职工基本医疗保险基金、工伤保险基金和生育保险基金",并未将新农保基金纳入社会保险预算中,且基金的县级统筹层次较低,因此存在着被地方政府或相关部门挪用、侵占的风险。

2. 个人账户基金投资风险

个人账户基金投资风险指由于不恰当的投资战略(如现行较普遍的购买国家债券、存入商业银行等基金保值增值方式)、商业银行或经办机构存在的委托—代理风险或操作故障,导致基金投资运作不利,使新农保基金发生贬值的风险。

目前新农保个人账户基金还未开始进行多样化运营,只是按规定存银行或买国债,主要面临的是通货膨胀带来的贬值风险,随着基金规模的不断增大,收益率偏低将对广大参保农村居民的正当财产权益权利造成一定程度上的损害。在未来新农保基金运营进入多样化和市场化后,与基础养老金出现的风险和问题一样,[在我国由政府主导的监管体制下,社会保障部门充当委托人、投资者和资产管理者,政事不分,没有透明的信息披露,缺乏市场监督,中央政府和地方政府对个人账户的权责不清晰,不同部门之间缺乏有效的协调机制和信息共享机制,社会保险基金监管不到位以及信息披露不充分等是引发基金监管风险的重要因素。]

(四) 经办管理风险

新农保经办管理风险是在特定的条件和境况下,因为一些无法准确预见的因素，从而导致经办管理活动与预期工作要求、目标之间的负偏离。由于经办人员因素、内部程序不完善、系统存在缺陷或者外部事件等因素而导致的城乡居民养老保险直接或间接的损失和风险，从而使操作结果与预期目标发生负偏离。①

新农保经办主要包括保险费的征缴和待遇的发放，围绕这一经办工作，还包括建立职工个人账户档案，向征收机构提供参保职工的个人账户资料，核查个人账户缴费情况，记录和查询个人账户收支余额情况，保管个人账户档案，接受有关个人账户管理情况的监督质询等管理工作。上述各项工作任何一环节出现疏漏，就会造成风险事故。

除了上述主观因素以外，新农保经办管理风险还源于一些客观因素，主要包括经办主体风险、内部流程风险、经办管理信息化风险、外部事件风险。比如：人员配备不足、经办工作人员缺乏从事该行业所必需的技能与道德素养，工作不称职、并没有制定比较全面的管理标准与操作程序，经办工作人员缺乏一定的风险意识，不能够按照所规定的规章制度来开展工作、执行力差等。经办服务工作的效率不断降低，经办服务的质量不断下降，人民群众对政府工作的满意度下降。但是，一些由于外部因素造成的风险是不确定的，难以被预知，比如发生冰雪灾害和洪水灾害等自然灾害给经办管理机构带来的损坏，如表 4-2 所示。

表 4-2　　　　　　　　　　新农保经办管理风险

| 序号 | 风险种类 | 序号 | 风险种类 |
| --- | --- | --- | --- |
| 1 | 软件或硬件错误、设备老化，电脑故障 | 7 | 未及时向参保人公布相关参保信息 |
| 2 | 参保记录保存错误或遗失 | 8 | 办公场所遭遇火灾、地震、飓风或洪水灾害 |
| 3 | 没有足够的人员配备保证机构的有效运营 | 9 | 对授权机构（如商业银行）的风险控制失败 |
| 4 | 管理不力 | 10 | 缺乏风险管理或者风险管理很糟糕 |

---

① 何晖、李惠华：《城乡居民养老保险经办管理风险识别与防范》，《湖湘公共管理研究》2014 年第 5 期。

续表

| 序号 | 风险种类 | 序号 | 风险种类 |
|---|---|---|---|
| 5 | 出现对经办部门的起诉 | 11 | 机构内部人员参与欺诈、挪用资产 |
| 6 | 主电脑数据库遭受黑客恶意攻击 | 12 | 信息沟通不畅 |

资料来源：陈燕玲：《金融风险管理》，安徽大学出版社2008年版，第208—210页；克里斯托弗·戴肯：《社会保障财务监管和风险管理》，国际社会保障协会第28届全球大会会议报告。

新农保的经办管理机制是否健全、经办管理流程是否规范、经办管理人员配制是否合理是在现实操作层面上关乎这一制度持续、稳定发展的重要决定因素。新农保经办管理机构作为制度的直接载体和实施主体，是决定新农保成败的重要因素之一，也是最应该严格控制并进而推动新农保稳步发展的环节。

首先，由于人为的因素，对各项规章制度的执行不力、监管不力，或者经办工作人员的业务技能不熟练。

其次，因为制度流程不规范、规定不明确，或者流程制度存在漏洞、可操作性差等原因，导致新农保待遇给付方出现操作风险，或导致养老保险基金的违规挪用、违规投资等现象无法完全杜绝。

最后，由于软件、网络等技术支持系统出现故障导致新农保管理、经办部门之间的沟通无法正常进行，影响新农保给付的办公效率或者出现安全性问题造成的损失风险。

此外，政府作为社会养老保险制度的主导方，在基金的保管营运上往往需要委托给专门的代理人，除去CPI上涨、利率下降以及通货膨胀等因素外，政府与这些代理人之间由于信息的不对称，政府缺乏或很难对代理人的行为进行有效的监督，而代理人就有可能凭借自身的信息优势，通过一些机会主义行为置新农保基金于风险之中。同时由于中央政府与地方政府以及地方各级政府之间在财政补贴责任上的不明确，存在最终养老金给付责任分担上互相博弈、相互推诿的制度风险。

## 二 制度外生风险

任何一个事物都处于特定的环境之中,新农保制度作为一项公共制度同样暴露于复杂的环境中,受到外部环境的影响。如政治局势、宏观经济的走势、社会环境、人口老龄化及自然资源环境条件等,这种外在不确定性属于"系统风险",可按照外部环境分析法进一步细分为政治风险、经济风险、自然风险和社会风险。

### (一) 政治风险

政治风险是指社会政策的制定及执行由于缺乏明确、合理的目标定位和稳定、渐进的推进措施,导致制度随意性大而引起的风险。政治风险(包括法律因素),对新农保活动与绩效具有现实的和潜在的影响,其既包括国家和政局的稳定状况、执政党和政府推行的基本方针与政策指向及其连续性和稳定性等因素,也包括政治体制改革的进程等方面。政治进程既可以直接塑造公共政策的性质和发展方向,也可塑造法律对新农保的运行效果产生重大的影响。由于政策连续性往往因领导人政治热情及政治决策而受到干扰,甚至导致战争、罢工或极端社会团体暴动等活动使制度不可持续。具体到新农保,由于社会保障法制仍不完善、体系内部碎片化以及政绩考核目标短期化,[①] 新农保的可持续发展可能因为某些政治举措而发生变化,甚至导致计划运营的中断。以老农保为例,当初举办老农保的政治举措用意和出发点无疑是好的,但是由于主管部门的更替以及管理部门认识上的变化,最终使老农保制度终于停滞,导致了一些不良的后果。

新农保政治风险的表现之一在于:作为社会保障制度的一种,其对于政府及其官员的意义来说,就是运用经济手段,解决社会问题,实现政治目标。政府在政治上的高度重视和强大的政治动员力量,使新农保在实施之初获得了巨大的政治支持,促进了新农保制度的推广和落实,但是这种非制度化的政治动员具有不可持续的风险,存在一段时期之后可能会出现逐渐减退的情况。以农村合作社为例,这个被联合国高度赞誉为"人类最伟大的创举"制度,在实施之初列入了政府的重要议事日程,被当作一

---

① 童星:《社会保障的外部风险探析》,《社会保障研究》2010年第6期。

项政治任务来完成,并通过群众运动的办法加以推广,而到了20世纪80年代后期,合作医疗制度却作为"计划经济的遗留物"被放任自流,直到1997年才决定重建,但却因为各地政府相互矛盾的政策,并未取得理想效果。[①]直到2002年由于"三农"问题日益突出,重建农村合作医疗制度又开始得到政府的重视,于2003年开始正式试点实施新型农村合作医疗制度。由此可见,目前为止我国仍具有较明显的政策治国特点,政策决定国家的制度和基本走向,国家在不同时期必然根据经济发展的不同情况,采取不同的经济社会政策,中央文件作为政策的具体载体其关注的重点和热点每年都在发生变化,国家经济社会政策的调整对参保者将会产生不同的影响,有些可能是正面的,有些可能是负面的,而负面影响就是政治风险。

新农保政治风险的另一个表现在于,作为一种社会公共政策,需要政府对该类领域进行较多干预。目前的政绩考核体系使得政府部门及其官员只考虑自己任期内的事情,没有相应的机构和个人考虑社会保障的长期可持续发展。[②]此外,行政力量的强制实施,造成资源闲置和浪费,由于行政办理程序的缓慢和时滞,导致制度的调整严重滞后于具体实际情况的变化,导致动态失衡风险。

(二)经济风险

经济风险是指由于宏观经济环境的周期性变化,导致相关的经济参数和变量发生不确定性的扰动,而使新农保基金蒙受经济损失、政府财政入不敷出而无法实现基金平衡,使制度相对于预期目标的负偏差。由于市场机制固有的缺陷,经济周期总是不可避免的,经济衰退时期进入劳动力市场和经济复苏时期进入劳动力市场的不同人群,在其他条件相同的情况下,如相同的终生工资、相同的工作年限,其退休金积累可能有天壤之别。[③]因此,经济因素对新农保活动和绩效会产生更直接的影响。因此经济风险主要体现在经济周期波动和利率风险两方面。

经济周期风险指经济周期造成的新农保养老基金的投资风险。基金在

---

[①] 邓大松、杨红燕:《政府与农村合作医疗制度》,《学习论坛》2006年第2期。
[②] 童星:《社会保障的外部风险探析》,《社会保障研究》2010年第6期。
[③] 李珍:《论社会保障个人账户的风险及其控制》,《管理世界》1997年第6期。

投资运营中，由于短期资产价值不足以弥补短期负债和非预期的资金外流，导致筹集资金和使用资金上的缺口，无力及时给付养老金的风险。尤其是实行基金完全积累的个人账户养老金，其规模需要进行专门的精算，规模过小，不足以发挥保障和激励作用，而规模过大，资金的筹资和保值压力较大。在存银行或购买国债情况下，由于通货膨胀发生贬值，或者将来一旦进入资本市场运营，可能面临各种金融风险，具体包括市场风险、流动性风险、利率风险等。

利率风险指由于利率变动导致预期养老金收入减少的风险。利率风险尤其受到如货币供求、宏观经济环境变动等因素的影响。在货币政策宽松时，资金供给充足，市场融资环境好，市场利率就会随之下降；在经济高速增长时，投资机会增多，社会资金增加，市场利率就会提高。[①]由于经济社会环境的复杂性，不可能准确预测和判断各种情况，这就导致了新农保制度运行中的不确定性。比如，中央银行或各商业银行的利率水平、通货膨胀率、财政政策、劳动生产率等，会对新农保的绩效，尤其是新农保的实际保障水平产生重要影响。

财政风险。新农保的基础养老金支出被纳入国家财政范畴，在这种体制下，财政能力对新农保的影响不仅是直接的，而且是巨大的。一些国家的社会保障项目成为其财政的最大开支项目。财政与新农保的关系如果不能处理好，会给新农保进而给整个社会经济的发展带来严重的影响。财政作为新农保制度的一种保障机制和激励机制，其对新农保的影响是必须着重考虑的一个重点和难点。

（三）自然风险

自然风险主要指自然灾害的发生，比如地震、泥石流、暴风雨、洪水、干旱等引发的新农保风险。其一，自然灾害引发的大量遗嘱待遇支付，给新农保制度带来较重的给付压力；其二，发生灾害地区的农村居民的新农保缴费能力也将大幅下降，新农保的筹资来源势必减少；其三，自然风险对当地新农保经办机构造成直接财产损失，经办管理业务也会受到影响；其四，重大的自然灾害引发的失业与次生灾害，也会给新农保制度的基金平衡带来较大压力，会给新农保制度带来较重的给付

---

① 王顺：《金融风险管理》，中国金融出版社 2007 年版，第 10 页。

风险。

（四）社会风险

新农保制度会在社会系统因素（如体制转型、资金市场、人口老龄化、腐败等）的影响和干扰下出现风险。[①]中国改革进入了一个利益全面调整的时期，40多年的改革确实使一部分人和一部分地区先富起来，与此相联系的利益博弈格局已初步形成，并且有进一步固化的趋势，对新农保的改善民生、城乡统筹形成一定挑战。

1. 地区差异风险

尽管近年来所做的大量城乡公共服务均等化工作有改变城乡差距的功效，但城乡发展水平差距依然存在，城乡社会养老保险发展水平差距对城乡统筹的可持续发展具有很大的负面影响。由于各种原因形成的城乡社会保障水平差距，对于农村居民，尤其是对进城务工人员和被征地农村居民群体而言，预期养老金保障水平过低，在制度之间的转移接续上面临实际困难和障碍。

2. 慈善失灵风险

慈善作为一种外部性很强的社会行为，如果没有有效的激励机制，就会导致其供给不足。由于我国第三部门组织的发展尚且欠成熟，相应的社会企业、组织在慈善捐助上的动力不足，导致制度筹资设计的第三次分配基本成为"画在墙上的饼"的风险。其一，制度设计上缺乏相应的捐赠优惠政策，无法达到捐赠激励效果；其二，我国第三部门本身的发展尚需扶助；其三，当前社会上普遍存在的"网捐"造成慈善公信力丧失，同时也一定程度上"挤出"了社会捐助；其四，捐赠手段和途径上的信息不公开，或者途径不畅通，客观上造成了慈善行为的约束，提高了慈善行为的交易成本。

3. 福利刚性风险

福利刚性是人们对于自己所享福利水平只能上升不能下降的一种心理期待。法国的社保制度改革中，深受福利刚性弊端的危害。在社会福利刚性特征的作用下，西方国家社会福利改革成效较差，社会保障支出占GDP的比重依然较大，社会福利水平依然保持较高水平。中国近30年来

---

① 童星：《社会保障的外部风险探析》，《社会保障研究》2010年第6期。

社会福利水平改善程度非常快，社会保障支出占 GDP 的比重从 0.5%一直上升到了 5.1%。尽管新农保制度在待遇给付上目前遵循"保基本"甚至低于基本生活水平的支付，但也要对这方面引起重视。现代社会福利是在进入 20 世纪之后开始形成并发展起来的，中华人民共和国从成立之后便建立的计划经济色彩的福利模式，迄今在某些层面上依旧在延续，新农保在建立和完善过程中，或多或少仍会受到传统社会保险的影响。由于福利具有刚性特征，社会福利的客体对福利的需求是持续且不断上升的，同时政府就面临着持续增加和财政开支的平衡。人民网和人民日报政治文化部展开的 2012 年"两会"就公众关注的热点问题调查，显示"社会保障"以 198541 票暂居榜首，在 2010 年和 2011 年的"两会"调查中，社会保障、养老保险依次同样排在首位；2009 年社会保险位居第八位；2008 年社保养老也进入两会调查前十。历年调查来看，社会保障已三度位居榜首，有关养老等社会保障问题越来越受到社会关注，92%网友希望提高养老金的上涨幅度和速度。①

4. 人口老龄化风险

根据第六次全国人口普查数据，2010 年全国 65 岁及以上人口总数为 11883 万人，占总人口的 8.87%。其中，50.32%居住在农村，52.15%是女性（中国国家统计局，2010 年）。同时，空巢现象在中国家庭中越来越普遍。中国国家卫生和计划生育委员会在 2015 年的一份报告显示，空巢老人占老年人总数的一半。其中，大约 10%的人靠自己生活；41.9%与配偶生活在一起（中国国家卫生和计划生育委员会，2015）。由于农村居民受生活条件和传统文化的影响，空巢者在中国特别脆弱。在中国，老人护理主要由家庭提供。因此当成年子女离开家庭外出打工，空巢老人被剥夺了家庭照顾，而专业护理需要更多的养老成本。同时，加上新农保制度的参保人群开始陆续进入养老金领取年龄，将对制度待遇支付形成庞大的需求，对制度造成巨大的冲击。

5. 逆向选择与道德风险

在参保自愿原则下，参加保险的往往是年纪偏大的、丧失劳动能力的

---

① 人民网：《社会保障再居"两会调查"榜首 超九成网友希望提高养老金涨幅》（http://politics.people.com.cn/GB/17159215.html）。

老年农村居民,而身强力壮的年轻人参保意愿较弱,会选择其他投资性项目。这样一来,为了维持基金收支平衡,要么增加财政补贴,造成财政压力,要么提高参保缴费金额,又导致风险较低的农村居民因为较高的保费而退出新农保体系。即使政府提高财政补贴投入力度,但有限的财政收入能力不能阻止更多的农村居民退出保险市场,这意味着新农保扩面较难,而导致农村社会养老保险市场萎靡,最终面临失败的惨剧。[①]此外,一些投保者通过各种作假的手段冒领或骗领养老保险养老金,导致基金流失的风险。由于农村居民居住分散且老人的生活状况没有准确的甄别手段,存在着养老金的冒领风险。同时养老金的领取不能像商业保险那样有一个比较严密的勘查和理赔程序,同时由于规模庞大,有关机构对冒领养老金的行为核查起来难度较大,在实际领取待遇中,出现冒领欺诈骗保行为,致使管理难度和甄别成本加大,道德风险较高。

6. 参保意愿风险

指个人在当前或将来没有参保缴费的意愿。农村居民的缴费意愿是造成新农保筹资来源不确定的重要因素,也是新农保筹资是否具有可持续性的重要方面。目前参保意愿不确定性的表现有:一是中国农村存在较为普遍的谨慎防备、不敢花钱的消费心理;二是新农保试点中,中青年人参保积极性普遍较低,[②]既有只需15年缴费期的制度设计原因,也有基于对新农保个人账户中获得收益少于其他地方获得收益的理性预期;三是当新农保运行一段时间后,制度实施之初已年满60岁的老人可以直接领取基础养老金的首因效应即将消失,缴费与受益的关系将日益明确,这些都将引发新农保个人参保意愿风险。

7. 制度满意度风险

在当前制度自愿参与的情况下,农村居民对制度的满意度从主观上决定了其是否持续参保的选择,在参保自愿原则下,如果对制度满意度不高,即使是已参保,中途退保的可能性也很大,因此制度满意度是参保农村居民续保缴费的重要因素。

---

① 苑梅:《我国农村社会养老保险制度研究》,东北财经大学出版社2011年版。
② 何晖、邓大松:《新型农村社会养老保险试点运行的微观考察》,《农村经济》2011年第12期。

### 三 外部效应风险

外部效应又称"外部性",指某个经济主体的活动所产生的影响不表现在他自身的成本和收益上,而是会给其他的经济主体带来好处或者坏处,相对应的分为正外部效应与负外部效应。新制度经济学在此基础上,将外部性、产权以及制度变迁结合在一起提出了"制度外部性"的概念。新农保作为一类公共政策,本身极易产生外部效应,根据制度设置初衷,它是一项重要的社会经济行为,是转移支付、国民收入再分配的重要手段,其中的外部效应具有多维的尺度,主要包括:实现社会安全、社会公平;激励个人及促进储蓄和经济的增长;控制和降低管理成本;实现代际间的收入再分配;影响政治选择;对资本市场产生影响等。[1]简言之,制度预期外部效应即为促进经济社会全面发展,有利于稳定、规范社会经济秩序,有利于社会财富更为公平正义的分配,有效刺激需求和消费,促进经济增长、社会发展和民生改善,有利于整个社会的全面发展等。比如,通过制度养老金的供给,提振农村居民的消费,促进农村消费市场形成,提高农村人力资本以提升农业技术进步,进而成为经济增长的持久动力等。[2]

根据本书的研究目的以及对新农保风险的界定,本书主要关注新农保活动产生的负外部效应,即不在决策者的考虑范围内新农保制度所产生的一些低效率现象,而对这些因素的关注和识别是目前较为忽视的方面,应该加强识别和进行有效防范。

(一) 经济因素

新农保同经济之间的关系,既不全是经济发展决定新农保,也不是新农保决定于经济增长,如果剔除其他因素对新农保的促进或促退影响,新农保与经济发展其实存在着一种互促与互制的关系。经济发展对新农保有促进作用,新农保对经济发展也有积极作用,新农保作为最终实现整个农村劳动者和退出劳动市场的农村老年人的协调发展的调节机制,其过分保

---

[1] 肖金萍:《中国养老金制度的公平与效率的价值取向》,《中国经济问题》2006年第4期。

[2] 郭爱妹、张戌凡:《多学科视野下的农村社会保障研究》,中山大学出版社2011年版,第100—105页。

障与保障不足均会造成对生产增长和经济发展的损害。因此，在新农保制度的设计、运行过程中，可能因失之偏颇而使最终效果有违初衷，存在对制度以外的其他社会系统产生负激励的可能，导致制度运行效果"事与愿违"。

1. 影响农村储蓄

虽然社会保障并非决定储蓄的直接因素，[①] 但社会保障制度的结构、筹资模式及水平高低，又确实对整个经济的总储蓄具有显著效应。[②] 新农保从资金筹集到资金储存与运用，以及待遇给付等，均会从各个方面对储蓄，进而对投资产生直接的甚至是巨大的影响。于长革（2007）用1978年至1998年的时间序列研究了政府社会保障支出对经济增长的影响，发现社会保障支出与经济增长呈现显著的负相关。[③]也就是说社会保障不但没有促进经济的发展，反而因为挤出了储蓄而减缓了经济增长速度。新农保个人账户积累的资金，能否形成资本的有效积累，取决于新农保制度设计的合理性和保障水平的适度，具有一定的不确定性。此外，新农保对储蓄影响的不确定性还包括：家庭是否能预计他们收益的未来价值、农村居民个人能否理性认识到提前为养老储蓄的重要性、农村居民是否会因为新农保而减少他们应对养老而进行的必要储蓄，等等。

2. 影响农村居民消费

新农保资金的筹集对于参保者而言实际上等同于储蓄的功能，这将直接导致参保个人可支配收入的减少，进而可能影响到个人的消费倾向，这一机制实际上会产生两个方面的作用力。一方面，受益农村老人因为养老金待遇的获得，手中的可用资金增多，消费倾向增多；另一方面，尚在工作年龄的参保人因为减少即期可用资金，反而用于当期消费的能力下降。因此，新农保对农村居民的消费影响取决于这两方面的作用力大小。而一旦后者作用效果大于前者，则出现"挤出"当期消费，这不是制度设置初衷，而是当前我国经济发展过程中要避免出现的问题。

---

① 决定储蓄的直接因素是收入水平、消费倾向和利率。
② 郑功成：《社会保障学——理念、制度、实践与思辨》，商务印书馆2015年版，第209—210页。
③ 于长革：《政府社会保障支出的社会经济效益及其政策含义》，《广州大学学报》2007年第9期。

3. 农村市场"资源虹吸"风险

资源虹吸效应是指城市强大的吸引力会将农村的投资吸引过去，从而减缓和阻碍农村市场的发展。由于新农保基金的管理上规定"不由地方直接用于投资，而是先存入银行，再以向银行贷款的方式支出"，由于资本天生的逐利性，导致新农保经办的商业银行可能基于自身风险和成本的考虑，更愿意将收集的资金借贷给预期收益率更高的城市，从而导致本来资源匮乏、收益率不高的农村金融市场出现信贷萎缩、更加萧条的风险。

4. 影响收入再分配

理论上，新农保的收入再分配功能通过三个途径实现：第一是在全国范围内实现收入再分配的基础养老金；第二是在地方财政实行的不低于30元的缴费补贴；第三是对较高档次缴费的补贴（100元档次不少于30元，500元档次不少于60元）。实际上三种途径产生的收入再分配效果各有不同。其一，基础养老金的统一标准无法根据各地迥异的经济情况进行补贴识别；其二，地方的缴费补贴产生政策性"最低档缴费激励"；其三，对较高档次"多缴多得"的补贴，容易产生"补富不补贫"的结果。以上可能都导致新农保出现收入再分配调节功能的失灵。

（二）社会因素

新农保作为一项重要的社会公共政策，具有明显的社会性特征，对包括实现社会公平、保障公民权利等在内的社会各个方面都将产生影响，诸如农村人口的数量素质、农村家庭文化传统、社会发育程度、风俗习惯、农村居民生活水平、社会稳定状态等。可能引起的负面影响有如下几方面：

1. 城乡二元化风险

由于历史和现实的原因，城乡二元经济社会特征还将持续相当长的时间，新农保完善和发展离不开城乡发展失衡的大背景，根据目前"保基本"的制度原则，新农保在保障水平方面比城镇企业基本养老保险低，这就造成了农村和普通经济部门在社会养老保障待遇水平方面的差距，而这种差距的适度及其调整必须符合国民心态与现实诉求，否则便存在一定差距的风险因素。比如农村居民退保，事业单位养老保险制度改革"试水"，都是相类似的风险。

此外，随着低水平的福利水平的全覆盖，农村社会必将逐渐建立起人人渴望平等的期望值，而如果实际的城乡养老待遇存在的差距超过了这一期望值，使社会文化塑造的平等需求与实际情况产生严重失衡，便会导致罗伯特·默顿（Robert K. Merton）很早提出的"结构紧张"，其社会结果是：当农村居民对于生活水平，社会状况的期望得不到满足时，就会产生结构紧张，在此状态下，导致非理性的信念或行为，比如做出反社会行为，将危及社会安定。

2. 传统孝道缺失显性化

社会的发展，城市化的不断推进，很多新的生活方式思想观念不断渗透到农村，经济利益原则逐渐成为主导人们行为的标准，导致人们对孝道意识的淡薄，甚至曲解，很多农村子女认为，对父母只要做到食饱衣暖就算尽孝。在这一背景之下，农村老人获得了新农保的基础养老金的给付，对农村子女一定程度上意味着子女的补贴养老尽孝义务由国家取代，可能对农村孝道文化产生冲击，产生新的家庭矛盾。同时，老人"退休"有工资了，在一定程度上出现新的"啃老"，不仅减少对父母年老生活的补贴，还反过来搜刮父母钱财，把父母当成"挤不完奶的牛"，这种家庭伦理道德的淡化在新农保出现后有可能进一步加剧，也从一定程度上影响了新农保养老的质量，影响现代社会的道德风貌。

3. 地方补贴"逆向"调节效应，存在逆向收入再分配风险

《指导意见》规定，对个人选择较高档次标准缴费的，地方政府可给予适当鼓励。新农保补贴数额、补贴档次如何确定，都有可能对农村居民之间收入差距产生"逆向"调节。从试点地区的具体做法来看，各试点地区基本遵循"多缴费，多补助"的原则。一般而言，农村居民收入越高越有可能选择较高档次标准缴费，因而有可能导致有利于富裕人群的逆向收入再分配问题，存在进一步拉大农村居民之间的收入差距的风险。

4. 影响农村家庭养老

传统的家庭养老和子女对年老父母的赡养机制一般存在议价理论、基于需求的模型和互助或利益集团理论三种可能的解释，但新农保制度作为一种正式制度安排，对于农村居民的养老保障是否发挥了应有作用，是否能以有限的资源对中国农村传统的家庭养老起到一定的替代或补充作用，尤其在"养儿防老"的观念和客观条件的逐渐改变的条件下，领取到养老金的农村老人其生活究竟发生了什么样的改变，制度的介入是否影响了农村老人的家庭关系及来自子女的支持，这些新农保制度可能带来的影响值得关注。

5. 影响农村居民幸福感

农村居民的幸福感是指农村居民在新农保制度背景下的生活满意度、对制度的感受和相关情感体验，前两者是个人对自己的生活水平和相关制度的整体性感受，后者是个人标准下的不同情感体验。随着党和国家越发关注民生问题，注重提升人们"获得感"，作为主要针对广大农村居民的新农保制度，其对制度服务对象的主观感受的影响程度及其确定效果，是新农保外部效应风险应关注的重要新领域。

（三）政治因素

从西方社会保障制度的经济学谱系来看，合理的社会保障制度不能只从效率的角度来判断，它是一国的政治、经济、社会、历史、文化、传统等一系列因素综合决定的制度选择。社会保障作为以经济手段，解决社会问题，实现政治目标的重要工具，其对政治安定的意义不可小觑。中国地区之间、城乡之间的经济发展水平不平衡，导致社会阶层和社会群体快速分化，即使在农村人群内部，由于所处的经济地位和社会地位不同，农村居民对新农保制度的需求层次也不尽相同，这意味着新农保利益调整的复杂性，如何保证制度的公平性、均衡性、有效性和因地制宜，实际的调节效果存在着很大不确定性。一旦调整不当或者对政府处置方式不满，与人们"养老期望"不符，民众具有不满情绪，会群体上访、冲击政府、抗议、游行示威，由此引发社会秩序混乱或社会骚乱，当局迫于形势和社会舆论的压力，可能会对相关决策人进行罢免或更换，可能引起政局的不稳定，引发政治危机，直接威胁一国的政治安全。历史上许多西方国家都发生过因为社会经济政策的不恰当而导致政府总统、首相、总理、财政部长等引咎辞职或解除职务的事件。

此外，新农保可能引发的政治风险主要源于其常常被赋予特殊意义，尤其是政治意义。国民期盼更加公平合理的社会保障制度，特别是中国农村政治这方面更加特殊。新农保基金的平衡出现危机时，包括直接降低给付水平在内任何保险要素都可以进行调整，有许多国家都曾采取过调低给付水平的改革，因此从政府社会保障基金风险角度而言，包括新农保在内的社会保险是风险很低的保险。但是从保障对象而言，就存在较大的老年生活水平下降的风险。而这将会对政府的合法性、社会的稳定和谐造成很大的威胁，进而引起较大的政治风险。

综上所述，新农保风险系统构成因素如表4-3所示：

表 4-3　　　　　　　　　　　新农保风险系统构成因素

| | | | |
|---|---|---|---|
| 新农保风险因素系统 | 制度内生风险 | 制度设计风险 | 养老金替代率风险 |
| | | | 个人账户计发系数风险 |
| | | | 制度碎片化与衔接风险 |
| | | 基金管理风险 | 基础养老金基金监管风险 |
| | | | 个人账户基金投资风险 |
| | | 资金筹集风险 | 财政筹资风险 |
| | | | 集体筹资风险 |
| | | | 个人缴费能力风险 |
| | | 经办管理风险 | 经办主体风险 |
| | | | 内部流程风险 |
| | | | 经办管理信息化风险 |
| | | | 外部事件风险 |
| | 制度外生风险 | 政治风险 | 政治的目标性 |
| | | | 政府的干预滞后 |
| | | | 政府的重视程度 |
| | | | 政府政策的变化 |
| | | 经济风险 | 经济周期波动 |
| | | | 利率风险 |
| | | 自然风险 | 人员伤亡带来给付风险 |
| | | | 财产损失影响农村居民缴费能力 |
| | | | 引发失业与次生灾害影响基金平衡 |
| | | 社会风险 | 人口老龄化 |
| | | | 地区差异风险 |
| | | | 慈善失灵风险 |
| | | | 福利刚性风险 |
| | | | 道德风险与逆向选择风险 |
| | | | 制度满意度风险 |
| | | | 参保意愿风险 |
| | 外部效应风险 | 经济因素 | 影响农村储蓄 |
| | | | 影响农村居民消费 |
| | | | 农村市场资源虹吸风险 |
| | | | 影响收入再分配效应 |
| | | | 城乡二元化风险 |
| | | 社会因素 | 传统孝道缺失显性化 |
| | | | 地方补贴"逆向"调节风险 |
| | | | 影响农村家庭养老 |
| | | | 影响农村居民幸福感 |
| | | 政治因素 | 政治冲突与危机 |

资料来源：根据本书得来。

为了满足新农保风险识别的系统性原则、动态性原则、全面性原则，以上对影响新农保的"保基本""可持续""城乡统筹"的制度内生风险、制度外生风险和外部效应风险进行了尽可能的识别。同时，由于风险防范成本的有限性，接下来本书将遵循风险识别的关键性、有效性原则，对以上风险进行关键因素筛选。

## 第三节　新农保关键风险因素筛选与确定

由于风险防范本身在人力、物力和财力上的成本，需要考虑成本效益原则。新农保从制度设计到运行，从制度本身到制度对外部环境系统的相互影响，涉及风险因素繁多，关系复杂，所产生损失有大有小。因此，在新农保风险系统中，把握其中的关键性、核心性的风险，重点对这些关键风险进行进一步的辨识和评估，对于有效应对和防范新农保风险具有非常重要的意义。

如前所述，新农保风险涉及整个制度及其外部系统因素，不可能对这些关系复杂、种类繁多的因素进行全面评估，其造成的结果也比较凌乱复杂，反而不能简单明了地反映新农保风险的关键特征，达不到风险防范的根本目的。同时有重点的选择，而非平均用力，也是节约新农保风险管理成本、提高风险防范效果的客观需要。因此，在对新农保风险因素进行评估之前，本部分将初步筛选出的新农保核心风险，在构建新农保风险因素指标体系的基础上，通过德尔菲专家打分法对新农保风险进行排序，并确定其中的关键风险因素，为后续的风险评估的有的放矢做好准备。

### 一　新农保风险因素指标体系的构建

根据前文的新农保风险因素的识别与分类，以下构建新农保风险因素指标体系。

（一）新农保制度风险识别依据——方案层构建

根据上文分析，"覆盖全面、城乡统筹、保障适度、可持续"是社会保障制度进一步完善的主要要求和基本目标。"保基本""可持续""城乡统筹"是新农保制度的政策初衷，也是检验制度实施效果的基本准则，更是促进城乡经济社会协调发展的目标推进。但同时,上述的新农保制度相关风险因素最终都会引起这三个方面的不确定性。由此,本书将保基本(Ⅰ)、可持续(Ⅱ)、城乡统筹(Ⅲ)、作为新农保风险识别基本依据的相关指标。

1. "保基本"指标

"保基本"主要体现为新农保制度能否保障参保人老年生活的基本需要。新农保"保基本"判断依据根据引发风险程度不同分为两个等级:第一,以最低生活保障水平作为新农保"保基本"的最低风险期望值;第二,以与城镇企业职工养老保险相当的养老金替代率作为新农保"保基本"的适度风险期望值。即如果新农保制度提供的养老金待遇无法达到当地农村居民的最低生活保障水平,则有理由认为当地的新农保存在"保基本"较高风险,若相应的养老金待遇无法达到企业职工基本养老保险制度提供的养老金替代率,则认为新农保存在"保基本"的一般风险。

2. "可持续"指标

"可持续"主要是在促进社会经济可持续发展的基础上,解决农村跨代际的养老问题,实现待遇给付可持续、制度保障能力可持续、经济可持续、制度可持续与社会可持续等目标。待遇给付可持续需要保证养老保险基金的筹资、运营与给付发放实现良性运转;制度保障能力可持续就需要有效规避外部因素对制度的不确定影响;新农保制度中养老保险资源供给与经济增长保持协调是其经济可持续目标的内在要义;制度可持续体现为新农保制度可以为经济与社会的发展提供科学有效的公共服务,有效保障基金的保值增值,实现制度的良性运行等。此外,新农保的可持续发展应是以法为据、以人为本的,离不开社会对其的认同与拥护。

3. "城乡统筹"指标

消除城乡之间的二元格局,实现城乡社会及人民生活的协调发展是"城乡统筹"指标的内在涵义。从新农保制度设计本身而言,其采取自愿参保与自由选择缴费档次的做法,制度本身具有开放性与包容性的良好特征,但由于外部环境的复杂性和内部环境的可变性,城乡基本养老保险关系转移接续和养老福利全覆盖等目标的实现面临种种困难。

(二) 新农保的风险因素指标层划分

根据前文的分析,将制度内生风险(A1)、制度外生风险(A2)、外部效应风险(A3)确定为新农保制度风险因素的三大一级指标。其中,制度内生风险(A1)下包括制度设计风险(B1)、基金管理风险(B2)、资金筹集风险(B3)、经办管理风险(B4)四个二级指标;制度外生风险(A2)下分政治风险(B5)、经济风险(B6)、自然风险(B7)、社会风险(B8)四个二级指标;制度外部效应风险(A3)下分经济因素(B9)、社会因素(B10)、政治因素(B11)三个二级指标。而后,针对这11个二级指标进一步的进行分析,形成了养老金替代率风险(C1)、个人账户计发系数风险(C2)、制度碎片化与衔接风险(C3)、基础养老金基金监管风险(C4)、个人账户基金投资风险(C5)、财政筹资风险(C6)、集体筹资风险(C7)、个人账户缴费能力风险(C8)、经办主体风险(C9)、内部流程风险(C10)、经办管理信息化风险(C11)、外部事件风险(C12)、政治的目标性(C13)、政府的干预滞后(C14)、政府的重视程度(C15)、政府政策的变化(C16)、经济周期波动(C17)、利率风险(C18)、人员伤亡带来给付风险(C19)、财产损失影响农村居民缴费能力(C20)、引发实业与次生灾害风险影响基金平衡(C21)、人口老龄化(C22)、地区差异风险(C23)、慈善失灵风险(C24)、福利刚性风险(C25)、道德风险与逆向选择(C26)、制度满意度风险(C27)、参保意愿风险(C28)、影响农村储蓄(C29)、影响农村居民消费(C30)、个人账户损失效率(C31)、影响收入再分配效应(C32)、城乡二元化风险(C33)、传统孝道缺失显性化(C34)、地方补贴"逆向"调节风险(C35)、影响农村家庭养老(C36)、影响农村居民幸福感(C37)、政治冲突与危机(C38)共38个三级指标如表4-4所示。

表 4-4　　　　　　　　　　新农保风险因素指标层划分

| 新农保风险识别指标 | 保基本（Ⅰ） |||
|---|---|---|---|
| | 可持续（Ⅱ） |||
| | 城乡统筹（Ⅲ） |||
| 新农保风险系统（因素组成） | 新农保制度风险因素指标 | 制度内生风险（A1） | 制度设计风险（B1） | 养老金替代率风险（C1） |
| | | | | 个人账户计发系数风险（C2） |
| | | | | 制度碎片化与衔接风险（C3） |
| | | | 基金管理风险（B2） | 基础养老金基金监管风险（C4） |
| | | | | 个人账户基金投资风险（C5） |
| | | | 资金筹集风险（B3） | 财政筹资风险（C6） |
| | | | | 集体筹资风险（C7） |
| | | | | 个人缴费能力风险（C8） |
| | | | 经办管理风险（B4） | 经办主体风险（C9） |
| | | | | 内部流程风险（C10） |
| | | | | 经办管理信息化风险（C11） |
| | | | | 外部事件风险（C12） |
| | | 制度外生风险（A2） | 政治风险（B5） | 政治的目标性（C13） |
| | | | | 政府的干预滞后（C14） |
| | | | | 政府的重视程度（C15） |
| | | | | 政府政策的变化（C16） |
| | | | 经济风险（B6） | 经济周期波动（C17） |
| | | | | 利率风险（C18） |
| | | | 自然风险（B7） | 人员伤亡带来给付风险（19） |
| | | | | 财产损失影响农村居民缴费能力（20） |
| | | | | 引发失业与次生灾害影响基金平衡（21） |
| | | | 社会风险（B8） | 人口老龄化（C22） |
| | | | | 地区差异风险（C23） |
| | | | | 慈善失灵风险（C24） |
| | | | | 福利刚性风险（C25） |

续表

| 新农保风险识别指标 | 保基本（Ⅰ） |||
|---|---|---|---|
| | 可持续（Ⅱ） |||
| | 城乡统筹（Ⅲ） |||
| 新农保风险系统（因素组成） | 新农保制度风险因素指标 | 制度外生风险(A2) | 社会风险(B8) | 道德风险与逆向选择风险（C26） |
| | | | 制度满意度风险（C27） |
| | | | 参保意愿风险（C28） |
| | | 外部效应风险(A3) | 经济因素(B9) | 影响农村储蓄（C29） |
| | | | 影响农村居民消费（C30） |
| | | | 农村市场资源虹吸风险（C31） |
| | | | 影响收入再分配效应（C32） |
| | | | 社会因素(B10) | 城乡二元化风险（C33） |
| | | | 传统孝道缺失显性化（C34） |
| | | | 地方补贴"逆向"调节风险（C35） |
| | | | 影响农村家庭养老（C36） |
| | | | 影响农村居民幸福感（C37） |
| | | | 政治因素(B11) | 政治冲突与危机（C38） |

资料来源：根据本书得来。

## 二 基于YAAHP软件和德尔菲专家打分法的新农保关键风险预测判别

### （一）基于YAAHP软件的新农保风险层次结构模型构建

根据多层次分析法，基于层次分析软件YAAHP 11.2，本书构建出新农保风险层次结构模型，主要包括目标层、准则层与方案层。目标层是最高层，即新农保风险系统（因素组成）。准则层作为中间层，即新农保风险指标，包括制度内生风险、制度外生风险、外部效应风险3个一级指标，制度设计风险、基金管理风险、资金筹集风险、经办管理风险、政治风险、经济风险、自然风险、社会风险、经济因素、社会因素、政治因素11个二级指标，以及其下属的38个三级指标，具体为养老金替代率风险、个人账户计发系数风险、制度碎片化与衔接风险、基础养老金基金监管风险、个人账户基金投资风险、财政筹资风险、集体筹资风险、个人账户缴费能力风险、经办主体风险、内部流程风险、经办管理信息化风险、外部事件风险、政治的目标性、政府的干预滞后、政府的重视程度、政府政策的变化、经济周期波动、利率风险、人员伤亡带来给付风险、财产损失影响农村居民缴费能力、引发实业与次生灾害风险影响基金平衡、人口老龄化、地区差异风险、慈善失灵风险、福利刚性风险、道德风险与逆向选择、制度满意度风险、影响农村储蓄、影响农村居民消费、个人账户损失效率、影响收入再分配效应、城乡二元化风险、传统孝道缺失显性化、地方补贴"逆向"调节风险、影响农村家庭养老、影响农村居民幸福感、政治冲入与危机。作为模型的最底层，方案层主要关注新农保风险识别的主要依据（即保基本、可持续、城乡统筹）。新农保风险层次分析结构模型图具体如图 4 - 2 所示：

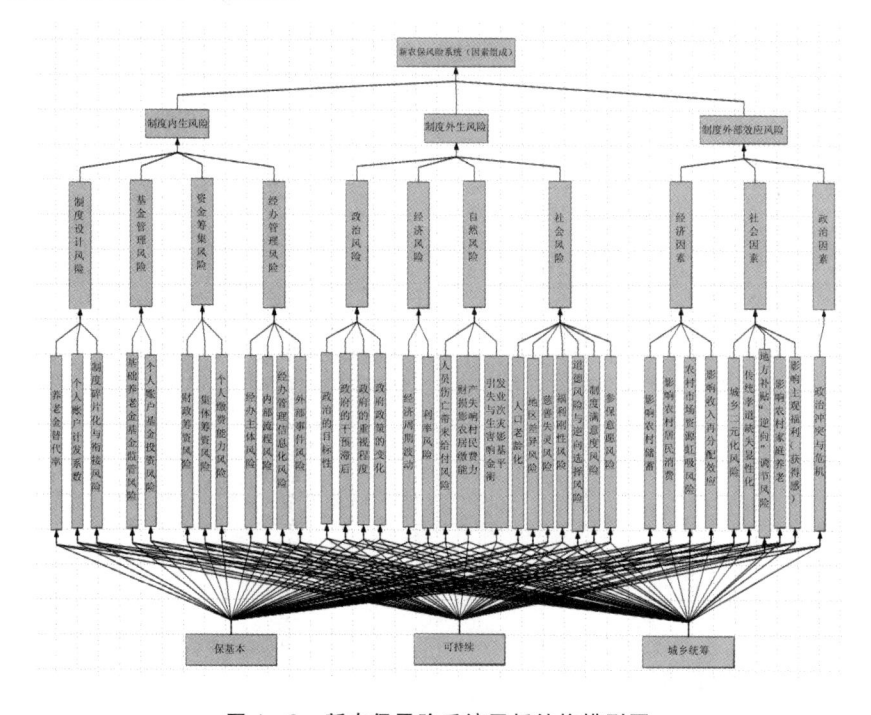

图 4 - 2　新农保风险系统层析结构模型图

（二）基于德尔菲专家预测法进行判断矩阵的构建与计算

为了克服评价者主观评价的偏颇和个人认识上的偏差，本书引入了德尔菲专家预测法作为收集风险因素指标的权重依据，通过将新农保制度内部风险组成一个新农保风险因素集，每一个题项表示一个新农保可能存在的风险因素，制成"新农保风险因素问卷调查表"（见附件），采用李克特5级量表，对新农保风险因素进行"完全不重要、不重要、有一点重要、比较重要、非常重要"的1—5分评价。请受访者对量表的每一个题项进行重要性程度的评分，作为风险因素权重赋值与两两比较时的主要依据（见附件）。具体过程为：首先根据"新农保风险因素识别重要程度量表"中的重要性程度的评分，在新农保风险因素构成的指标体系中，构建风险因素两两比较的判断矩阵，然后根据判断矩阵计算出单层的风险因素权重，在对单排序的一致性检验的基础上，对通过一致性检验的指标，利用YAAHP软件进行计算操作，得出最终所有风险因素指标的权重。最后，根据YAAHP软件的计算结果，将各风险因素指标的权重大小进行排列，选取权重较大的风险因素，即可得新农保制度中的关键风险因素。其中，专家采用1—9标度法如表4－5所示对风险因素两两比较的判断矩阵进行赋值。

表4－5　　　　　　　　　1—9标度法及其含义

| 1—9标度 | 重要程度 | 说明 |
| --- | --- | --- |
| 1 | 同样重要 | 对目标贡献相同 |
| 3 | 稍微重要 | 重要 |
| 5 | 比较重要 | 确认重要 |
| 7 | 十分重要 | 程度明显 |
| 9 | 绝对重要 | 程度非常明显 |
| 2、4、6、8 | | 表示得分重要程度介于以上5个两两之间 |
| 倒数 | 相反与重要程度 | 表示因子与比较得出判断标度的倒数 |

为保证判断矩阵的有效，需进行一致性比例（CR）检验。当 $0 \leq CR < 0.1$ 时，判断矩阵的构造才是有效的，否则就需要调整和修改判断矩阵。经YAAHP软件检验，新农保风险一级指标判断矩阵一致性比例为 0.0516（$0 \leq CR < 0.1$），通过一致性检验。由于本文需要录入的判断矩阵较多（判断矩阵共计53个），本书仅列举了项目一级风险指标的判断矩

阵如图4-3所示。

图4-3 新农保风险因素一级指标判断矩阵赋值

（三）新农保风险指标权重计算结果导出

根据新农保风险层次结构模型的计算，在一级风险指标中，制度内生风险权重最大，为0.7089，相当于所有风险因素的十分之七。而制度外部效应风险与制度外生风险的权重均未达到0.2，其中制度外生风险的权重最小，仅相当于制度内生风险的七分之一。各一级风险指标的权重排序为：制度内生风险（0.7089）＞制度外部效应风险（0.1786）＞制度外生风险（0.1125）如表4-6所示。

表4-6　　　　　　　一级风险指标对决策目标的权重排序

| 准则层要素 | 权重 |
| --- | --- |
| 制度内生风险 | 0.7089 |
| 制度外部效应风险 | 0.1786 |
| 制度外生风险 | 0.1125 |

二级风险指标的权重排序如表4-7所示。权重较大的四个二级指标分别是制度设计风险、资金筹集风险、基金管理风险和经办管理风险，都达到了0.1以上，其中，制度设计风险权重最大，达到了0.3以上，是经办管理风险的三倍；最小的二级指标为自然风险，权重仅为0.0108，仅是制度设计风险的三十分之一。

表 4-7　　　　　　新农保 11 个二级风险指标权重排序

| 编号 | 准则层要素 | 权重 |
| --- | --- | --- |
| 1 | 制度设计风险 | 0.3012 |
| 2 | 资金筹集风险 | 0.1914 |
| 3 | 基金管理风险 | 0.1143 |
| 4 | 经办管理风险 | 0.1019 |
| 5 | 社会因素 | 0.0843 |
| 6 | 经济因素 | 0.0794 |
| 7 | 社会风险 | 0.0546 |
| 9 | 经济风险 | 0.0300 |
| 9 | 政治风险 | 0.0172 |
| 10 | 政治因素 | 0.0149 |
| 11 | 自然风险 | 0.0108 |

新农保三级风险指标中风险权重最大的三个风险指标为制度碎片化与衔接风险、个人缴费能力风险、个人账户基金投资风险，其风险权重都在 0.1 以上。其中，制度碎片化与衔接风险权重最大，为 0.1625。风险权重最小的三个风险指标为慈善失灵风险、引发失业与次生灾害影响基金平衡、政治的目标性，权重仅为 0.01 左右，不足制度碎片化与衔接风险的十分之一。

表 4-8　　　　　　新农保 38 个三级风险指标的权重排序

| 编号 | 三级风险指标 | 权重 | 编号 | 三级风险指标 | 权重 |
| --- | --- | --- | --- | --- | --- |
| 1 | 制度碎片化与衔接风险 | 0.1625 | 20 | 政治冲突与危机 | 0.0149 |
| 2 | 个人缴费能力风险 | 0.1033 | 21 | 基础养老金基金监管风险 | 0.0114 |
| 3 | 个人账户基金投资风险 | 0.1029 | 22 | 政府政策的变化 | 0.0087 |
| 4 | 养老金替代率 | 0.0894 | 23 | 人员伤亡带来的给付风险 | 0.0070 |
| 5 | 集体筹资风险 | 0.0568 | 24 | 影响农村储蓄 | 0.0069 |

续表

| 编号 | 三级风险指标 | 权重 | 编号 | 三级风险指标 | 权重 |
|---|---|---|---|---|---|
| 6 | 影响农村居民消费 | 0.0519 | 25 | 地方补贴"逆向"调节风险 | 0.0065 |
| 7 | 个人账户计发系数 | 0.0492 | 26 | 政府的重视程度 | 0.0056 |
| 8 | 影响农村居民幸福感 | 0.0413 | 27 | 影响收入再分配效应 | 0.0049 |
| 9 | 内部流程风险 | 0.0353 | 28 | 传统孝道缺失显性化 | 0.0048 |
| 10 | 财政筹资风险 | 0.0313 | 29 | 道德风险与逆向选择 | 0.0046 |
| 11 | 影响农村家庭养老 | 0.0278 | 30 | 城市二元化风险 | 0.0039 |
| 12 | 外部事件风险 | 0.0251 | 31 | 人口老龄化 | 0.0032 |
| 13 | 制度满意度风险 | 0.0215 | 32 | 地区差异风险 | 0.0030 |
| 14 | 经办主体风险 | 0.0208 | 33 | 财产损失影响农村居民缴费能力 | 0.0025 |
| 15 | 经办管理信息化风险 | 0.0208 | 34 | 福利刚性风险 | 0.0020 |
| 16 | 参保意愿风险 | 0.0189 | 35 | 政府的干预滞后 | 0.0016 |
| 17 | 农村市场资源虹吸风险 | 0.0156 | 36 | 慈善失灵风险 | 0.0013 |
| 18 | 经济周期波动 | 0.0150 | 37 | 引发失业与次生灾害影响基金平衡 | 0.0013 |
| 19 | 利率风险 | 0.0150 | 38 | 政治的目标性 | 0.0013 |

根据 YAAHP 软件关于新农保风险层次结构模型的分析，新农保风险识别指标风险权重排序为：保基本（0.5811）＞城乡统筹（0.2438）＞可持续（0.1750）如表 4-9 所示。保基本指标的权重最大，达到了 0.5811，占总体权重的一半以上。可持续指标的权重最小，为 0.1750，不足保基本指标的三分之一。可持续与城乡统筹指标的权重比较接近，可持续风险稍高于保基本风险，二者仅差 0.0688。

表 4-9　　　　　方案层中要素对决策目标的权重排序

| 备选方案 | 权重 |
|---|---|
| 保基本 | 0.5811 |
| 城乡统筹 | 0.2438 |
| 可持续 | 0.1750 |

根据上述分析与计算，根据风险指标的权重，筛选出了风险权重较高的16位三级风险因素作为关键风险因素，形成新农保关键风险因素体系。

新农保制度关键风险指标体系的一级指标层为制度内生风险（A1）、制度外生风险（A2）、外部效应风险（A3）三个一级指标。其中，制度内生风险（A1）下包括制度设计风险（B1）、基金管理风险（B2）、资金筹集风险（B3）、经办管理风险（B4）四个关键二级指标；制度外生风险（A2）下分社会风险（B5）一个关键二级指标；制度外部效应风险（A3）下分经济因素（B6）、社会因素（B7）两个关键二级指标。而后，针对这11个二级指标进一步的进行分析，形成了养老金替代率风险（C1）、个人账户计发系数风险（C2）、制度碎片化与衔接风险（C3）、个人账户基金投资风险（C4）、财政筹资风险（C5）、集体筹资风险（C6）、个人账户缴费能力风险（C7）、经办主体风险（C8）、内部流程风险（C9）、经办管理信息化风险（C10）、外部事件风险（C11）、制度满意度风险（C12）、参保意愿风险（C13）、影响农村居民消费（C14）、影响农村家庭养老（C15）、影响农村居民幸福感（C16）共16个关键三级指标如表4-10所示。

表4-10　　　　　　　新农保风险因素（指标层）体系

| 新农保关键风险指标体系 | 制度内生风险（A1） | 制度设计风险（B1） | 养老金替代率风险（C1） |
|---|---|---|---|
| | | | 个人账户计发系数风险（C2） |
| | | | 制度碎片化与衔接风险（C3） |
| | | 基金管理风险（B2） | 个人账户基金投资风险（C4） |
| | | 资金筹集风险（B3） | 财政筹资风险（C5） |
| | | | 集体筹资风险（C6） |
| | | | 个人缴费能力风险（C7） |
| | | 经办管理风险（B4） | 经办主体风险（C8） |
| | | | 内部流程风险（C9） |
| | | | 经办管理信息化风险（C10） |
| | | | 外部事件风险（C11） |
| | 制度外生风险（A2） | 社会风险（B5） | 制度满意度风险（C12） |
| | | | 参保意愿风险（C13） |
| | 制度外部效应风险（A3） | 经济因素（B6） | 影响农村居民消费（C14） |
| | | 社会因素（B7） | 影响农村家庭养老（C15） |
| | | | 影响农村居民幸福感（C16） |

后面的内容将分别对制度内生风险、制度外生风险和制度外部效应风险三大方面中的关键风险进行进一步评估和确认，分别包括：新农保制度内生风险中的制度设计风险、基金管理风险、资金筹集风险和经办管理风险；制度外生风险中的社会风险，包括参保意愿风险和制度满意度风险；制度外部效应风险的经济因素中新农保对农村居民消费的影响，社会因素中的新农保对家庭养老及幸福感的影响，为相关风险的防范提供科学依据和判断。

# 第五章　新型农村社会养老保险制度设计风险评估

在 YAAHP 和德尔菲专家预测法对新农保的关键风险进行筛选的基础上，从本章开始，我们将对新农保的关键风险进行进一步识别和评估。根据前一章的关键风险筛选结果，新农保的制度内生风险因素较为密集，且在所有风险中所占比重最大，因此也需要重点评估和关注。本章主要是对制度内生风险的制度设计风险进行评估；第六、七、八章分别对制度内生风险的基金管理风险、资金筹集风险和经办管理风险进行评估。此外，第八章对制度外生风险中的参保意愿风险和制度满意度风险进行评估，第九章对制度外部效应风险中新农保对农村居民消费、家庭养老及幸福感的影响进行评估。在对关键风险评估的基础上，为后续风险的防范提供科学判断和依据。

新农保的制度设计风险包括养老金替代率风险、个人账户计发系数风险和制度碎片化与衔接风险，本章主要以风险识别的"保基本""可持续"和"城乡统筹"为依据，对相应风险进行评估。

## 第一节　养老金替代率风险评估

### 一　养老金替代率风险评估依据

与新农保的养老金构成相对应，其养老金替代率包括基础养老金替代率和个人账户养老金替代率。本节分别从总的养老金替代率风险、基础养老金替代率风险和个人账户养老金替代率风险三个方面进行评估。

其中，对总的养老金替代率的评估，分为绝对标准和相对标准两类衡量。绝对标准为前述"保基本"的最低风险期望值，即当地农村居民的最低生活保障水平；相对指标则采用目前的世界主要国家公认的《社会保障最低标准公约》规定的养老金最低替代率55%。对基础养老金替代率的评估则是用基础养老金与农村居民可支配收入之间的比率进行动态精算评估。个人账户替代率通过参保农村居民给付期的平均养老金收入和给付期前一年收入的比值来测量。年收入同样使用全国农村居民人均可支配收入来代替。然后按风险程度的不同分为两级：第一，以最低生活保障水平作为新农保"保基本"的最低风险期望值；第二，以与城镇企业职工养老保险相当的养老金替代率作为新农保"保基本"的适度风险期望值。即如果新农保制度提供的养老金待遇无法达到当地农村居民的最低生活保障水平，则有理由认为当地的新农保存在"保基本"较高风险，而若相应的养老金待遇无法达到企业职工基本养老保险制度提供的养老金替代率，则认为新农保存在"保基本"的一般风险。

**二 总的养老金替代率风险评估**

本部分在分别测算基础养老金和个人账户养老金的替代率基础上，再将两者加总计算出总的养老金替代率，最后将总的养老金替代率分别与国际标准、最低生活保障标准进行比较，对其替代率高低进行评估。其中，基础养老金最低标准由中央确定，计发办法具有绝对的公平，体现国家责任和社会公平，属于标准统一和非缴费型的国家最低养老金。个人账户养老金由个人缴费档次积累决定，最低档为100元每年，最高档为2000元每年（各地具体情况不同）。

（一）全国基础养老金替代率测算

2014年7月1日起，经国务院批准，全国城乡居保基础养老金最低标准从新农保最初的每人每月55元提高到每人每月70元，涨幅为27.3%，2018年，人社部、财政部联名印发《关于2018年提高全国城乡居民基本养老保险基础养老金最低标准的通知》，通知决定自2018年1月1日起，我国城乡居民基础养老金最低标准由每人每月70元提高到每人每月88元。由于相关数据的可获得性，本部分暂按照每人每月70元的标准进行测算评估，相应的计算公式为：

全国基础养老金替代率 =（70元×12个月）/各省年人均可支配收入

如表 5-1 所示，为计算出的 2016 年全国 31 个省、直辖市、自治区的农村居民人均可支配收入与基础养老金替代率。我国东西部地区、沿海与内陆地区经济发展差距大，养老需求层次也存在较大差异。其中，农村居民人均可支配收入最高的是上海市，为 25520.4 元，最低的为甘肃省 7456.9 元，两者之间的差距达到 3.4 倍；相对于沿海的"万元户"省份，内陆省份贵州、西藏、云南、青海等省份农村居民人均可支配收入在 8000—9000 元之间，地区收入差异较大。在基础养老金替代率方面也体现出了较大的差距，替代率最高的达到了 11%，最低只有 3%，前者是后者的 3.7 倍。从表 5-1 中数据不难看出，人均可支配收入越高的省份其基础养老金替代率越低，基础养老金越无法满足农村居民的基本养老需求，必须要结合各地有差异的个人账户养老金来实现这一保基本的养老金替代率。

表 5-1　2016 年全国农村居民人均可支配收入及新农保基础养老金替代率

| 地区 | 2016 年农村居民人均可支配收入（元） | 2016 年基础养老金替代率（%） |
| --- | --- | --- |
| 全国 | 12363.4 | 0.07 |
| 北京 | 22309.5 | 0.04 |
| 天津 | 20075.5 | 0.04 |
| 河北 | 11919.4 | 0.07 |
| 山西 | 10082.5 | 0.08 |
| 内蒙古 | 11609.0 | 0.07 |
| 辽宁 | 12880.7 | 0.07 |
| 吉林 | 12122.9 | 0.07 |
| 黑龙江 | 11831.9 | 0.07 |
| 上海 | 25520.4 | 0.03 |
| 江苏 | 17605.6 | 0.05 |
| 浙江 | 22866.1 | 0.04 |
| 安徽 | 11720.5 | 0.07 |
| 福建 | 14999.2 | 0.06 |
| 江西 | 12137.7 | 0.07 |

续表

| 地区 | 2016年农村居民人均可支配收入（元） | 2016年基础养老金替代率（%） |
| --- | --- | --- |
| 山东 | 13954.1 | 0.06 |
| 河南 | 11696.7 | 0.07 |
| 湖北 | 12725.0 | 0.07 |
| 湖南 | 11930.4 | 0.07 |
| 广东 | 14512.2 | 0.06 |
| 广西 | 10359.5 | 0.08 |
| 海南 | 11842.9 | 0.07 |
| 重庆 | 11548.8 | 0.07 |
| 四川 | 11203.1 | 0.07 |
| 贵州 | 8090.3 | 0.10 |
| 云南 | 9019.8 | 0.09 |
| 西藏 | 9093.8 | 0.09 |
| 陕西 | 9396.4 | 0.09 |
| 甘肃 | 7456.9 | 0.11 |
| 青海 | 8664.4 | 0.10 |
| 宁夏 | 9851.6 | 0.09 |
| 新疆 | 10183.2 | 0.08 |

数据来源：《中国统计年鉴—2017》，其中养老金替代率=840/人均纯收入。

此外，随着农村居民收入增长情况或物价变动情况，对基础养老金标准进行适当的调整是保证其替代率水平维持相对稳定的必要措施。考虑到近年来城乡居民收入增长、物价变动和职工基本养老保险等保障标准调整情况，人社部、财政部印发《关于建立城乡居民基本养老保险待遇确定和基础养老金正常调整机制的指导意见》之后首次对基础养老金提标，标志着城乡居民养老保险基础养老金正常调整机制开始运行。

（二）个人账户养老金替代率测算

根据制度规定，个人账户养老金相较于基础养老金功能更具灵活性，各省份根据其经济发展层次和人民生活水平自行设置档次，而其地级市则也可以根据自身条件设置相应档次，此外，地方政府还对参保农村居民给予每人每月不低于 30—60 元的补贴。据此，本部分将进一步对各地的个人账户养老金替代率进行测算，分别取各地的最低档和最高档进行测算。计算公式如下：

[（缴费档次 + 政府补贴）×15 年/11.5 年] /年人均可支配收入

表 5-2　目前全国各省份最低、最高缴费档次、政府补贴额度及 2016 年农村居民人均可支配收入　　　　　　　（单位：元）

| 地区 | 月缴费档次低/高 | 政府补贴 | 2016 年农村居民人均可支配收入 |
| --- | --- | --- | --- |
| 全国 | 100/2000 | 30/60 | 12363.4 |
| 北京 | 1000/9000 | 60/150 | 22309.5 |
| 上海 | 500/5300 | 200/575 | 25520.4 |
| 天津 | 600/3300 | 60/150 | 20075.5 |
| 重庆 | 500/5300 | 200/675 | 11548.8 |
| 山东 | 500/5500 | 30/60 | 13954.1 |
| 江苏 | 100/2000 | 30/60 | 17605.6 |
| 浙江 | 100/2000 | 30/60 | 22866.1 |
| 安徽 | 200/3000 | 35/60 | 11720.5 |
| 福建 | 100/2000 | 30/100 | 14999.2 |
| 江西 | 300/3000 | 40/100 | 12137.7 |
| 广东 | 120/3600 | 30/120 | 14512.2 |
| 广西 | 100/2000 | 30/75 | 10359.5 |
| 海南 | 200/5000 | 40/160 | 11842.9 |
| 河南 | 200/5000 | 30/340 | 11696.7 |
| 湖南 | 100/3000 | 30/160 | 11930.4 |
| 湖北 | 100/2000 | 30/60 | 12725.0 |
| 黑龙江 | 100/2000 | 30/70 | 11831.9 |
| 河北 | 100/3000 | 30/60 | 11919.4 |
| 山西 | 100/2000 | 30/80 | 10082.5 |
| 内蒙古 | 100/3000 | 30/85 | 11609.0 |
| 宁夏 | 100/3000 | 30/60 | 9851.6 |

续表

| 地区 | 月缴费档次低/高 | 政府补贴 | 2016年农村居民人均可支配收入 |
|---|---|---|---|
| 青海 | 100/2000 | 30/185 | 8664.4 |
| 陕西 | 100/2000 | 30/200 | 9396.4 |
| 甘肃 | 100/2000 | 30/60 | 7456.9 |
| 新疆 | 100/2000 | 30/60 | 10183.2 |
| 四川 | 100/3000 | 40/160 | 11203.1 |
| 贵州 | 100/2000 | 30/90 | 8090.3 |
| 云南 | 100/2000 | 30/60 | 9019.8 |
| 西藏 | 100/2000 | 40/95 | 9093.8 |
| 辽宁 | 100/2000 | 30/70 | 12880.7 |
| 吉林 | 100/2000 | 30/170 | 12122.9 |

数据来源：各省份人社局与统计局，每个省份下辖的市、区缴费档次各有不同。

从表5-2中可以看出，根据经济实力，各省份个人账户养老金缴费最低档次为每人每年100—1000元不等，最高档次为每人每年2000—9000元不等。在政府补贴方面，经济发达省份的补贴"省控线"不一定比经济落后省份高。如陕西省最高档补贴为200元，北京市最高档补贴仅为150元。在可支配收入方面，东西部省份差距明显，分布极不均匀。值得一提的是，在经济发达省份，其下辖地市会根据经济发展水平和农村居民生活需求自行设定缴费档次和政府补贴额度，一般都会超过"省控线"，虽然表5-1显示一些经济落后省份对最高缴费档次的补贴金额超过经济发达省份，但是其大多数下辖地市的标准不会超过经济发达省份下辖地市的标准。经济发展差异化越大，东西部发展差距越值得警惕。

表5-3 　　　　最新全国各省份高低缴费档次对应的替代率　　　　（单位:%）

| 地区 | 月缴费档次低/高/元 | 低档替代率 | 高档替代率 |
|---|---|---|---|
| 全国 | 100/2000 | 0.01 | 0.22 |
| 北京 | 1000/9000 | 0.06 | 0.53 |
| 上海 | 500/5300 | 0.04 | 0.30 |

续表

| 地区 | 月缴费档次低/高/元 | 低档替代率 | 高档替代率 |
| --- | --- | --- | --- |
| 天津 | 600/3300 | 0.04 | 0.22 |
| 重庆 | 500/5300 | 0.08 | 0.67 |
| 山东 | 500/5500 | 0.05 | 0.52 |
| 江苏 | 100/2000 | 0.01 | 0.15 |
| 浙江 | 100/2000 | 0.01 | 0.12 |
| 安徽 | 200/3000 | 0.03 | 0.34 |
| 福建 | 100/2000 | 0.01 | 0.18 |
| 江西 | 300/3000 | 0.04 | 0.33 |
| 广东 | 120/3600 | 0.01 | 0.33 |
| 广西 | 100/2000 | 0.02 | 0.26 |
| 海南 | 200/5000 | 0.03 | 0.56 |
| 河南 | 200/5000 | 0.03 | 0.59 |
| 湖南 | 100/3000 | 0.01 | 0.34 |
| 湖北 | 100/2000 | 0.01 | 0.21 |
| 黑龙江 | 100/2000 | 0.01 | 0.23 |
| 河北 | 100/3000 | 0.01 | 0.33 |
| 山西 | 100/2000 | 0.02 | 0.27 |
| 内蒙古 | 100/3000 | 0.01 | 0.34 |
| 宁夏 | 100/3000 | 0.02 | 0.40 |
| 青海 | 100/2000 | 0.02 | 0.33 |
| 陕西 | 100/2000 | 0.02 | 0.30 |
| 甘肃 | 100/2000 | 0.02 | 0.36 |
| 新疆 | 100/2000 | 0.02 | 0.26 |
| 四川 | 100/3000 | 0.02 | 0.37 |
| 贵州 | 100/2000 | 0.02 | 0.33 |
| 云南 | 100/2000 | 0.02 | 0.30 |
| 西藏 | 100/2000 | 0.02 | 0.30 |

续表

| 地区 | 月缴费档次低/高/元 | 低档替代率 | 高档替代率 |
|------|------------------|----------|----------|
| 辽宁 | 100/2000 | 0.01 | 0.21 |
| 吉林 | 100/2000 | 0.01 | 0.23 |

数据来源：各省市人社局网站，个人账户养老金替代率计算公式为：［（月缴费档次＋政府补贴）×15年/139个月］/（年平均收入/12个月）。

从表5-3中我们可以看出，大部分省份的"省控线"都围绕国家标准100—2000元进行设置，缴费档次越高，替代率会相应上升；全国最低档缴费标准替代率差异不明显，最高档标准替代率差异较大，经济发达省份最高档标准替代率明显大于经济落后省份最高档标准替代率，但需要说明的是，同档次里，经济发达省份的替代率比经济落后省份小得多，经济落后省份的农村居民比经济发达省份的农村居民更需要这笔钱，且经济发达省份设置档次金额明显多且高于经济落后省份；结合表5-1的农村居民人均可支配收入发现，农村居民人均可支配收入越高的省份，其个人账户养老金替代率越小，人均可支配收入过万元的省份，其缴费最高档次不会低于2000元档；同时，与平均工资相比较来看，平均工资越高的地区其经济越发达，其政府补贴金额会越高，从而个人账户养老金替代率减小。

可见，经济发展水平对养老金的"保障功能"有较大影响。对经济发达省份来说，适当设置高于国家标准推荐的最高档2000元控制线可以有效避免个人账户养老金实际保障不足的风险。同时，随着经济的发展，我们需要根据物价水平、经济层次建立相应的个人账户养老金调整机制，以应对养老金出现实际收入替代率不断下降的风险。

另外，农村居民最低生活保障制度的目标也是保障农村居民基本生活，在这里有必要对其进行比较。表5-4为2016年全国各省农村低保标准及与当年农村居民收入的替代率。3744元的低保标准占到当年农村居民可支配收入的30.28%，天津的保障水平最高，替代率为0.45（45%），福建、河南、湖南的保障水平最低，替代率同为0.26（26%）。最低生活保障制度作为社会救助的其中一项，只能满足农村居民的最低层次的生活水平保障，在一些省份，它的替代率远远高于城乡居民养老保险的替代率。2016年新农保的基础养老金平均为840元,不到全国农村人均收入的7%;加大中央财政补贴力度,提高养老金替代率刻不容缓。

表5-4　　　　2016年度各省份平均低保标准与替代率　　　（单位:元）

| 省份 | 农村居民人均可支配收入 | 平均低保标准 | 低保替代率/% |
| --- | --- | --- | --- |
| 全国 | 12363.4 | 3744.00 | 0.30 |
| 北京 | 22309.5 | 9600.00 | 0.43 |
| 天津 | 20075.5 | 9060.00 | 0.45 |
| 河北 | 11919.4 | 3359.04 | 0.28 |
| 山西 | 10082.5 | 3246.58 | 0.32 |
| 内蒙古 | 11609.0 | 4211.95 | 0.36 |
| 辽宁 | 12880.7 | 3914.92 | 0.30 |
| 吉林 | 12122.9 | 3444.86 | 0.28 |
| 黑龙江 | 11831.9 | 3787.12 | 0.32 |
| 上海 | 25520.4 | 10440.00 | 0.41 |
| 江苏 | 17605.6 | 6480.89 | 0.37 |
| 浙江 | 22866.1 | 7292.42 | 0.32 |
| 安徽 | 11720.5 | 3840.44 | 0.33 |
| 福建 | 14999.2 | 3841.38 | 0.26 |
| 江西 | 12137.7 | 3314.86 | 0.27 |
| 山东 | 13954.1 | 3777.81 | 0.27 |
| 河南 | 11696.7 | 3084.40 | 0.26 |
| 湖北 | 12725.0 | 3828.84 | 0.30 |
| 湖南 | 11930.4 | 3082.00 | 0.26 |
| 广东 | 14512.2 | 5342.69 | 0.37 |
| 广西 | 10359.5 | 2985.29 | 0.29 |
| 海南 | 11842.9 | 4163.48 | 0.35 |
| 重庆 | 11548.8 | 3694.87 | 0.32 |
| 四川 | 11203.1 | 3154.55 | 0.28 |
| 贵州 | 8090.3 | 3201.78 | 0.40 |

续表

| 省份 | 农村居民人均可支配收入 | 平均低保标准 | 低保替代率/% |
|---|---|---|---|
| 云南 | 9019.8 | 2710.74 | 0.30 |
| 西藏 | 9093.8 | 2621.53 | 0.29 |
| 陕西 | 9396.4 | 3203.30 | 0.34 |
| 甘肃 | 7456.9 | 2932.88 | 0.39 |
| 青海 | 8664.4 | 2970.00 | 0.34 |
| 宁夏 | 9851.6 | 3388.91 | 0.34 |
| 新疆 | 10183.2 | 2994.23 | 0.29 |

数据来源：人均可支配收入数据来源于《中国统计年鉴—2017》，低保标准来源于国家民政局网站，替代率为计算得到。全国人均可支配收入和农村低保标准这两个数据是根据全国各省的数据计算的简单平均数。低保替代率计算公式为各省低保线/人均可支配收入×100%。

（三）总的养老金替代率测算

本部分将前两部分已测算的基础养老金和个人账户养老金替代率加总，计算出总的养老金替代率，再分别与国际标准、最低生活保障标准对应的替代率进行比较。

表5-5 全国各省份城乡居民养老保险最低档总替代率和最高档总替代率（单位:%）

| 地区 | 总的养老金替代率 || 替代率风险线 ||
|---|---|---|---|---|
| | 总低档 | 总高档 | 低保 | 国际标准 |
| 全国 | 0.08 | 0.29 | 0.30 | 0.55 |
| 北京 | 0.1 | 0.57 | 0.43 | 0.55 |
| 天津 | 0.08 | 0.26 | 0.45 | 0.55 |
| 河北 | 0.08 | 0.4 | 0.28 | 0.55 |
| 山西 | 0.1 | 0.35 | 0.32 | 0.55 |
| 内蒙古 | 0.08 | 0.41 | 0.36 | 0.55 |
| 辽宁 | 0.08 | 0.28 | 0.30 | 0.55 |
| 吉林 | 0.08 | 0.30 | 0.28 | 0.55 |
| 黑龙江 | 0.08 | 0.30 | 0.32 | 0.55 |

续表

| 地区 | 总的养老金替代率 ||  替代率风险线 ||
| --- | --- | --- | --- | --- |
|  | 总低档 | 总高档 | 低保 | 国际标准 |
| 上海 | 0.07 | 0.33 | 0.41 | 0.55 |
| 江苏 | 0.06 | 0.20 | 0.37 | 0.55 |
| 浙江 | 0.05 | 0.16 | 0.32 | 0.55 |
| 安徽 | 0.10 | 0.41 | 0.33 | 0.55 |
| 福建 | 0.07 | 0.24 | 0.26 | 0.55 |
| 江西 | 0.11 | 0.40 | 0.27 | 0.55 |
| 山东 | 0.11 | 0.58 | 0.27 | 0.55 |
| 河南 | 0.10 | 0.66 | 0.26 | 0.55 |
| 湖北 | 0.08 | 0.28 | 0.30 | 0.55 |
| 湖南 | 0.08 | 0.41 | 0.26 | 0.55 |
| 广东 | 0.07 | 0.39 | 0.37 | 0.55 |
| 广西 | 0.10 | 0.34 | 0.29 | 0.55 |
| 海南 | 0.10 | 0.63 | 0.35 | 0.55 |
| 重庆 | 0.15 | 0.74 | 0.32 | 0.55 |
| 四川 | 0.09 | 0.44 | 0.28 | 0.55 |
| 贵州 | 0.12 | 0.43 | 0.40 | 0.55 |
| 云南 | 0.11 | 0.39 | 0.30 | 0.55 |
| 西藏 | 0.11 | 0.39 | 0.29 | 0.55 |
| 陕西 | 0.11 | 0.39 | 0.34 | 0.55 |
| 甘肃 | 0.13 | 0.47 | 0.39 | 0.55 |
| 青海 | 0.12 | 0.43 | 0.34 | 0.55 |
| 宁夏 | 0.11 | 0.49 | 0.34 | 0.55 |
| 新疆 | 0.10 | 0.34 | 0.29 | 0.55 |

数据来源：笔者根据本书测算得来。

本书将基础养老金替代率分别与个人账户最低和最高档次养老金替代率相加，得出总的养老金替代率。最低档替代率最低的是浙江省，仅为

0.05，可能是由于其经济发展水平较高，农村居民收入高导致的，最高的是重庆市，达到 0.15，其属于内陆省份，除主城区以外，经济发展水平总体比较落后，低档次替代率较高和农村居民缴费档次过低不无关系；最高档次替代率最低的依然是浙江省，为 0.16，浙江省农村居民人均可支配收入达到了 22866.1 元，养老金只是农村居民的一小部分收入，高档缴费标准下替代率自然低，最高的是重庆市，为 0.74，和浙江省不同，重庆市在本身农村居民个人可支配收入不高（11548.8 元）的情况下，最高档次设为 5300 元，并且政府补贴高达 675 元每人每月，拉升了其高档次替代率；虽说每个省份最低最高缴费档次标准不一，但是总体上，经济发达省份缴费档次及金额较经济落后省份高，东部省份又明显比中西部省份高。

我们对农村居民最低生活保障的替代率与城乡居民养老保险养老金的替代率也进行了比较分析，如表 5-5 所示，作为社会救助项目的低保，全国大部分省市的低档次养老金总替代率没有一个高于低保替代率，目前有 23 个省市高档次养老金总替代率高于低保替代率，但在其余省份，低保替代率远高于城乡居民养老保险基础养老金替代率与个人养老金替代率，当然也高于总的养老金替代率，包括天津、湖北、福建、浙江、江苏、黑龙江、辽宁、上海 8 个省市。比较有意思的是，8 个省市中，4 个经济发达省市，4 个经济相对落后省市，且相较于经济相对落后省市，经济发达省市低保替代率与总高档次养老金替代率之间的差距更大；为什么会出现这种情况呢？我们将 8 个省市的低保线、农村居民人均可支配收入、最高缴费档次与最高政府补贴从上述几个表中单独列出来，如表 5-6 所示：

表 5-6　8 个省市的低保线、农村居民人均可支配收入、最高缴费档次与最高政府补贴　　　　　　　　　单位：元

| 地区 | 低保标准线 | 农村居民人均可支配收入 | 月缴费档次最高档 | 政府最高补贴 |
| --- | --- | --- | --- | --- |
| 全国 | 3744 | 12363.4 | 2000 | 60 |
| 天津 | 9060 | 20075.5 | 3300 | 150 |
| 江苏 | 6480.89 | 17605.6 | 2000 | 60 |

续表

| 地区 | 低保标准线 | 农村居民人均可支配收入 | 月缴费档次最高档 | 政府最高补贴 |
| --- | --- | --- | --- | --- |
| 浙江 | 7292.42 | 22866.10 | 2000 | 60 |
| 上海 | 6440.00 | 25520.40 | 5300 | 575 |
| 湖北 | 3828.84 | 12725.00 | 2000 | 60 |
| 福建 | 3841.38 | 14999.20 | 2000 | 100 |
| 黑龙江 | 3787.12 | 11831.90 | 2000 | 70 |
| 辽宁 | 3914.92 | 12880.70 | 2000 | 70 |

我们以天津为例，同样是以20075.5元的人均可支配收入为计算依据，天津的最高档替代率为0.26，低保替代率为0.45，其中，城乡居民养老保险月缴费档次最高档仅为3300元，而低保线则达到了9060元，两者相差5760元，也就是说，在4个经济发达省市里，低保比城乡居民养老保险"更值钱"，低保替代率"低"不下去；反观4个经济相对落后省市，以黑龙江为例，11831.9元的人均收入离12363.4元的国家线还差531.5元，城乡居民养老保险月缴费档次最高档仅2000元，也没有超过3787.12元的低保线，导致城乡居民养老保险替代率不得不向低保替代率"低头"；总体上，即使是这样，我国基础养老金的替代率水平还是较低，与"保基本"这一目标还是存在差距，从侧面也说明中央财政对于城乡居民养老保险的财政支持还需加强。

按照0.55的国际替代率标准线来说，我国只有北京、山东、河南、海南、重庆等省市达到了标准，这些地区人口密度高、经济总量大、全国排名整体靠前，但是也说明，我们还有一段非常长的路要走。

### 三 基础养老金替代率风险动态评估

《统一意见》中规定，"国家根据经济发展和物价变动等情况，适时调整全国新农保基础养老金的最低标准"，因此，本书假设新农保基础养老金的调整办法参照城镇企业职工基础养老金的办法，对新农保的基础养老金替代率水平进行进一步考察。

基础养老金从2009年新农保正式试点的每人每月55元，到2014年增加15元提高至每人每月70元,再到2018年增加18元提高至每人每月88元,标志着基础养老金正常调整机制开始逐步运行。根据《关于建立城乡居民基本养老保险待遇确定和基础养老金正常调整机制的指导意见》规定,基础养老金最低标准的待遇调整需要考虑近年来城乡居民收入增长、物价变动和职工基本养老保险等保障标准调整情况。为了进一步考察新农保替代率的变化趋势,本书参照城镇企业职工基础养老金的调待办法,首先对新农保基础养老金的待遇调整机制进行模型设定,然后在此基础上将新农保基础养老金制度设计的理论替代率分别与城镇企业职工基础养老金替代率和新农保最低基础养老金实际替代率进行对比,对新农保基础养老金替代率进行评估。

(一) 模型构建

根据《关于建立城乡居民基本养老保险待遇确定和基础养老金正常调整机制的指导意见》,本部分参照城镇企业职工基础养老金的调待办法,假设新农保基础养老金的调待办法与城镇企业职工基础养老金的调待办法相同。根据国发在〔2005〕38号文《关于完善企业职工基本养老保险制度的决定》中的相关规定"企业职工退休时的基础养老金月标准以当地上年度在岗职工月平均工资和本人指数化月平均缴费工资的平均值为基数,缴费每满1年发给1%"的规定,本书假定新农保中农村居民每参保一年,基础养老金发给1/150。

为了更加细致反映和呈现基础养老金权益的累积过程,假定城镇企业职工的基本养老金权益按线性积累,每缴费一年,替代率增加1%,则参保$n$ ($n>0$) 年的城镇企业职工的基础养老金替代率$R$为:

$$R = n\% \tag{1}$$

同理,也将具有领取养老金资格的参保缴费农村居民的基础养老金积累权益平均到每一年,设基础养老金计发额为$P_0$,农村居民人均纯收入为$Y_0$,则其累积的基础养老金权益在每年基础养老金替代率为:

$$R_1 = \frac{P_0}{Y_0} \tag{2}$$

实际的新农保基础养老金替代率,按城镇企业职工养老金调待办法,是按收入的一定比例进行调整的,假设新农保的调待系数为$a$,农村居民人均纯收入增长率等于城镇在岗职工社会平均工资增长率为$g$,则实际的新农保基础养老金替代率，细化到每一年为：

$$R_1^i = \frac{P_0}{Y_0(1+g)}(1+ga) \times \frac{1}{15} \times 100\% \qquad (3)$$

（二）相关参数的确定

1. 基础养老金待遇调整系数 $a$ 的设定

人力资源和社会保障部、财政部联合下发的《关于2018年调整退休人员基本养老金的通知》明确从2018年1月1日起，为2017年年底前已按规定办理退休手续并按月领取基本养老金的企业和机关事业单位退休人员提高基本养老金水平，总体调整水平为2017年退休人员月人均基本养老金的5%左右。[①]这也是自2005年以来我国连续第十四年上调企业退休人员基本养老金。这也标志着我国企业职工基本养老保险的调待基本形成了定额调整、挂钩调整的机制办法，考虑到职工平均工资增长、物价上涨，以及基金支撑能力等因素，待遇调整的总体人均调整水平确定在5%左右。在城乡统筹的基本原则下，为了保持与企业职工基本养老保险一致，假定新农保基础养老金调整系数为0.6。

2. 农村居民人均可支配收入增长率 $g$ 的设定

根据《中国统计年鉴2018》的最新数据，我国农村居民人均可支配收入为13432元，比上年增长了8.6%。自改革开放以来到2018年，从270.11元增长到13432元，30年间增长了近50倍，其中，农村居民人均纯收入在1994年突破了千元大关，2014年突破万元大关（见表5-7），农村居民纯收入年平均增长率达到了10%以上。但随着中国经济增长速度放缓和宏观经济趋于平稳均衡发展的现实，根据高盛全球首席经济学家吉姆·奥尼尔预测，2011—2020年中国每年平均GDP增长率在7.7%，2021—2030年为5.5%。2031—2040年为4.3%，[②] 本书假设农村居民未来人均纯收入增长率 $g$ 为6%。

---

[①] 中华人民共和国中央人民政府官网：《退休人员养老金今年继续上调1.14亿人将受益》（http://www.gov.cn/xinwen/2018-03/24/content_5276997.htm.）。

[②] 游芸芸、吉姆·奥尼尔：《2027年中国将成为最大经济体》，《证券时报》2009年11月3日第6版。

表 5-7　　　　1982—2017 年中国农村居民人均可支配收入

单位：元

| 年份 | 人均纯收入 | 年份 | 人均纯收入 | 年份 | 人均可支配收入 |
| --- | --- | --- | --- | --- | --- |
| 1982 | 270.11 | 1994 | 1220.98 | 2006 | 3587.04 |
| 1983 | 309.77 | 1995 | 1577.74 | 2007 | 4140.36 |
| 1984 | 355.33 | 1996 | 1926.07 | 2008 | 4760.62 |
| 1985 | 397.6 | 1997 | 2090.13 | 2009 | 5153.17 |
| 1986 | 423.76 | 1998 | 2161.98 | 2010 | 5919.01 |
| 1987 | 762.55 | 1999 | 2210.34 | 2011 | 6977.30 |
| 1988 | 544.94 | 2000 | 2253.42 | 2012 | 7916.60 |
| 1989 | 601.51 | 2001 | 2366.4 | 2013 | 9429.56 |
| 1990 | 686.31 | 2002 | 2475.63 | 2014 | 10488.88 |
| 1991 | 708.55 | 2003 | 2622.24 | 2015 | 11421.71 |
| 1992 | 783.99 | 2004 | 2936.40 | 2016 | 12363.00 |
| 1993 | 921.62 | 2005 | 3254.93 | 2017 | 13432.00 |

数据来源：根据《中国统计年鉴》（1982—2017）整理。其中，2012 年以前统计指标为人均纯收入，之后统计指标改为人均可支配收入。

（三）基础养老金替代率对比分析

将以上参数假定代入前述公式，经计算得到城镇职工基本养老保险替代率（以下简称城职保替代率）、新农保基础养老金制度设计理论替代率（以下简称新农保理论替代率）以及新农保实际替代率（以下简称新农保实际替代率）。[①]见表 5-8、图 5-1：

表 5-8　　城职保、新农保理论及实际基础养老金替代率对比　　单位：%

| 参保年长/年 | 城职保替代率 | 新农保理论替代率 | 新农保实际替代率 |
| --- | --- | --- | --- |
| 1 | 1 | 0.6 | 0.6 |
| 2 | 2 | 1.1 | 1.1 |

---

① 此处得到刘昌平、殷宝明的启示，并在《2010—2011 中国社会保障年度报告》中有简单提及。

续表

| 参保年长/年 | 城职保替代率 | 新农保理论替代率 | 新农保实际替代率 |
|---|---|---|---|
| 3 | 3 | 1.7 | 1.6 |
| 4 | 4 | 2.3 | 2.1 |
| 5 | 5 | 2.8 | 2.5 |
| 6 | 6 | 3.4 | 2.9 |
| 7 | 7 | 4.0 | 3.3 |
| 8 | 8 | 4.5 | 3.7 |
| 9 | 9 | 5.1 | 4.0 |
| 10 | 10 | 5.7 | 4.4 |
| 11 | 11 | 6.2 | 4.7 |
| 12 | 12 | 6.8 | 5.0 |
| 13 | 13 | 7.4 | 5.2 |
| 14 | 14 | 7.9 | 5.5 |
| 15 | 15 | 8.5 | 5.7 |

资料来源：由笔者计算而来。

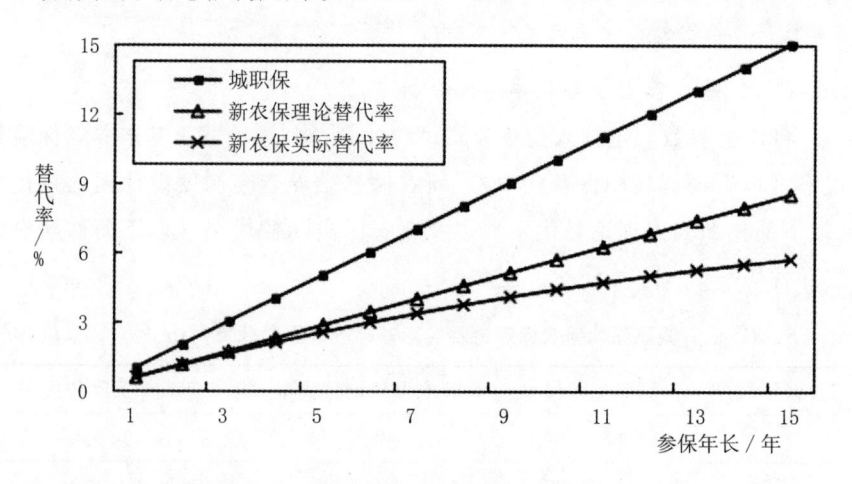

图 5-1 城职保、新农保理论及实际基础养老金替代率对比

由表 5-8、图 5-1 所示，我们发现现行制度设计的新农保最低基础养老金替代率存在以下问题：

第一，新农保制度设计的基础养老金理论替代率低于城镇职工基础养老金替代率。当参保缴费满 15 年时，在制度中累积的养老金权益上，新农保制度设计的基础养老金理论替代率为 8.5%，而城镇职工基本养老保险替代率为 15%，可见新农保基础养老金的保障水平要远低于城镇职工基础养老金，从城乡公平的角度来看新农保基础养老金替代率有失公允，同时，城镇职工基础养老金与新农保的基础养老金制度替代率不一致，对基本养老保险关系的城乡转续和对接造成了障碍。

第二，新农保基础养老金的实际替代率低于制度设计的理论替代率。新农保制度设计的理论替代率以当年的全国农村居民人均纯收入和 7 月 1 日起上调至 70 元/月的基础养老金为依据，为 8.5%（840/9892×100%），而实际替代率随着农村居民纯收入的不断上升会不断下降。在本书前面的研究假设中，假设新农保基础养老金的待遇调整机制与职工基础养老金一致，在此情况下新农保实际基础养老金权益的积累轨迹仍低于制度理论设计水平，呈一条凹函数曲线，导致在参保缴费满 15 年时，新农保实际的基础养老金替代率为 5.7%，大大低于理论设计替代率。进一步而言，根据本书的模型设置所呈现的分析结果只是一个理论极值，但可以肯定的是参照城镇职工基本养老保险的调待办法，只要新农保养老金调整系数小于 1（本文假设为 0.69），新农保基础养老金的增长幅度必然小于农村居民人均纯收入增长率，导致新农保的实际基础养老金替代率必然出现不断下降的风险。

第三，先参加新农保的参保者所获得的基础养老金实际替代率高于后参加新农保的参保者。将前图新农保实际替代率按照时间顺序逐年递推，新农保参保先后的实际基础养老金替代率如表 5-9 所示。参保者在养老金权益累积满 15 年后，先参保的基础养老金实际替代率为 5.7%，后参保 1 年的基础养老金实际替代率下降为 5.5%，后参保 2 年的下降为 5.4%，后参保 3 年的 5.2%，后参保 4 年的 5.1%，随着参保时间的推后，新农保基础养老金的实际替代率逐年递增下降。参保时间越滞后，基础养老金的实际替代率越低，很难实现保基本的目标。

表 5-9　　　新农保参保先后的基础养老金实际替代率比较

| 先达到领取资格 | 后 1 年 | 后 2 年 | 后 3 年 | 后 4 年 |
| --- | --- | --- | --- | --- |
| 0.6 | 0.6 | 0.5 | 0.5 | 0.5 |
| 1.1 | 1.1 | 1.0 | 1.0 | 1.0 |

续表

| 先达到领取资格 | 后1年 | 后2年 | 后3年 | 后4年 |
| --- | --- | --- | --- | --- |
| 1.6 | 1.6 | 1.5 | 1.5 | 1.4 |
| 2.1 | 2.0 | 2.0 | 1.9 | 1.9 |
| 2.5 | 2.5 | 2.4 | 2.3 | 2.2 |
| 2.9 | 2.9 | 2.8 | 2.7 | 2.6 |
| 3.3 | 3.2 | 3.2 | 3.1 | 3.0 |
| 3.7 | 3.6 | 3.5 | 3.4 | 3.3 |
| 4.0 | 3.9 | 3.8 | 3.7 | 3.6 |
| 4.4 | 4.2 | 4.1 | 4.0 | 3.9 |
| 4.7 | 4.5 | 4.4 | 4.3 | 4.2 |
| 5.0 | 4.8 | 4.7 | 4.5 | 4.4 |
| 5.2 | 5.1 | 4.9 | 4.8 | 4.6 |
| 5.5 | 5.3 | 5.2 | 5.0 | 4.9 |
| 5.7 | 5.5 | 5.4 | 5.2 | 5.1 |

第四，参保时间长的参保者的基础养老金实际替代率可能低于参保时间短的参保者。由于目前的制度设计并未强制规定对参保时间长于15年的参保者加发基础养老金，且即使加发，提高和加发部分的资金也是由地方政府支出。所以对于很多财政困难、实施办法基本上照搬《统一意见》的地方政府，地区会出现由于参保15年之后多参保而不会增加基础养老金待遇的情况，这样会导致参保时间满15年之后继续参保的参保者的基础养老金实际替代率低于参保时间刚好15年或参保时间更短的参保者，甚至会出现先参保且参保时间长的参保者其基础养老金的替代率低于后参保且参保时间短的参保者的极不公平的结果，存在很大的反向激励隐患。

（四）基础养老金替代率风险评估结论

根据以上基础养老金替代率对比分析研究发现，新农保制度设计的基础养老金理论替代率低于城镇职工基础养老金替代率会带来城乡统筹风险；新农保基础养老金的实际替代率低于制度设计的理论替代率会导致基本风险；而先参加新农保的参保者所获得的基础养老金实际替代率高于后参加新农保的参保者，以及参保时间长的参保者的基础养老金实际替代率可能低于参保时间短的参保者又会导致新农保不可持续运行的风险。基础养老金替代率风险应引起相关部门和机构的重视。

### 四 个人账户养老金替代率风险精算评估

个人账户养老金替代率作为完全基金积累的 DC 型账户，其高低水平决定了制度以后提供待遇的充足性和可持续性。因此个人账户养老金替代率风险主要取决于账户的积累额，包括个人选择的相应缴费档次、政府对农村居民参保缴费的补贴标准、计发年限及收益率等。

#### （一）模型构建

定义 C 为农村居民参保缴费选择的缴费档次，且为了揭示可能的风险，本书假设参保人按制度规定的最低缴费年限 15 年参保缴费，且缴费过程中不会改变缴费档次；T 为政府对农村居民参保缴费的补贴标准，r 为个人账户养老金收益率，$S_2$ 为个人账户养老金领取额，m 为预计平均计发年限，则农村居民积累 15 年后的个人账户基金积累额 M 为：

$$M = C\sum_{i=1}^{b-a}(1+g)^{b-a-i}(1+r)^i + T\sum_{j=1}^{b-a}(1+r)^j \quad (1)$$

参保人达到领取养老金资格后，各年领取的个人账户养老金在 60 岁的现值总额 N 为：

$$N = S_2 \sum_{k=0}^{m-1} 1/(1)+r^k \quad (2)$$

根据保险精算平衡原理，$N = M$，则：

$$S_2 = \left[ C\sum_{i=1}^{b-a}(1)+g^{(b-a-i)}(1)+r^i + T\sum_{j=1}^{b-a}1+r \right] / Y_0(1+g)^{b-a}\sum_{k=0}^{m-1}1/(1+r)^k \quad (3)$$

新农保个人账户养老金替代率 R2 为：

$$R_2 = S_2/Y = \left[ C\sum_{i=1}^{b-a}(1+g)^{b-a-i}(1+r)^i + T\sum_{j=1}^{b-a}(1+r)^j \right] / Y_0(1+g)^{b-a}\sum_{k=0}^{m-1}1/(1+r)^k$$

#### （二）数据来源、参数设定及测算

1. 样本的选取

由于各地经济发展水平迥异，且个人账户缴费档次也各不相同，本书根据数据的可获得性和区域的代表性，分别选取了东、中、西部 9 个省市中经济较发达的区（县）和经济较落后的区（县）作为样本，其农村居

民人均可支配收入及个人账户档次设置情况如表 5-10 所示：

表 5-10　　新农保试点地区人均可支配收入情况及缴费档次标准　　单位：元

| 地区 | | 人均可支配收入 | 最低档缴费标准 | 最高档缴费标准 |
| --- | --- | --- | --- | --- |
| 重庆市 | 九龙坡区 | 16935 | 100 | 2000 |
| | 巫溪县 | 7826 | 100 | 2000 |
| 湖北省 | 武汉市 | 19152 | 100 | 1200 |
| | 十堰市 | 8514 | 100 | 2000 |
| 湖南省 | 长沙市 | 23601 | 100 | 3000 |
| | 湘潭市 | 15347 | 100 | 3000 |
| 安徽省 | 合肥市 | 17059 | 100 | 3000 |
| | 马鞍山市 | 17719 | 100 | 3000 |
| 宁夏回族自治区 | 银川市 | 12037 | 100 | 2000 |
| | 固原市 | 7646 | 100 | 2000 |
| 上海市 | 徐汇区 | 43668 | 600 | 3300 |
| | 崇明区 | 33480 | 600 | 3300 |
| 四川省 | 成都市 | 16134 | 100 | 3000 |
| | 宜宾市 | 10692 | 100 | 1000 |
| 陕西省 | 西安市 | 15191 | 100 | 2000 |
| | 汉中市 | 8855 | 100 | 2000 |
| 河南省 | 郑州市 | 11696 | 100 | 1200 |
| | 驻马店市 | 9935 | 200 | 5000 |

数据来源：《重庆市统计年鉴 2017》《湖北省统计年鉴 2017》《湖南省统计年鉴 2017》《安徽省统计年鉴 2018》《宁夏统计年鉴 2017》《上海市统计年鉴 2016》《四川省统计年鉴 2016》《陕西省统计年鉴 2017》《河南省统计年鉴 2017》。

由上表可知，各地的个人账户缴费档次在国家规定的 100—2000 元/年的基础上做了调整，实际设置了 100—5000 元/年不等的档次。其中，河南省驻马店设置的最低档和最高档在所有样本中最高，分别为 200 元/年和 5000 元/年，而四川省的宜宾市在最高档的设置上低于国家最高档的缴费标准,仅为1000元/年。此外,湖北省的武汉市、河南省的郑州市最高档次设置也相对较低,都为1200元/年;湖南省的长沙市、湘潭市,安徽省的合肥市、马鞍山市,四川省的成都市最高缴费档次都为3000元/年,上海市的选取的两个样本其最高缴费档次都为3300元/年。

2. 参数设定

根据构建模型,本书选取相应的参数如下:

(1) 农村居民人均可支配收入。选取我国东、中、西部9个省18个市(区)的农村居民人均可支配收入。

(2) 地方政府补贴标准T的确定。根据国家现有规定,参保人选择缴费档次为100—500元/年的,地方政府对个人账户的补贴均为30元/年的标准,在缴费达到500元/年及以上的档次,地方政府的补贴为60元/年。

(3) 农村居民参保缴费选择的缴费档次C的确定。根据各地样本的情况,本书选取$C_{低}=100$,$C_{高}$分别为1000元、1200元、2000元、3000元、3300元、5000元。

(4) 缴费及领取养老金年龄。为了更好地揭示个人账户风险,本书假设参保人均按国家最低缴费年限15年参保,即在44岁参保缴费,在60岁参保缴费时间满15年可领取养老金。

(5) 个人账户养老金收益率$r$。由于个人账户养老基金按"中国人民银行金融机构人民币一年期存款利率"计息,本书选取中国人民银行官方公布的2008—2017年的一年期银行存款利率平均值2.72%,[①] 取$r=2.72\%$。

表5-11　　2008—2017年金融机构人民币一年期存款基准利率

| 调整时间 | 利率(%) | 调整时间 | 利率(%) |
| --- | --- | --- | --- |
| 2008.10.19 | 3.87 | 2012.06.08 | 3.25 |
| 2008.10.30 | 3.60 | 2012.07.06 | 3.00 |

---

① 利用算术平均法求出2008—2017年的一年期存款利率平均值。

续表

| 调整时间 | 利率（%） | 调整时间 | 利率（%） |
| --- | --- | --- | --- |
| 2008.11.27 | 2.52 | 2014.11.22 | 2.75 |
| 2008.12.23 | 2.25 | 2015.03.01 | 2.50 |
| 2010.10.20 | 2.50 | 2015.05.11 | 2.25 |
| 2010.12.26 | 2.75 | 2015.06.28 | 2.00 |
| 2011.02.09 | 3.00 | 2015.08.26 | 1.75 |
| 2011.04.06 | 3.25 | 2015.10.24 | 1.50 |
| 2011.07.06 | 3.50 | 平均利率 | 2.72 |

资料来源：中国人民银行官方网站：http：//www.pbc.gov.cn/zhengcehuobisi/125207/125213/125440/125838/125888/2968982/index.html。

（6）个人账户养老金平均计发年限 $m$。个人账户养老金计发系数与城镇企业职工基本养老保险一致为 139 个月，则 $m = 139/12 = 11.5$ 年。

3. 测算结果分析

将上列相关参数代入公式（4）中，利用 Excel 软件可计算出 18 个试点地区的基本年限在最低缴费档次下和最高缴费档次下的新农保个人账户养老金替代率。结果如表 5-12 所示。

表 5-12　9 个省市经济较发达的市（区、县）和经济较落后的市（区、县）的最低档和最高档个人账户养老金替代率　　单位：%

| 地区 | | 最低档替代率 | 最高档替代率 |
| --- | --- | --- | --- |
| 重庆市 | 九龙坡区 | 1.22 | 19.27 |
| | 巫溪县 | 2.63 | 41.71 |
| 湖北省 | 武汉市 | 1.08 | 10.42 |
| | 十堰市 | 2.42 | 38.34 |
| 湖南省 | 长沙市 | 0.87 | 20.54 |
| | 湘潭市 | 1.34 | 31.59 |
| 安徽省 | 合肥市 | 1.21 | 28.42 |
| | 马鞍山市 | 1.16 | 27.36 |

续表

| 地区 | | 最低档替代率 | 最高档替代率 |
|---|---|---|---|
| 宁夏回族自治区 | 银川市 | 1.71 | 27.12 |
| | 固原市 | 2.69 | 42.69 |
| 上海市 | 徐汇区 | 2.29 | 12.19 |
| | 崇明区 | 2.98 | 15.90 |
| 四川省 | 成都市 | 1.28 | 30.05 |
| | 宜宾市 | 1.93 | 15.71 |
| 陕西省 | 西安市 | 1.36 | 21.49 |
| | 汉中市 | 2.33 | 36.86 |
| 河南省 | 郑州市 | 1.76 | 17.07 |
| | 驻马店市 | 3.67 | 80.70 |

资料来源：本书研究所得。

由表5-12可见，就同一试点地区而言，在缴费年限一致的情况下，缴费的档次越高，个人账户的养老金替代率相对较高。对于18个试点地区来说，缴费最低档的个人账户养老金替代率在5%以下，而缴费最高档的替代率普遍大于10%。因此较高缴费档次的选择可以显著提高个人账户养老金实际替代率。

养老金替代率与当地经济发展水平和人民生活水平密切相关。以重庆市为例，九龙坡区的农村居民人均可支配收入达到了16935元，最低档替代率和最高档替代率分别为1.22%和19.27%。而巫溪县属于国家级贫困县，最低档和最高档的个人账户养老保险金替代率分别为2.63%和41.71%，远远高于经济发展程度较高的九龙坡区。这说明地方财政能力以及地区经济发展水平对新农保的保障水平有较大影响，尤其对于经济较发达、农村居民收入较高的地区而言，如果仅限于国家规定的最低补贴标准，则导致养老金的实际保障不足的风险。

仅满足最低参保缴费年限个人账户养老金替代率水平较低。从总体上来看，不管是最低缴费档次的个人账户养老金替代率还是最高档的替代率，它们均没有超过50%，仍处于中下水平。

### （三）个人账户替代率风险评估

就同一试点地区而言，缴费档次越高、缴费时间越长，个人账户养老金的替代率相对较高。以湖北十堰市为例，16 岁参保且选择最高 2000 元/年的当地最高缴费档次，相应的个人账户养老金替代率可达到 51.42%，而 44 岁参保刚好达到领取资格且参保档次为最低档 100 元/年，则相应的个人账户养老金替代率仅为 2.42%，两者相差了 26 倍多，因此提高缴费档次、延长缴费时间可以显著提高个人账户养老金实际收入替代率。

选择不同缴费档次的参保者，养老金替代率水平随着参保年限的增加，差距逐渐扩大。仍以十堰市为例，选择 100 元/年的缴费档次，16 岁参保和 44 岁参保两者的个人账户养老金替代率分别为 3.23% 和 2.42%，两者间的替代率水平仅相差 0.81%，而如果是在 500 元/年的档次，两者间的替代率相差 3.16%，而当参保档次为 2000 元/年时，两者的差距拉大到 8.75%。

大龄参保人员能够享受的个人账户养老金替代率水平较低。以成都为例，44 岁的参保者个人账户仅 2.42% 的替代率水平，即使加上当地的基础养老金，替代率也仅有 11.39%，无法保障基本生活，同时低于城镇职工基本养老保险 15% 的统筹账户替代率水平，有失公平。

养老金替代率水平与地区经济和人民生活水平密切相关。以 16 岁参保 100 元/年的最低档次为例，在湖北十堰市、湖南湘潭市、安徽马鞍山市三地的养老金替代率分别为 2.42%、1.34%、1.16%。湘潭市、马鞍山市经济发展水平相对较高，农村居民人均纯收入高，因而相应的新农保替代率最低，面临着个人账户保障水平低的风险，而十堰市在参保档次设置上均为国家规定的最低水平，但由于当地经济较落后，反而养老金替代率最高。说明地方财政能力以及地区经济发展水平对新农保的保障水平有较大影响，尤其对于经济较发达、农村居民收入较高的地区而言，如果仅限于国家规定的最低补贴标准，则导致养老金的实际保障不足的风险。

基于上述分析，并结合实际调研情况，以 9 省 18 个地区为例的新农保个人账户面临替代率普遍较低的风险，风险因素有以下几点：

意愿普遍不高。由于自愿参保缴费养老利益在中青年农村居民身上体现不明显，导致这部分人群参保意识不强，且对制度未来的发展充满了疑虑和不确定性。尤其是 16—45 岁的农村居民认为缴费时间较长，待遇标准不高，对社会保障的预期较低，参保行为审慎。很大一部分已参保缴费的农村居民仅希望缴满 15 年的最低待遇领取资格。养老金替代率水平随着参保年限的增加，而缴费时间较短，个人账户养老金的替代率较低，对于经济较好的地区更是如此。

缴费档次普遍选择较低。根据各地调研显示，90%以上的广大农村居民对参保缴费普遍持谨慎态度，基本选择的最低缴费档次，而如此一来将导致个人账户养老金替代率普遍偏低，即使加上基础养老金部分，实际的制度收入替代水平远远低于城镇职工"统账结合"模式个人账户养老金目标替代率，加剧城乡收入差距。

地区经济发展水平对新农保的保障水平有较大影响。尤其对于经济较发达、农村居民收入较高的地区而言，如果仅限于或略高于国家规定的个人缴费档次，则导致养老金个人账户的实际保障不足的风险。"适时调整全国新农保基础养老金的最低标准"则反映政府对农村居民保障需求的回应，有效保障是其价值基础。[①]

通过前文的风险评估，新农保基础养老金存在实际收入替代率在未来不断下降的风险，同时，个人账户养老金由于广大农村居民参保缴费普遍选择较低档次，而面临实际个人账户替代率较低的风险。以 15 年的基本缴费期来看，其基础养老金实际替代率最高为 9.9%，结合湖北省试点地区个人账户替代率情况，以 90% 的参保缴费农村居民选择 100 元/年的缴费档次为例，个人账户的替代率为 1.83%—4.35%之间，因而总的养老金替代率为 11.73%—14.25%，低于本书第二章的养老金替代率"保基本"警戒水平，因此从目前的制度设计来看新农保存在养老金替代率过低而无法实现"保基本"的风险。

## 第二节　个人账户计发系数风险评估

个人账户计发系数风险，区别于一般的个人账户长寿风险，[②] 是指新

---

[①] 邓大松、刘远风：《制度替代与制度整合——基于新农保的规范分析》，《经济学家》2010 年第 4 期。

[②] 一般所谓的个人账户长寿风险，即从概率的意义上说，会有一半的人因不及平均预期寿命而出现个人账户养老基金的富余，相反有一半人会因长寿而将个人账户的基金使用殆尽，面临退休金不足的问题，导致风险在个体之间无法转移。

农保在设置个人账户养老金领取年限（139个月，约11.5年）时，由于全国范围的精算是从平均意义上而言的，实际上对各地具体人口状况而言无法做到精准，于是将导致各地农村人口实际预期年龄与全国统一的养老金计发系数（139）存在很大偏差。由于新农保实行的是县市级统筹和管理，一方面，对于人口预期寿命高于全国平均预期寿命的地区而言，会因此而面临个人账户计发时间短于平均实际预期年龄，在制度"支付终身"的承诺下，出现个人账户退休基金收支失衡，需要政府对其基金缺口继续补贴。制度相应的规定为"参保人死亡，个人账户中的资金余额，除政府补贴外，可以依法继承；政府补贴余额用于继续支付其他参保人的养老金。"这里所说的"政府补贴余额"存在着能否足够支付个人账户领取完后的个人账户养老金的问题；另一方面，对于人口预期寿命低于全国平均水平的地区，又会出现参保人亡故后个人账户养老金还有积累结余，违背制度预期目标。

### 一 个人账户计发系数风险的产生背景

改革开放之后，人民安居乐业，生活质量和健康水准得以提高，再加之计划生育国策，中国仅用27年的时间就达到了人口老龄化阶段，而发达国家至少用了45年以上的时间。[1]中国将在今后一个较长的时期内保持着较高的老龄化增长速度，65岁及以上的人口比重从1990年的5.6%增加到2000年的7%，再增加到2010年的8.9%。据OECD的人口发展预测，到2030年，中国65岁以上人口比将超过日本，成为全球人口老龄化程度最高的国家，可见我国进入了重度老龄化社会，[2]并且后十年65岁及以上的人口比重增速比前十年快了37.5%，老龄化增速很快。相应的老年抚养比从1990年的8.3%，到2000年的9.9%，再增长到2010年的11.9%，直到2016年增长到13.7%，也即2014年每10人中就有1.4个老年人需要抚养，社会养老压力激增。[3]人口老龄化程度的加剧同时也意味着人口的平均寿命更长，随着医疗水平和人民生活水平的提高，人口平

---

[1] 其中，法国是130年，瑞典85年，澳大利亚和美国各约79年。

[2] 根据国际上人口老龄化的定义，在人口结构中65岁以上人口达到总人口的8%就称之为重度老龄化社会。

[3] 数据来源：《中国统计年鉴2017》。

均寿命具有不断提高的趋势。

表 5-13　　　　　　　　　全国人口数及年龄构成

| 年份 | 总人口（年末）（万人） | 按年龄组分 ||||||老年扶养比（%）|
| --- | --- | --- | --- | --- | --- | --- | --- | --- |
| | | 0—14岁 || 15—64岁 || 65岁及以上 |||
| | | 人口数（人） | 比重（%） | 人口数（人） | 比重（%） | 人口数（人） | 比重（%） | |
| 1990 | 114333 | 31659 | 27.7 | 76306 | 66.7 | 6368 | 5.6 | 8.3 |
| 1995 | 121121 | 32218 | 26.6 | 81393 | 67.2 | 7510 | 6.2 | 9.2 |
| 2000 | 126743 | 29012 | 22.9 | 88910 | 70.1 | 8821 | 7.0 | 9.9 |
| 2005 | 130756 | 26504 | 20.3 | 94197 | 72.0 | 10055 | 7.7 | 10.7 |
| 2010 | 134091 | 22259 | 16.6 | 99938 | 74.5 | 11894 | 8.9 | 11.9 |
| 2011 | 134735 | 22164 | 16.5 | 100283 | 74.4 | 12288 | 9.1 | 12.3 |
| 2012 | 165404 | 22287 | 16.5 | 100403 | 74.1 | 12714 | 9.4 | 12.7 |
| 2013 | 136072 | 22329 | 16.4 | 100592 | 73.9 | 13161 | 9.7 | 13.1 |
| 2014 | 136782 | 22558 | 16.5 | 100469 | 73.4 | 13755 | 10.1 | 13.7 |

数据来源：《中国统计年鉴—2015》。

在人口重度老龄化加快进行的过程中，我们还伴随着人口老龄化速度的不一致。如表 5-14 所示，为 2010 年预期的各地区人口平均预期寿命。从全国来看平均预期寿命为 74.38 岁，按照新农保的 139 个月（11.58 年）的个人账户计发系数来看，参保农村居民平均将在 71.58 岁领取完个人账户养老金，面临着个人账户被提前支取殆尽，地方政府对个人账户出现资金缺口进行补贴的风险；而江西、贵州、云南、西藏、甘肃、青海等省份的人口平均预期寿命明显低于全国平均水平，个人账户被提前支取完需要政府补贴的风险较小，但是有个人账户积累剩余的可能，从而无法实现制度的预期效果。另外山西、内蒙古、陕西、河北、河南、湖北、湖南、江西、四川等地的人口平均预期寿命与全国平均水平相差不大，从省一级来看需要地方政府补贴个人账户缺口的可能性较小，但是由于新农保实施的市级统筹和管理，因此各省下辖的市（区）级的人口年龄结构又存在一定的差异，因此按照既定的统一的 139 个月的养老金个人账户计发系数将制度运行偏离预期目标，面临较大的风险。

表 5–14　　　　第六次人口普查各地区人口平均预期寿命　　　　单位：岁

| 地区 | 寿命 | 男 | 女 | 地区 | 寿命 | 男 | 女 |
| --- | --- | --- | --- | --- | --- | --- | --- |
| 全国 | 74.38 | 72.38 | 77.37 | 河南 | 74.57 | 71.84 | 77.59 |
| 北京 | 80.18 | 78.28 | 82.21 | 湖北 | 74.87 | 72.68 | 77.35 |
| 天津 | 78.89 | 77.42 | 80.48 | 湖南 | 74.70 | 72.28 | 77.48 |
| 河北 | 74.97 | 72.70 | 77.47 | 广东 | 76.49 | 74.00 | 79.37 |
| 山西 | 74.92 | 72.87 | 77.28 | 广西 | 75.11 | 71.77 | 79.05 |
| 内蒙古 | 74.44 | 72.04 | 77.27 | 海南 | 76.30 | 73.20 | 80.01 |
| 辽宁 | 76.38 | 74.12 | 78.86 | 重庆 | 75.70 | 73.16 | 78.60 |
| 吉林 | 76.18 | 74.12 | 78.44 | 四川 | 74.75 | 72.25 | 77.59 |
| 黑龙江 | 75.98 | 73.52 | 78.81 | 贵州 | 71.10 | 68.43 | 74.11 |
| 上海 | 80.26 | 78.20 | 82.44 | 云南 | 69.54 | 67.06 | 72.43 |
| 江苏 | 76.63 | 74.60 | 78.81 | 西藏 | 68.17 | 66.33 | 70.07 |
| 浙江 | 77.73 | 75.58 | 80.21 | 陕西 | 74.68 | 72.84 | 76.74 |
| 安徽 | 75.08 | 72.65 | 77.84 | 甘肃 | 72.23 | 70.60 | 74.06 |
| 福建 | 75.76 | 73.27 | 78.64 | 青海 | 69.96 | 68.11 | 72.07 |
| 江西 | 74.33 | 71.94 | 77.06 | 宁夏 | 73.38 | 71.31 | 75.71 |
| 山东 | 76.46 | 74.05 | 79.06 | 新疆 | 72.35 | 70.30 | 74.86 |

数据来源：《中国统计年鉴—2011》。

## 二　个人账户计发系数精算模型及农村国民生命表

目前新农保是在全国范围内进行统筹和管理，按照全国平均水平的人口预期余命进行养老金个人账户计发系数制定，地方政府的补贴压力在全国范围内可以进行调剂，相应的风险较小。但问题在于，个人账户计发系数按照全国平均水平进行计发，而我国不同地区社会经济发展水平差距很大，这里就存在制定的计发系数可能无法满足部分地区城乡居民养老需要的风险。要揭示其中的问题，必须从微观层面着手。

本部分选择省级和市级两个层面进行微观分析，探讨其按照全国平均水平制定的新农保个人账户计发系数的合理性及可能存在的问题。这里将从两个层面选取考察样本。第一，由于我国根据经济发展水平划分成东部、中部、西部 3 个地区，所以从中选取省份进行分析考察。另外，东三省老工业基地虽地理上位于东部地区，但它们属于资源枯竭型省份，所以不能与东部地区其他省的经济一概而论，因此将选取一省加入比较。根据 2015 年各省区的 GDP 数据，这里选择了东部地区全年总量最高的广东省和西部总量最低的西藏自治区作为样本，东三省中随机选择了辽宁省，中部地区以湖南省和湖北省为例。第二，我国不同地区人口老龄化程度不同。本书根据《中国统计年鉴—2016》中 2016 年全国人口变动情况抽样调查样本数据对各省市人口老龄化程度进行总结排名（表 5-15），并从中选取老龄化程度最严重的四川省、重庆直辖市及老龄化程度排名最后的青海省、宁夏回族自治区作为考察样本。另外，在同一省内，也会因为经济、环境等因素产生区别，因此市级层面则选取了以农村人口较多的湖南省湘潭市和张家界市为例进行比较区分。

表 5-15    2016 年全国各省市老龄化程度排行榜

| 地区 | 人口数（千人） | 65 岁以上人口（千人） | 比率（%） |
| --- | --- | --- | --- |
| 四川 | 67179 | 9398 | 20.04 |
| 重庆 | 24688 | 3487 | 20.00 |
| 江苏 | 65692 | 7925 | 16.26 |
| 山东 | 80788 | 9267 | 15.77 |
| 辽宁 | 36237 | 4407 | 15.68 |
| 湖南 | 55600 | 6045 | 15.35 |
| 天津 | 12519 | 1462 | 15.06 |
| 安徽 | 20201 | 5231 | 14.53 |
| 陕西 | 31154 | 3306 | 14.25 |
| 广西 | 39234 | 3741 | 13.91 |
| 湖北 | 47998 | 4922 | 13.90 |
| 贵州 | 28951 | 2670 | 13.43 |
| 江西 | 37485 | 3464 | 13.20 |
| 吉林 | 22714 | 2310 | 13.10 |

续表

各省市老龄化程度排行榜

| 地 区 | 人口数（千人） | 65岁以上人口（千人） | 比率（%） |
| --- | --- | --- | --- |
| 河北 | 60936 | 5682 | 12.94 |
| 河南 | 77873 | 6821 | 12.46 |
| 浙江 | 45456 | 4374 | 12.28 |
| 内蒙古 | 20672 | 1929 | 12.10 |
| 上海 | 20019 | 1938 | 12.07 |
| 云南 | 38902 | 3393 | 12.06 |
| 甘肃 | 21380 | 1910 | 11.96 |
| 黑龙江 | 31632 | 2971 | 11.89 |
| 山西 | 30105 | 2566 | 11.12 |
| 广东 | 88502 | 7322 | 10.99 |
| 北京 | 17756 | 1518 | 10.52 |
| 海南 | 7456 | 571 | 10.45 |
| 福建 | 31411 | 2383 | 10.14 |
| 新疆 | 18968 | 1303 | 9.54 |
| 青海 | 4815 | 342 | 9.52 |
| 宁夏 | 5459 | 370 | 9.22 |
| 西藏 | 2621 | 144 | 7.86 |

数据来源：《中国统计年鉴—2017》。

为了使研究结果尽量精确，以下在引进个人账户计发系数精算模型的基础上，先推导和测算省级、市级农村居民的平均预期寿命，然后在对个人账户收益率进行假定的基础上，评估新农保的个人账户计发系数风险。

（一）新农保个人账户计发系数精算模型

新农保的"个人账户养老金的月计发标准为个人账户全部储存额除以139（与现行城镇职工基本养老保险个人账户养老金计发系数相同）"，同时根据国发〔2005〕38号第六条规定："个人账户养老金月标准为个人账户储存额除以计发月数，计发月数根据职工退休时城镇人口平均预期寿命、本人退休年龄、利息等因素确定。"本书使用的新农保个人账户计发系数模型如下：设参保农村居民在年满 60 岁时的个人账户养老金总额积累的现值为 $N$，60 岁之后每年定期领取一次养老金，领取的年标准为 $P$，个人账户基金在领取期间的年收益率为 $r$。假设参保农村居民 60 岁的平均预期余命为 $\omega$。则参保农村居民开始领取养老金时个人账户的积累额现值，即 $N$ 为：

$$N = P + \frac{P}{1+r} + \frac{P}{(1+r)^2} + \frac{P}{(1+r)^3} + \cdots\cdots + \frac{P}{(1+r)^{\omega-1}} = P\sum_{i=0}^{\omega-1}\frac{1}{(1+r)^i} \quad (1)$$

设农村居民年满 60 岁时个人账户的全部储存额为 $M$，

基金平衡：$M = N$，则

$$M = P\sum_{i=0}^{\omega-1}\frac{1}{(1+r)^i} \quad (2)$$

$$P = \frac{M}{\sum_{i=0}^{\omega-1}\frac{1}{(1+r)^i}} = M\bigg/\frac{(1+r)\left[1-\left(\frac{1}{r+1}\right)^{\omega}\right]}{r}$$

$$P = \frac{M}{\frac{1-(1+r)^{(\omega-1)}}{r}+1} \quad (3)$$

设个人账户养老金计发系数为 $A$，根据《统一意见》的相关规定，60 岁以后每年的养老金领取标准，则由公式（3）可得：

$$A/12 = \frac{1-(1+r)^{-(\omega-1)}}{r}，则：$$

$$A = 12 \times \left[\frac{1-(1+r)}{r}\right]^{-(\omega-1)} \quad (4)$$

由公式（4）可知新农保个人账户养老金计发系数 $A$ 主要由参保农村居民 60 岁的平均余命 $\omega$ 和个人账户收益率 $r$ 决定。因前所述平均余命因地区不同而差异较大，以下将分省级、市级两个层面对农村居民的 60 岁平均余命进行估算的基础上，假设一定的个人账户收益率，评估个人账户计发系数风险。

(二) 农村国民生命表的生成

新农保作为一类特殊的社会保险，参保居民的生存或死亡情况关系到未来养老金基金的需求状况，是养老金给付的前提条件，需要通过构建国民生命表来了解并明确参保对象在投保时未来寿命的分布情况,本部分将运用生命表技术,通过编制湖北省、湖南省、广东省、西藏自治区、辽宁省、青海省、四川省、宁夏回族自治区和重庆市农村人口的生命表及湖南省湘潭市、张家界市农村人口的生命表,对相应的男、女性人口的死亡水平和死亡模式作一初步分析,为后文的新农保中潜在的人口长寿风险进行评估提供数据和事实依据。

1. 生命表的含义及类型

生命表又称"死亡表"或"寿命表",是指某一个数目的 0 岁的人所组成的集合,自 0 岁起一直到生存人数成为 0,及所观察的人群全部死亡为止的这段时间,以统计数字表明其每年死亡、生存状态的表。[①]生命表由表格形式给出离散型生存模型,其栏目包括生存数、死亡数、生存率、死亡率以及平均余命等,其中平均余命表示某年龄的人未来寿命的整年数,是以一种特殊"统计表"形式存在的人口模型,可以反映一代人从出生到死亡、陆续减少直至全部消失的过程。

2. 生命表函数及其编制流程

(1) 生命表的构成及函数

生命表反映了在封闭的人口条件下,一批人从出生后陆续死亡的全部过程。封闭人口指所观察的一批人只有死亡变动,没有因出生的新增人口和迁入或迁出人口。其主要函数有:[②]

$x$:年龄,以离散的形式从小到大依次列出由初始年龄至极限年龄之间的所有年龄。$x = 0, 1, \cdots, \omega - 1$,其中,人口生命极限年龄,是生命表的年龄上限。[③]

$l_x$:$x$ 岁人口数量,表示存活到确切整数年龄 $x$ 岁的人数。其中,$x = 0$ 时,为所研究的封闭人口全体数量,由于关心的是出生一批人在生命期各年龄的死亡规律,因此,最初的人口绝对数并不重要,研究中可以取任意值。

$d_x$:$x$ 岁人口死亡人数,表示 $x$ 岁的人在当年死亡的人口总数 $d_x =$

---

① 李恒琦、张运刚:《社会保险精算教程》,西南财经大学出版社 2009 年版。
② 张思峰:《社会保障精算理论与应用》,人民出版社 2006 年版,第 102—106 页。
③ 王晓军:《社会保险精算原理与实务》,中国人民大学出版社 2009 年版,第 21 页。

$l_x - l_{x+1}$。

$m_x$：x 岁人口死亡率，表示 x 岁人在当年死亡的概率 $m_x = d_x / l_x$。

$q_x$：死亡概率。表示存活到 x 岁的人在下一个年龄段死亡的可能性。

$L_x$：平均生存人年数，x 岁年龄的人平均存活的时间长度 $L_x = (l_x + l_{x+1}) / 2$。

$T_x$：x 岁的人群未来积累生存人年数，表示 x 岁年龄组的人在未来可能存活的平均时间长度 $T_x = \sum_{x}^{\omega} L_x$。

$e_x$：生命期望值，或称为平均余命，表示 x 岁人的期望寿命。

(2) 生命表编制过程

由于我国国土辽阔，地区经济社会差别较大，编制以省为单位的新农保国民生命表更为有意义，本书采用 2010 年"六普"农村人口数据[①]作为各样本省和样本城市的人口基础数据对各样本农村居民的国民生命表进行测算，为后续的研究提供必要的数据依据。

第一，计算死亡概率 $q_x$

基于死亡水平在年龄组中的平均分布假设，根据法尔（Farlle）死亡概率公式：$q_x = 2m_x / (2 + m_x)$

可计算出 1 岁以上年龄组的死亡概率。而 0—1 岁的婴儿死亡概率：$1 + (1 - r) m_0$，$r = 0.25$，其中，$m_0$ 为 0 岁组的死亡率。在最高年龄组 $\omega$，定义 $q_x = 1$。

第二，确定人口基数 $l_0$。取 $l_0 = 1000000$，则可推出 $l_\omega = 0$

第三，计算表上死亡人数 $d_x$。$d_x = l_x \cdot q_x$。

第四，计算进入下一年的尚存人数 $l_{x+1}$。$l_{x+1} = l_x - d_x$。

第五，计算平均生存人年数 $L_x$。$L_x = (l_x + l_{x+1}) / 2$。

第六，计算平均生存人年数积累 $T_x$。$T_x = \sum^{\omega} L_x$。由于 $\omega$ 为最高死亡年龄，因此要将所有年龄组的平均生存人年数依次计算出来，才能得到。

第七，计算平均预期余命 $e_x$。$e_x = T_x / l_x$。

3. 农村居民国民生命表的生成

根据以上的国民生命表编制方法，利用各省第六次人口普查资料、湖

---

[①] 由于数据的可获得性约束，到目前为止最全面的、最有代表性的数据仍为"六普"数据。

南省湘潭市统计局和张家界市统计局提供的相关人口数据,分别生成包括男女混合及分性别的湖北省、湖南省、广东省、西藏自治区、辽宁省、青海省、四川省、宁夏回族自治区和重庆市的农村国民生命表,湖南省湘潭市、张家界市农村国民生命表。

(三)个人账户收益率的假定

新农保的个人账户储存额目前每年参考中国人民银行公布的金融机构人民币一年期存款利率计息,本书拟选取2000年至今的金融机构人民币一年期存款的几何平均利率值作为本书个人账户收益率的假定依据。2000年以来的金融机构人民币一年期存款利率如表5-16,相应的利率几何平均值为2.92%。因而本书假定新农保个人账户的收益率 $r=3\%$。

表5-16　2000—2015年金融机构人民币一年期存款基准利率　　单位:%

| 调整时间 | 利率 | 调整时间 | 利率 |
| --- | --- | --- | --- |
| 2002.02.21 | 1.98 | 2008.11.27 | 2.52 |
| 2004.10.29 | 2.25 | 2008.12.23 | 2.25 |
| 2006.08.19 | 2.52 | 2010.10.20 | 2.50 |
| 2007.03.18 | 2.79 | 2010.12.26 | 2.75 |
| 2007.05.19 | 3.06 | 2011.02.09 | 3.00 |
| 2007.07.21 | 3.33 | 2011.04.06 | 3.25 |
| 2007.08.22 | 3.60 | 2011.07.06 | 3.50 |
| 2007.12.21 | 3.87 | 2015.06.08 | 3.25 |
| 2008.10.09 | 4.14 | 2012.07.06 | 3.00 |
| 2008.10.30 | 3.87 | 2015.08.26 | 1.75 |
| 2008.11.27 | 3.60 | 2015.10.24 | 1.50 |

资料来源:中国人民银行官方网站。

### 三　个人账户计发系数风险评估结论

根据公式,当计发月数为139、个人账户收益率为3%时,预期余命13.92年才能实现个人账户的收支平衡。根据前述生命表编制技术,下面将具体就研究生成的各省农村国民生命表展开说明。

表 5-17　分性别 60 岁农村居民平均余命与预期余命差额

| | 60 岁农村居民 | 平均余命（年） | 差额 |
|---|---|---|---|
| 湖北省 | 平均 | 20.74 | 6.82 |
| | 男 | 19.31 | 5.39 |
| | 女 | 22.25 | 8.33 |
| 湖南省 | 平均 | 21.57 | 7.65 |
| | 男 | 20.18 | 6.26 |
| | 女 | 23.09 | 9.17 |
| 广东省 | 平均 | 21.26 | 7.34 |
| | 男 | 19.27 | 5.35 |
| | 女 | 23.43 | 9.51 |
| 西藏自治区 | 平均 | 19.78 | 5.86 |
| | 男 | 18.22 | 4.3 |
| | 女 | 21.18 | 7.26 |
| 辽宁省 | 平均 | 20.35 | 6.43 |
| | 男 | 19.45 | 5.53 |
| | 女 | 21.34 | 7.42 |
| 青海省 | 平均 | 18.16 | 4.24 |
| | 男 | 16.98 | 3.06 |
| | 女 | 19.34 | 5.42 |
| 四川省 | 平均 | 20.98 | 7.06 |
| | 男 | 19.43 | 5.51 |
| | 女 | 22.44 | 8.52 |
| 宁夏回族自治区 | 平均 | 18.8 | 4.88 |
| | 男 | 17.95 | 4.03 |
| | 女 | 19.74 | 5.82 |
| 重庆直辖市 | 平均 | 21.21 | 7.29 |
| | 男 | 20.05 | 6.13 |
| | 女 | 22.53 | 8.61 |

资料来源：根据湖北省、湖南省、广东省、西藏自治区、辽宁省、青海省、四川省、宁夏回族自治区和重庆市农村国民生命表整理。

根据表 5-17 数据，各省的平均余命在 20 年左右。湖南省、广东省及重庆市三地余命超过 21 年；四川省、湖北省和辽宁省三地余命达 20 年；西藏自治区、宁夏回族自治区及青海省三地余命低于 20 年，其中青海省最低，为 18.16 年。因此，139 个月的计发系数对于各个地区而言都存在较大的人口长寿风险，计发系数过低，而且各省平均预期余命更是远超个人账户收支平衡的预期余命，这些差额意味着各省的新农保个人账户将分别有这么多年是亏空的，需要政府财政补贴。如湖南省差额为 7.65 年，即湖南省的新农保个人账户有 7.65 年需要政府财政补贴。结合 2010 年全国人口普查结果，我国 60 岁及以上人口占总人口 13.26%，比 2000 年人口普查上升 2.93 个百分点，随着人民生活水平的不断提高和医疗保健手段的科学完善，农村居民的平均预期余命必将不断提高，而个人账户基金过早的领取殆尽的基金失衡风险更大。

如果个人账户养老金是个人储蓄，没有互助共济功能的话，它作为真正的个人账户，就要考虑使用年限，并精确计算。计发系数越大，个人账户本金所能支付的时间越短。相反，系数越小，个人账户所能计发的时间越长。为了进一步评估长寿风险，本书还从市级对这一人口长寿风险进行了省内的比较区分，此处采用湖南省湘潭市和张家界市2010年的第六次人口普查的最新数据进行上述评估。根据生命表编制技术，本书生成湖南省湘潭市和张家界市农村居民国民生命表，结果显示，2010年湖南省张家界市农村居民60岁平均预期余命为23.07年，其中男性平均预期余命为21.64年，女性为24.59年；湘潭市农村居民60岁平均预期余命为20.63年，其中男性平均预期余命为19.78年，女性为21.90年。在这一水平下，假设个人账户收益率为3%时，张家界市计发系数为204个月，湘潭市计发系数为188个月，即个人账户计发分别为17年和15.67年才能实现本地个人账户的收支平衡，相对于目前的139个月差异非常大，若按139个月计发则平均分别有65个月和49个月的个人账户需要政府支付。同时在制度规定中"当地人民政府在基金出现支付不足时，给予补贴"，但未明确是哪一级政府给予补贴，地方政府虽然管理新农保资金，但可以以财权和事权没有到位为由而拒绝承担新农保的补偿责任，以至于中央和地方相互推诿，导致新农保基金收不抵支，无法兑现事先承诺的养老金，制度面临可持续风险。

## 第三节 制度碎片化与衔接风险评估

### 一 农村社会养老保险制度体系"碎片化"风险

改革开放以来，我国农村社会养老保险制度发展以国家出台的文件为依据，依次历经了1992年民政部出台的《县级农村社会养老保险基本方案（试行）》、1999年《国务院批转整顿保险业工作小组保险业整顿与改革方案的通知》（国发〔1999〕14号）、2009年国务院发布的《指导意见》、2014年国务院发布的《统一意见》，在这些全国性的政策出台的同时，各地也根据实际情况探索建立了对应的制度，因此实际上造成了各类制度混合，农村社会养老保险陷入"碎片化"困境。

此外，由于我国涉及社会保障相关管理的部门较分散，从中央到地方针对农村地区的特殊群体又出台实施了很多具有身份化的农村养老保险政策，这些政策的具体保障标准与参保补贴标准都存在着较大差异。如人口计生部门出台了针对农村计划生育户的养老保障政策，[1]国土资源部门联合财政部门、人力资源和社会保障部门出台了针对失地农村居民的社会保障政策，[2]组织部门出台了针对农村村级主职干部的社会养老保险制度，[3] 另外还有民政部门负责实施的五保供养制度和最低生活保障制度。这些制度背后的待遇规定千差万别，导致了实际上不同身份的农村社会养老保险权益的"碎片化"，将产生新的社会不公平与制度转轨成本。

按照目前各地的实际做法，新农保或城乡居保与其他待遇"只叠加，不冲减"，是对一定特殊时期的特定人群的特定贡献或付出的相关补偿承诺的兑现，本身是有利于维护这些特定群体的合法权益。但随着新农保制度不断完善，这些历史遗留问题逐渐得以解决，而仍沿用这样一种临时性的附加待遇，在基层的具体操作实际中，容易异化为农村地区不同群体之间相互攀比。随着新农保"试错"性质的自愿参与试点的结束，其势必与城镇企业职工基本养老保险制度及机关事业单位基本养老保险制度一样，逐渐形成一种强制性的基本制度保障，这样一种"碎片化"的待遇附加势必影响制度的公平、效率，不利于农村社会的和谐稳定。如表5-18所示，除了社保部门制定的新农保制度涉及养老待遇的水平以外，民政部门、人口计生部门、组织部门，甚至国土资源部门都将相关的政策附加为养老保障待遇，一方面增加了养老金待遇计算的成本，经办管理中容易出错；另一方面容易造成不同参保人群对养老这一基本社会保障制度的误解和猜疑，对新农保制度本身带来不必要的负担和影响。

---

[1] 2004年国家人口计生委《农村部分计划生育家庭奖励扶助制度试点方案（试行）》（http：//www.chinapop.gov.cn/cwgz/cwgl/200806/t20080626_154085.htm）。

[2] 2007年原劳动和社会保障部《关于切实做好被征地农民社会保障工作有关问题的通知》（劳社部发〔2007〕14号）（http：//www.gov.cn/zwgk/2007-05/22/content_621918.htm）。

[3] 2008年湖北省委组织部等《湖北省村主职干部参加基本养老保险实施办法（试行）》（http：//www.hubei.gov.cn/zwgk/zfxxgk/zfwj/ezbfwj/ezbf2008/200902/t20090203_90369.shtml）。

表 5-18　　不同制度下不同对象的养老保障待遇水平比较

| 面向对象 | 实施的主要部门 | 典型地区 | 养老待遇水平 |
| --- | --- | --- | --- |
| 传统农村社会养老保险制度的参保农村居民 | 民政部门 | 黑龙江省 | 1/4 的参保农村居民每月几毛钱，平均 5.5 元/每人/月 |
| 新农保制度的参保农村居民 | 人力资源和社会保障部门 | 山西省 | 30 + （30 × 1% × 缴费年限）/人/月 |
| 农村计划生育户 | 人口计生部门 | 14 个中西部省份及试点地区 | 不低于 600 元/人/年 |
| 村主职干部 | 组织部门 | 湖北省 | 参照所在市（州）城镇基本养老保险办法计发 |
| 失地农村居民 | 国土资源部门 | 海南省 | 每人每月不低于当地城镇或农村最低生活保障标准的 120% |
| 从事农业生产的农场职工 | 人力资源和社会保障部门 | 新疆维吾尔自治区 | 参照企业职工基本养老保险办法计发，基础养老金按上年度本地农场职工月平均工资的 20% 计发 |

资料来源：

王建威：《养老金难养老，黑龙江农村养老保险破冰谋变》，《经济参考报》2007 年 1 月 19 日；

2008 年山西省劳动保障厅《关于开展新农保试点工作的指导意见》；

2004 年国家人口计生委《农村部分计划生育家庭奖励扶助制度试点工作宣传提纲》；

2008 年湖北省《省人民政府办公厅关于印发湖北省村主职干部参加基本养老保险实施办法（试行）的通知》（鄂政办发〔2008〕88 号）；

2007 年海南省《省人民政府办公厅关于做好被征地农村居民就业培训和社会保障工作的通知》（琼府办〔2007〕20 号）。

2003 年新疆维吾尔自治区《新疆维吾尔自治区地方国有农场参加基本养老保险社会统筹实施办法》（新党办〔2003〕19 号）。

此外，根据新制度经济学的理论，制度一旦建立运行就会产生一定的"路径依赖"（path dependence），尽管当前"碎片化"的制度在农村较易推行，实施成本也低，能够满足国家相关部门对部分特殊群体进行政策导向的目的，但是农村社会养老保障待遇通过各种政策加之于新农保，导致"碎片化"现象，必将给未来国家建立"大一统"的社会基本养老保险制度以及统筹城乡的社会养老保障体系带来一定的负担。因此，不论从农村居民自身未来的养老保障权益考虑还是从国家建立"大一统"的社会养老保障体系政策层面考虑，必须防范农村养老保险体系"碎片化"风险。

## 二 与城镇企业职工基本养老保险制度的衔接风险

2014年2月26日，国务院正式公布了《建立统一的城乡居民基本养老保险制度的意见》，在全国范围内实现了新农保和城居保制度合并，这也就意味着城镇居民养老保险与新农保的完全对接，从而在制度设计层面不存在衔接困难和风险。但目前的风险在于城乡居保与城镇企业职工基本养老保险（下文简称"城职保"）之间的衔接困难。尽管新农保或城乡居保制度采取了与城职保相同的"统账结合"模式，但是实质上新农保与城职保在账户性质、资金来源，以及待遇标准上都存在着较大差异，导致城乡居保与城职保在基本养老保险关系的转移接续上存在政策落地的挑战。

（一）基础养老金账户差异较大

城职保与新农保在制度筹资模式上都实行的是"统账结合"的部分基金积累制，其中的个人账户都属于缴费确定型（Defined-Contribution，简写为DC），并且参保人缴纳的个人账户养老金实行完全积累，全部用于参保缴费者个人的养老，两者在个人账户上没有任何差异，但问题在于基础养老金部分两者存在较大的账户差异。虽然城职保和新农保的基础养老金都属于待遇确定型（Defined-Benefit，简写为DB），但城职保的基础养老金实行的是实际缴费积累，在养老金计发上实行缴费关联和统一比率的方式，强调权利和义务相统一，体现代际间的收入再分配原则。而新农保的基础养老金实际上不需要参保者缴费，相应的计发方式为各级政府财政直接按照规定的统一额度进行发放。因此相较于城职保，新农保不仅在基础养老金的计发上简单很多，仅与身份及年龄挂钩，而且在账户性质上更接近于老年津贴福利性质，并没有明显的代际收入再分配功能。此外，在养老金领取资格上，城职保规定最低缴费年限必须达到 15 年，而新农保则没有最低年限限制，可以通过一次性缴费达到领取资格的要求。由于基础养老金部分属于社会统筹，相应的养老金是用于整个社会养老风险的规避，与参保人缴费没有直接联系，且参保人必须满足一定的领取养老金资格才能领取，这就可能导致参保人在不同的养老金制度间转换时会出现所谓的养老金便携性损失。[①]而新农保与城职保在基础养老金账户的设计差异，就会使参保人在两类养老保险制度间转换时，出现难以平衡相应的权利与义务关系，也是导致城镇企业职工基本养老保险制度的衔接风险的主要诱导因素。

（二）资金来源不相同

由上所述，按照国发〔2005〕38 号的规定，城职保的基础养老金由城镇企业单位按职工工资总额的 20% 缴纳社会保险费并计入社会统筹账户，而新农保基础养老金为非缴费型，资金全部来源于政府财政补贴，且东、中、西部在中央财政的补贴额度上还有所区别。其中，东部地区由中央财政与地方财政各补贴一半，中、西部地区由中央财政全额补贴。正因为基础养老金的资金来源不相同，城职保的基础养老金具有典型的现收现付制特征，而新农保基础养老金则类似于以税收筹资的国民养老金制度。由于资金承担主体的差别，新农保的基础养老金在建立之初就是全国统筹，而城职保则受各地地方利益的制约和阻扰，统筹层次较低，仍停留在省级或地市级，因而不能更好地发挥社会保险"大数定律"下的风险共担和平滑的作用。在我国现行的"分灶吃饭"的财政体制下，统筹层次的不一致容易造成城乡地区间对于社保关系跨地区转移的利益纷争：参保劳动者对于流入地意味着该地区要为其支付退休后的基础养老金，而流出地的劳动者不但可以减轻该地的养老金支付负担，而且还可以额外获得由于迁出者异地迁移转续养老金关系而"截留"的部分社会统筹账户积累基金。资金来源不同所产生的责任主体和统筹层次的差别使新农保与城职

---

[①] 美国劳工部劳动统计局将 DB 型养老金计划的养老金便携性定义为一个养老金计划参与者在转换工作时维持和转移累积的养老金受益的能力（U. S. Department of Labor, Bureau of Labor Statistics, 1999）。

保在衔接时难以处理缴费地和退休地的责任划分问题。

(三) 待遇标准差别大

由于社会统筹账户资金来源渠道不同,加上城镇和农村生活水平的差异和制度待遇关联标准的差别,新农保和城职保在基础养老金"保基本"的待遇标准上存在很大差距。目前,城职保的养老金标准已超过3500元/月,而城乡居保基础养老金的国定标准在2018年才刚刚从75元提高到88元/月,前者约为后者的近23倍,远远高于城乡收入差距。而根据国发〔2005〕38号文件的规定,城职保基础养老金待遇标准以参保职工缴费年限形成计发系数,退休时的基础养老金月标准以当地上年度在岗职工月平均工资和本人指数化月平均缴费工资的平均值为基数,替代率标准为15%—35%,即使按照最低15%的工资替代率计算,2018年城职保人均基础养老金标准应为5383元/年,[①] 大大超过新农保1056元/人/年的标准。同时,如前所述由于城职保基础养老金的待遇标准与工资关联,新农保基础养老金为固定额度,即使两者都按照相同的工资(收入)增长率或物价指数进行调整,城职保基础养老金的增长速度也大大快于新农保,进一步拉大城乡待遇差距。基础养老金待遇水平的差距使两类制度在实际衔接经办时必须面对缴费年限视同于养老金权益换算的矛盾。

(四) 发展历程和基础设施不同步

新农保与城职保的衔接风险除了以上所分析的制度设计方面存在的三个方面以外,还有很多实际经办管理中的现实困难。首先,实施进程不一致。城职保制度从建立到改革完善经过了近20年的时间,制度模式已经成熟,且基本实现了统一、规范化的管理,运行机制、信息化手段日臻完善。而城乡居保仍然处于制度试点阶段,农村居民自愿选择参与,也鼓励各地根据自身的实际情况制订具体的差异化的政策。比如,在个人定额缴费档次的设置上、在个人账户补贴的额度和各级政府补贴责任的分担上都存在很大的差别。此外各地在新农保个人账户基金的管理方式上、经办银行的选择上各不相同,这些都是阻碍新农保与城职保制度有效衔接的因

---

[①] 2008年全国城镇在岗职工社会平均工资29229元(人力资源和社会保障部,2009)。目前城镇企业退休职工的退休金标准由国家统一规定和调整,此处的基础养老金数据仅是按照制度规定计算的理论值。

素。其次，养老保险经办管理的信息化程度不同。一方面，城职保信息化程度比新农保信息化程度高很多，尤其是东部沿海地区的社会保障信息化程度已相当高，两者存在着社会保障信息化程度不均衡的现实；另一方面，新农保的经办还面临着农村居民居住分散，且很多农村户籍青壮年参保人口常年在外务工的现实困难，导致城乡参保信息在互联互通上存在较长的时滞和信息不通畅，增加了制度城乡衔接的成本和风险。

# 第六章　新型农村社会养老保险个人账户基金投资风险评估

新型农村社会养老保险制度个人账户基金的保值增值问题关系到新农保的其他环节，会对新农保的待遇给付产生直接的影响，继而对农村居民的生活以及福利产生影响。目前我国新农保个人账户基金管理以及投资还存在一些问题，可能会导致基金的贬值，因此我们需要在对个人账户基金投资所面临的风险进行全面评估的基础上采取有效防范，以达到规避风险和保值增值的目的，促进新农保制度的稳定可持续发展。

## 第一节　新农保个人账户基金投资风险的相关理论

在新农保个人账户基金投资风险评估之前，首先我们应该明确个人账户基金投资的理论依据以及个人账户基金投资的原则和必要性等问题，在明确这些问题的的基础上，我们才能更好地对新农保个人账户基金投资风险进行评估和预测。

### 一　核心概念说明

（一）个人账户资金组成和规模

2009年我国开始在全国农村范围内试点新型农村社会养老保险制度，主要涵盖16岁以上的农村居民，试点初期它只覆盖了全国10%的县，由于试点效果较好，很受广大农村居民群众的欢迎，后面又逐渐扩大试点，在2010年和2011年新增的国家试点县达到了518个和1076个，覆盖了我国全部县域的60%以上，剩下的339个非试点县也开始在本县域内推行新型农村社会养老保险制度，截至2013年年底，新农保的参保人数达到4亿多人；相较于新型农村社会养老保险，城镇居民养老保险则滞后2

年，于 2011 年开始在全国推行，它主要针对具有城镇户口的年龄在 18—60 周岁之间无固定工作的居民，这部分居民人口较少，只有几千万，所以参保的人数也不多，因此本书后续的个人账户资金主要指农村居民参保的个人账户资金。

随着新农保制度的不断完善发展，其个人账户的档次也在不断提高和丰富，从最初试点的 100—500 元每人每年，提高到目前的 100—2000 元每人每年，而且各地区依据当地经济发展的水平和农村居民收入水平还有所增加，同时根据国家在个人账户筹资的规定上，除了个人缴费积累在个人账户以外，地方政府还给予每年 30—60 元不等的缴费补贴，各地集体经济组织、社会组织还根据情况给予捐助。因此，个人账户的账面金额主要由个人缴费、集体补助和国家补助组成。根据《2017 年度人力资源和社会保障事业发展统计公报》显示，年末城乡居民基本养老保险参保人数 51255 万人，比 2016 年年末增加 408 万人。全年城乡居民基本养老保险基金收入 3304 亿元，比上年增长 12.6%，其中个人缴费 810 亿元，基金累计结存 6318 亿元。[①]

1. 个人缴费

新农保实行参保人缴费为主，国家补贴为辅的政策，国家的补贴是建立在参保人缴费的基础上的。目前国家设立的缴费标准共有 12 个档次，从 100—2000 元不等，各省、自治区、直辖市可以根据本地居民的实际生活水平增设缴费档次，最高缴费档次不超过本地城镇登记失业人群的年缴费额，并需要报人社部备案。人社部和财政部会根据每年居民收入增长的情况适时调整缴费档次，参保人根据自己的收入状况，自行选择缴费档次，缴得越多补得越多，60 岁以后养老金的收入也越多。

2. 集体补助

有自营企业或有其他收入的经济状况比较好的行政村应对本村的参保人员进行一定比例的缴费补助，补助标准由村民委员会根据本村实际收入情况确定。经济条件较好的社区应将养老保险集体补助金额纳入社区公益资金筹集范畴，鼓励企业、公益组织、个人为贫困地区人群提供养老金补

---

[①] 中华人民共和国人力资源和社会保障部官网（http://www.mohrss.gov.cn/SYrlzyhshbzb/zwgk/szrs/tjgb/）。

助,补助金额不超过各省设立的最高缴费标准。

3. 政府补贴

政府对参加新农保的人员全部支付基础养老金,其中政府对中西部经济相对不发达的省、自治区、直辖市给予全额补助,对东部经济相对发达的省、自治区、直辖市给予一半的补助。

各地方人民政府应对本辖区内的参保人员实行一定的补助,对选择最低缴费档次的人群,政府每人补贴不得低于30元;对于选择200—400元缴费档次的人群政府应适当地提高补助标准;对于选择500元及以上缴费档次的人群,政府每人补贴不得低于60元,具体补助标准和执行办法由本地的政府决定。对于没有劳动力的重度残疾人群,地方人民政府应为其代缴部分或全部的最低档次的养老金。

(二) 新农保个人账户基金投资风险

新农保个人账户基金风险,就是在政策制定、执行的过程中由于受到内部因素、外部环境的影响而使预期结果偏离政策目标的一种不确定性,它主要表现为收益、损失或耗费的不确定性。当风险处在收益和耗费之间,不停变动时,此时风险带来的结果也具有不确定性,可能是收益,可能是损失,也可能是无收益无损失;当风险在损失的范围内不停变动,它带来的结果则只会是损失,而没有收益的可能。而在对个人账户基金进行投资的过程中,应该把风险控制在广义风险的范畴以内,尽量避免损失,达到获益的目的,尽量避免投资风险。

新农保个人账户在投资运营的过程中会遇到系统风险和非系统风险。系统风险是指个人账户受到外部环境的不可抗辩因素的影响而产生的风险,主要包括人口老龄化、社会保险相关立法滞后和金融市场规模有限带来的风险;非系统风险是指个人账户受到内部人为因素的影响而产生的风险,主要包括资金筹集、委托代理和支付产生的风险。

在这些风险中,目前我国个人账户基金投资运营方式是最为突出和关键的风险,主要包括投资渠道单一风险和投资渠道多样化风险。投资渠道单一风险是指,由于我国规定个人账户基金只能参照银行一年期存款利率计息,这就限制了个人账户基金投资的渠道,使我国个人账户基金保值的速度远远低于贬值的速度而产生的风险;投资渠道多样化风险是指在将个人账户基金引入股票、企债、国债、银行等金融领域以后,在金融市场出现波动而产生的风险，对个人账户基金分散投资在理论上是可以分散风险的，但在实际的投资过程中，往往会面临诸多不可预测的风险，甚至引发风险的连锁反应，导致投资于金融市场的个人账户基金处于贬值状态，这也是国家至今没有将个人账户基金投入资本市场运作的原因。

**二 新农保个人账户基金投资的理论依据**

新农保个人账户基金投资有别于其他类型的资产投资，个人账户基金投资更注重安全，一个科学有效的投资方法可以最大限度地分散风险，确保投资的安全性，在20世纪50年代，马柯维茨（Harry M. Markowitz）发表了一篇具有重要经济学意义的论文，其核心思想主要是证券投资的风险随着证券的种类和数量的增加而减少，负相关性越大的债券组合在一起越能有效地降低风险。因此这也是一个"组合选择问题"，建立最优的投资组合，确保风险在一定的条件下争取收益的最大化，或者在收益确定的条件下将风险降到最低。后面经过不断的发展完善最终形成了马柯维茨模型和资本资产定价模型（CAPM），这两种理论至今是投资者进行风险投资的有力依据。

**（一）马柯维茨模型**

马柯维茨模型以金融投资的收益和风险为主要测度指标，去建立金融投资的有效集合，再根据既定的投资目标来确定最佳的投资组合，马柯维茨模型的合理目标是在既定的风险条件下实现收益的最大化，这已经成为最佳的社保基金投资的典型模型，马柯维茨关于最佳投资组合分析的前提是每个投资者都是风险厌恶型的，这与养老金的入市契机不谋而合。个人账户基金投资在运用马柯维茨模型时要注意以下几点：

在国家制定的投资范围内测算出最佳的投资比例。由于每个国家都为了确保养老保险个人账户基金的投资安全，所在都设定了投资工具和最大的投资比例，所以我们制定最佳的投资组合时，要在限定的投资工具和投资比例内进行选择。

计算资产投资组合的期望值和标准差。期望值可以看作是一种回报强度，期望值越大则回报率越大；标准差可以看作为风险，标准差越大则风险越大。

计算每种投资工具的相关性。当投资工具与投资工具之间成正相关，则将它们进行投资组合可以在风险较低的情况下获得较高的收益；当投资工具与投资工具之间成负相关，则应尽量避免将这两种投资工具组合在一起。

计算出最佳的投资组合。计算出最佳的投资组合即为养老金在各种投资工具中最佳的比例，这时可以实现投资效益的最大化。

马柯维茨模型在投资的实践当中多有应用，成效显著，在一些大型的机构当中如共同基金和保险公司多运用马柯维茨模型进行资产配置，来寻求最佳的资产组合以达到自己的投资目标。而养老保险个人账户基金投资具有其特殊性，国家对投资工具和投资比例都有限制，能够选择的投资工具并不是很多，而马柯维茨模型在养老保险基金的投资过程当中发挥了重要作用。

（二）风险管理模型

理论上的风险管理是对风险的轻重缓急事先排好序的一连串的应对流程，一般都是先处理其中可能带来较大损失的重大风险，然后再处理带来较小损失的风险。但是在实际情况中，带来较大损失的风险和较小损失的风险可能同时发生，这就需要找出引发风险的主要矛盾，优化处理流程，作出正确的应对策略。理想的风险管理是运用最少的资源来减少最大的损失，而在新农保个人账户基金的风险管理的实际过程中，往往会面临由于资源短缺和回报率不高的问题，使得投入资源并不一定能够减少风险和提高回报率，这有悖于风险管理的初衷。因此在新农保个人账户风险管理中，我们采用了现阶段个人账户管理模式下的风险评估和将来基金进入资本市场后的风险评估，以匹配不同的管理成本。

（三）公共产品理论

根据经济学领域的相关分类，社会产品可以分为公共产品、准公共产品和私人产品。按照萨缪尔森在《公共支出的纯理论》中的定义，公共产品就是每个公民都可以消费和使用的产品或劳务，并不因为增加了一个人消费该产品而减少了其他人对该产品的消费。由于公共产品自身的特殊性，它具有与私人产品或劳务三个显著不同的特征：一是效用的不可分割性；二是消费的非竞争性；三是受益的非排他性。而私人产品就是指产品由私人占有，其他人没有消费权利和使用权利的产品。

根据公共产品理论和私人产品理论可以知道准公共产品是由国家提供但需要个人参与或投入的产品，具有一定的排他性和竞争性。主要包括教育、医疗和养老保险个人账户基金。之所以将养老保险个人账户基金归纳到准公共产品领域是因为个人账户基金的缴纳主体是个人，国家为了鼓励有条件的个人提高个人账户基金的缴纳档次才对个人实行补助，这一举措不仅可以调动广大职工的积极性，而且可以减少国家的负担。

### 三　新农保个人账户基金风险评估的基本原则

（一）安全第一原则

安全第一原则是国家当局对养老保险个人账户基金入市保持谨慎态度的首要原因，如果都保证不了基金安全，则基金入市不再有任何意义，所以在对个人账户基金进行评估时首先要考虑的就是安全性问题。养老保险个人账户基金的运营成效，不仅关系到退休人员的养老金给付水平，还关系到在职人员以后的养老金给付水平，所以应选择风险较低的投资工具进行投资，以保证养老金的运营安全。

（二）保障灵活性原则

保障灵活性原则是指评估目标在确保新农保个人账户实现保值增值的基本前提条件下，能够随时满足广大农村居民养老金支付需要的原则。根据《2017年度人力资源社会保障事业发展统计公报》显示，2017年城乡居民基本养老保险基金支出2372亿元，比上年增长10.3%，因此随着领取养老金农村人口的逐年增加，这就要求在个人账户养老金规模的相应评估上具有一定的弹性和灵活性。评估时，注重关注其投资是否以间接投资项目为主，直接投资项目为辅，尤其是某些短期的收益率高的项目更适合养老保险个人账户基金的投资。如果资金全部用来投资长期的固定项目，则很可能会导致基金无法及时变现，影响退休人员的基本生活。因此在进行投资评估的时候要注意其是否具有对下一年的基金支付金额的准确预测，并相应留足了准备基金。从国内外养老基金的投资经验来看，无论是我国部分省份的城镇企业职工基本养老保险金委托全国社会保障基金理事会运营的部分和全国社会保障基金本身，还是国外的社会保险基金的运营管理，都是有一部分基金用于银行存款或购买短期国债等安全性高、支取灵活的方式。同时由于银行活期存款和短期国债的利率较低，所以用于银行活期存款和购买短期国债的准备金不能占较大的比例。通常来说，国家在进行投资之前，都会对下一年的养老金给付金额进行准确的测算，而也是在基金管理风险评估中要着重关注的方面。

(三) 动态性原则

动态性原则是指在对新农保个人账户基金风险评估时，既要考虑当前情况下可能的不确定性，还要考虑情况变化以及对风险和风险对象的影响。不仅保持风险评估指标内涵、数量及体系构成上的相对稳定性，同时要对未来的发展有所预见并力求保持持续性，以适应形势发展的需要。风险评估结果是否有用，是否具有价值，关键在于其能否有助于新农保风险识别主体对新农保个人账户基金风险的过去、现在和未来的情况作出评价或者预测。实现个人账户养老金积累不仅可以较好地抵御通货膨胀风险，而且可以减少国家、企业和个人的经济负担，使制度的给付具有可持续性的同时，也为国家社会经济发展提供更多的资金。在实际的投资过程当中，盈利往往伴随着风险，无时无刻不是处在动态的环境中，这就需要风险评估主体对其所面临的风险能够及时做出反应，对养老保险基金投资进行及时风险权衡，修正有关预测，选择最佳的投资方案，在风险尽可能低的情况下实现盈利的最大化。

(四) 循序渐进原则

根据《国务院关于开展新型农村社会养老保险试点的指导意见》的规定，个人账户基金每年参照同期银行一年期存款利率计息，[①]所以现阶段养老保险个人账户基金投资重点可以放在银行和国债上，在以后随着资本市场、金融市场的不断成熟，各项法律法规不断完善的前提下，可以逐渐放开对养老保险个人账户基金投资的管制，适当地购买股票和企业债券等收益率较高的金融产品，这也是今后养老金投资的必然的趋势。循序渐进原则可以使新农保个人账户投资风险的评估从不同角度出发，全面、综合地评估，包括长期以来拘泥于一些以价值为取向的社会发展指标和政治性指标的束缚，防止风险评估的片面化。

(五) 可操作性原则

可操作性原则强调新农保个人账户基金投资风险评估方法的实用性和客观性，是对新农保个人账户基金投资到不同的领域，比如股票、企债、

---

① 国务院：《国务院关于开展新型农村社会养老保险试点的指导意见》，《司法业务文选》2009年第39期。

国债、银行、实物等的判断。强调在评估方法方式的选择上，不是为了追求高难度和过度的专业化，而是从有利于评估主体进行操作，评价结果易于处理的原则出发。不仅能有效实现新农保个人账户风险评估工作，而且还可以缩短评估信息的处理过程和整个评价过程，提高评估效率，所得的评估结果也便于非专业使用者和风险管理决策者接受。

**四 新农保个人账户基金投资的必要性**

（一）有利于解决目前养老金收支缺口增大、收益率低的问题

据相关部门统计，近十年中国65岁及以上人口逐年增加，截至2015年65岁及以上人口达到14434万人，老年抚养比为14.3%；估计到2020年，老龄化人口达到2.48亿，老龄化水平为17.17%，其中处于八旬及以上的人口将达到3067万人；到2025年，60岁以上人口将达到3亿，成为超老年型国家。[①]

2016年社科院发布的《中国养老金发展报告》表明，2015年虽然各省、自治区、直辖市加大力度来提高城乡居民养老金的收入，但从养老金总体的运营上看，养老金收入不容乐观，虽然养老金的收入有所增加，但各省都加大了财政投入，也就是说，养老金收入增加的部分是财政的补贴，与财政的补贴速度相比，养老金的支出速度更快，比养老金增长的速度要高出几个百分点。并且，全国所有省、自治区、直辖市的城镇居民的养老保险基金的支出速度都同比增长了10%以上。城镇职工基本养老保险基金的结余连续几年都是负增长，同样城镇职工基本养老保险基金当期的基金结余连续多年也是负增长，2015年财政加大了补贴力度，所以负增长相对较小一点，但仍没有摆脱负增长的命运。根据《国务院关于建立统一的新农保制度的意见》的第五条规定个人账户基金参照同期的一年期银行存款利率计息，由于现阶段存款利率较低，往往抵御不了通货膨胀风险，因此个人账户基金一直处于亏损状态，而与个人账户基金投资形成鲜明对比的社保基金投资的收益率则较高，证监会主席郭树清称"过去10年社会保障基金的收益率平均达到9.17%"，所以个人账户基金投

---

[①] 智研咨询集团：《2017—2022年中国人口老龄化市场研究及发展趋势研究报告》，2017年。

资亟须改变投资模式，扭转长期的亏损状态。

(二) 有利于解决其他由养老金制度所造成的社会经济问题

根据《中国养老金发展报告 2016》显示，中国所有省、自治区、直辖市的离退休人数增速虽然放缓，但仍然比参加养老保险的人数增长的速度要快。现阶段由于个人账户养老金还未入市，所以一直处于亏损状态，一方面，由于老年人口和离退休人口的增速越来越大，人口总量也越来越大，势必会造成养老金的缺口越来越大，而政府为了保证养老金的基本支付能力，财政投入也越来越大，造成了很大的财政补贴压力，当政府无力承担巨额的养老补贴时会导致养老金发放不及时，保证不了老年人最基本的生活需要，容易破坏社会稳定；另一方面，虽然养老金的累计结余总额很大，但是分布很不均匀，像广东、江苏、浙江等沿海省份的基金结余就很大，中西部省份的基金结余就很少，有些省份当期的基金结余甚至为负数，那么它累计的基金结余也不会多到哪里去，由于不同省份累计结余差别很大，这就造成了严重的地区失衡。

(三) 有利于提高人民生活质量，缓解生活压力

2017 年 10 月 18 日，习近平在党的十八大报告上首次正式提出，我们既要全面建成小康社会又要实现社会主义现代化，在这个过程当中我们不仅要稳步推进精准扶贫，更要确保老年人老有所养，安居乐业。

一方面，我国已经步入老龄化国家的行列，老年人口逐渐增多，对于现代独生子女家庭而言，需要负担两对甚至更多老人的养老问题，养老压力越来越大，这就严重增加了年轻人的生活负担，降低了生活质量，在这种背景下，合理的养老金给付是保障老年人基本生活的必要保障；另一方面，按照"十三五"规划我国养老保障改革还会继续推进，不仅要增加城乡居民养老保障的覆盖面，更要着力提升养老保障的给付水平，因此，更需要实现个人账户养老金的保值增值。

(四) 有利于缓解股市资金匮乏的现状

由于企业频繁地利用股市进行融资，导致股市出现资金短缺的窘境。根据国家统计局公布的信息显示，2017 年我国国内经济依然保持中低速增长，国内需求依然处于疲软状态，国内需求不足是导致我国经济低迷的主要因素，到目前为止，我国的宏观经济依然不容乐观，市场投资者大都保持观望状态，没有强烈的投资愿望。

面对这种情形,个人账户养老金入市可以起到很好的稳定股市刺激消费的作用。根据人社部 2015 年发布的《中国社会保险发展年度报告》显示,我国新农保基金累计结余近 4 万亿元,大量的资金涌入股市可以很好地解决股市资金不足的问题,届时会给股市注入新的活力,促进经济的增长。

## 第二节 新农保个人账户基金投资运营现状及风险分析

目前我国新农保个人账户基金管理存在养老保险个人账户基金日趋贬值、养老保险个人账户基金存在缺口以及新农保个人账户基金投资运营现状不合理等问题。养老保险基金贬值不利于新农保制度的稳定和可持续发展,需要我们及时识别出基金管理中存在的各种风险因素,并对这些风险因素进行评估,以便为后续的风险防范提供依据。

### 一 新农保个人账户基金规模现状

(一)养老保险个人账户基金的规模

2014 年 2 月国家将新农保和城居保合并实施新型的新农保制度,随着新农保制度的逐渐完善,它的覆盖面逐渐扩大,基金积累逐渐增多,从 2014 年到 2016 年它的基金结余分别为 35644.5 亿元、39937.1 亿元、43965.2 亿元。2018 年 2 月人社部副部长游钧出席记者会时表示,随着我国经济进入新常态,我国的养老保险也进入了一个新的发展时期,养老金收支呈现出以下新特点:第一,基金的增速虽然在放缓,但是基金的增量并没有减少,从 2014 年到 2016 年的基金结余可以看出,养老保险基金是在逐渐增加的;第二,基金的支出成刚性增长,但是增长的速度在放缓,由于基金支出的增速在放缓,这就为基金的积累创造了条件;第三,基金积累在逐渐增加,在国家"一带一路"建设、精准扶贫、深化经济结构改革和梯度延迟退休年龄的措施下,我国的就业形势稳中向好,在过去的一年我国为城镇职工提供了 1351 万个岗位,其中为城镇下岗职工提供了 558 万个岗位,就业困难人员实现就业 177 万人,[①] 提前完成了 2017 年的就业目标,就业形势的持续稳定,为我国养老保险基金的持续增长提供了

---

① 来源于中华人民共和国人力资源和社会保障部官网。

强大的支撑。现阶段我国已经放开二孩政策,可以预见,在未来一段时间我国的就业人数还会不断地增长,与之相对应的是我国的养老金规模也会不断地扩大。

(二) 养老保险个人账户基金日趋贬值

根据《国务院关于开展新型农村社会养老保险试点的指导意见》[①] 第五条的有关规定,个人账户基金目前只能参照同期的一年期银行存款利率计息,各省、自治区、直辖市每年根据银行的一年期存款利率来确定个人账户基金的记账利率,所以目前个人账户基金的投资还是一片空白。如表6-1所示,银行一年期存款利率与农村通货膨胀率的比较可知,2005—2014年的实际利率都较低,甚至为负数,很难抵挡得住通货膨胀风险,所以个人账户基金无法实现保值增值,只能严重缩水。与此形成鲜明对比的是,2006年12月,经国务院批准,天津、山西、河南、新疆、吉林、黑龙江、山东、湖南、湖北9个省区开始委托全国社会保障基金理事会对本省的企业职工基本养老保险金个人账户中的中央补助资金进行投资,总共约346亿元,这对于全国个人账户养老金万亿元的规模可以说毫不起眼,但投资的收益却十分惹人注目,虽然在2008年全国各个行业都经历了金融危机的洗礼,但是全国社会保障基金理事会负责投资的养老金收益率仍然高达16.1%,投资收益达到93.41亿元,这是一个十分瞩目的成就,在未来,如果想实现养老保险基金个人账户的保值增值,唯一的办法就是将个人账户基金投资运营。

表6-1　　　一年期银行存款利率与农村通货膨胀率比较　　　单位:%

| 年份 | 一年期存款利率 | 农村通胀率 | 实际利率 | 年份 | 一年期存款利率 | 农村通胀率 | 实际利率 |
| --- | --- | --- | --- | --- | --- | --- | --- |
| 1995 | 10.98 | 17.5 | -6.52 | 2005 | 2.25 | 2.2 | 0.05 |
| 1996 | 9.17 | 7.9 | 1.27 | 2006 | 2.52 | 1.5 | 1.02 |
| 1997 | 7.13 | 2.5 | 4.63 | 2007 | 3.47 | 5.4 | -1.94 |
| 1998 | 5.03 | -1.0 | 6.03 | 2008 | 3.06 | 6.5 | -3.44 |

---

① 国务院:《国务院关于开展新型农村社会养老保险试点的指导意见》,《司法业务文选》2009年第39期。

续表

| 年份 | 一年期存款利率 | 农村通胀率 | 实际利率 | 年份 | 一年期存款利率 | 农村通胀率 | 实际利率 |
| --- | --- | --- | --- | --- | --- | --- | --- |
| 1999 | 2.92 | -1.5 | 4.42 | 2009 | 3.06 | -0.3 | 3.36 |
| 2000 | 2.25 | -0.1 | 2.35 | 2010 | 2.63 | 3.6 | -0.98 |
| 2001 | 2.25 | 0.8 | 1.45 | 2011 | 3.25 | 5.8 | -2.55 |
| 2002 | 1.98 | -0.4 | 2.38 | 2012 | 3.13 | 2.5 | 0.63 |
| 2003 | 1.98 | 1.6 | 0.38 | 2013 | 3.13 | 2.8 | 0.33 |
| 2004 | 2.25 | 4.8 | -2.55 | 2014 | 2.75 | 1.8 | 0.95 |
| 平均值 | 4.59 | 3.21 | 1.38 | 平均值 | 2.92 | 3.18 | -0.26 |

资料来源：一年期银行存款利率来源于中国人民银行官网，其中一年期银行存款利率在一年之内多次调整的，取其平均值；农村通货膨胀率由农村居民消费价格指数减去100而来；实际利率＝一年期银行存款利率－农村通货膨胀率。

### （三）养老保险个人账户基金存在缺口

根据《中国养老金发展报告2016》显示，有些省份养老保险基金虽然在保持增长，但与此形成鲜明对比的是养老金的支出也在增加而且政府的财政投入越来越大。不仅给政府造成巨大的压力，给企业也造成了巨大的压力，企业不仅要支付一定数量的退休职工的养老金还要支付在职职工的养老金，由于有相当大部分的退休职工没有参加过养老保险，企业为退休职工缴纳的养老金又有限，迫使国家不得不挪用在职职工缴纳的养老金来支付退休职工的养老金，这就导致在职员工的个人账户基金存在缺口，最终"空账"运行。当在职职工个人账户余额不足时则又用国家统筹部分的基金来填补，严重违背了养老金收支平衡之间的约束关系，使养老金得不到有效的积累，容易造成支付危机。现阶段这个问题越发凸显，"寅吃卯粮"的问题不解决，很容易造成养老保险制度的不可持续。

个人账户基金存在缺口甚至"空账"运行是当前中国比较普遍的现象。据世界银行的一份报告显示，中国每年参保的在职职工缴纳的养老金都被支付给了退休职工，造成在职职工个人账户"空账"运行，本应该支付给在职职工的养老保险基金的利息也仅仅是名义上的利息，这就在一定程度上造成了养老保险基金个人账户的巨额缺口。中国目前还处于现收现付制到基金积累制的转制阶段，所以个人账户普遍上是名义账户，在职职工个人账户透支统筹基金的现象依然很明显，同时把在职职工的个人账户基金发放给退休职工，在职职工的个人账户基金在不到三年的时间里"空账"已达1900多亿元。既要解决巨额的基金缺口问题，又不增加在职职工和国家的负担，唯一的办法就是将养老金投资运营，来实现保值增值。

**二 新农保个人账户基金投资运营现状**

（一）投资渠道狭窄，基金保值增值压力大

由于养老保险个人账户基金是退休职工的养命钱，所以国家在对个人账户基金进行投资时非常谨慎，国务院颁布的《国务院关于开展新型农村社会养老保险试点的指导意见》已经明确指出个人账户养老金只能存银行，并参照银行一年期利率计息，不能购买其他任何投资理财产品，虽然面临着通货膨胀压力，养老金不断缩水，但是国家在投资风险和基金安全面前还是选择了基金安全，这也是养老保险个人账户基金迟迟没有入市的原因，正因如此也造成了个人账户基金投资渠道狭窄，投资方式单一，面临着较大的保值增值压力。

（二）基金管理分散，不利于规模投资

现阶段虽然大部分省份实现了省级统筹，但其实还是以县域管理为主，造成了各市县管理的基金规模相对较小并且十分的分散，不利于基金的统一管理。目前全国已经形成了2000多个小规模的基金管理单位，各个单位由于没有专业的投资人员，所以基金一直处于搁浅状态，难以形成投资的规模效应，最终导致无法实现自身的保值增值和无法形成投资组合分散风险的基础。通常各个县每年的养老金结余会有4000万—2亿元不等，除了县与县之间很少的养老金调剂以外，可能会因为应付上级检查，购买小部分数量的国债，而不再进行其他任何投资。所以各个县域的基金因为无法聚集到一起而导致无法形成基金的规模效应，失去了规模化投资的机会。

（三）投资行为不规范，挪用现象严重

我国的养老保险基金是由各地方政府的社保中心负责收缴、管理和支付，各地方政府的社保中心都隶属于当地的人社局，属于人社局下设的事业单位，所以社保中心在管理养老保险基金的过程中难免带有上级政府单位的意志。虽然国家一直在推行政企改革，强调政事分开，但效果还是差强人意，在养老保险基金的筹集、管理和支付的过程中总是避免不了政府部门的参与，没有真正地剥离政府的行政管理权。虽然国务院多次要求各地方政府部门不得挪用养老保险基金，要专款专用，但还是屡禁不止，经常会出现政府部门挪用养老保险基金进行市政建设，如修路修桥等。如果资金无法及时地回笼，将会严重地影响养老金的发放，无法保证退休人员的基本生活需求，也将对政府的信誉造成不可磨灭的影响。

（四）资本市场不健全，投资环境的系统性风险较大

虽然我国是新兴的资本市场，改革开放以来我国的资本市场也获得了长足的发展，但整体的发展水平和西方国家还是相去甚远。比如在2007年年初和2007年9月中国资本市场资产总额占金融总资产的比例比美国和英国分别低60%和34%，同时我国的股票和债权市场也存在结构不合理等问题。

1. 股票市场波动较大，与实体经济不协调

自1990年我国放开股票市场以来，我国的股票市场从无到有，开启了中国金融市场的新篇章，但是我国的股市还非常的脆弱，受外界的影响非常明显，比如，2008年的金融危机就使我国的股票市场首当其冲，在国际金融交易所的排名直接下降至第六位，这与我国的大国地位很不匹配。我国的GDP全球排名第二，仅次于美国，但股票市值仅仅相当于对方的15%，甚至都没有香港GDP占股票市场市值的比重大。截至2017年，我国中小板上市公司838家，总市值105878.31亿元，创业板上市公司606家，总市值54880.55亿元，[①] 跟发达国家相比还是相去甚远，股票市场的不成熟将会影响个人账户基金的入市时间，所以我们应该不断地健全我国的股票市场。

2. 债券市场的规模较小、品种结构不合理

2016年我国债券市场共发行债券22万亿元，同比增长25%，但占GDP的比重仍然较小，2016年仅为同期GDP的0.26倍，与此形成鲜明对比的是美国、英国和日本分别为GDP的1.06倍、0.833倍和2.54倍，[②] 可以看出中国的债券发行量远远低于这些发达国家。从债券品种看，2016

---

① 数据来源 https://zhidao.baidu.com/question/180541031944074964.html。
② 资料来源《中国债券市场概览2016》。

年国债、地方政府债、政策性银行债和超短期融资债券占据了我国债券总量的76%，这表明这四类债券是我国债券一级市场的主要品种，与此形成较大反差的是我国的企业债券的发行量仅为债券发行总量的3%，证券公司短期融资券和金融企业短期融资券仅占发行总量的1%，[①]这就在一定程度上造成了我国债券市场债券品种的不合理，虽然国债、地方政府债、政策性银行债和超短期融资债券的安全性较高，适合养老保险个人账户基金投资，但是收益率较低，所以政府应该多鼓励企业发行企业债，为养老保险个人账户基金的入市打好基础。

3. 期货市场结构不完善，交投不活跃

我国的期货市场发展较晚，目前只有4家交易所，分别为上海期货交易所、郑州商品交易所、大连商品交易所和中国金融期货交易所，相较于发达国家数量较少。2007年一整年，我国商品期货的成交量为世界总商品期货成交量的0.26倍，成交量和成交额分别为728416525手和409720亿元，2008年更是取得了蓬勃的发展，成交量和成交额相较于2007年分别增长了0.87倍和0.75倍，但是我国的期货市场仍然存在结构不合理、规模太小等问题。[②]如果按照目前的情形进行测算的话，我国期货还达不到世界期货市场比重的2%，而现在我国的GDP总量已经位居世界第二，这明显不符合我国的大国地位，我国的期货市场还是处于明显滞后的地位。这不仅仅表现在期货的种类较少方面还表现在期货的数量较少等方面，在期货的种类方面，我国的四大期货交易所都没有占据世界期货交易所较大比重的金融期货和期权产品，直到2018年3月26日我国的原油期货才挂盘交易，而我国期货产品的期货数量也仅仅有二十几种，相较于全球的上千个品种简直是微不足道。我国的期货市场产品种类单一，数量较少，不利于中国养老保险个人账户基金的投资，这从某种意义上影响了我国养老保险个人账户基金投资的进程。

---

① 数据来源中国债券信息网、上海清算所网站。
② 杨照东、魏振祥、陶俊（2009）的统计显示：2003—2007年，世界期货交易量迅猛增长，由81.62亿手增加到151.86亿手，增长了86.05%，年均增长率为16.8%。其中金融期货交易量由74.78亿手增加到137.84亿手，5年增长了84.31%，在世界期货交易量中所占比例由91.62%下降到90.77%。

## 三 新农保个人账户基金投资的潜在风险

### (一) 外部环境风险

1. 人口老龄化危机

2000年以来,我国六旬以上的老年人口已经达到1.3亿左右,这标志着我国或提早步入老龄化社会。根据人口普查,2015年我国老龄人口已经达到2亿人,预计在人口高峰期时将达到4亿人。与之形成鲜明对比的是,我国的GDP只有世界的6%,却要肩负起占全球1/5—1/4的老龄人口的养老问题,2000年我国的在职职工数量是退休职工数量的5倍,预计到2020年在职职工数量只有退休职工数量的2.2倍,2025年直接降到1.8倍。如果以60岁为退休年龄,2030年我国的退休人口将达到全国总人口的0.27倍,此时支付给退休人员的退休金将是工资总额的0.44倍,退休费将占到工资总额的44%,远远高出国际公认的0.2—0.3倍。对于如何应对不断加剧的人口老龄化风险,是个人账户养老金入市必须要考虑的一个问题。

2. 社会保障相关立法不完善

养老保险基金的管理在养老保险实施的过程当中至关重要,需要相关法律法规的有力保障。而现行阶段我国只有《社会保险费征缴条例》这一部法律,对养老保险基金的管理、运营和支付等环节并没有明确的规定,这就容易造成养老保险基金其他工作的遗漏、滞后、违规和失灵,使基金管理机构、基金监管机构迷失自己的方向,找不准自己合理的定位。

3. 金融市场规模有限,产品单一

只有将养老保险个人账户基金投入资本市场才有可能实现基金的保值增值,但现阶段我国对养老保险基金的管控较严,只准存银行和买国债而不能进行其他类别的金融投资,这就有悖于我国养老保险制度设计的初衷。而国际上养老保险基金都能按照一定的比例投入资本市场,这就需要我国有健全的金融市场,而现阶段我国金融市场不管是从规模上还是结构上都存在着较大的问题。

现阶段我国金融市场的市场化程度还不高,股票和债券等金融产品的种类和数量还远远不足,相对于发达国家股票和债券的市场规模,我国的股票和债券规模有限、产品单一,股票和债券占GDP的比重还远远低于发达国家。股票市场的定价功能也不够完善，带有"政策市"的色彩，不能较真实地反映我国的实体经济发展趋势，这就需要我国在不断扩大金融市场规模的前提下不断地增加股票和债券的种类，让其结构更加合理，市场化运营程度更高，只有这样才能不断地分散养老保险个人账户基金入市的风险。

(二) 内部运营风险

各级社会保险基金管理中心是我国养老保险基金收缴、管理和支付的主体，隶属于各级人力资源和社会保障局，其主要职责是：贯彻执行有关社会保险的法律、法规、规章、政策和制度及相关规定，负责社会保险基金的收支管理并对自身辖区内的代办机构进行业务指导和监督检查。由于各级社会保险基金管理中心都隶属于上级的人力资源和社会保障局，并没有与人社局有实际的脱离，在实际的工作过程当中，包括养老费的收缴、管理和支付实际上都是由同一部门负责，没有实现真正的养老金事务管理与行政管理的相分离，这就造成了社会保险基金管理中心的双重身份，"既是运动员又是裁判员"，无法真正地承担起养老金运营管理的监督工作，造成对养老金的监督趋于疲软化。这种政事合一的制度设计，赋予了各级社会保险基金管理中心对养老保险基金的绝对的管理支配权，由于内部缺乏有效的监督，导致养老保险基金运营的信息披露机制不完善。另外，我国养老保险基金一直未纳入财政的管理体系之中，养老金还是以县级统筹为主，管理十分的分散，并且缺乏有效的外部监督。此外，作为养老保险基金的所有者来说，也不能及时地了解个人账户养老金收缴和盈利情况，更谈不上监督和管理。正是这种内部监督疲软化和外部监督的缺失导致了一系列养老金被盗用、挪用的现象。总的来说养老金内部运营风险包括资金筹集风险、委托代理风险和支付风险。

1. 资金筹集风险

按照国家的有关规定，我国的养老保险基金由各地方的财政部门和社会保险基金管理中心的业务部门以养老保险费的形式进行收缴。根据收缴部门的不同，养老基金被划入"收入户"和"财政专户"。由社会保险基金管理中心的业务部门收缴上来的养老保险基金则划入"收入户"，"收入户"里面的基金主要包括个人和企业缴费部分，这部分基金属于临时存储在"收入户"里面，当达到一定数量以后则会转到"财政专户"里面；由地方财政部门收缴上来的养老保险基金直接划入"财政专户"，不再临时存到"收入户"，"财政专户"里面除了接收"收入户"的基金以外还主要接收政府的额外补贴。我们可以知道在养老金的筹集过程当中牵扯到政府、个人和企业三个主体和社会保险基金管理中心的业务部门和地方财政部门等两个部门。

资金筹集的风险主要包括：（1）外生风险。由于现阶段广大职工和劳动人民的养老意识还不够强烈，所以在征缴的过程当中出现了很多拒缴、少缴和拖缴的行为导致我国的政府部门很难筹集到足够的资金，导致我国养老保险的覆盖面依然很低。（2）内生风险。各地区实行实物缴费、预收养老保险费和随意退费的现象还普遍存在，而且各部门在收缴完养老保险费之后，收缴的凭证不能及时地上交上级部门，衔接不力，所以各部门的收缴程序还有待完善；由于养老保险基金的收缴本身就存在困难，再加上社会保险基金管理中心的工作人员缺乏责任心、服务意识不强和怠政懒政现象严重所以导致养老保险基金的收缴时限较长，不能及时地将养老基金划到"财政专户"；为了降低收缴的难度，社会保险基金管理中心的工作人员可能会与企业和个人合谋，故意降低征缴的档次。

2. 委托代理风险

现阶段由于我国正在由养老金现收现付制转为基金积累制，所以我国养老保险个人账户基金现在大多处于空账运营状态，我们所讨论的委托代理风险是以个人账户养老金的做实为基本前提条件的。因为国际上个人账户养老金投资运营的受托方式有许多种，所以在不同的投资运营受托方式下会有不同的委托代理风险。我们所熟知的受托方式主要有以下四种：一是集权受托人制，即委托人根据法律法规的有关规定，将全部的养老保险个人账户基金交由受托人进行管理，委托人不可以更换受托人，新加坡和英国都属于这种类型；二是多人受托制，即各个受托人之间进行竞争，委托人可以根据它们的资质和特点进行选择并可以更换受托人，智利就属于这种代表类型的国家；三是集合受托人，是指两个或两个以上委托人将自己的信托财产交于受托人，由受托人对资产进行集合，并由受托人自己的名义对资产进行管理处置；四是个人受托，即个人可以委托相关的理财师对自己的个人账户基金进行投资运营，这类国家以美国为代表。

根据我国的基本国情，我国更适合的受托方式是集权受托人制，我国现在也正是在朝这个方向发展，即已经建立了个人账户基金管理委员会，代为管理全国的个人账户基金。

除了受托人之外，我们的委托代理关系之中还包括：个人账户基金管理委员会、政府、委托人、管理人（包括投资运营机构、会计事务所和中介机构），他们的权利义务和相互之间的关系主要是：

我国个人账户基金的受托人通常为个人账户基金管理委员会，它是各级省政府设立的事业单位，是基金投资运营的权力机关。它的成员组成应包括：省级政府的官员代表、经办机构的专职人员、中介机构人员、会计事务所人员、企业职工代表和退休人员等。管理委员会的主要职责是制定与个人账户基金投资运营相关的法律法规，并对基金运营状况进行监督，同时基金管理委员会还要选择投资运营机构和托管人，它的主要职责是确保养老金的保值增值，维护个人账户基金所有者的基本利益。

托管人一般为一些大型的商业银行，其主要职责是确保养老保险个人账户基金的安全并提供基金清算与估值同时还要承担起监管投资运营机构的责任，确保参保人的相关利益。

投资管理人是指受个人账户基金管理委员会的委托，签订相关投资合同，并按合同相关规定对个人账户基金进行投资运营的相关法人。其在投资运营的过程当中受到监管机构、受托人、托管人和中介结构的监管。

中介机构一般是指依法通过专业知识和技术服务，向委托人提供公证、代理和信息技术等服务的机构，这里主要指如会计师事务所、律师事务所、资产评估机构以及投资银行等机构。[①]

由上述所知，在实行集权受托人制的过程当中需要多个相关利益主体的参与，因此就产生了多个委托代理关系。一是个人账户基金的缴纳者与国家之间的委托代理关系。国家虽然始终代表着最广大人民的根本利益，但是国家能不能够保证个人账户基金的保值增值还是存在一定的疑问；二是国家与个人账户基金管理委员会之间的委托代理关系。国家将全国的个人账户基金交由个人账户基金管理委员会管理，此时政府是委托人，个人

---

[①] 杨燕绥：《社会保险基金风险管理研究》，《广西大学学报》2010年第8期。

账户基金管理委员会是受托人;三是个人账户基金管理委员会与投资管理机构之间的委托代理关系,此时,个人账户基金管理委员会是委托人,投资管理机构是受托人。

这种多层级的委托代理关系,存在于现阶段的个人账户基金管理的过程当中,可以说政府是整个投资管理链条的核心和中枢,投资风险的大小在很大程度上取决于政府工作人员的工作态度和服务意识,个人账户基金管理委员会和投资机构的工作效率也是决定风险大小的重要因素。

3. 支付风险

社会养老保险基金是广大退休职工的养命钱,是他们维持基本生活的最主要的来源,所以养老金在支付时必须要遵循以下三点原则:一是权利义务对等原则,广大退休职工在享受养老金待遇的时候,也要肩负起养老金缴费的责任,退休职工只有缴纳满一定年限的保险费,才能在退休的时候享受养老金;二是退休职工必须按照社会保险基金管理中心的相关规定领取养老金,社会保险基金管理中心对退休职工缴纳养老金的年限,领取养老金的年龄都有明确的规定,退休职工必须要按照相关规定领取养老金;三是养老金的实际支付水平和自己缴纳养老金的档次有关,自己缴纳的养老金越多,退休以后领取的养老金则越多。

社会养老保险基金在支付的过程中存在着内生风险和外生风险。其中外生风险主要包括:(1)国家公职人员养老金替代率偏高而企业职工养老金替代率偏低,国家公职人员的养老金替代率可以达到80%以上,而退休职工的养老金替代率只有50%左右,这就在一定程度上造成了很大的不公平,容易诱发社会的不满情绪,造成社会的动荡;(2)由于生活水平的提高,医疗条件的改善,人均寿命也越发的延长,这就导致国家需要支付越来越多的养老金,由此产生了养老金高于预期支付的风险;(3)由于养老保险基金的支付只需要在职员工缴纳15年的养老保险基金,而对在职员工的工作年限没有具体的要求,所以行业内提前退休的现象比较普遍,这就产生了养老保险顶层制度设计未预测到的支付风险;(4)到目前为止我国大部分的养老保险基金还是实行县级统筹,所以养老金的管理比较分散,通常会出现收不抵支的状况,最后导致养老金的发放不及时,由此产生了退休人员对养老保险支付的信用风险;(5)随着通货膨胀率的增高,养老金的支付标准并没有随之提升,养老金的支付缺乏弹性发挥的作用越来越低，容易降低职工参保的积极性，诱发养老金的不可持续风险。

内部风险主要包括：（1）由于经办机构的信息不畅通，村集体或社区对死者信息的隐瞒，经常会出现"死者"领取养老金的现象，诱发了养老金支付的道德风险；（2）经办机构工作人员能力不足，专业化水平不高，服务意识较差，工作效率较低，经常会出现养老金发放不及时，漏发少发错发的现象，极大地影响了退休人员对养老保险制度的信心；（3）由于养老保险基金还未实现全国统筹，到目前为止还不能随劳动力的转移而自由的流动，导致弃保现象随之发生，造成职工在退休以后无法及时的领取养老金。

## 第三节 新农保个人账户基金投资风险评估

新农保个人账户基金在管理和投资中存在着很多的问题，这些问题的存在会对新农保个人账户基金的保值增值产生不利的影响，我们在对个人账户基金管理和投资中存在的风险因素进行识别的基础上，对现行模式下的新农保个人账户基金投资风险评估和资本市场中新农保个人账户基金投资风险评估采取相应的方法进行了评估，以明确这些风险因素的大小及对新农保制度产生的不利影响。

### 一 现行模式下的新农保个人账户基金投资风险评估

根据《国务院关于建立统一的新农保制度的意见》（国发〔2014〕8号）第九条的规定，"新农保基金按照国家统一规定投资运营，实现保值增值"，而相关的"统一规定"在国发〔2009〕32号文件第五条中为"个人账户储存额目前每年参考中国人民银行公布的金融机构人民币一年期存款利率计息"。因此，关于新农保个人账户基金的投资，除了存银行，国家尚未有明确的投资管理策略，全国大部分省市主要将个人账户基金存银行、买国债。由于投资渠道较单一、个人账户基金投资收益率不高，随着新农保制度覆盖面的扩大，逐渐积累起来的巨大规模的基金将面临通货膨胀风险和经济增长风险，新农保投资管理办法亟待进行调整和修改。因此，本书拟选取一年期银行存款利率、3年期和5年期国债利率与通货膨胀率作为评估指标,对现行规定下的新农保个人账户基金投资风险进行评估。

### (一) 一年期银行存款利率与通货膨胀率的比较

中国人民银行官网公布的金融机构人民币存款基准利率(2015年10月24日更新),可以得到1995年到2015年中国一年期银行存款利率(利率在一年之内进行多次调整的,取其平均数)。从《中国统计年鉴》(2015)上可以得到农村人口的消费价格指数,农村人口的消费价格指数减去100即得到农村通货膨胀率;将农村通货膨胀率与一年期银行存款利率做差即得到实际利率。如前面表6-1所示。

从表6-1中可见,1995—2004年一年期银行存款利率的均值为4.594,而农村通货膨胀率平均值为3.21,实际利率为1.384;而2005—2014年,则实际利率为-0.257,尤其在1998年、2001年,一年期银行利率大大低于通胀率,可能导致基金的大幅缩水。如图6-1、图6-2所示,分别为一年期银行存款利率与农村通货膨胀率的关系、农村通货膨胀率与实际利率的关系。

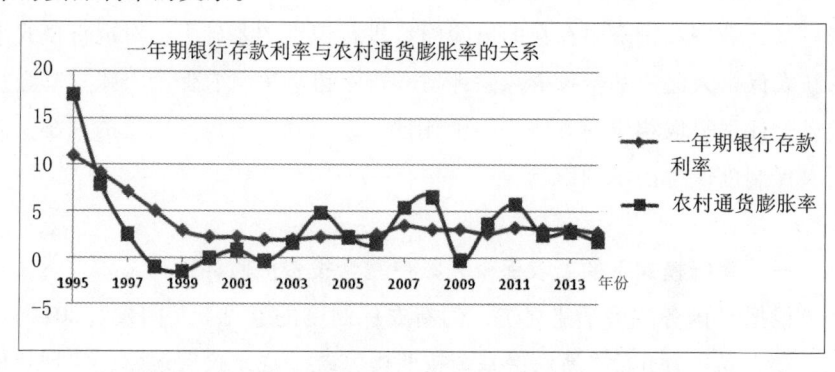

**图6-1 农村通货膨胀率与一年期银行存款利率关系**

从图6-1可以看出银行利率会随着通货膨胀率的变化而变化,但是变化的幅度都不是很明显,当通货膨胀变化比较大时,它们二者之间的变化关系反而没有那么显眼,如2006—2008年,2010—2012年,银行存款利率增长的幅度远不及通货膨胀率变化幅度。由图6-2可见,当农村通货膨胀率越高时实际利率就越低,在某些年份甚至出现负值,此时投资于银行存款基金是贬值的,而通货膨胀率越低实际利率就越高,此时投资于银行,可以达到保值增值的目的。

# 第六章 新型农村社会养老保险个人账户基金投资风险评估

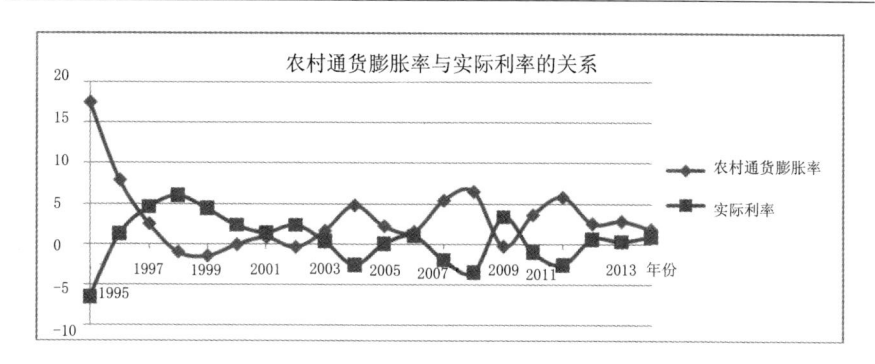

图 6-2 实际利率与农村通货膨胀率关系

(二) 国债利率与通货膨胀率的比较

国债有许多种不同的类型,按债券形式可以分为记账式国债、凭证式国债和储蓄国债三大类。其中,记账式国债由于可以上市交易,其利率随市场价格波动而波动,投资风险不可控,不符合新农保基金的保值原则;储蓄国债是政府(财政部)面向个人投资者发行、以吸收个人储蓄资金为目的,也不适用于新农保基金。因此,本书以凭证式国债利率为例,与农村通货膨胀率进行比较。

中国从1994年开始发行凭证式国债,主要以中期国债为主(3年期或5年期),只有少部分年份发行了短期国债(1年以内),这里选取中期凭证式国债利率与通货膨胀率进行比较,在1年内发行多期国债而利率不同时,取其算数平均数[12]。

从表6-2可见,3年期和5年期国债利率整体比1年期银行存款利率要高一些,但实际收益率还是较低。扣除通货膨胀率,1994—2010年,3年期国债及5年期国债的平均实际收益率分别为1.15%、2.85%。如仅考虑2000年以后的情况,从2001—2010年,3年期、5年期国债的平均实际收益率仅为0.86%和1.25%。

表6-2　　　　　　　　名义国债利率与实际国债利率

| 年份 | 名义3年期国债年利率 | 实际3年期国债年利率 | 名义5年期国债年利率 | 实际5年期国债年利率 |
|---|---|---|---|---|
| 1994 | 13.96 | -9.44 | — | — |
| 1995 | 14.00 | -3.50 | — | — |

续表

| 年份 | 名义3年期国债年利率 | 实际3年期国债年利率 | 名义5年期国债年利率 | 实际5年期国债年利率 |
| --- | --- | --- | --- | --- |
| 1996 | — | — | 13.06 | 5.16 |
| 1997 | 9.18 | 6.68 | 10.17 | 7.67 |
| 1998 | 7.11 | 8.11 | 7.86 | 8.86 |
| 1999 | 3.51 | 5.01 | 3.78 | 5.28 |
| 2000 | 2.89 | 2.99 | 3.14 | 3.24 |
| 2001 | 2.89 | 2.09 | 3.14 | 2.34 |
| 2002 | 2.21 | 2.61 | 2.47 | 2.87 |
| 2003 | 2.32 | 0.72 | 2.63 | 1.03 |
| 2004 | 2.74 | -2.06 | 3.09 | -1.71 |
| 2005 | 3.32 | 1.12 | 3.73 | 1.53 |
| 2006 | 3.24 | 1.74 | 3.57 | 2.07 |
| 2007 | 4.40 | -1.00 | 4.88 | -0.52 |
| 2008 | 5.61 | -0.89 | 6.15 | -0.36 |
| 2009 | 3.73 | 4.03 | 4.00 | 4.30 |
| 2010 | 3.83 | 0.23 | 4.60 | 1.00 |
| 平均* | 5.31 | 1.15 | 5.08 | 2.85 |
| 平均** | 3.43 | 0.86 | 3.82 | 1.25 |

说明：平均*为1990—2010年的平均值；平均**为2001—2010年的平均值。

由以上分析可知，虽然购买国债的平均收益率为正，稍稍高于1年期银行利率，但如此低的收益率远低于目前市场上各类投资理财产品的收益，无法达到已积累基金的增值目的，同时如此低的收益率，对于参保个体而言也缺乏政策的激励性和优越性，导致个人不会选择较高档次缴费，影响他们参保缴费的积极性使他们丧失对制度的兴趣。因此，在现行存银行和买国债的基金投资模式下，个人账户基金将很难抵御通货膨胀风险，导致个人账户养老金贬值风险较大，且能衍生出参保个体尽量选择少缴费、不缴费的风险。

## 二 资本市场中新农保个人账户基金投资风险评估

虽然资本市场的不确定性，使社保基金投资面临诸多风险，国家也尚未出台相关投资政策，但随着全国社保基金的入市营运，新农保个人账户基金进入资本市场是大势所趋。本书利用不同的投资组合，在风险可规避的条件下，预测将来新农保个人账户基金进入资本市场的投资的可能收益，以寻求基金保值增值的可能选择。

### （一）个人账户投资风险衡量工具的选择

投资风险的衡量，是指对基金投资各种风险相关联的损失进行估计和测量，其目标主要是衡量当外部环境发生变化时，某一投资组合偏离预期目标的程度。衡量投资风险通常会用到主观评价法和定量法。其中，主观评价法是对投资组合风险总体变化趋势的总体判断，包括风险评级法、主观概率法、德尔菲法等。定量分析方法则通过对指标的计算和测量，客观地评估投资风险的大小，大致可归纳为简单算术法（如价差率、市盈率；波动分析，即求方差或标准差）、灵敏度分析（如 beta 系数法）、风险的测量技术等。由于具体数据分析的限制，本书选择风险评级法和波动分析法评估新农保个人账户基金进入资本市场的投资风险。

1. 风险评级法

风险评级是指投资者委托资产评估机构，从外部风险和内部风险中选取一组风险指标，并根据风险的轻重缓急来制定评价风险大小的标准，用这个标准来衡量投资者的投资，并确定该投资的风险值，然后将风险值与制定的风险标准进行对比来划分信誉等级。目前，国际上对债券风险等级和贷款风险等级的评估已经十分成熟（如表 6-3[①] 所示）。基金进入资本市场营运后，我国新农保基金的专门管理经办机构，应通过对委托投资管理人公司进行现场检查和实地调研，与公司管理层、投资研究团队以及合规风控等部门进行深入交流，了解管理人公司基本面、经营管理、风险控制及新农保投资管理等方面的变化情况，制定出一套适合自身的评估体系，定期对新农保投资管理人信誉等级进行评估，不断加强对投资管理人

---

① ［美］弗兰克·J. 法博齐、弗朗哥·莫迪利亚尼：《资本市场：机构与工具》，唐旭等译，经济科学出版社 1998 年版，第 480 页。

的科学精细管理水平，提升其专业能力、控制投资风险能力和投资收益能力。

表6-3　　　　　　　公司债券评级系统及标识符一览表

| 穆迪公司 | SP公司 | 菲奇公司 | DP公司 | 简要定义 |
|---|---|---|---|---|
| 投资级——高信誉 ||||| 
| Aaa | AAA | AAA | AAA | 金边债券，一流质量，高安全性 |
| Aa1 | AA+ | AA+ | AA+ | 优等，高质量 |
| Aa2 | AA | AA | AA | |
| Aa3 | AA- | AA- | AA- | |
| A1 | A+ | A+ | A+ | 中上等 |
| A2 | A | A | A | |
| A3 | A- | A- | A- | |
| Baa1 | BBB+ | BBB+ | BBB+ | 中下等 |
| Baa2 | BBB | BBB | BBB | |
| Baa3 | BBB- | BBB- | BBB- | |
| 显著投机型——低信誉 ||||| 
| Ba1 | BB+ | BB+ | BB+ | 低等，投资型 |
| Ba2 | BB | BB | BB | |
| Ba3 | BB- | BB- | BB- | |
| B1 | B+ | B+ | B+ | 高度投机型 |
| B2 | B | B | B | |
| B3 | B- | B- | B- | |
| 纯粹投机型——极大的违约风险 ||||| 
| Caa | CCC+、CCC、CCC- | CCC | CCC | 风险极大、处境困难 |
| Ca | CC | CC | | 会发生违约，极度投机型 |
| C | C | C | | 比上述级别更具投机性 |
| | C1 | | | C1=收入债券，不支付利息 |
| | D | DDD、DD、D | DD | 违约 |

2. 波动分析

本书采用对单个证券及多种可能的资产组合的收益率的标准差相对于收益期望值的变化情况为依据，变动幅度越大，即相应的风险较高。

（1）单个证券的标准差。当收益率 $r$ 为离散型随机变量时，其均值和标准差分别为：

$$E(r) = \sum_{i=1}^{n} P_i r_i$$

$$\sigma(r) = \sqrt{\sum_{i=1}^{n}[r_i - E(r)]^2 P_i}$$

式中，$E(r)$ 表示各种投资收益率的期望值；$\sigma(r)$ 表示收益率 $r$ 的标准差。$r_i$、$p_i$ 表示第 $i$ 种结果的收益率和概率；$n$ 表示可能结果的总数。显然

$$E(r) = \sum_{i=1}^{n} P_{i=1}$$

当收益率 $r$ 为连续型的随机变量时，设为 $r$ 的概率密度函数，则有：

$$E(r) = \int_{+x}^{-x} rf(r) \, dr$$

$$\sigma(r) = \sqrt{\int_{+x}^{-x}[r - E(r)]^2 f(r) \, dr}$$

（2）资产组合的标准差。设有 $n$ 种不同的投资组合，每种投资的标准差为 $\sigma_i$，整个投资组合的标准差记为 $\sigma_p$，各种投资在组合中的权重记为 $X_i$，则根据 Markowitz 投资组合公式：

$$\sigma_p = \left(\sum_{i=1}^{3}\sum_{j=1}^{3} X_i X_j \sigma_{ij}\right)^{\frac{1}{2}}$$

其中为 $i$ 种投资方式和 $j$ 种投资方式收益间的协方差。

方差或标准差越大，变量偏离期望值的幅度越大，结果的不确定性越大，各种投资的风险就越大；反之，各种投资的风险越小。

（二）个人账户基金投资风险的衡量

根据相关系数和协方差选定投资组合。本书假设新农保个人账户基金投资参照社会保障基金的投资办法，根据社会保障基金的投资办法，基金的投资渠道包括银行存款、国债、企债和股票，因此新农保个人账户投资参选取一年期银行存款、3 年期国债、企债和股票在 1990—2010 年间的收益情况，测算它们的相关性及协方差。如表 6-4、表 6-5 所示：

表 6-4　历年一年期银行存款、3 年期国债、企债和股票收益率　　单位:%

| 年份 | 1 年期银行存款年利率 | 3 年期国债年利率 | 上证企债指数年收益率 | 上证综合指数股票年收益率 |
|---|---|---|---|---|
| 1990 | 9.35 | — | — | 28.36 |
| 1991 | 7.89 | — | — | 127.11 |
| 1992 | 7.56 | — | — | 160.97 |
| 1993 | 9.43 | — | — | -5.96 |
| 1994 | 10.98 | 13.96 | — | -46.06 |
| 1995 | 10.98 | 14 | — | -29.93 |
| 1996 | 9.17 | — | — | 58.75 |
| 1997 | 7.13 | 9.18 | — | 28.14 |
| 1998 | 5.03 | 7.11 | — | -3.52 |
| 1999 | 2.92 | 3.51 | — | 20.86 |
| 2000 | 2.25 | 2.89 | — | 51.59 |
| 2001 | 2.25 | 2.89 | — | -21.56 |
| 2002 | 2.02 | 2.21 | — | -16.99 |
| 2003 | 1.98 | 2.32 | -1.76 | 9.50 |
| 2004 | 2.03 | 2.74 | -4.15 | -19.95 |
| 2005 | 2.25 | 3.32 | 24.08 | -10.11 |
| 2006 | 2.35 | 3.24 | 0.78 | 128.38 |
| 2007 | 3.2 | 4.4 | -5.48 | 87.46 |
| 2008 | 3.93 | 5.61 | 17.10 | -71.92 |
| 2009 | 2.25 | 3.73 | 0.64 | 77.54 |
| 2010 | 2.30 | 3.83 | 7.63 | -17.31 |

表 6-5　银行存款、国债、企债和股票的协方差及相关系数　　单位:%

| | 银行存款—国债 | 银行存款—企债 | 银行存款—股票 | 国债—企债 | 国债—股票 | 企债—股票 |
|---|---|---|---|---|---|---|
| 协方差 | 10.97 | 1.78 | 3.11 | 3.59 | -64.63 | -345.02 |
| 相关系数 | 1.00 | 0.28 | 0.02 | 0.38 | -0.34 | -0.55 |

从表 6-5 可见,1 年期银行存款和 3 年期国债的相关系数为 1,两者完全相关,所以在投资组合中两者的不同权重不能较好地分散非系统性风

险，也基本不能获得更高收益。银行存款的功能主要体现在提高投资组合资产的流动性方面；而国债与股票，企债与股票的相关系数为负值，说明它们二者的组合能有效地分散风险，提高投资组合的收益率。《暂行办法》规定银行存款和国债的投资不得低于总投资的0.5倍，银行存款的投资不得低于总投资的0.1倍，因为银行存款和国债都是固定收益，风险较小，因此本书将银行存款和国债作为固定变量，给定银行存款的权重为10%，国债的权重为40%，又因企债和股票都是不确定收益，企债和股票之间负相关，所以将企债和股票作为投资组合的变量。

（三）个人账户基金投资组合资产配置实证分析

如上所述，本书确定为有4种投资组合方式，一年期银行存款、3年期国债、企债和股票，根据Markowitz投资组合公式：

$$\sigma_p = \left( \sum_{i=1}^{3} \sum_{j=1}^{3} X_i X_j \sigma_{ij} \right)^{\frac{1}{2}}$$，变形为

$$\sigma_p = \left( \sum_{j=1}^{3} X_1 X_j \sigma_{1j} + \sum_{j=1}^{3} X_2 X_j \sigma_{2j} + \sum_{j=1}^{3} X_3 X_j \sigma_{3j} + \sum_{j=4}^{3} X_4 X_j \sigma_{4j} \right)^{\frac{1}{2}}$$

其中$X_1$、$X_2$、$X_3$、$X_4$分别为1年期银行存款、3年期国债、企债和股票的权重，$\sigma_1$、$\sigma_2$、$\sigma_3$、$\sigma_4$分别为它们的方差，$\sigma_{ij}$为它们的协方差。由表6-4计算得到不同投资组合的风险收益率，如表6-6所示。

表6-6　　　　　　　　不同投资组合的风险收益率

| 序号种类 | 不同投资组合的风险收益率计算 |||||||
|---|---|---|---|---|---|---|
| | 银行存款 | 国债 | 企债 | 股票 | 期望收益率 | 风险 |
| 1 | 100 | 0 | 0 | 0 | 5.11 | 11.34 |
| 2 | 0 | 100 | 0 | 0 | 5.31 | 3.85 |
| 3 | 0 | 0 | 100 | 0 | 4.86 | 10.65 |
| 4 | 0 | 0 | 0 | 100 | 30.21 | 60.14 |
| 5 | 10 | 40 | 45 | 5 | 6.33 | 4.47 |
| 6 | 10 | 40 | 40 | 10 | 7.60 | 5.09 |
| 7 | 10 | 40 | 35 | 15 | 8.86 | 7.56 |

续表

| 序号种类 | 不同投资组合的风险收益率计算 ||||||
|---|---|---|---|---|---|---|
| | 银行存款 | 国债 | 企债 | 股票 | 期望收益率 | 风险 |
| 8 | 10 | 40 | 30 | 20 | 10.14 | 10.41 |
| 9 | 10 | 40 | 25 | 25 | 11.40 | 13.51 |
| 10 | 10 | 40 | 20 | 30 | 12.67 | 16.67 |
| 11 | 10 | 40 | 15 | 35 | 13.93 | 19.91 |
| 12 | 10 | 40 | 10 | 40 | 15.20 | 23.21 |
| 13 | 10 | 40 | 5 | 45 | 16.47 | 26.45 |

从表 6-6 中可以看出，随着期望收益率的增加风险是逐渐增大的，二者呈正相关关系。如果选取期望收益率和风险两列的数据用最小二乘法进行回归，结果如图 6-3 所示。

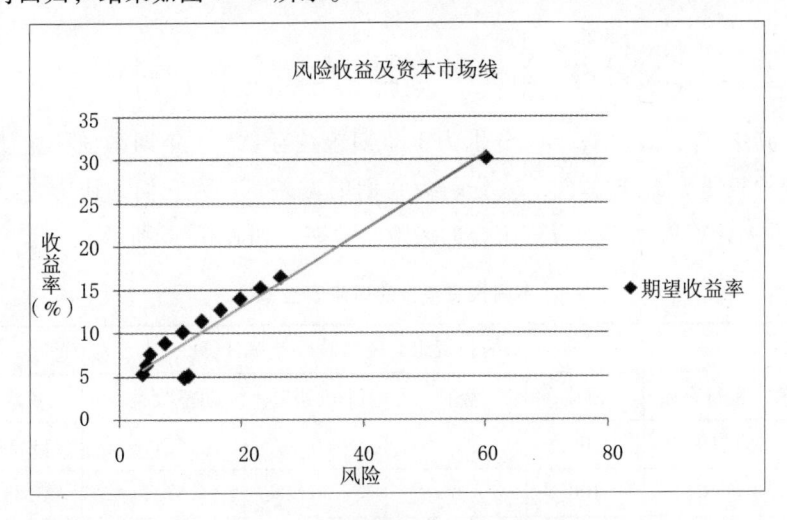

**图 6-3　风险收益及资本市场线**

我们可以发现，随着风险的增加不同投资组合的收益率形成的点几乎落在同一条直线上，即为资本市场线 GML，通过回归同时也得到了资本市场线 GML 的斜率和截距。[1]

---

[1] 祝献忠：《社保基金进入资本市场的风险收益实证分析》，《中央财经大学学报》2008 年第 6 期。

$$E = R_f + \sigma_p \cdot \left[E(r_{p1}) - r_f\right] \Big/ \sigma_{p1}$$

$$= 0.443\sigma_p + 4.123\%$$

通过回归得到的拟合相关系数为 0.924，如果排除表 6-6 前面 4 种极端的投资组合，再利用最小二乘法进行回归，则可以重新得到图形及资本市场线 GML 的斜率和截距如图 6-4 所示。

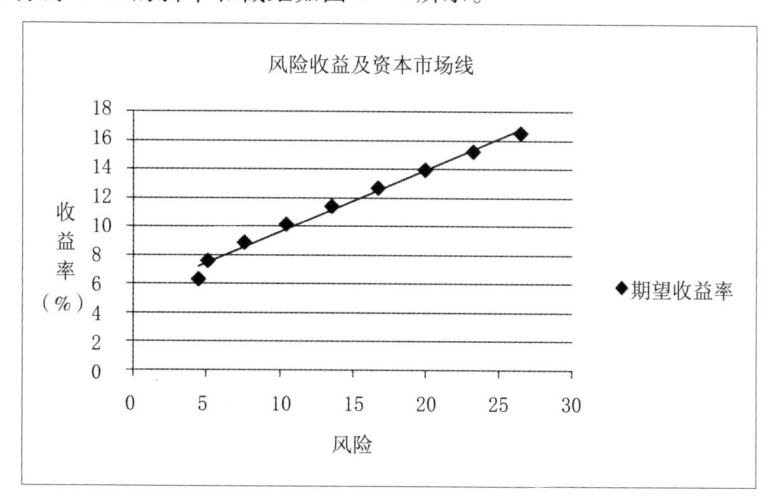

**图 6-4　排除前 4 种极端组合的风险收益及资本市场线**

$$E = R_f + \sigma_p \cdot \left[E(r_{p1}) - r_f\right] \Big/ \sigma_{p1}$$

$$= 0.443\sigma_p + 4.123\%$$

$R^2 = 0.987$，拟合效果比不排除前四种的投资组合方式要好，所以这里仅对后面这种投资组合进行分析。在 1990—2010 年，市场的"无风险利率"（risk-free rate）为 5.2709%，资本市场线的斜率为 0.43339，是有效投资组合的风险溢价率，即在 1990—2010 年这 21 年间关于风险收益一个近似的估算，风险在这里即标准差。每增加 1%，则预期收益相应增加 0.43339%；或者，在原先无风险利率基础上每增加 1%，则标准差即风险需增加 2.31%（1/0.43339）。这个风险收益情况为新农保个人账户基金参与资本市场进行投资组合的重要参考指标。

对数据进一步分析后发现，如果投资组合的收益率在 6% 左右，不仅能超过通货膨胀率（根据表 6-1 的测算，1995—2004 年的平均通货膨胀率为 3.18%），而且能分享到中国经济增长带来的红利，即表 5-6 中所示银行存款占 10% 左右，债券类资产在 85% 左右，股票在 5% 左右，此时风险为 4.47%，处于可以控制的范围之内。不同的投资组合可以得到不同的收益率，但在实际投资过程中不能只追求高收益而忽略高风险，在风险可控的条件下，只要能战胜通货膨胀率，就是就最适宜的投资组合，本书通过测算发现，当收益率为 6.33%，风险为 4.47%，处于可控范围之内，当逐渐增加股票的投资比重，收益之高虽然越发可观，但风险也越发不可控，这与新农保个人账户基金投资保值增值的初衷相悖，所以在入市之后首先要考虑账户基金安全；其次再考虑高收益。

# 第七章　新型农村社会养老保险资金筹集风险评估

新农保的资金筹集关系到能否建立充足和稳定的基金规模，是新农保制度的核心内容和关键环节。根据制度规定，新农保资金筹集主体包括政府、集体和个人，本章将分别对财政筹资风险、集体筹资风险和个人缴费能力风险进行评估。

## 第一节　财政筹资风险评估

在新农保资金的筹资结构中，个人、集体和政府转移支付的比重是不同的，而政府承担责任的程度直接关系到新农保资金的运营效率，合理确定政府的出资比例至关重要。因此有学者认为社会保障的最大风险是财政风险。[①]按制度规定及筹资主体的不同，新农保财政补贴责任主要以中央财政、省级财政和县级财政为主，相应的财政风险分为中央财政筹资风险、省级财政筹资风险和县级财政筹资风险。

### 一　中央及省级财政风险评价

近年来学界关于新农保财政风险研究结果显示：中央和省级地方在新农保上的财政风险基本可以忽略不计。邓大松、薛惠元在国家财政和全国人口数的基础上对新农保财政补贴进行预测，显示中央和地方财政补贴负担较小，中央财政补贴仅占其财政总收入的1.64%，而各地财政补贴平

---

① 见本书导论的文献综述部分。

均比重为0.86%。①而杨红燕则对可能导致财政风险的因素和特性进行分析，同时将中央财政和地方财政在国内社会保障事业上的投入比例进行对比，得出中央和省级财政风险不大。但发现财权与事权不相匹配，这种情况在省级以下地方政府尤其突出，容易引发社会保障财政风险。②黄丽等则结合全国第六次人口普查数据以及广东省的财政收支情况，对该省的城乡居民基本养老保险制度的省级和市县级财政补贴进行分析，发现省级财政在负担城乡居保支出几乎没有任何压力，但市、县由于各自地区的经济发展水平不同，其财政负担差别不一。③教育部人文社科重点研究基地武汉大学社会保障研究中心基于乡—城人口迁移对新农保财政负担率的测算表明，④2010—2020年中央财政补贴额占中央财政收入的平均比重为1.069%，中央财政有充足的财力负担新农保基础养老金的筹资，省级财政也有能力负担新农保个人账户缴费补贴，但是西部省份的财政补贴负担任务比中部省份重。

从年度数据来看，2015年我国城乡居民基本养老保险基金收入中缴费收入680.96亿元，财政补贴收入1949.18亿元。其政府补贴收入占同年财政收入的1.28%。从占比情况看，虽然财政补贴对城乡居民基本养老保险的扶持力度挺大，但由于城乡居保的总体养老待遇水平不高，且其财政补贴占当年财政总收入的比例极低，因此中央和省级财政风险的确不大。

## 二 县级财政风险评估——以湖北省13个试点地区为例

新农保以县为单位开展，由于各地经济发展情况不同，新农保实施办法各异，因此县级政府财政补贴情况也各不相同。囿于微观数据获取难度

---

① 邓大松、薛惠元：《新农保财政补助数额的测算与分析》，《江西财经大学学报》2010年第2期。

② 杨红燕、陈天红：《社会保障财政支付风险的多角度分析与全方位应对》，《华中科技大学学报》（社会科学版）2011年第4期。

③ 黄丽、罗锋、刘红梅：《城乡居民社会养老保险政府补贴问题研究——基于广东省的实证研究》，《人口与经济》2014年第3期。

④ 邓大松、刘昌平：《教育部哲学社会科学系列发展报告——中国社会保障改革与发展报告》，人民出版社2011年版，第240—241页。

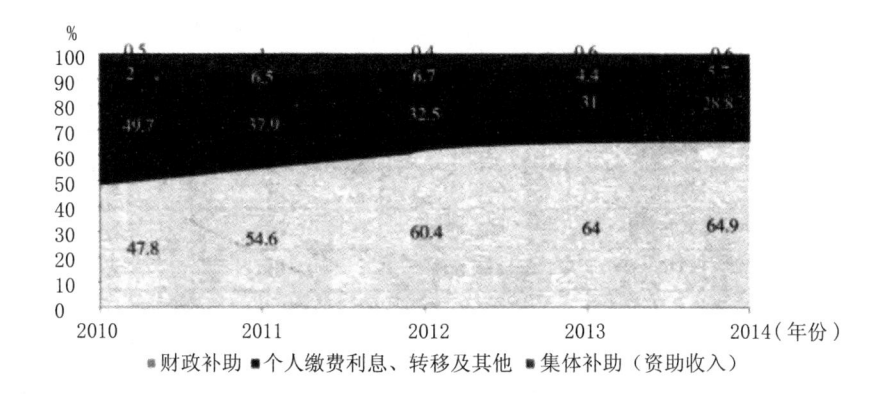

%
100 ┬ 0.5          0.4          0.4          0.6          0.6
 90 ┤  2          6.5          6.7          4.4          5.7
 80 ┤ 49.7        37.9        32.5          31          28.8
 70 ┤
 60 ┤
 50 ┤
 40 ┤
 30 ┤ 47.8        54.6        60.4          64          64.9
 20 ┤
 10 ┤
  0 ┴──────────┬──────────┬──────────┬──────────┬──────────
    2010       2011       2012       2013       2014（年份）
       ■财政补助 ■个人缴费利息、转移及其他 ■集体补助（资助收入）

**图7-1 "十二五"以来我国城乡居民养老保险基金收入结构**

较大，[1]关于县级政府新农保财政支出的相关研究较少，而县级政府作为贴近基层、了解民情，侧重执行的一级行政单位，却是新农保制度运行成功与否的试金石。[2] 中国区域经济差异较大、发展不平衡，县级财政资源禀赋差异较大，尤其是在城镇化水平不高的中、西部地区，相当数量的新农保试点县（市、区）属于"吃饭财政"，对新农保的"按政策规定"甚至"超政策规定"补贴可能面临较大的分担压力。随着新农保覆盖面的进一步扩大，参保和领取养老金人数不断增多，县级政府的新农保财政补贴支出也将进一步扩大。基于已有研究结论，本部分将重点依据湖北省新农保试点县问卷调查数据，对新农保的县级财政补贴负担及风险进行考察和评估，以期丰富这方面实证研究成果。

（一）样本选择

湖北省经济总量排名全国前十名，在我国中部地区具有一定的代表性。其中既包括经济发达的一线城市，也有国家级贫困地区，这为本书的调研及数据收集提供了得天独厚的条件，使我们的样本既有发达地区的数据同时又不难得到落后地区的样本资料。同时，由于湖北省在全国开始新农保试点之前很多地区就已较早地实施了新农保的制度模式，相对较长的

---

[1] 由于地方政府绩效考察的原因，调研中很多地方不愿意透露其具体的财政补贴和参保缴费情况。

[2] 何晖：《新型农村社会养老保险县级财政补贴风险识别——以湖北为例》，《海南大学学报》（人文社会科学版）2011年第12期。

制度实施时间对于考察这些地区的县级补贴状况具有较好的反映，同时相关发现对于结论推广到中、西部地区具有代表意义。

本书所用数据来源于教育部人文社科重点研究基地"武汉大学社会保障研究中心（CSSS）"2014年7月，本课题团队2017年7月分别对湖北省相关地区所做的关于新农保及相关制度的实地调研数据。调查主要是采取政府部门座谈与调研员入户调查相结合的方式，收集了湖北省最早的13个新农保试点县（市、区）的政策文件以及相关数据资料，由访谈员集中实施问卷调查和深度访谈，同时对政府主管部门及经办机构采取问卷调查和访谈，尽可能获取地方政府的有关政策文件。调查共发放和回收问卷1061份，其中有效问卷1030份，有效回收率达97.07%。

（二）各试点地区缴费及财政补贴基本情况

湖北省紧紧围绕扩面征缴、待遇水平提高、保障能力增强等多项利民政策，持续发力，精准施策，使参保覆盖面进一步扩大，基金征缴再创新高，机关事业单位养老保险制度改革基本落地，养老金再次调标，经办能力和服务水平不断提高，参保人员获得感、幸福感进一步增强，养老保险工作取得了突破性进展。

黄陂区为武汉市的市辖区，最低缴费档次由原来每年200元提高至每年300元，且调整后的缴费档次为每年300—5000元13个档次。[①] 西塞山区是黄石市的下辖区，2016年5月，黄石市被列为全国第三批全民参保登记计划试点城市。参保人员根据自身经济状况在9个档次中自主选择，以20%的费率缴费。[②] 西塞山区中央财政一般性转移支付资金为522万元，省级一般性转移支付资金为24.5万元，共546.5万元。襄阳市南漳县的缴费档次为200—1000元、1500元、2000元等共11个档次，省、县财政对参保人缴费补贴对选择200—400元档次缴费的，不低于每人每年45元；对选择500元及以上档次标准缴费的，补贴标准不低于每人每年60元。缴费补贴由省和县政府按2∶1负担；现任村主职、副职干部除享受新农保缴费补贴外，省财政对村主职干部任职缴费期间按照每人每年2000元的标准给予补贴，县财政对村副职干部任职缴费期间按照每人每

---

① 武人社发〔2017〕10号文件。
② 黄财社发〔2017〕9号文件。

年1000元的标准给予补贴。①宜都市从2017年1月1日起城乡居民基本养老保险基础养老金标准从每人每月85元提高到每人每月95元，在现有标准上每人每月增加10元②，缴费标准为每年200—1000元、1500元和2000元等11个档次，提倡参保、续保人员自主选择较高档次缴费，多缴多得，按规定缴费的可享受政府缴费补贴，提升参保居民的基本养老保险水平。③钟祥市2017年开始实施居保通信息化服务平台缴费政策，做到了随时可缴费、办理很简单、现场领票据、信息可查询、安全有保障。现阶段缴费档次为200—3000元共14个档次，其中200—400元缴费档次的政府年补贴45元；500元及以上缴费档次的政府年补贴60元，每缴费1年，基础养老金另加发1元。梁子湖区的个人缴费档次为1000—1500元、2000元、2500元、3000元、3500元、4000元等共20个档次。安陆市的缴费档次为200—1000元、1500元、2000元、3000元等共12个档次，省、市财政对选择100元缴费档次的每人每年补贴30元；对选择200—400元缴费档次的每人每年补贴45元；选择500元以上缴费档次的，每人每年补贴60元；1000元及以上缴费档次的，每提高一个档次市财政增加10元的补贴。团风县在原缴费档次100—1000元的基础上增设1500元、2000元、3000元3个缴费档次。提倡参保人员自主选择500元以上的缴费档次，多缴多得。按规定缴费的城乡居民，在领取待遇时，缴费年限每满1年，每月加发1元标准的基础养老金。对选择100元档次标准缴费的补贴30元；选择200—400元档次标准缴费的，补贴标准每人每年45元；对选择500元及以上档次标准缴费的，补贴标准每人每年60元。曾都区的缴费档次分为200—1000元、1500元、2000元、3000元等共12个档次，自2017年1月1日起，基础养老金标准提高至每人每月80元，即在每人每月70元的基础上增加10元。来凤县的缴费标准为每年100—1000元、1500元、2000元等12个档次，对选择100元档次标准缴费的，补贴标准每人每年30元；对选择200—400元档次标准缴费的，补贴标准每人每年45元；对选择500元及以上档次标准缴费的，补贴标准每人每

---

① 南政办发〔2017〕51号文件。
② 宜人社发〔2017〕37号文件。
③ 宜人社函〔2017〕4号文件。

年60元。上述补贴标准所需资金由省和地方财政按2∶1的比例共同负担。此外,各地政府设置了较多档次,但实际中仅有8档有农民选择,且91%的参保农民选择了最低档的缴费档次。因此,各县政府对这部分多缴多得积累的财政补贴支出较少,实践中可忽略不计。

根据数据获得及整理情况,本书重点对黄陂区、宜都市、西塞山区、梁子湖区、黄石市、襄阳市、南漳县、钟祥市、安陆市、团风县、曾都区、来凤县、竹溪县13个试点县(市、区)新农保财政补贴进行考察,通过构建县级财政补贴力度系数,揭示新农保县级财政潜在的风险因素。

(三) 新农保县级财政补贴的支出力度测算

1. 试点县级财政补贴力度系数 ($\omega$)

为了对各试点地区新农保财政补贴程度有一个更为精确的量化测度,在该部分将进一步根据各地补贴方案,对各地区政府对新农保财政补贴的情况进行估算,考察新农保县级财政补贴规模,识别可能的风险。构建新农保县级财政补贴力度系数 ($\omega$) 如下。

$$\omega = E/FI \qquad (1)$$

其中,$E$ 是试点地区县级财政对新农保的补贴;$FI$ 为该地区同期财政收入。$\omega$ 作为县级政府在新农保的补贴支出占当地财政收入的比例,反映了试点县级财政对新农保补贴的力度和规模,$\omega$ 越大意味着县级财政对新农保的补贴力度越大;相反,$\omega$ 越小则证明县级财政补贴力度较小,导致个人账户积累不够,达不到应有的激励效果,存在老年生活保障水平过低的风险;但如果 $\omega$ 值过大,则会由于新农保财政补贴支出过大而造成政府财政支出的沉重负担。以下通过计算各试点地区的 $E$、$\omega$ 值,对湖北省新农保试点县财政补贴规模及风险进行识别。

2. 湖北省新农保县财政支出力度状况

区域一 ($FI<50000$ 万元)。这一区域属于县级财政收入较低,但相应的新农保县级财政补贴高于拟合均值。湖北省近2/3的新农保试点地区集中在这一区域,这些试点地区经济发展水平较低,财政收入来源较少,基本属于"吃饭财政",其中来凤县、竹溪县属于国家级贫困县,表明国家在新农保试点地区的选取上,为保证制度的公平性,对于经济发展水平较低,县级财政能力较弱的地区,在提供公共服务的权利和机会上向贫困地区适度倾斜的政策导向。同时,由于财政实力较弱,对于这一类地区,

应注意防范因县级财政补贴压力过大出现的新农保县级财政补贴风险。

区域二（200000万元 > $FI$ > 50000万元）。钟祥市、曾都区、赤壁市和宜都市分布在这一区间，四地的财政收入处于湖北省的中等水平，但在新农保财政补贴上则相对较低。尤其是宜都市在四地中的财政收入最高，在所有试点地区中位居第二位，但在新农保的财政补贴上非常谨慎。这在一定程度上反映了目前政府在构建农村适度保护机制方面的作用，不像在推动经济发展方面那样有力。[①]实际上各地为争取中央、省级财政的新农保财政补贴，尽力提高农村居民的新农保参保率，将大部分精力放在了新农保参保率和覆盖面的政绩考核目标上，财政补贴较低，对农村养老保险筹资渠道的拓宽、农民参保积极性的提高有着一定的制约作用，导致个人账户积累水平过低，起不到应有的保障作用。因此这类地区应通过提高地方财政补贴力度，防范个人账户保障水平过低风险。而宜都市在新农保的财政补贴力度相对其收入显得过于谨慎，存在养老金保障水平不足的风险。

区域三（$FI$ > 250000万元）。所考察的湖北省所有试点县（市、区）中，仅黄陂区位于这一区域，黄陂区区级财政支出之所以远远超过其他地区，主要体现高于国家最低基础养老金标准中的50元/月/人的补贴，由黄陂区地市级和县级区财政各承担一半。这一财政补贴地方政府分担方式，按照财政部省直管县的财政体制，市一级的财政补贴实施起来会有难度，而相应的新农保财政补贴将面临新的调整。与黄陂区情况相似的，还有梁子湖区和宜都市，其导致的政策频繁调整容易引起参保对象的信任危机，应在进一步的试点方案中尽快加以调整完善，规避制度设计风险。

（四）县级财政补贴风险评估结论

分析表明，以湖北省新农保试点县为例的县级财政补贴风险主要表现在：县级财政补贴力度普遍较小，产生的保障水平高低不一，对收入较高农民的参保激励效果不明显，给制度的可持续运行带来潜在风险。

首先，县级财政负担省级财政下解的新农保财政补贴任务较重。由于各级地方政府新农保财政责任界定不明确，导致财政责任主要由县（市、

---

① 蔡昉：《刘易斯转折点与公共政策方向的转变——关于中国社会保护的若干特征性事实》，《中国社会科学》2010年第6期。

区）财政承担，县级财政负担省级财政下解的新农保财政补贴任务较重的现象比较普遍。

其次，县级政府对新农保按不同档次缴费的个人缴费补贴差异较大。比如，黄陂区按最高档次缴费者所获得的财政补贴，是按最低档次缴费者的3.3倍，宜都区为2.1倍，梁子湖为1.3倍。这种越富补得越多，越穷补得越少的情况，将加大同一地区的新农保个人账户积累差距，导致较大的政策风险及不公。

再次，县级政府财政补贴并未经过严格的精算来明确自身的财政责任。由于财政兜底对基金的平衡总是有极限的，对基金在将来某个时期可能出现严重的收不抵支县级政府缺乏准确估计，在取消农业税后，除少数相对富裕的地区能够提供足额的财政补贴外，其他各地和各级财政的收入比较有限，缺少新农保补贴的精算管理，将无法完成区域平衡发展的新农保发展战略。

最后，新农保实行定额的缴费标准和基础养老金发放标准，虽然直观的经济账能让农民对未来收益清楚明晰，但随着经济快速发展，定额的缴费和发放标准充满了不确定性，缺乏科学的精算，将引发制度实际保障不足后果。而对于用给付水平的降低来化解给付风险的做法风险较大显然不可取，因此需采取一些必要的措施，降低政府所负的经济责任。

## 第二节　集体筹资风险评估

2014年最新的城乡居保《统一意见》要求："城乡居保采用个人缴费、集体补助和政府补贴相结合的筹资方式"，该文件同时倡议"有条件的村集体经济组织应当对参保人缴费给予补助，补助标准由村民委员会召开村民会议民主确定，鼓励有条件的社区将集体补助纳入社区公益事业资金筹集范围。鼓励其他社会经济组织、公益慈善组织、个人为参保人缴费提供资助。补助、资助金额不超过当地设定的最高缴费档次标准"。从制度内容设计的最初目的看，这是对我国各地农村发展水平不均衡现状制定的一种弹性政策，期望能够依靠村集体对自身经济实力的准确判断以及社会组织的公益感给新农保收入来源带来更多的可能。由此，维持新农保制度在财务上的可持续发展，需要提供适度的集体补助。根据补助金额的多少与参保率的关联较弱的结论，本书认为相应的集体筹资风险在于新农保试点中是否有"集体补助"，即集体经济筹资的意愿和集体经济筹资的能力。

### 一 集体经济筹资意愿分析

集体补助只是自愿性规定，"有条件"只是一个比较抽象定性的说法，没有具体的数字标准，容易导致各地对"有条件"规定产生理解、执行不一的情况，补助力度上带有很强的弹性，无法对集体补助形成硬性约束。各地集体经济实力差异很大，"有条件"难以被界定，成了一些村集体逃避新农保补贴责任的推卸借口；另外，"其他经济组织、社会公益组织、个人"的资助则更加难以确定，具有很大的随机性，目前并没有关于激励这部分群体对新农保资助的政策激励机制和免税措施。因此现实中这类资助情况也比较少。比如，新农保从开始试点到2010年5月底，吉林省内只有1个村级经济组织为77名参保人员代缴了2310元保费。湖北省第一批全国新农保试点县中，仅有南漳县的一个村集体为参保农民进行了补助。由此可见，目前存在较大的集体筹资意愿风险。

### 二 集体经济筹资能力评估

从集体经济筹资的可能性上而言，根据《中华人民共和国物权法》规定，集体所有的土地和森林、山岭、草原、荒地、滩涂；建筑物、生产设施、农田水利设施；教育、科学、文化、卫生、体育等设施等是集体资产，农村集体经济组织享有对其占有、使用、收益和处分的权利。因此，实际上集体经济组织具有对集体所有的资产有权进行管理和经营，并具有"为集体经济组织成员提供基本的社会保障等多项职责"。2012年在中央的一号文件《关于加快推进农业科技创新持续增强农产品供给保障能力的若干意见》中，明确提出"壮大农村集体经济，探索有效实现形式，增强集体组织对农户生产经营的服务能力"。可见目前党和国家政府充分发展集体经济的决心。

从地理区域差异看农村集体的筹资能力，在宏观层面上，中央政府倡导简政放权，优化地方行政结构，无论是乡镇个数还是村委会数量都在呈减少趋势，乡村人口数量和乡村从业人口数量也在不断减少，这是因为城镇一体化以来，大量农民工进城务工，有的农民逐渐适应城市生活留在城

| 项　目 | 单位 | 2000年 | 2005年 | 2010年 | 2015年 | 2016年 |
|---|---|---|---|---|---|---|
| 农村基层组织 | | | | | | |
| 　乡镇级 | 个 | 49 668 | 41 636 | 40 906 | 39 789 | 39 862 |
| 　镇个数 | 个 | 20 312 | 19 522 | 19 410 | 20 515 | 20 883 |
| 　村委会个数 | 个 | 743 715 | 640 139 | 594 658 | 580 575 | 559 702 |
| 乡村人口和从业人员 | | | | | | |
| 　乡村户数 | 万户 | 24 148.5 | 25 222.4 | 26 384.6 | | |
| 　乡村人口数 | 万人 | 92 819.7 | 94 907.6 | 96 618.9 | 60 345.8 | 58 972.6 |
| 　乡村从业人员数 | 万人 | 47 962.5 | 50 387.3 | 53 244.0 | 37 041.0 | 36 175.0 |
| 　按性别分 | 万人 | | | | | |
| 　　男 | 万人 | 25 518.1 | 26 930.9 | 28 573.6 | | |
| 　　女 | 万人 | 22 444.4 | 23 456.6 | 24 670.4 | | |
| 　按国民经济行业分 | 万人 | | | | | |
| 　　农业 | 万人 | 32 797.6 | 29 975.8 | 27 694.8 | 21 919.0 | 21 496.0 |
| 农村居民人均可支配收入 | 元 | | | | 11 421.7 | 12 363.4 |
| 耕地面积 | 千公顷 | | | | 134 998.7 | 134 920.9 |
| 农作物总播种面积 | 千公顷 | 156 299.8 | 155 487.7 | 160 674.8 | 166 373.8 | 166 649.5 |
| 　粮食作物 | 千公顷 | 108 462.5 | 104 278.4 | 109 876.1 | 113 342.9 | 113 034.5 |
| 　　谷物 | 千公顷 | 85 264.2 | 81 873.9 | 89 850.6 | 95 635.9 | 94 394.0 |
| 　　豆类 | 千公顷 | 12 660.1 | 12 901.5 | 11 275.7 | 8 868.3 | 9 699.9 |
| 　　薯类 | 千公顷 | 10 538.3 | 9 503.0 | 8 749.7 | 8 838.8 | 8 940.6 |
| 　油料作物 | 千公顷 | 15 400.3 | 14 317.7 | 13 889.6 | 14 034.6 | 14 138.4 |
| 　棉花 | 千公顷 | 4 041.2 | 5 061.8 | 4 848.7 | 3 796.7 | 3 344.7 |
| 　麻类 | 千公顷 | 261.7 | 334.7 | 132.7 | 81.3 | 87.6 |
| 　糖类 | 千公顷 | 1 514.2 | 1 564.4 | 1 905.0 | 1 736.5 | 1 696.2 |

注：1. 乡村人口数指乡村居民户数中常住人口数，即经常在家或在家居住6个月以上，而且经济和生活与本户连成一片的人口。
2. 耕地面积为当年全国土地变更调查数据，来源于国土资源部。

图7-2　全国农村基层组织和农业基本情况

市，与此同时，农村居民人均可支配收入和农作物总播种面积增加了，全国农村集体经济总量虽可观，但是在微观层面上，大部分集中在了东部发达省份约占60%，其次是中部省份，西部省份垫底；这些现象都说明农村地区总体经济实力有所提高，但是相当的不均衡。这种不均衡也直接对东、中、西部农民的参保意愿和缴费能力产生影响，更不用说集体财政补贴了，就算有一定的补贴能力，也难以保证公平补贴。

在没有具体政策支撑、各地区经济发展水平差异较大的时代背景下，集体筹资作为一种单独的筹资方式，仍然面临重重困难；东部经济发达地区也存在集体补助意愿不强、暗箱操作等问题，中西部地区经济实力较弱，大部分村镇集体没有办法为群众提供参保补助，新农保依然存在较大的筹资风险和困难。

## 第三节　新农保个人缴费能力风险评估

### 一　个人缴费能力风险评估指标的确定

个人缴费能力风险，即农村居民个人在现在或未来因为收入有限等方面的原因导致没有能力负担新农保缴费的风险，制度不仅不能实现"保基本"的目标，而且还会最终因参保人数不多，出现财务危机导致制度的不可持续。对个人缴费能力风险的考察，旨在明确农村居民阶层在社会保险获取机会的公平性及社会保险资源的可及性。新农保缴费档次设定的合理，农村居民有能力缴上费，才能顺利参保，进而充分发挥出新农保在保障农村居民年老生活，稳定社会发展、促进经济增长方面的重要作用，增强制度可持续运行的概率与可能性。个人缴费能力风险需要一定的指标进行量化测度。

农村居民是否有缴费能力，取决于农村居民的可支配收入减去基本生活所需费用之后的剩余。根据西方经济学理论，收入等于消费加上储蓄，也即收入减去消费后剩下的储蓄可用于投资（投机）或不时之需。农村居民在取得收入之后，除去生活所必需的消费外，剩下的部分才能用于储蓄或者从事其他投资活动。因此，我们将农村居民人均可支配收入减去农村居民人均生活消费支出所得到的剩余部分定义为农村居民参加新农保的最大缴费能力。其中，农村居民"人均生活消费支出"包括对生活各方面的需要，主要有食品烟酒、衣着、居住、生活用品及服务、交通通信、教育文化娱乐、医疗保健以及其他用品及服务八大类。[①]用新农保参保所需缴纳的保费档次与最大缴费能力相比，作为实际缴费对于最大缴费能力的系数，称为最大缴费能力系数（$R$）。本书采用最大缴费能力系数（$R$）作为新农保风险农村居民个人缴费能力风险大小测度的测度指标。公式表示如下

---

[①] 根据国家统计年鉴的指标解释所得。

R＝新农保缴费档次／（农村居民人均可支配收入－农村居民人均生活消费支出）（1）

按照最大缴费能力系数（R）的大小，本书将新农保农村居民缴费能力风险划分为以下五个等级，分别为：R＝［0，0.28］、R＝（0.28，0.5］、R＝（0.5，0.75］、R＝（0.75，1］、R＝（0以下或1以上）。

R＝［0，0.28］等级表示参加新农保的个人账户费用小于或等于农村居民可支配收入减去消费支出余额的28%。28%是我国当前企业职工缴纳的养老保险费占职工工资总额的比例，即当前企业职工需拿出工资总额的28%用于养老保险的缴费，代表农村居民缴费压力与城镇企业职工相当。处于这一等级的农村居民个人参保缴费能力属于基本无风险。

R＝（0.28，0.5］等级表示农村居民人均可支配收入减去人均生活消费支出以后的余额中，最多不超过一半（包含一半）用于新农保个人账户参保缴费；另一半可用于其他用途。这一部分的农村居民缴费能力风险较小。

R＝（0.5，0.75］等级表示农村居民用其可支配收入减去消费支出余额中不超过75%（包含75%）用于支付新农保个人账户参保缴费，参保后仅剩余1/4左右的钱用于其他消费和开支。处于这一等级的农村居民在参加新农保制度中的缴费能力较弱，很有可能因为其他更直接的消费需求而减少或取消这一为规避未来养老风险的参保需求，缴费能力风险较大。

R＝（0.75，1］等级表示农村居民用其人均可支配收入减去支出余额的3/4甚至全部（R＝1）支付新农保个人账户缴费，农村居民参加新农保的最大缴费能力刚好等于农村居民用于人均生活消费支出后的可支配收入剩余，几乎没有用于其他用途的余额。对这一等级的农村居民来说其新农保缴费能力存在极大风险。

R＝（0以下或1以上）等级中R＝（0以下）的等级表示农村居民人均可支配收入小于生活消费支出，基本的生活入不敷出，根本没有能力支付新农保的个人缴费；R＝（1以上）等级意味着制度规定的缴费档次远高于农村居民最大缴费能力，存在缴费能力风险，个人账户筹资来源不足。对这一等级的农村居民来说，其新农保的缴费存在完全风险。新农保农村居民最大缴费能力系数及缴费风险程度划分如图7-3所示。

| 系数区间 | R=[0, 0.28] | R=(0.28,0.5] | R=(0.5,0.75] | R=(0.75,1] | R=(0以下或1以上) |
|---|---|---|---|---|---|
| 风险程度 | 基本无风险 | 中等风险 | 较大风险 | 极大风险 | 完全风险 |

**图7-3 新农保农村居民最大缴费能力系数及缴费风险程度划分**

国发〔2014〕8号文件规定"缴费标准目前设为每年100元、200元、300元、400元、500元、600元、700元、800元、900元、1000元、1500元、2000元12个档次,最高缴费档次标准原则上不超过当地灵活就业人员参加职工基本养老保险的年缴费额,并报人力资源和社会保障部备案",据此可见目前城乡居保依然沿用新农保所采用的定额缴费制,并赋予地方根据实际情况增设缴费档次的权力。新农保制度设置的缴费档次灵活,因此本书将选择缴费标准的最低档和最高档分别计算农村居民参加新农保的最低档最大缴费能力系数和最高档最大缴费能力系数,公式表示如下。

$R$最低档=新农保缴费最低档/(农村居民人均可支配收入-农村居民人均生活消费支出)……　　　　　　　　　　　　(2)

$R$最高档=新农保缴费最高档/(农村居民人均可支配收入-农村居民人均生活消费支出)……　　　　　　　　　　　　(3)

## 二 省级农村居民缴费能力风险评估

新农保制度覆盖我国31个省、自治区和直辖市,截至2017年底,城乡居保参保人数达到51255万人。本书采用2017年统计年鉴数据,以城乡居保制度覆盖的31个省、自治区和直辖市作为考察样本,对各省农村居民参保缴费的最低档和最高档的缴费能力进行评估。[1]

各省、自治区和直辖市农村居民相关数据如下表7-1所示。

---

[1] 何晖:《城乡居民基本养老保险农民个人缴费能力风险评估——以湖南省43个县(市、区)为考察样本》,《湘潭大学学报》(哲学社会科学版)2014年第5期。

表 7-1　2016 年全国各省、自治区和直辖市农村居民人均可支配收入、
人均生活消费支出、缴费档次及最大缴费能力系数　　单位：元

| 省份 | 农村居民人均可支配收入 | 农村居民人均消费支出 | 最低档次 | 最高档次 | 最低档最大缴费能力系数 | 最高档最大缴费能力系数 |
| --- | --- | --- | --- | --- | --- | --- |
| 全国 | 12363.4 | 10129.8 | 100 | 2000 | 0.04 | 0.90 |
| 北京 | 22309.5 | 17329.0 | 1000 | 7420 | 0.20 | 1.49 |
| 天津 | 20075.5 | 15912.1 | 600 | 3300 | 0.14 | 0.79 |
| 河北 | 11919.4 | 9798.3 | 100 | 3000 | 0.05 | 1.41 |
| 山西 | 10082.5 | 8028.8 | 100 | 2000 | 0.05 | 0.97 |
| 内蒙古 | 11609.0 | 11462.6 | 100 | 3000 | 0.68 | 20.49 |
| 辽宁 | 12880.7 | 9953.1 | 100 | 2000 | 0.03 | 0.68 |
| 吉林 | 12122.9 | 9521.4 | 100 | 2000 | 0.04 | 0.77 |
| 黑龙江 | 11831.9 | 9423.8 | 100 | 2000 | 0.04 | 0.83 |
| 上海 | 25520.4 | 17070.8 | 500 | 3300 | 0.06 | 0.39 |
| 江苏 | 17605.6 | 14428.2 | 100 | 2500 | 0.03 | 0.79 |
| 浙江 | 22866.1 | 17358.9 | 100 | 2000 | 0.02 | 0.36 |
| 安徽 | 11720.5 | 10287.3 | 100 | 3000 | 0.07 | 2.09 |
| 福建 | 14999.2 | 12910.8 | 100 | 2000 | 0.05 | 0.96 |
| 江西 | 12137.7 | 9128.3 | 100 | 2000 | 0.03 | 0.66 |
| 山东 | 13954.1 | 9518.9 | 100 | 5000 | 0.02 | 1.13 |
| 河南 | 11696.7 | 8586.6 | 100 | 5000 | 0.03 | 1.61 |
| 湖北 | 12725.0 | 10938.3 | 100 | 2000 | 0.06 | 1.12 |
| 湖南 | 11930.4 | 10629.9 | 100 | 3000 | 0.08 | 2.31 |
| 广东 | 14512.2 | 12414.8 | 120 | 3600 | 0.06 | 1.72 |
| 广西 | 10359.5 | 8351.2 | 100 | 2000 | 0.05 | 1.00 |
| 海南 | 11842.9 | 8921.2 | 100 | 3000 | 0.03 | 1.03 |
| 重庆 | 11548.8 | 9954.4 | 100 | 2000 | 0.06 | 1.25 |
| 四川 | 11203.1 | 10191.6 | 100 | 3000 | 0.10 | 2.97 |
| 贵州 | 8090.3 | 7533.3 | 100 | 2000 | 0.18 | 3.59 |

续表

| 省份 | 农村居民人均可支配收入 | 农村居民人均消费支出 | 最低档次 | 最高档次 | 最低档最大缴费能力系数 | 最高档最大缴费能力系数 |
|---|---|---|---|---|---|---|
| 云南 | 9019.8 | 7330.5 | 100 | 2000 | 0.06 | 1.18 |
| 西藏 | 9093.8 | 6070.3 | 100 | 3000 | 0.03 | 0.99 |
| 陕西 | 9396.4 | 8567.7 | 100 | 2000 | 0.12 | 2.41 |
| 甘肃 | 7456.9 | 7487.0 | 100 | 2000 | -3.32 | -66.45 |
| 青海 | 8664.4 | 9222.2 | 100 | 2000 | -0.18 | -3.59 |
| 宁夏 | 9851.6 | 9138.4 | 100 | 2000 | 0.14 | 2.80 |
| 新疆 | 10183.2 | 8277.0 | 100 | 3000 | 0.05 | 1.57 |

数据来源：《国家统计年鉴2017》缴费档次由各地官方网站资料整理得来，其他数据根据本文计算得到。

由表7-1可见，全国农村居民2016年的人均可支配收入为12363.4元，扣除人均消费支出剩余2233.6元，根据（2）、（3）式可得，最低档和最高档个人最大缴费能力系数分别为0.04和0.90。其中，最低档最大缴费能力系数位于$R=[0, 0.28]$，属于基本无风险等级；而最高档最大缴费能力系数位于$R=(0.75, 1]$，属于极大风险。从全国的平均水平来看，农村居民完全有能力承担新农保缴费的最低档次，但是当农村居民选择最高缴费档次时，大多数农村居民会处于较大的风险中，只有少数较富裕的农村居民具备相应的缴费能力。

（一）最低档、最高档最大缴费能力风险的比较

将表7-1中的部分数据提取处理绘制成条形图，如图7-4所示。

由图可见，根据各省、自治区和直辖市的最高档最大缴费能力来看，同时根据上文的缴费风险程度划分，31个省、自治区和直辖市处于基本无风险程度的省份为0个；处于中等风险程度的有2个；处于较大风险程度的有2个；处于极大风险程度的有8个；处于完全风险程度的有19个，处于完全风险程度的省份约占总数的61.3%。从最高档的最大缴费能力系数来看，31个省、自治区和直辖市中，有约4/5的地区处于较大风险及以上，这些省份的农村居民在现阶段的制度最高档选择上可能存在较大

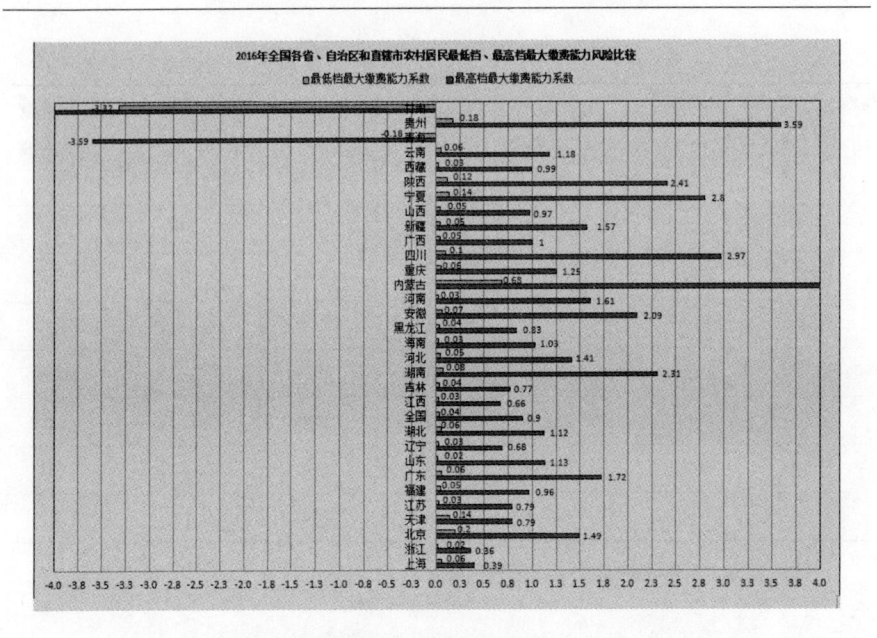

图 7-4　2016 年全国各省、自治区和直辖市农村居民最低档、
最高档最大缴费能力风险比较

困难，他们在选择缴费档次时，只能选择较低档次的缴费标准。①

从最低档最大缴费能力系数来看，31 个省、自治区和直辖市中，有 28 个省份风险系数小于等于 0.28，风险程度为基本无风险，约占总数的 90%；有 1 个省份风险程度属于较大风险，即内蒙古自治区；其中，$R$ = （0 以下）风险等级的有两个省份，包括甘肃和青海，这两个省份的农村居民人均可支配收入小于人均生活缴费支出（其最低档的最大缴费能力系数为 0 以下），个人缴费能力处于完全风险，表明其基本生活无法保障，更谈不上缴费参加新农保，这类人群直接被排除在制度之外，无法享受制度带来的优惠，制度的公平性将大打折扣。②

（二）最低档、最高挡最大缴费能力风险程度划分

新农保制度为体现缴费档次设置的层次性、差异性，在进行缴费档次

---

① 何晖：《城乡居民基本养老保险农民个人缴费能力风险评估——以湖南省 43 个县（市、区）为考察样本》，《湘潭大学学报》（哲学社会科学版）2014 年第 5 期。

② 同上。

设置时，应拉开差距，从而可以更好地满足农村居民多样化的需求。本书以 $WL=1$ 为警戒线，即农民参加新农保的最大缴费能力刚好等于农民用于人均生活消费支出后的纯收入剩余，使得缴费档次的设置能够与农村居民的经济能力相符合，促进新农保筹资的可持续。

为进一步评估风险，本书将新农保覆盖的31个省、自治区和直辖市的新型农村社会养老保险个人缴费的最高挡最大缴费能力、最低档最大缴费能力风险进行等级划分。具体划分如表7-2、表7-3所示。

在最高档次最大缴费能力上，由表7-2可见，对于分布在 $R=(0.28, 0.5]$ 的浙江省和上海市这2个地区以及 $R=(0.5, 0.75]$ 的江西省和辽宁省这2个地区，其最高档最大缴费能力风险中等，远低于 $WL=1$ 的警戒线，可能存在不能满足农民多样化需求，尤其是难以满足较富裕农民参保的需要。因此，上述几类地区最高档次的设置偏低，应适度提高最高缴费档次。对于位于 $R=(0.75, 1]$ 区间的吉林省、江苏省、天津市、黑龙江省、福建省、山西省、西藏自治区和广西壮族自治区这8个地区，其最高档次的设置比较符合制度目标，而对于海南省、湖北省、山东省、云南省、重庆市、河北省、北京市、新疆维吾尔自治区、河南省、广东省、安徽省、湖南省、陕西省、宁夏回族自治区、四川省、贵州省和内蒙古自治区等19个地区，由于这些地区人均个人可支配收入与人均消费支出的差小于该地区设置的最大缴费档次，其最高档次设置偏高，需要进行调整。另外还有甘肃省和青海省这2个地区，其人均消费支出大于人均可支配收入，最高档次的设置对于它们而言可望而不可即，形同虚设，档次设置可适度降低，并且在个人筹资制度规定上应有所倾斜，明确国家给予政策支持和财政补贴，让广大农村居民切实享受新农保政策惠农助农成果。

**表7-2　最高档个人最大缴费能力风险程度划分及档次合理程度**

| 档次设置评估 | 风险程度 | 地　区 |
| --- | --- | --- |
| 偏低 | 基本无风险 $R=[0, 0.28]$ | 无 |
|  | 中等风险 $R=(0.28, 0.5]$ | 浙江省　上海市 |
|  | 较大风险 $R=(0.5, 0.75]$ | 江西省　辽宁省 |

续表

| 档次设置评估 | 风险程度 | 地 区 |
|---|---|---|
| 适中 | 极大风险 $R=(0.75,1]$ | 吉林省 江苏省 天津市 黑龙江省 福建省 山西省 西藏自治区 广西壮族自治区 |
| 偏高 | 完全风险 $R=$（1以上） | 海南省 湖北省 山东省 云南省 重庆市 河北省 北京市 新疆维吾尔自治区 河南省 广东省 安徽省 湖南省 陕西省 宁夏回族自治区 四川省 贵州省 内蒙古自治区 |
| 极高 | 完全风险 $R=$（0以下） | 甘肃省 青海省 |

在最低档次最大缴费能力上，此处以 $WL=0.28$ 为警戒线，这相当于我国当前企业职工缴纳的养老保险费占职工工资总额的比例用于参保缴费。从表7-3可以看到，绝大部分地区没有最低档最大缴费能力风险，仅有内蒙古自治区（0.68）的个人缴费系数超过0.28，表明内蒙古自治区的农村居民缴费负担偏重，且超过了城镇企业职工的缴费率，容易出现农民因生活消费支出的意外增加或波动导致的断保退保现象。另外还有甘肃省和青海省两个地区，其人均消费支出大于人均可支配收入，农村居民无法承担最低档次的缴费标准，对于这类地区，其最低档缴费能力系数是负数，需政府补助缴费。

表7-3　　　　　　最低档个人最大缴费能力风险程度划分

| 风险程度 | 地 区 |
|---|---|
| 基本无风险 $R=[0,0.28]$ | 浙江省 山东省 江苏省 河南省 西藏自治区 江西省 辽宁省 海南省 吉林省 黑龙江省 河北省 福建省 山西省 广西壮族自治区 新疆维吾尔自治区 湖北省 广东省 上海市 云南省 重庆市 安徽省 湖南省 四川省 陕西省 宁夏回族自治区 天津市 贵州省 北京市 |

续表

| 风险程度 | 地 区 |
|---|---|
| 中等风险 $R = (0.28, 0.5]$ | 无 |
| 较大风险 $R = (0.5, 0.75]$ | 内蒙古自治区 |
| 极大风险 $R = (0.75, 1]$ | 无 |
| 完全风险 $R = (0$ 以下$)$ | 甘肃省 青海省 |

资料来源：根据笔者研究所得。

新农保缴费标准在采取定额制的现状下，其档次必须根据各地区的具体经济社会发展和农村居民的收入消费实际进行设置。[1]同时，由上可见农民缴费能力仅省级水平之间便产生差异，况且全国各省、市下辖的市、县、区之间差异更大，此外还有制度合并后被"遮盖"的城乡之间差距。因此我们必须关注平均数背后的巨大差异，对各统筹层次地区的农民个人参保缴费能力进行微观考察和评估十分必要。[2]以下将对各省、自治区和直辖市的农村居民个人缴费能力风险进行评估。

**三 各市、县农村居民个人缴费能力风险评估——以全国9省320县（市）为例**

（一）各县（市）个人最大缴费能力风险分级

根据地区抽样的代表性和数据的可获得性，本书选取了全国东、中、西部9省共320个县（市）进行农村居民个人缴费能力风险评估，按照前文构建的风险评价指标和设定风险分级，所得结果如表7-4所示。

---

[1] 何晖：《城乡居民基本养老保险农民个人缴费能力风险评估——以湖南省43个县（市、区）为考察样本》，《湘潭大学学报》（哲学社会科学版）2014年第5期。

[2] 同上。

表7-4 9大省份320个县（市）最高、最低档最大缴费能力风险分析

| 档次设置评估 | 风险程度 | 省份 | 最高档 | 最高档小计 | 最低档 | 最低档小计 | 总结 |
|---|---|---|---|---|---|---|---|
| 偏低 | 基本无风险 $R=[0, 0.28]$ | 河南省① | 1 | 53 | 48 | 290 | 343 |
| | | 陕西省② | 1 | | 27 | | |
| | | 安徽省③ | 9 | | 31 | | |
| | | 湖南省④ | 27 | | 36 | | |
| | | 宁夏回族自治区⑤ | 0 | | 13 | | |
| | | 重庆市⑥ | 0 | | 37 | | |
| | | 湖北省⑦ | 6 | | 37 | | |
| | | 四川省⑧ | 0 | | 45 | | |
| | | 上海市⑨ | 9 | | 16 | | |
| | 中等风险 $R=(0.28, 0.5]$ | 河南省 | 5 | 75 | 3 | 6 | 81 |
| | | 陕西省 | 2 | | 0 | | |
| | | 安徽省 | 13 | | 0 | | |
| | | 湖南省 | 5 | | 1 | | |
| | | 宁夏回族自治区 | 0 | | 2 | | |
| | | 重庆市 | 8 | | 0 | | |
| | | 湖北省 | 16 | | 0 | | |
| | | 四川省 | 19 | | 0 | | |
| | | 上海市 | 7 | | 0 | | |
| | 较大风险 $R=(0.5, 0.75]$ | 河南省 | 3 | 43 | 0 | 0 | 43 |
| | | 陕西省 | 1 | | 0 | | |
| | | 安徽省 | 6 | | 0 | | |
| | | 湖南省 | 3 | | 0 | | |
| | | 宁夏回族自治区 | 2 | | 0 | | |
| | | 重庆市 | 8 | | 0 | | |
| | | 湖北省 | 4 | | 0 | | |
| | | 四川省 | 16 | | 0 | | |
| | | 上海市 | 0 | | 0 | | |

续表

| 档次设置评估 | 风险程度 | 省份 | 最高档 | 最高档小计 | 最低档 | 最低档小计 | 总结 |
|---|---|---|---|---|---|---|---|
| 适中 | 极大风险 $R=(0.75, 1]$ | 河南省 | 5 | 31 | 0 | 0 | 31 |
| | | 陕西省 | 4 | | 0 | | |
| | | 安徽省 | 3 | | 0 | | |
| | | 湖南省 | 0 | | 0 | | |
| | | 宁夏回族自治区 | 3 | | 0 | | |
| | | 重庆市 | 10 | | 0 | | |
| | | 湖北省 | 2 | | 0 | | |
| | | 四川省 | 4 | | 0 | | |
| | | 上海市 | 0 | | 0 | | |
| 偏高 | 完全风险 $R=$（1以上） | 河南省 | 33 | 94 | 0 | 4 | 98 |
| | | 陕西省 | 19 | | 0 | | |
| | | 安徽省 | 0 | | 0 | | |
| | | 湖南省 | 4 | | 2 | | |
| | | 宁夏回族自治区 | 11 | | 1 | | |
| | | 重庆市 | 12 | | 1 | | |
| | | 湖北省 | 9 | | 0 | | |
| | | 四川省 | 6 | | 0 | | |
| | | 上海市 | 0 | | 0 | | |
| 极高 | 完全风险 $R=$（0以下） | 河南省 | 4 | 24 | 0 | 20 | 44 |
| | | 陕西省 | 4 | | 4 | | |
| | | 安徽省 | 2 | | 2 | | |
| | | 湖南省 | 4 | | 4 | | |
| | | 宁夏回族自治区 | 6 | | 6 | | |
| | | 重庆市 | 0 | | 0 | | |
| | | 湖北省 | 4 | | 4 | | |
| | | 四川省 | 0 | | 0 | | |
| | | 上海市 | 0 | | 0 | | |

续表

| 档次设置评估 | 风险程度 | 省份 | 最高档 | 最高档小计 | 最低档 | 最低档小计 | 总结 |
|---|---|---|---|---|---|---|---|
| 计 | | | | 320 | | 320 | 640 |

数据来源：1. 人均纯收入、生活消费支出、缴费档次数据来源：①《河南省统计年鉴2016》，缴费档次由各地官方网站资料整理得来；②《陕西省统计年鉴2016》和各市县的《统计年鉴》，缴费档次由各地官方网站资料整理得来；③《安徽省统计年鉴2017》和各市县的《统计年鉴》；④《湖南省统计公报2017》，缴费档次由各地官方网站资料整理得来；⑤《宁夏回族自治区统计年鉴2017》，缴费档次由各地官网资料整理而来；⑥《重庆市统计年鉴2017》，缴费档次由各地官方网站资料整理得来；⑦《湖北省统计年鉴2016》，缴费档次由各地官方网站资料整理得来；⑧《四川省统计年鉴2016》《德阳市统计年鉴2016》《成都市统计年鉴2016》《雅安市统计年鉴2016》《泸州市统计年鉴2016》《宜宾市统计年鉴2016》，缴费档次由各地官方网站资料整理得来；⑨《上海市统计年鉴2016》，缴费档次由各地官方网站资料整理得来。2. 个人最大缴费能力，最高、最低档最大缴费能力系数来源：根据本文计算所得。

由上表7-4可以看出，从最高档最大缴费能力系数来看，9个省份农村居民在参保缴费最高档次中，基本没有风险的县（市）只有53个，占全部320个样本县（市）总数的16.56%；呈现中等风险的有75个，占全部县（市）数量的23.43%，表明这部分农村居民对于最低档次的缴费存在一定风险，无能力选择较高档次参保缴费，仅能维持在最低档次的缴费上，一旦遇到意外使消费支出增加，则可能出现断保退保情况，进而引发基金积累无法"保基本"的风险；①呈现较大风险的有43个，占全部县（市）比例为13.44%；呈现极大风险的有31个，占全部县（市）数量的9.76%；呈现完全风险（$R = 1$ 以上）情况的有94个，占全部市县的29.38%；呈现极高风险（$R = 0$ 以下）即没有任何能力购买最高档农村养老保险的有24个，占320个县（市）的7.5%。由上分析可得出，绝大部分县（市）对购买最高档农村养老保险存在较大风险，$WL = 0.75$ 为基准，有128个县（市）对购买最高档农村养老保险存在较低风险，

---

① 何晖：《城乡居民基本养老保险农民个人缴费能力风险评估——以湖南省43个县（市、区）为考察样本》，《湘潭大学学报》（哲学社会科学版）2014年第5期。

即在320个县（市）中，只有40%的县（市）对购买最高档农村养老保险没有较大风险；有60%的县（市）对购买最高档农村养老保险存在较大及以上的购买风险。对于60%的县（市）农民来说购买最高档次的农村养老保险对于他们而言可望而不可即，表明这些地区的农民在现阶段的制度最高档选择上可能存在较大困难，只能选择较低档次的缴费标准。为了能更好地让养老保险政策惠及更多农民，每个省份可以把档次设置适度降低，并且在个人筹资制度规定上应有所倾斜，明确国家给予政策支持和财政补贴，让广大农村的居民切实享受新农保政策惠农助农成果。[①]同时，通过上表我们可以看出最高、最低档农村养老保险档次都有一定的县（市）的农民参与购买，另外购买农村养老保险最高、最低的最大风险系数也有不同的差异，表示新农保制度在档次设计上具有层次性、差异性，是符合农村养老保险制度的长远发展要求的。

从最低档最大缴费能力系数来看，320个县（市）中有290个县（市）对购买最低档养老保险表示没有风险，即有90.62%的县（市）可以接受最低档的农村社会养老保险，这些县（市）的农民完全可以负担新农保最低档的缴费；仅有6个县（市）对购买最低档社会养老保险呈现出中等风险情况，占全部县（市）的1.88%；同时在较大风险 $R=(0.5, 0.75]$ 和极大风险 $R=(0.75, 1]$ 这两个等级上没有县（市）有这个风险情况；但是有24个县（市）在完全风险 $R=$（1以上）和完全风险（0以下）上显示出情况，即有7.5%的县（市）对购买最低农村养老保险依然存在完全风险，其收入和支出情况远远达不到购买最低新农保的要求，表明这些地区的缴费负担偏重，且超过了城镇企业职工的缴费率，出现了城乡不公平，容易出现农民因生活消费支出的意外增加或波动导致的断保退保现象。对于这类地区，需尽快提高农民的收入水平，通过增加农村信贷资金，推进农村劳动力转移等方式，提高其缴费能力，降低缴费风险。[②]对于这320个县（市）在购买最低档农村社会养老保险出现的断层情况，国家应使用国家财政补贴的形式来保障其最低生活水平，为

---

① 何晖：《城乡居民基本养老保险农民个人缴费能力风险评估——以湖南省43个县（市、区）为考察样本》，《湘潭大学学报》（哲学社会科学版）2014年第5期。

② 同上。

推进农村社会养老保险的发展,国家在保障其基本生活水平的同时,加大对这部分农民对购买农村社会养老保险的支持力度,鼓励并支持这部分农民购买最低档农村社会养老保险,使这部分农民在将来的老年生活中有"保基本"的生活补贴,也为我国快速老龄化的社会形态做出应对。

为了便于清晰直观地对数据进行观察和研究并对比农村居民个人在最高、最低档缴费能力上的风险,我们将9大省份下的320个县(市)人均可支配收入、人均生活消费支出、个人最大缴费能力、最低、最高档农村养老保险额度和最高、最低档最大缴费风险系数等数据进行处理和根据个人最大缴费能力的降序进行排序并绘制成各地区农民个人最低档、最高档最大缴费能力风险的比较折线图,全部详细数据表格和折线图见附件三。①

(二)农村居民人均可支配收入、人均生活消费支出、个人最大缴费能力与缴费档次的关系——以上海市、重庆市为例

由上分析可见,各地区不同的缴费档次的设置会对农村居民的缴费能力产生影响。缴费档次设置过高,农村居民的缴费能力会降低;缴费档次设置过低,存在满足不了该地区农村居民的需求的问题。因此,地方政府如何对新农保缴费档次进行合理的设置,使其与农村居民的实际需求相适应意义重大。以下通过对农村居民人均可支配收入、人均生活消费支出、个人最大缴费能力与缴费档次的关系分析,进一步揭示缴费档次设置与个人最大缴费能力风险大小。

从9省320个县(市、区)的最低档、最高档缴费金额设置[详见附录三:各县(市、区)最高/最低缴费档次及个人最大缴费能力系数表]来看,上海市(共16区)、重庆市(共38个县区)的最低档、最高档设置完全相同(上海市分别为600元、3300元,重庆市为100元、2000元),且涉及试点区域较多,形成数据结论具有一定的参考价值,因此本书选取上海市、重庆市为例来分析农村居民人均可支配收入、人均生活消费、个人最大缴费能力与缴费档次的关系。

1. 农村居民人均可支配收入与缴费档次的关系

通过各县(市、区)最高/最低缴费档次及个人最大缴费能力系

---

① 何晖:《城乡居民基本养老保险农民个人缴费能力风险评估——以湖南省43个县(市、区)为考察样本》,《湘潭大学学报》(哲学社会科学版)2014年第5期。

数表（详见附件）可以看到上海市、重庆市各区农村居民人均可支配收入、人均生活消费支出、个人最大缴费能力、缴费最低档和最高档的具体设置及对应的最大缴费能力系数。为了便于数据的观察、比较和研究，将表7-4上海市、重庆市部分数据提取处理绘制成折线图，如图7-5、图7-6所示。

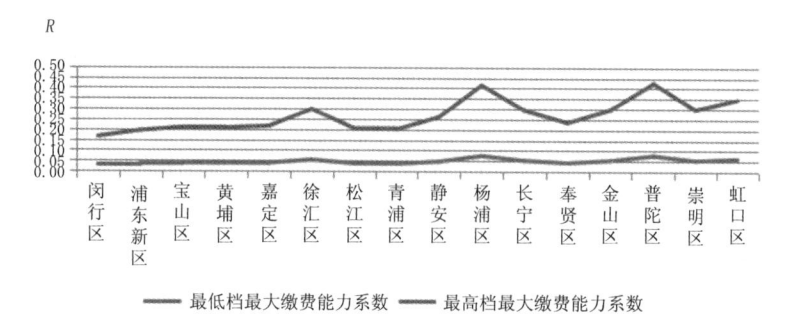

**图7-5 上海市各区农村居民人均可支配收入降序下最低、最高档个人最大缴费能力风险比较**

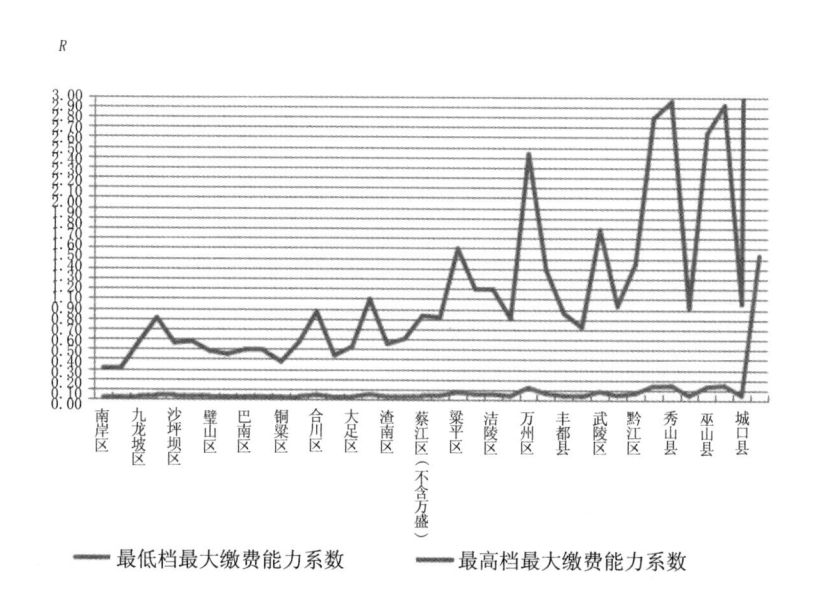

**图7-6 重庆市各区农村居民人均可支配收入降序下最低、最高档个人最大缴费能力风险比较**

从图7-5、图7-6中可以看出，上海市、重庆市各区农村居民在人均可支配收入从高到低排序的基础上,最低档最大缴费能力系数波动不大,上海整体波动范围在 0—0.1 之间,重庆市主要波动范围在 0—0.15 之间(巫溪县除外);最高档最大缴费能力系数起伏明显,上海整体波动范围在 0.15—0.45 之间,重庆市 68.4% 县市区波动范围在 0.3—1.0 之间(巫溪县等 12 个县区除外,占比 31.6%)。此外,最低档、最高档最大缴费能力系数折线之间的波动没有呈现出明显的联系,即最高档最大缴费能力系数折线的起伏波动在最低档最大缴费能力系数折线上没有得到显著的对应波动,说明人均可支配收入的多少与缴费档次的选择没有多大的影响。比如,重庆市巫溪县峰值波动较大源于其人均可支配收入(7826 元)降序排列位于最末的第 38 位、人均生活消费支出(7756 元)降序排列位于第 35 位、个人最大缴费能力值(70 元)位于第 38 位,因此在最低档最大缴费能力系数折线上该县均出现较大的波动。

2. 农村居民人均生活消费支出与缴费档次的关系

将表 7-4 上海市、重庆市部分数据提取处理绘制成折线图,如图 7-7、图 7-8 所示。

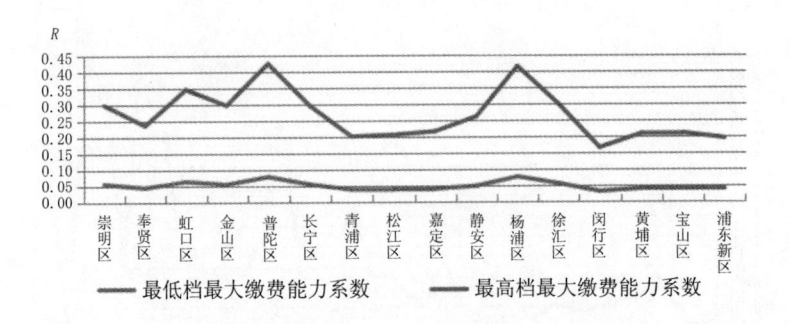

**图 7-7 上海市各区农村居民人均生活消费支出从低到高排序下最低档、最高档最大缴费能力风险比较**

从图 7-7、图 7-8 中可以看出,上海市、重庆市各区农村居民在人均生活消费支出从低到高排序的基础上,最低档、最高档最大缴费能力系数折线之间的波动呈现出明显的联系,即最高档最大缴费能力系数折线的起伏波动在最低档最大缴费能力系数折线上呈现明显的对应波动,说明人均生活消费支出与缴费档次的关系更紧密。另外,从人均生活消费支出从低到高排序来看,其与最低档、最高档最大缴费能力系数折线之间存在联

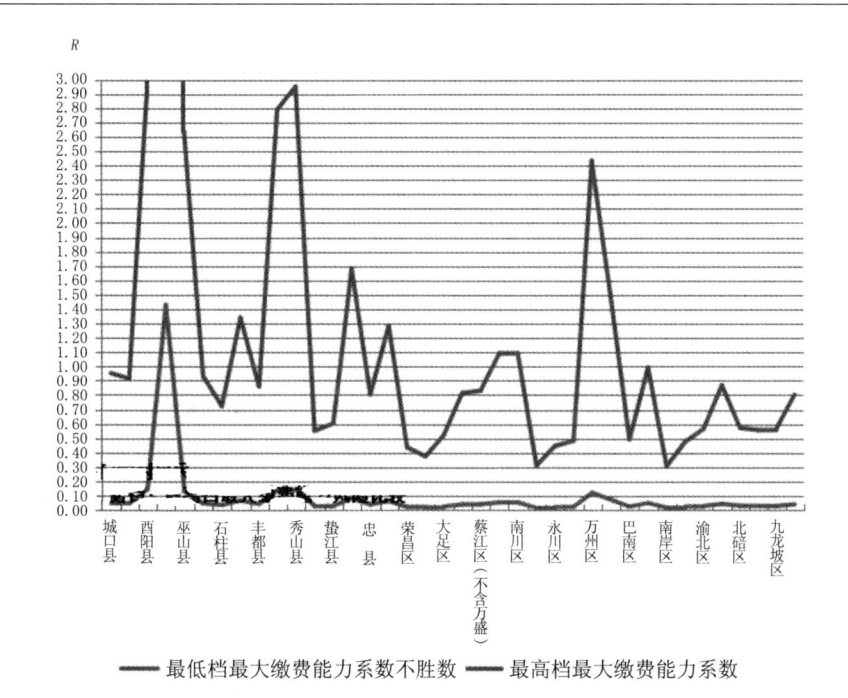

图 7-8　重庆市各区农村居民人均生活消费支出从低到高排序下最低档、最高档最大缴费能力风险比较

系，即人均生活消费支出的升序排列下，最低档、最高档最大缴费能力系数折线呈现同向下降的趋势。

3. 农村居民个人最大缴费能力与缴费档次的关系

将表 7-4 上海市、重庆市部分数据提取处理绘制成折线图，如图 7-9、图 7-10 所示。

据图 7-9、图 7-10 所示可以看出，在上海市、重庆市各县区农村居民个人最大缴费能力从高到低排序的基础上，最低档、最高档最大缴费能力系数折线的波动呈现出明显的联系，即随着个人最大缴费能力的下降，最低档、最高档最大缴费能力系数折线呈现上升趋势，该上升趋势的缓陡情况直接说明个人最大缴费能力与缴费档次的设置直接相关。上升趋势整体偏缓时，说明农村居民选择缴费档次之间的差距较小；上升趋势整体偏陡时，说明农村居民选择缴费档次之间的差距较大。

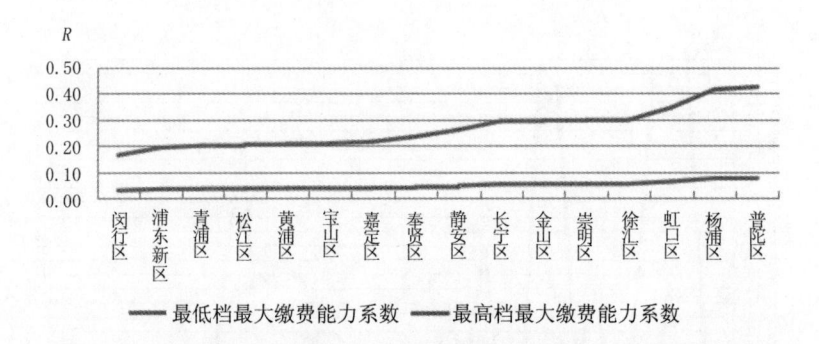

图 7-9 上海市各区农村居民个人最大缴费能力从高到低排序下最低档、最高档最大缴费能力风险比较

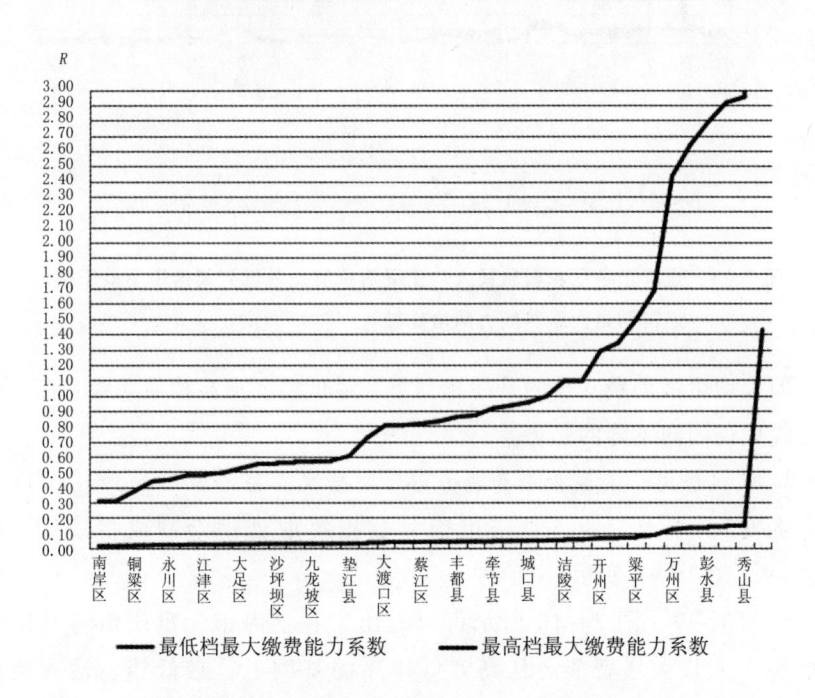

图 7-10 重庆市各区农村居民个人最大缴费能力从高到低排序下最低档、最高档最大缴费能力风险比较

**4. 地方政府新农保个人缴费档次设置的启示**

以上海市为例,具体分析地方政府对新农保个人缴费档次的设置与个人最大缴费能力之间的关系,以揭示地方政府新农保个人缴费档次设置应考虑的因素。

根据表7-3所示，上海市的新农保缴费最低档为600元、最高档为3300元，最低档最大缴费能力系数波动范围在0—0.1之间，最高档最大缴费能力系数波动范围在0.15—0.45之间，由此可以看出上海市新农保缴费最低档处于基本无风险 R = [0, 0.28] 情形，最高档处于中等风险 R = (0.28, 0.5] 情形。这表明上海市农村居民个人最大缴费能力中，农村居民最多不超过一半用于新农保个人账户参保缴费，另一半多可用于其他用途。

从上海市各区的个人最大缴费能力数据可以看到闵行区（20137元）排第一位，为上海市个人最大缴费能力最大值；普陀区（7796元）排最后一位，为上海市个人最大缴费能力最低值。在控制 $WL = 1$ 的警戒线下，以此形成上海市个人最大缴费能力区间的最低区间值0—7796元、最高区间值0—20137元，再根据个人最大缴费能力最低区间值、最高区间值进行风险分级，如表7-5所示。

表7-5　上海市个人最大缴费能力最低区间值、最高区间值的风险分级

| 系数区间（R） | | R = [0, 0.28] | R = (0.28, 0.5] | R = (0.5, 0.75] | R = (0.75, 1] | R = (0以下或1以上) |
|---|---|---|---|---|---|---|
| 风险程度 | | 基本无风险 | 中等风险 | 较大风险 | 极大风险 | 完全风险 |
| 个人最大缴费能力区间（元） | 最低区间值0—7796 | 0—2182.88 | 2182.88—3898 | 3898—5847 | 5847—7796 | 7796以上 |
| | 最高区间值0—20137 | 0—5638.36 | 5638.36—10068.5 | 10068.5—15102.75 | 15102.75—20137 | 20137以上 |

具体而言，如表7-5所示，上海市在选择设置缴费档次时可根据个人最大缴费能力区间0—7796元、0—20137元分别形成缴费档次方案一和方案二。如按方案一进行缴费档次设置，缴费能力比较充足，缴费相应风险较低，参保积极性较高，可兼容农村居民其他多样性选择，但随之带来个人账户基金规模较小的风险。如按方案二进行缴费档次设置，缴费能

力有所降低，缴费相应风险提高，刺激参保缴费档次的差异性，扩大个人账户基金规模，但可能影响农村居民其他多样性选择。基于此可以看出上海市新农保所设置的缴费档次区间在600—3300元时，农村居民缴费能力较强，缴费风险偏低，参保缴费档次之间的差异性较小，必然导致个人账户基金规模较小。

综上所述，地方政府在设置新农保个人缴费档次时应充分考虑地方的最低与最高个人最大缴费能力（区间），设置相对合理又具有层次性、差异性的缴费档次，促进农村居民参加新农保，保障其生活以及享受制度优惠。

### 四 评估结论

上文通过对新农保最低、最高档最大缴费能力风险的比较和程度划分进行了对省级和各市、县农村居民对新农保缴费能力的风险评估，通过评估分析我们可以总结出以下三个个人缴费能力风险的影响因素。

第一，地区整体经济发展水平。由表7-4可以看出，最低档个人最大缴费能力风险程度存在较大风险或者完全风险的省份主要有3个，分别是内蒙古自治区、甘肃省、青海省。相比于东部沿海省份，这三个地区的经济发展水平存在较大差距，农村居民人均可支配收入小于人均生活消费支出，三个地区的农村居民可能连最低档的新农保也存在缴不起费的问题，这会导致广大农村居民享受不到新农保政策惠农助农成果。为了能让即使是经济落后地区的农民也享受到新农保的优惠政策，国家、省、市、县可以通过优化调整产业结构来降低经济贫困地区农民对新农保的缴费能力风险。国家、省、市、县要更加关注农村地区的经济发展，发掘农村地区的经济潜力，通过经济发展较好的城市来带动经济落后的农村地区，进而提高整个农村地区的经济发展水平，由此来降低整个农村地区个人缴费能力风险，使得农村地区的居民可以享受到更多的经济发展成果。

第二，农村居民个人缴费能力。一般认为收入水平会决定农村居民的缴费能力，但评估发现，与农村居民的人均可支配收入相比，农村居民的消费支出与个人最大缴费能力具有更大的直接影响，且更多地取决于地区或个人的消费行为、习惯或消费文化，换句话说，农村居民个人的缴费能力及其风险在收入一定的情况下，更多地取决于农村居民的消费支出，降低个人缴费能力风险就必须要从提高他们的消费着手。因此我们在关注农村地区整体经济水平以及农民个人收入水平提高的同时,要认识到各地区在解决了地区经济水平问题后要更加注重公平问题的重要性,提高其对新农保的购买力和意愿,降低个人缴费能力风险。

第三,缴费档次的设置。个人账户缴费能力风险还来自于各地对缴费档次设置的层次性、差异性,缴费档次的设置对农村居民的缴费能力产生直接影响。缴费档次设置过高,农村居民的缴费能力相对较低,个人账户缴费能力风险较大;缴费档次设置过低,虽然个人账户缴费能力风险较低,但却容易产生个人账户养老金规模较小,无法满足农村居民的养老需求,同时在国家个人缴费档次建议标准下应做灵活调整。例如,作为经济较为发达的上海市,其新农保缴费最低档和最高档设置,通过评估都显示为个人账户缴费能力风险处于较低风险区间,但其相应的养老金积累显然无法满足农村人均消费,因此当地政府应提高缴费档次标准。而中部省份河南省新农保的最低档新农保缴费为100元,其相应的个人最大缴费能力风险中还有3个县(区)存在一定风险,一旦遇到意外使消费支出增加,则可能出现断保退保情况。而其最高档中约有88.24%地区的个人最大缴费风险处于较大风险及以上风险等级,这些地区的农民在现阶段的制度最高档选择上可能存在较大困难。因此,各地区要根据不同的经济发展水平来对新农保缴费档次进行合理的设置,使缴费档次的设置与经济发展水平和农村居民的实际需求相适应,同时缴费档次设置应拉开差距,从而可以更好地满足农村居民多样化的需求。

# 第八章　新型农村社会养老保险经办管理风险评估

新型农村社会养老保险制度能否健康可持续运行不仅取决于制度自身的设计以及激励、约束机制,[①] 同时也取决于经办服务体系的建设和管理工作效果。因此,除了要对制度本身进行识别和防范之外,还必须及时发现新农保经办管理环节中存在的风险因素,然后对新农保经办管理环节的风险采取措施及时进行防范,以避免或者减轻风险带来的损害,同时可以不断地对经办服务工作进行改造和完善。

## 第一节　新农保及其经办管理风险的基本理论

在对新农保经办管理风险进行识别之前,首先应该明确新农保经办管理以及新农保经办管理风险的概念,对新农保经办风险管理的必要性进行分析,充分了解经办管理风险管理的重要性。

### 一　基本概念界定

(一) 新农保经办管理

经办管理一般是指对一项制度或者某项政策具体落实时的全部步骤和过程的管理。我国的新农保经办管理工作主要是指对将我国新农保制度各政策进行落实的各环节和各方面的过程中的工作的管理,是对在具体的新农保操作工作中的各方面进行管理。负责我国新农保经办管理工作的是我

---

[①] 何晖、李惠华:《新农保制度经办管理风险及其防范对策》,《湖湘公共管理研究(第五卷)》2014年8月。

国各级社保经办机构,从中央到地方设有四级社保经办机构,农村地区、乡镇和城镇各社区也都设有社保工作站,根据《社会保险法》规定,社保经办机构为社会成员提供社保相关的产品和服务,负责社保人员登记、参保人员的参保权益记录、社保金的支付等工作,具体而言,新农保的经办机构负责新农保的参保登记、保险费用收缴、基金划拨、个人账户管理、待遇支付、基金管理、保险关系转移统计管理、内控稽查、宣传咨询、举报受理等方面的管理工作。[1]

(二) 新农保经办管理风险

现阶段,理论界对风险的内涵还没有一个统一的、标准化的定义界定,因为不同的学者对风险的理解角度和对风险进行研究的程度不尽相同,所以,不同的学者自然而然就会对风险的定义和内涵持有不同的看法,大致把风险分成两层含义:其中一种强调为收益的不确定性;而另一种则强调成本的不确定性。著名的风险研究专家海恩斯认为,风险就是指发生损失的不确定性。周宜波认为风险是与事件的结果和目标联系在一起的,是人类所厌恶的非常现象。[2]风险具体来说,是指一件事情所产生的、人们不希望得到的结果的可能性,或者指遭遇到不幸事件或者出现危险情况的概率。朱淑珍认为,风险就是在某些特定的条件和某些特定的时期内,因为可能发生的不同种类的结果的不确定性而导致动作施行者受到的损失的大小以及受到这种损失的可能性的大小。[3]王明涛把风险定义为:在人们做出决策的过程中,因为不同种类的而且是不能被人们确定的因素的影响,决策的结果在一定的时间内产生不好的后果的可能性以及后果的严重程度。[4]学术界对风险的定义还有许多,人们对风险的习惯性认识强调损害和不利的影响。因此,综上所述,风险指的就是一种不确定性和与预期结果之间存在的负偏离的程度。

新农保经办管理风险是在特定的条件和境况下,因为一些无法准确预见的因素,从而导致新农保经办管理活动与预期工作要求、目标之间的负

---

[1] 何晖、李惠华:《新农保制度经办管理风险及其防范对策》,《湖湘公共管理研究 (第五卷)》2014 年 8 月。
[2] 周宜波:《风险管理概论》,武汉大学出版社 1992 年版,第 9 页。
[3] 朱淑珍、双刃剑:《金融创新中技术进步的影响》,《上海管理科学》2002 年第 2 期。
[4] 王明涛:《证券投资风险计量理论评述》,《经济经纬》2003 年第 5 期。

偏离。由于经办人员因素、内部程序不完善、系统存在缺陷或者外部事件等因素而导致的新农保直接或间接的损失和风险,从而使操作结果与预期目标发生负偏离。

新农保风险主要有以下特点:一是风险后果的严重性。众所周知,新农保制度牵涉数亿中国农村居民的切身利益,关系着社会稳定和政府的公信力,一旦风险发生,那么产生的后果便是不堪设想。二是风险的可预测性与不可预测性同时存在。从这项制度制定并实行以来,就存在着各种风险,这些风险有的可以被预测,而有的则不可确定,难以被人所预测,甚至不可被人们预测到。比如,新农保经办机构如果没有足够的人员配备、经办工作人员缺乏从事该行业所必需的技能与道德素养;又或者是新农保经办机构的管理人员的工作不称职、并没有制定比较全面的管理标准与操作程序,经办工作人员缺乏一定的风险意识,不能够按照所规定的规章制度来开展工作、执行力差等。这些风险因素带来的后果显而易见:经办服务工作的效率不断降低,经办服务的质量不断下降,人民群众对政府工作的满意度下降。但是,一些由于外部因素造成的风险是不确定的,难以被预知,比如发生冰雪灾害和洪水灾害等自然灾害给经办管理机构带来的损坏。

## 二 新农保经办管理风险防范的必要性

### (一) 完善新农保制度的内在要求

新农保是我国社会保障体系的重要内容,它能为实现老年人享有社会基本的保障和社会的和谐起到大的作用。而作为该制度具体工作的践行者的经办机构承担着将该制度的政策转化为服务产品的任务,是整个制度的一个十分重要的环节,关系着整个制度的成败。我国的新农保制度遵循自愿参保的原则,具有一定的"试错"性质,新农保经办管理工作的好坏,关系到新农保制度的绩效的评价,关系到我国新农保制度的成败甚至人民群众对党和政府的满意度的高低。而现阶段我国新农保经办管理在很多方面还存在着不同程度的问题和其他潜在的风险因素。因此,对我国新农保经办管理工作进行风险防范是非常必要的,它能够一定程度上控制经办管理工作的风险因素,不断完善我国的新农保制度,尽量减小实际效果与预期效果之间的负偏离,最终促进该制度目标的实现,更好地保障人们的养老保障权益，树立党和政府更好的形象。因此，必须对新农保经办管理工作进行风险防范。

(二) 满足老年人生活保障的客观需要

众所周知，社保制度是使一个国家安定和谐的保证之一。我国是世界上人口最多而且也是老年人口最多的国家，并且老年人口的数量还在逐年飞速地上升，做好社会基本养老保险工作就显得更加重要。因此，新农保制度只许成功不许失败。而事关该制度成败的关键之一就是经办管理工作。然而，我国新农保经办管理工作仍然还存在着一些不足和潜藏着一些风险，因此，要切实有效地保障老年人民群众的基本生活，使老年人能够真正"老有所养"，我们的政府和各级经办工作人员就必须做好对新农保经办管理的防范工作。

(三) 我国建设服务型政府的必然要求

我国建设服务型政府是由党和政府的性质决定的，对促进我国政治、经济、社会和文化等各方面的协调发展具有重要的意义。我国建设服务型政府的一项重要的工作就是政府要为社会成员提供公共产品和服务，真切地关注普通老百姓的实实在在的利益和根本的民情需要。在政府的具体工作中，一个非常重要的方面就是政府要完善我国的社保制度，尤其是要完善我国的城乡保险制度。我国新农保是一项惠及我国广大人民群众的制度，它是我国致力于服务型政府的建设的一个具体表现和重要目标之一。经办管理工作对该制度具有十分重要的意义，事关整个制度的成败，因此，要想更好地建设服务型政府，就必须做好新农保经办管理风险的防范工作，以保障新农保制度的健康运行，更好地建设服务型政府。

## 第二节 新农保经办管理体系及其成效评价

新农保经办管理与每一位参保人员的切身利益都息息相关，因此我们需要了解经办管理的总体概况，包括组织架构、机构职能、经办流程以及目前所取得的一些成效，才能对新农保经办管理环节进行分析。

### 一 新农保经办管理体系

新农保经办管理体系主要是指经办服务体系。新农保经办服务体系的建立和健全事关每一位新农保覆盖对象的切身利益，事关我国政府的良好形象和声誉，事关新农保制度的落实，因此，建立健全新农保经办服务体系的意义十分重大。

经过我国各级各领域工作人员坚持不懈的努力，到现在，我国已经初步建立起以各级社会保险经办机构为主干、以社会服务机构为依托、以市场服务机构为辅助、以社区服务为基层平台、以网络通信服务为基础平台、以信息化手段为基本技术支撑的服务网络的新农保经办服务体系。[①]

### （一）组织架构

在 2000 年正式成立的原劳动和社会保障部社会保险事业管理中心（以下简称"社保部中心"）是我国中央一级的社保经办机构，预示着我国建起了从中央到县级的四级社保经办体系，进入 21 世纪以来，我国社保经办机构慢慢扩展到农村地区和其他非机关事业单位与没有参加职工养老保险的普通城镇居民，我国的社保机构各司其职，不越位也不错位，社保机构的行政主管部门主要负责社保相关政策制度的制定；社保经办机构的主要工作就是落实和执行行政主管部门制定的政策，把它们落实到具体工作中去。我国的社保经办机构从中央到地方一共分为四级，包括中央一级的经办机构、省级经办机构、市级经办机构、县级经办机构，在广大的农村地区和乡、镇与城镇的各社区分别设立社保工作站。

### （二）机构职能

在我国的社保经办机构中，社保部中心主要负责全国范围内的社保经办工作的统筹管理，负责指导各级地方的社保经办工作。省以下的各级社保经办机构主要负责自己所在地的社保经办工作，根据《社会保险法》规定，社保经办机构为社会成员提供社保相关的产品和服务，负责社保人员登记、参保人员的参保权益记录、社保金的支付等工作。具体而言，新农保的经办机构负责新农保的参保登记、保险费用收缴、基金划拨、个人账户管理、待遇支付、基金管理、保险关系转移统计管理、内控稽查、宣传咨询、举报受理等方面的管理工作。

### （三）经办流程

我国新农保的经办流程包括相关政府部门对制度政策进行有效的宣

---

[①] 王美桃：《我国社会保险经办服务体系的历史变迁及启示》，《当代经济》2014 年第 18 期。

传，然后对符合规定的参保公民的参保进行参保登记、收缴保险费，为符合参保条件的参保群众开设他们参保的个人账户，向符合领取社保条件的参保公民支付他们该得的养老金，具体流程如图8-1所示。

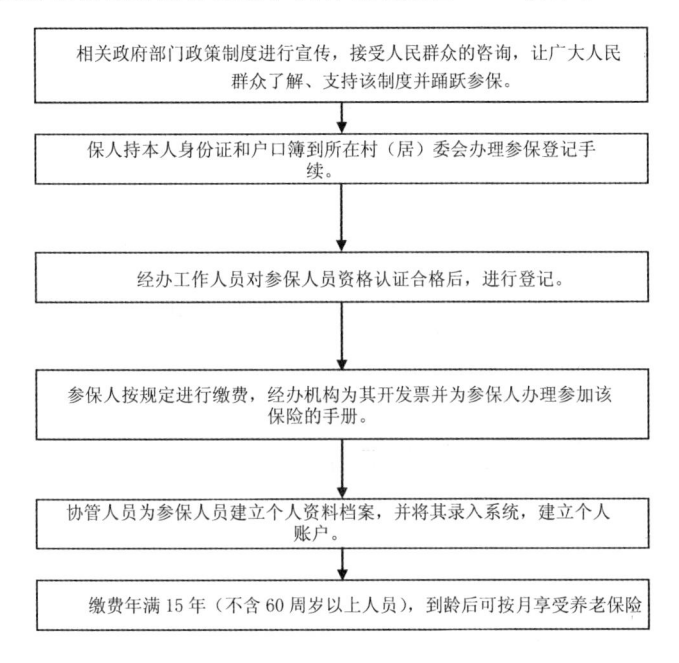

```
┌─────────────────────────────────────────┐
│ 相关政府部门政策制度进行宣传，接受人民群众的咨询，让广大人民 │
│ 群众了解、支持该制度并踊跃参保。                  │
└─────────────────────────────────────────┘
                    ↓
┌─────────────────────────────────────────┐
│ 保人持本人身份证和户口簿到所在村（居）委会办理参保登记手续。  │
└─────────────────────────────────────────┘
                    ↓
┌─────────────────────────────────────────┐
│ 经办工作人员对参保人员资格认证合格后，进行登记。         │
└─────────────────────────────────────────┘
                    ↓
┌─────────────────────────────────────────┐
│ 参保人按规定进行缴费，经办机构为其开发票并为参保人办理参加该 │
│ 保险的手册。                              │
└─────────────────────────────────────────┘
                    ↓
┌─────────────────────────────────────────┐
│ 协管人员为参保人员建立个人资料档案，并将其录入系统，建立个人 │
│ 账户。                                 │
└─────────────────────────────────────────┘
                    ↓
┌─────────────────────────────────────────┐
│ 缴费年满15年（不含60周岁以上人员），到龄后可按月享受养老保险  │
└─────────────────────────────────────────┘
```

**图8-1 新农保经办流程图**

## 二 新农保经办管理取得的成效评价

在原有的新农保和城居保的基础上，我国新农保制度虽然正式运行的时间还不长，但是经过不断的努力，我国新农保经办管理工作已经取得了一定的成效。

（一）经办服务能力不断提升

随着新农保制度的诞生和运行，该制度的覆盖面达到了空前的宽广，覆盖人数在不断地创新纪录，所管理的保险基金规模也在不断扩大，待遇给付和结算能力不断提高，总体经办管理服务的能力不断增强。截至2015年年底，我国参加了基本养老保险的人民群众有85833万人，比2014年年末多了1601万人，其中，参加了新农保的人有50472万人，比2014年年末多了365万人。具体情况如图8-2所示。养老保险的基金收入也有所增长，到2015年年底，达到了46012亿元，比2014年提高了

16.6%。具体的情况如图 8-3 所示。整个 2015 年，我国新农保基金收入 2855 亿元，比 2014 年要增长了 23.6%。[①]在 2016 年的一年里，我国新农保的参保人数达到了 50847 万人，比 2015 年年末多了 375 万人，养老保险基金收入数目为 3038.6 亿元，支出了 2291.9 亿元，和上一年相比，都有所增加。详细的对比情况如表 8-1 所示。

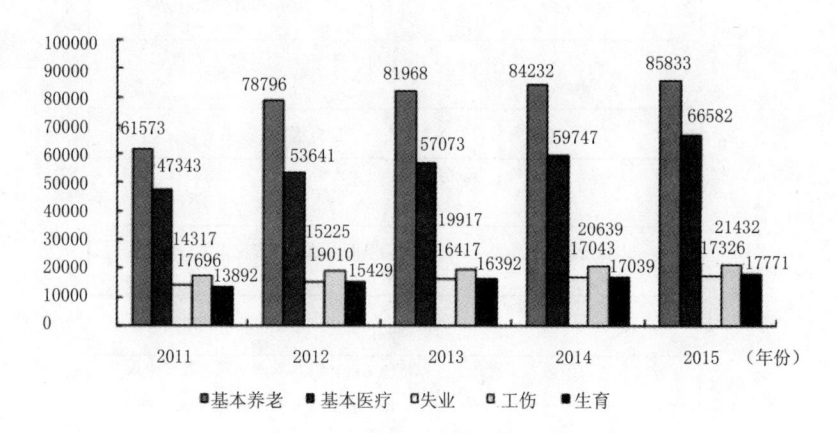

图 8-2 2011—2015 年我国社会保险参保人数（单位：万人）

数据来源于《2015 年度人力资源和社会保障事业发展统计公报》。

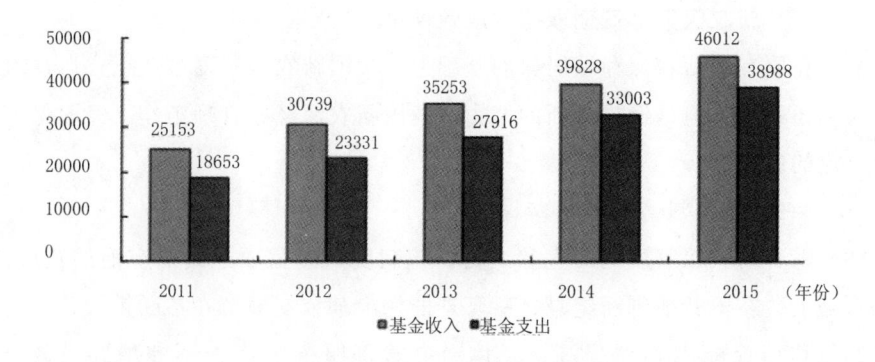

图 8-3 2011—2015 年我国社会保险基金收支情况（单位：亿元）

数据来源于《2015 年度人力资源和社会保障事业发展统计公报》。

---

① 数据来源于《2015 年度人力资源和社会保障事业发展统计公报》。

表 8-1　　　　　　2014—2016 年我国新农保相关数据统计

| 年份 | 期末参保人数（万人） | 基金收入（亿元） | 基金支出（亿元） |
| --- | --- | --- | --- |
| 2014 | 50107.5 | 2310.2 | 1571.2 |
| 2015 | 50472 | 2855 | 2116.7 |
| 2016 | 50847 | 3038.6 | 2291.9 |

资料来源：《2015 年人力资源社会保障年度数据》（2015 快报）、《2016 年人力资源社会保障年度数据》（2016 快报）。

（二）新农保经办管理标准体系的不断完善

1. 新农保经办管理标准体系的基本内容

ISO 将标准概括为：标准是为了在特定范围内获得最佳的秩序，经过大家的统一协商，达成一个统一的意见，制定文件并通过公认机构的审核批准，某一领域共同使用并可以循环往复使用的一种较为规范性的文件。我国国家标准 GB/T 13016—2009《标准体系表编制原则和要求》将标准体系定义为：一定范围内的标准，按照标准的内在联系而形成的比较科学的一个整体。

新农保经办管理标准体系是指为了规避和解决新农保经办管理工作目前存在的以及潜在的风险，相关国家权威机构制定出科学统一的社会养老保险机构必须共同遵守和重复遵守的规定，并在新农保经办管理领域内按照新农保的内在联系而整合成的一个整体。

2. 新农保经办管理标准体系的构建和不断完善

构建新农保的经办标准体系不是一蹴而就的，而是需要一个过程。一直以来，我国都十分重视社会保障标准化的工作，大力构建社会保障标准体系。这两年多以来，为了规范我国农村社会保障标准化建设的进程，我国国家标准化管理委员会联合相关职能部门制订了一系列标准。为了进一步适应新农保经办管理工作标准化的要求，2016 年 1 月 1 日起，我国《新农保服务规范》国家标准正式实施。按照这个规范，我国新农保经办管理标准体系的内容包括新农保工作中的参保登记、费用收缴、个账权益记录、信息变更、待遇支付等工作的标准化。[1]在具体的经办工作过程中，还应包括经办内部流程标准化、经办信息化建设标准化等要求。《2016 年

---

[1] 国家标准委发布《新农保服务规范》，《大众标准化》2015 年第 7 期。

人力资源和社会保障工作进展情况及下一步工作安排》表示,我国各级经办机构将继续努力,严格按照国家所规定的标准来进行经办管理工作,更加健全社保经办服务标准化体系。

(三) 经办机构经费投入和支出规模不断增加

2016年,我国的社保和就业预算支出约为1200亿万元,社会保险经办机构预算支出9643.93万元,其中还不包括2015年国家一次性追加在京中央国家机关事业单位养老保险经办启动经费预算,因此,用于新农保经办服务的经费将会更多。

近年来,我国政府根据养老保险的变化发展形势,不断调整人员、经费等资源。我国人口老龄化日趋严重,新农保制度实施后,该制度覆盖的参保人数变得更加庞大,到2014年年底,我国参加新农保的人数达到50107.5万人,面对这个越来越巨大的参保群体,经办机构和经办工作人员的工作量变得更加大,因此,政府也相应地加大了人员和经费等资源的投入,在机构的设置和经办人员的调配方面都取得了一定的成果;截至2014年年底,我国全国县级及以上的经办机构8031个,实际拥有约17.9万工作人员。[1]

(四) 经办机构信息化水平不断提高

我国新农保经办管理的基本的公共服务网络已经初步形成。根据统计,我国全国基层社会保障服务站超过19万个,专职和兼职工作人员达到了约37.6万人。我国社保的信息化建设已经取得一定的成绩,经办机构的管理和服务能力正在不断地提升。[2]我国新农保经办服务信息化最显著的成果就是"金保工程"。

2002年"金保工程"建立以来,我国的社会养老保险经办工作受益良多,2016年7月7日,我国启动"金保工程"二期,相信这将会给我国的新农保经办服务工作带来更多的便利。到2015年年底,我国有30个省和新疆的生产建设兵团都有了全国范围内统一的社保卡,有347个地市正式建立了信息化的社保系统,有349个地级市以上的人社部都开通了

---

[1] 人力资源和社会保障部对政协十二届全国委员会第三次会议第3280号 (社会管理类315号) 提案的答复,人社提字〔2015〕111号。

[2] 王美桃:《我国社会保险经办服务体系的历史变迁及启示》,《当代经济》2014年第18期。

12333咨询热线，社保卡真正发卡的地市达到了369个，持有社会保障卡的人数也达到8.84亿人，社保卡的遍及率约达到了65%。[①]随着"金保工程"二期的启动和推进，我国新农保经办服务工作更加顺利，经办服务体系变得更加完善。

## 第三节 新农保经办管理风险因素

虽然我国新农保经办管理服务体系已经初步建成并取得一些成效，但是新农保是由之前的旧农保和城居保结合而来的，该制度的经办管理工作的任务也自然而然会跟着增加，所以，新的现实情况和新的工作任务以及挑战就不知不觉中对经办管理的能力有了更加严格的要求。随着制度覆盖的人数急速大量地增长、建设服务型政府的客观需要以及我国新农保制度本身发展完善的内在要求，对我国新农保经办服务体系的要求也变得更加严格，到目前为止，我国新农保经办服务体系的现有水平与现实所提出的要求之间的矛盾还很突出，我国新农保经办管理工作中还存在一些风险，影响着我国新农保制度的顺利进行。所以，以下会按照前述的风险识别方法对新农保经办管理风险进行识别。

### 一 经办主体风险

经办主体是负责将某制度和政策进行落实的工作机构和工作人员，新农保经办主体是指新农保经办机构以及经办机构的工作人员。新农保经办主体风险指的是因为经办人员因素而引起的风险，具体包括基层经办人员数量不足引发的风险和经办人员个人素养不高引发的风险。

#### （一）基层经办人员数量不足引发的风险

新农保基层经办人员数量不足引发的风险是指因为基层经办人员数量不足、满足不了日益壮大的新农保参保人们的服务需求，在此条件和境况下会产生很多无法准确预见的因素，如经办工作人员尤其是基层经办工作人员的负荷比很大，繁重的工作任务和沉重的工作压力会影响其工作质量，有使工作质量下降的风险，使得我国新农保经办管理工作的工作质量

---

[①] 资料来源：《2015年度人力资源和社会保障事业发展统计公报》。

与预期的工作质量要求、目标存在负偏离；虽然国家及时地对基层经办人员数量不足可能引发的风险采取了防范措施，不断地增加基层经办工作人员，然而，由于受到编制等因素的制约，目前我国很多基层经办工作人员属于临时聘用的，所以，可能会出现"数量提上去了，质量降下来了"的风险。

我国是拥有最多老年人口的国家，而且人口老龄化不断加速，庞大的老年人口基数使得我国相关的服务岗位人员配备不可避免地呈现出人员不足的情况，经办人员的负荷量一直以来都比较大，尤其是一线的经办服务人员，我国社会养老保障经办管理人员不足的问题长期存在，并且在短期内，这个问题还难以得到解决，是我国面临的一个非常棘手的现实问题。人社部的调查结果反映出我国新农保经办工作人数与参保人次的比例大大地超出正平均水平，2014年年底为1∶10174，部分中心城市达到1∶2万—3万，而ISSA①检测到的平均水平为1∶1043，比例的上限为1∶5559。②《2015年度人力资源和社会保障事业发展统计公报》显示：到2015年年底，我国的五项社会保险（指养老、医疗、工伤、生育、失业保险）参保总人次达到了208944万人（其中基本养老保险人数为85833万人、城镇基本医疗保险人数为66582万人、失业保险人数为17326万人、工伤保险人数为21432万人、生育保险人数为17771万人）③，而到2015年年底，全国社会管理、社会保障和社会组织工作人员共1637.8万人④，按社会保障工作人员占一半人员来算，平均人次比也达1∶104472，再按五险平均分配比来看，人次比也达到1∶20894，约1∶2万的人次比，可谓是"小马拉大车"。虽然近年来政府有意识地增加了一些经办服务人员，但是经办机构人员增长缓慢，这与我国新农保的事业发展速度的矛盾十分突出；还有很多偏远的地方长时间内都没有增加经办工作人员，已有的基层经办人员普遍承受着超负荷的工作量，这就势必会影响到经办服务工作水平的提升。

---

① 国际社会保障协会。
② 人力资源和社会保障部对政协十二届全国委员会第三次会议第3280号（社会管理类315号）提案的答复，人社提字〔2015〕111号。
③ 数据来源于《2015年度人力资源和社会保障事业发展统计公报》。
④ 数据来源于《中国统计年鉴—2016》。

上述风险有两个方面的原因。一方面，该制度一经实施，经办机构就要面对更广泛的人群，为了应对新的形势带来的新挑战，我们就必须要提供充足的基层经办人员，而且最好是提供高素质的经办人员。但是新农保制度几乎是沿用了新农保和城居保原有的人员配置方案。虽然近年来对各级新农保经办管理工作人员配备的比例有所增加，但乡镇、行政村经办人员仍然还远远不够，基层经办工作人员的负荷大，经常可以看到挤得满满的经办服务窗口或者排队"长龙"，而经办人员尤其是基层经办人员长年没有有效地增加，这就更加凸显了基层经办人员和经办工作量之间的比例的失衡的严重程度越来越难以满足新农保经办管理工作的要求；另一方面，目前为止，国家对基层经办工作人员的增加机制还不够完善，如果肆意地扩大经办队伍，可能会出现"人数提上去了，质量降下来了"的局面，于经办工作也没有实际好处。

综上所述，现阶段，我国经办机构的工作者的人数以及他们的整体的素质还不能与现实工作提出的要求相匹配，远远达不到新农保经办管理工作的需要，还没有达到经办服务该有的水平和要求，这在经办工作中埋下了隐患，威胁着经办服务能力的提高，是新农保经办管理工作中一个极其重要的风险因素。

（二）经办人员个人素养不高引发的风险

目前我国现有的经办工作人员中还有很多经办服务人员的职业素养和道德素养不够高。在特定的条件和境况下，经办人员个人素养不高引起很多无法预见的风险因素，使我国新农保经办管理工作与预期工作要求、目标之间存在负偏离。由于经办工作人员个人素养不高引发的风险主要体现为经办工作人员失职违规。

经办人员的失职违规风险是指新农保经办机构内部的职工因为自身过失而并未按相关管理和规定操作而导致的风险。[1]这类风险主要是由于一些经办工作人员负荷过大，在具体的工作中可能压力过大，容易出现失职的现象；另外，一些经办工作人员对新农保制度的相关政策认识和理解不够或者不透彻，因此在实施具体的工作过程中，会出现失职情况或者做一些违反规定的事，比如说由于自身对政策认识理解不够，因此在接受群众

---

[1] 薛惠元：《新型农村社会养老保险风险的识别》，《现代经济探讨》2012年第1期。

咨询时，容易误导咨询的群众。

经办工作人员的失职违规风险还有一种性质比较严重的：内部欺诈风险。内部欺诈风险主要是指对养老金的占用上。虽然自从2006年的"上海社保基金案"①后，我国相关部门对社保基金的监管力度在不断地增加，强调了要加强对社保基金的监督和管理，这就让社保基金被占用的风险得到很大程度的减小；经过多年的努力，我国社保金被占用方面的风险已然变得比较小，但是，仍然不能放松警惕，毕竟现在经办人员的工作量和工作压力都还比较大，对制度政策的理解也不能保证透彻，经办工作人员的道德素质也不一定都禁得起考验，因此，为了避免"上海社保基金案"或者其他任何形式的挤占和挪用社保基金的风险发生，我们绝不能放松警惕。

究其原因，目前基层经办工作人员的总体学历偏低，在知识技能方面较为陈旧，还有一定比例的临时聘用、退休返聘人员，而且相当数量的基层经办工作人员甚至还不具备能满足工作要求的计算机操作技能，再加上经办工作业务量大，人员不足，因此，他们很少有参加学习和培训的机会，在经办工作中，常常会出现一些因为经办人员职业技能不到位而出错的情况，而随着社会的发展，新农保经办工作信息化对经办人员各方面的能力素养提出了更高的要求。因此，对于经办管理而言，从内因来看，工作人员自身的素养和相应的工作技能将很大程度上决定新农保经办水平和制度的满意度；从外因来看，由于基层经办工作主要是事务性工作，工作本身具有烦琐、临时性特点，再加上目前此类工作的福利待遇水平并不高，而职业的上升空间较受限制，甚至由于业务繁忙，很多工作范围内必需的正常的培训和学习机会都不能保证，被挤占，对于很多年轻的工作人员而言，工作岗位缺乏吸引力，导致经办人员队伍不稳定，流动较为频繁。而带来的后果就是新进人员对工作业务不甚了解，而工作一段时间刚熟悉工作，又换到了其他工作岗位上。经办工作人员素质的参差不齐最直接的后果就是人民群众对政策制度和对政府工作的误解，不利于我国政府

---

① 上海社保基金案：是指2006年7月17日，对上海市劳动和社会保障局局长祝均一违规挪用、侵占社会保障基金经济案件进行审查，本次基金案涉案金额达百亿元人民币，是轰动我国的一起社保基金案件。

工作人员形象和新农保工作的开展。

**二　内部流程风险**

新农保所有的政策要想落实到位，都需要一定流程的业务渠道来完成，但是我国的新农保经办管理内部流程还存在着风险：我国新农保经办管理在特定的条件和境况下，因为内部流程本身设计欠科学、不合理或者在具体的工作操作中没有严格地按照流程来进行操作而引发一系列不可预见的风险。内部流程引发的经办管理风险主要表现在具体的经办工作过程中出现的宣传职能、咨询职能、业务办理、对工作的监管等没有履行到位等。国外也不乏其例，比如2007年日本的厚生省由于社会保险参保档案管理上的疏漏，导致一大批参保人员的参保信息丢失，给整个制度和社会经济造成了很大的负面影响。就我国而言，内部流程风险体现为以下两个方面。

第一，具体经办流程不科学或执行不当。和银行比起来，社保经办管理要粗放得多，对社保工作内部的流程重视度不够，所以，到现在为止还没有一个规范化、标准化的流程。所以，我国各地的新农保流程上的风险还比较突出。同时，中央和地方事权和责任尚需进一步厘清，这也是引起经办工作内部流程风险的一个隐患，不利于新农保制度的可持续发展。

第二，经办管理工作在操作中，没有严格按流程规定的要求做好相关工作，比如相关政府部门宣传不到位，导致经办管理宣传、咨询职能履行不到位而引发风险。新农保制度正式实施的时间还很短，宣传力度也不够，尤其是在偏远的农村地区，信息技术不够发达、交通不便利，政府对该制度政策的宣传手段少、难度大，更严重的是宣传意识不强烈。在很多村镇研究人员几乎难以看到有关新农保制度相关政策的宣传，包括其他社会保障政策宣传，在村镇比较显眼的地方，我们总是能看到一些商业广告，比如一些私立医院、水泥建材、家居品牌之类的广告宣传，但是极少能看到有关国家养老政策宣传的内容，而这是最基本、群众最能直接接触到的宣传方式；至于信息化的渠道，比如公众号、APP之类的宣传方式，一方面，绝大部分的地区没有专门的宣传公众号，尤其是偏远的农村地区，民众缺乏关注的渠道；另一方面，我国目前老年人使用智能手机的占比相对还比较低，因此，此渠道在很多农村地区仍旧效果不大，这些都造成了民众对该项制度相关政策的不了解,甚至还有很多人根本就不知道目前我国实行的是什么制度,对该怎么缴费、去哪里领取、由哪个部门负责等流程都不清楚。还有很多经办机构的工作人员或者其他相关部门的工作人员自身还对制度政策的理解不深、认识不透。因此,在人民群众向其咨询相关政策时,不能很好地向民众解答,有的甚至还会曲解政策制度,造成误会和不满,这种现象与我国目前基层经办管理人员素质还不够高有很大的关系。因此,由于经办工作中宣传和咨询职能履行不到位,还有很多群众对该项制度的相关政策很不了解。

### 三 经办管理信息化风险

随着科学技术的不断进步,信息技术成为管理和发展的最主要的工具,"互联网+"已经被普遍应用于社会政治经济发展的各方面,我国的新农保经办管理与时俱进,乘上了信息化这趟快车。然而,信息化其实是一把"双刃剑",经办人员和人民群众在享受信息化带来的便利的同时,也承担着一些风险。经办管理信息化风险主要是指在信息化建设不完善、存在严重的信息安全威胁的条件下,经办管理工作过程中存在着一些难以被预见的因素,导致新农保经办管理工作效果与预期工作要求、目标之间的负偏离。

#### (一)经办管理信息化建设不完善引发的风险

我国的新农保经办管理的信息化在建设方面虽然取得了一些成果,但是还不够成熟,还存在着一系列的风险。经办管理信息化建设不完善引发的风险主要是指,地区间的信息系统也没有完全连通的条件下,由于一些无法预见的因素,出现了信息系统的"碎片化"的现象,一些地区呈现出"信息孤岛"的局面,使得我国的新农保经办管理工作效率与预期的要求发生负偏离。经办管理信息化建设不完善引发的风险主要从以下几个方面来体现出来。

*1. 经办管理信息化地区发展不平衡*

我国社会保障经办管理信息化建设虽然已经初具规模,"金保工程"第二期也在逐步推进实施,然而就全国范围来看,各地的实际信息化建设水平还很不平衡,不仅省与省之间不平衡,就算是同一个省的各市、县之间也存在着很大的差距,当然,经办管理信息化地区发展不平衡,与各地区间经济发展不平衡有着直接的关系,所以也就呈现出经济比较发达的地区普遍领先于经济欠发达地区的局面。有的已经达到预期水平,有的则还远远落后于应有的水平。那么就很难实现经办管理信息系统的统一、标准化的建设。受投入成本限制,乡镇的信息网络化程度不高,到2016年,我国互联网普及率为53.2%,而其中农村地区普及率仅达到33.1%;[①] 另外,各地经办机构之间的信息交互、基层经办机构与省一级经办机构信息交互,以及省级社保管理部门与其他政府相关部门,比如公安部门、民政部门、医疗卫生部门等之间的信息系统还存在"信息孤岛"、信息不能共享的问题,这一方面导致经办效率的低下;另一方面也不利于参保人员地区之间、制度之间的转移接续,还无法避免重复参保的浪费情况。

2. 经办信息技术管理人才缺乏,信息化服务水平不高

新农保经办管理信息化建设工作要求工作人员做很多组织和调和的工作,政府必须要为这项艰巨的任务提供大量优秀的人才来支撑它的完成,这也是做好这些工作的必要前提。全国范围内,仍然还有一些新农保相关基础设施落后的地区没有设立专门的信息化综合管理机构,有些地区虽然设立了独立的机构,但尚未实现对设备、技术人员、数据的集中统一管理,这些都大大地制约了我国新农保经办管理信息化服务水平的提升,尤其是新农保经办工作人员信息化水平不高,极大地制约了新农保经办管理信息化服务水平的提高和经办工作效率的提高。

3. 经办信息网络和系统欠统一

据2015年人社部统计公报显示,到2015年年底,我国全国还只有30个省有全国统一的社保卡,除此之外还只有新疆生产建设兵团有全国统一的社保卡,全国范围内还没有建立起统一的信息系统,所以,这就说明我国还有一些地区到目前为止还未发行统一的社保卡,还没有建设新农保信息系统,在经办管理工作中效率难以得到提高。

(二)经办管理信息系统面临网络安全威胁

信息时代下,我国的新农保经办管理存在信息安全风险,在信息化这个时代背景和条件下,存在着很多无法预见的信息安全因素正在制约着新

---

① 国家统计局副局长李晓超:《开局之年实现了良好开局》,《经济日报》2017年3月1日第7版。

农保经办管理信息化预期的工作要求和期望。从国家互联网应急中心（CNCERT）发布的网络安全信息与动态周报中可以清楚地看到，虽然国家相关部门极力维护，我国的网络安全态势总体上保持着"良"的等级，但是近年来的周报还是显示出我国的网络安全仍然存在较高的风险，感染网络病毒的主机数比较多，而且维护的情况波动比较大，被篡改网站和被植入后门网站的政府网站长期大量存在，这些都威胁着我国的网络安全。加上我国目前新农保经办管理信息系统的设备和信息人才还比较欠缺，水平还不够高，尤其是基层的信息维护还比较薄弱，被感染病毒、网站被篡改和被植入后门的风险比较高。

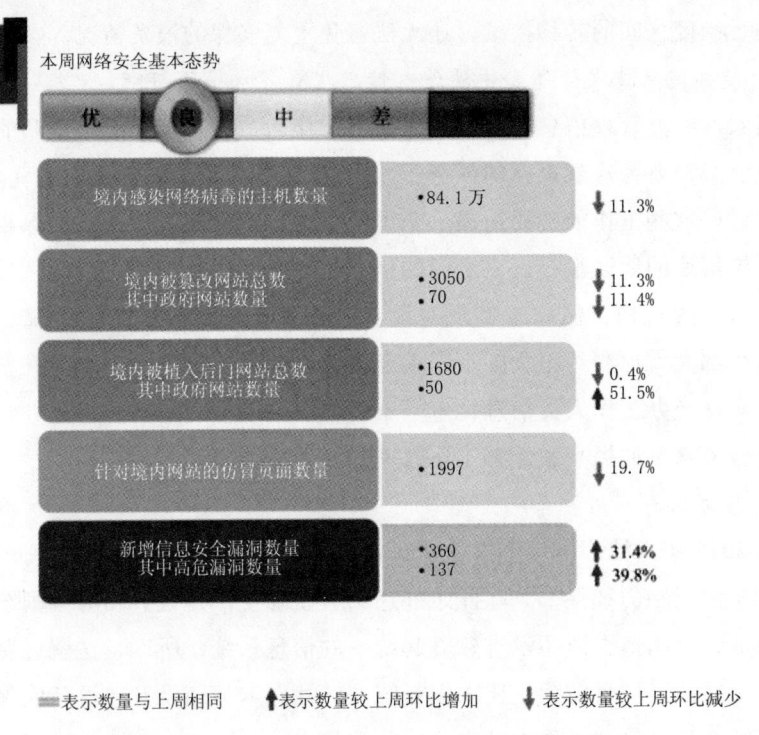

| 本周网络安全基本态势 | | |
|---|---|---|
| 优 良 中 差 | | |
| 境内感染网络病毒的主机数量 | 84.1万 | ↓11.3% |
| 境内被篡改网站总数<br>其中政府网站数量 | 3050<br>70 | ↓11.3%<br>↓11.4% |
| 境内被植入后门网站总数<br>其中政府网站数量 | 1680<br>50 | ↓0.4%<br>↑51.5% |
| 针对境内网站的仿冒页面数量 | 1997 | ↓19.7% |
| 新增信息安全漏洞数量<br>其中高危漏洞数量 | 360<br>137 | ↑31.4%<br>↑39.8% |

━ 表示数量与上周相同　　↑表示数量较上周环比增加　　↓表示数量较上周环比减少

图 8-4　网络安全信息与动态周报（2016 年第 52 期 12 月 19—25 日）

从图 8-4 中可以看到，尽管相关工作人员作出了巨大努力，2016 年 12 月末，我国的信息安全风险仍旧处于一个比较高的水平，被篡改和被植后门的政府网站都达到了几十个之多，虽然一些指标较上周比例有所下降，但是不能保持；2017 年 1 月总第 73 期的 CNCERT 互联网安全威胁报告显示，2017年1月，我国范围内被改掉了的网站数量达到了4981个，其中被改的政府网站的数量达到了171个；我国范围内有3265个网站被黑客植入后门，其中有90个政府网站被黑客植入后门；进入2017年2月，如图8-5所示，我国全国范围内被感染网络病毒的网站数、被篡改的网站（包括政府网站在内），被植入后门的网站数，环比成倍增长，不管是从数量上来看还是从趋势上来看，我国目前信息安全风险还很高。

我国新农保管理信息系统因涉及个人隐私及敏感信息，一旦因网络漏洞导致信息泄露或篡改，尤其是地方网站信息系统安全，极易引发公共危机和社会动荡。所以，在计算机系统遭受病毒感染和破坏等信息安全方面的风险是需要重点防控的方面。

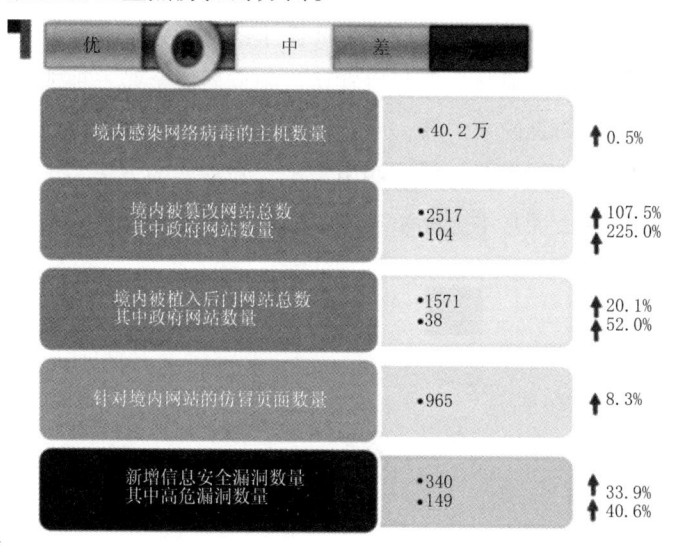

| 项目 | 数量 | 环比 |
|---|---|---|
| 境内感染网络病毒的主机数量 | 40.2万 | ↑0.5% |
| 境内被篡改网站总数 | 2517 | ↑107.5% |
| 其中政府网站数量 | 104 | ↑225.0% |
| 境内被植入后门网站总数 | 1571 | ↑20.1% |
| 其中政府网站数量 | 38 | ↑52.0% |
| 针对境内网站的仿冒页面数量 | 965 | ↑8.3% |
| 新增信息安全漏洞数量 | 340 | ↑33.9% |
| 其中高危漏洞数量 | 149 | ↑40.6% |

━表示数量与上周相同　↑表示数量较上周环比增加　↓表示数量较上周环比减少

图8-5　网络安全信息与动态周报（2017年第9期2月20—26日）

**四　外部事件风险**

新农保经办管理外部事件风险主要是指在一定的政治、经济和社会环境发生变更、发生突发事件给经办管理工作造成影响甚至危害的风险。[①]本书中研究的新农保经办管理外部事件风险主要是指参保人员的道德风险。我国的政治经济和社会环境都比较稳定，人民拥护中国共产党，对政府工作的支持度和满意度也大大提高；而且，随着制度的不断完善，经办管理和经办服务能力与水平的不断提升，人民群众基本走出了"老农保"的阴影，断保拒保的风险已经很小很小。但是，由于参保人数众多、经办管理工作人员不足等各方面的原因，经办管理工作中道德风险仍然存在。

　　道德风险是指人们为了最大限度地获取自身的利益而做出的损害他人正当利益的行为的风险，道德风险属于事后的信息不对称。在新农保经办工作中主要表现为由于经办管理上的不完善导致部分参保人欺诈冒领养老金的风险，比如有的老人已去世甚至去世多年，但其家属仍然领取该老人的养老金。欺诈性冒领养老金风险，一方面源于部分参保人或者其家属的个人素质低，不正确的价值观，他们通常认为领取养老金是一项能为自己谋利益的事，反正领的是国家的钱，不拿白不拿；另一方面，由于新农保涉及的人数多，管理难度大，目前一些用于确认和核实的方法实施起来难度大，尤其在偏远的山区基本上无法实施。因此，道德风险引发的经办管理风险仍需关注。

---

① 薛惠元：《新型农村社会养老保险风险的识别》，《现代经济探讨》2012 年第 1 期。

# 第九章 新型农村社会养老保险外部效应风险评估

作为社会保障子系统中的新农保,其自身的运行与完善过程会对社会系统造成某些意想不到的影响,退一万步说,即使新农保制度本身没有出现问题,但也可能给外部社会经济系统造成预料之外的影响。而这类"外部效应风险"应引起学术界和政府相关政策制定者和管理部门的足够重视。

在党的十九大报告中提出的"实现广大农村居民老有所养、促进家户和谐、增加农村居民收入"的政策目标下,新农保制度发挥了多大的效用?是否产生了其他影响?本章主要对新农保的外部效应风险进行评估,包括制度对农村居民消费的影响、对农村老人家庭关系的影响以及对农村居民主观福利的影响三个方面。

## 第一节 新农保对农村居民消费的影响

一直以来我国农村居民的消费水平都较低。由于近十几年受到收入、消费观念和社会保障水平等因素的影响,农村居民的消费发生了比较明显的变化。按照国家统计局发布的居民消费信息显示,从2005年到2014年的十年间,农村居民的人均消费支出增加了3.25倍,高于城镇人口的消费增长(城镇人口人均消费增长为2.5倍);年复合评价增长率为14%,高于城镇人口的消费增长率(城镇为11%),与农村居民收入的增长速度基本一致。从具体的消费结构看,农村居民在食品和烟酒的消费一直保持在36%的比例是消费支出中最大的一块支出,衣着的支出占到了消费支出的10%,与居住的支出比例大体相当。食品、衣着和居住是生活的基本必需品,这三类支出占到了消费的55%。2014年,居住的支出大幅度上升，占到了消费支出的 22%。农村居民在食品、衣着、居住上的消费比重从 2005 年的 65% 逐年下降到 2014 年的 53%；而花费在居住上的比重在逐年上升，近 10 年上升了约 7%，其他在交通、通信、教育、文化、娱乐等方面也略有上升，具体如图 9-1 所示。

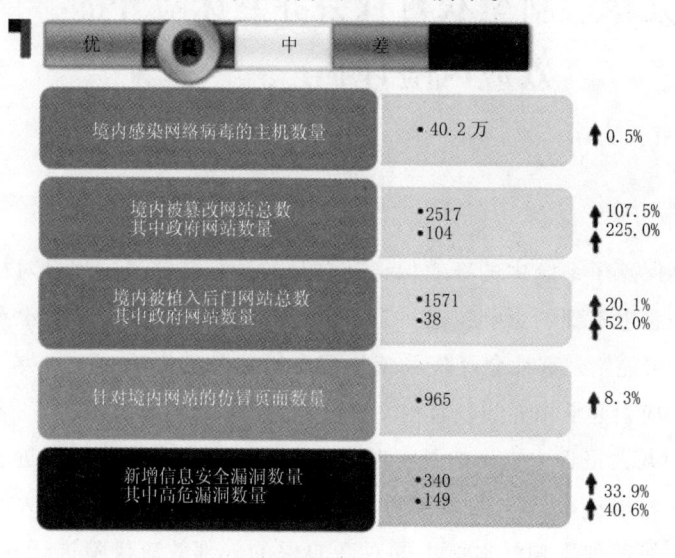

| 项目 | 数量 | 环比 |
| --- | --- | --- |
| 境内感染网络病毒的主机数量 | 40.2 万 | ↑0.5% |
| 境内被篡改网站总数<br>其中政府网站数量 | 2517<br>104 | ↑107.5%<br>↑225.0% |
| 境内被植入后门网站总数<br>其中政府网站数量 | 1571<br>38 | ↑20.1%<br>↑52.0% |
| 针对境内网站的仿冒页面数量 | 965 | ↑8.3% |
| 新增信息安全漏洞数量<br>其中高危漏洞数量 | 340<br>149 | ↑33.9%<br>↑40.6% |

━表示数量与上周相同　↑表示数量较上周环比增加　↓表示数量较上周环比减少

**图 9-1　近 10 年农村居民消费结构变化**

资料来源：http://blog.sina.com.cn/s/blog_14ecf3f690102wwio.html。

那么在这样一个大的农村居民消费变化的趋势下，新农保的实施对于农村居民的消费到底产生了多大的影响？这一影响是积极的还是消极的，是与制度目标相一致的，还是相反的，需要我们小心求证。

已有的研究里，部分学者基于个别省份的微观调研数据，或者采用农村居民人均纯收入、新农保支出等宏观统计数据，得出我国新农保政策在缓解农村居民养老压力、完善农村社会保障体系、扩大内需等方面具有一定的效果。[1] 随着我国经济发展进入新常态，经济结构的调整优化，农村

---

[1] 沈毅和穆怀中根据 2013 年各省截面数据发现新农保支出对居民消费具有较大乘数效应，农村社会养老保险基金平均支出每增加 1 亿元，可以拉动居民消费支出 18 亿元。

消费市场需求和农村居民消费能力及消费结构的优化对于经济的可持续发展意义重大。那么农村居民的消费结构是否因新农保制度发生了改变？发生了什么样的改变？对于新农保制度的效果评估及其外部效应风险的识别意义重大。

很多学者认为，由于新农保总体的养老金待遇水平不高，新农保主要通过提高农村居民的消费意愿增加消费，而对实际的消费能力并无显著影响，[①] 为了规避这一研究风险，本部分主要选择已领取养老金的农村居民（即60岁以上的农村老人）为样本，[②] 采用中国家庭追踪调查数据（Chinese Family Panel Studies，CFPS），分析新农保制度对农村老年人消费结构的影响，尤其通过纵向角度考察农村领取到养老金的老人对各类不同层次消费品增减变化，从而识别和评估新农保制度的外部效应风险。

**一　数据和变量设定**

（一）数据来源

中国家庭追踪调查（CFPS）是由北京大学中国社会科学调查中心实施的具有全国代表性的大型微观入户调查，重点关注中国居民的经济与非经济福利，以及包括经济活动、教育成果、家庭关系与家庭动态、人口迁移、健康等在内的研究主题，是一项全国性、大规模、多学科的社会跟踪调查项目。CFPS调查两年一轮，覆盖我国25个省、市、自治区，旨在通过跟踪收集个体、家庭及社区三个层次的数据，反映中国社会、经济、人文、教育及健康的变迁。CFPS调查问卷共有社区问卷、家庭问卷、成人问卷和少儿问卷四种主体问卷类型，为学术研究和公共政策分析提供了较好的数据基础。本书选取了CFPS2010和CFPS2014两期数据。

数据库中丰富的个人、家庭特征及经济信息使我们能够利用CFPS数据对农村家庭脆弱性进行量化并保证度量质量和效率。

---

① 范辰辰、李文：《"新农保"如何影响农村居民消费——以山东省为例》，《江西财经大学学报》2015年第1期。

② 根据中国健康与养老追踪数据，贺立龙、姜召花发现新农保对平均年龄60周岁及以上家庭的影响要大于60周岁以下的家庭，可见获得新农保养老金的老人要比尚未获得养老金的农村居民在消费方面变化更明显，因而基于研究的需要，本书主要选取了60周岁及以上老人，考察其消费结构的变化情况。

## (二) 变量设定与描述性统计

新农保可以看作是针对老年人的一项政策试验,参加新农保的居民在达到指定年龄后领取到的养老金可视为由政策效应所导致的可支配收入的提高。评估政策效应所带来的影响,通常采用双重差分方法进行分析,同时为了消除样本的自我选择偏误,将处理效应、个体固有差异和时间效应相分离,以此来考察领取新农保对家庭各项消费支出的影响。本书选用基于核匹配的双重差分法(DID)来进行实证分析。本书的变量设定如下。

1. 被解释变量

各类食品支出(消费)对数值。因为新农保自2009年开始试点实施,考虑政策执行的滞后性,因此本书选用CFPS2010和CFPS2014中具有代表性的消费支出变量,通过双重差分法来检验农村老年居民在领取了新农保后其相应的消费性支出项目是否具有显著的变化。

2. 关键解释变量

是否领取新农保养老金。本书利用CFPS2014年数据中参加新农保的年份变量,选择2010年和2014年参加新农保并且在2014年有领取到新农保养老金的这部分人作为本书的实验样本,同时通过结合CFPS2010数据中没有领取到新农保养老金的数据,确保样本在2010年没有领取到新农保。保证考察的样本在其他变量控制下2014年取得养老金和2010年未取得养老金的消费变化的考察。

3. 其他解释变量

根据现有文献和尽可能外生的原则,本书在数据条件允许的情况下选取了以下变量。

(1) 个人层面特征。性别、年龄、受教育程度、户口状况、收入、婚姻状况、健康状况以及参与农业劳动的时间。

(2) 家庭层面特征。家庭规模。

(3) 消费类别。选用CFPS2010和CFPS2014数据中统计口径统一且具有代表性的几类消费支出,主要包括食品支出、衣着支出、家庭设备及日用品支出、居住支出、医疗保健支出、交通通信支出及文教娱乐支出七项消费类别。如表9-1所示。

表9-1　　　　　　　　　　各类消费性支出列表

| 变量名 | 具体支出项目 |
| --- | --- |
| 食品支出 | 全年家庭人均用于食品的支出 |
| 衣着支出 | 全年家庭人均用于衣着消费支出 |
| 家庭设备及日用品支出 | 全年家庭人均用于日用品的支出以及家庭购置费 |
| 居住支出 | 全年家庭人均用于房租支出以及家庭居住支出（物业费、燃料费、水电费等） |
| 医疗保健支出 | 全年家庭人均用于医疗和保健的消费支出 |
| 交通通信支出 | 全年家庭人均用于交通费用支出和通信费用支出 |
| 文教娱乐支出 | 全年家庭人均用于教育、文化、娱乐和休闲的消费支出 |

通过对CFPS2010和CFPS2014两期数据进行比对筛选，最终本书获得了799个处理组样本，即在2010年未领取新农保养老金而在2014年领取到新农保养老金的农村居民。相关变量的描述性统计如表9-2所示。

表9-2　　　　　　　　　　相关变量描述性统计

| 变量名称 | 样本量（个） | 平均值 | 最小值 | 最大值 |
| --- | --- | --- | --- | --- |
| 性别 | 799 | 0.4945 | 0 | 1 |
| 教育年限（年） | 797 | 2.6344 | 0 | 15 |
| 年龄（岁） | 799 | 68.1514 | 60 | 93 |
| 家庭规模（人） | 799 | 4.1752 | 1 | 14 |
| 户口状况 | 797 | 1.0000 | 0 | 1 |
| 婚姻状况 | 799 | 3.3054 | 1 | 5 |
| 农业劳动（个） | 367 | 0.9019 | 1 | 5 |
| 健康状况 | 798 | 2.2531 | 1 | 5 |

由表9-2可见，799个处理样本中，男女比例接近于1:1，受教育程度普遍较低，为2.6年，平均年龄为68岁，家庭规模平均在4人以上，从事农业劳动情况为1个劳动力左右，健康状况为一般偏差。

## 二 实证分析

### (一) 实验构造

基于研究的需要，本书采用双重差分法构造研究框架，如表 9-3 所示。post 代表 2010 年，treat 代表 2014 年，是实验组即 2014 年领取新农保而 2010 年未领取新农保的样本，control 为对照组，是基于核匹配所构造的与实验组在其他控制变量上相似的对照组样本。$Y_0$ 代表实验组在 2010 年的各项消费支出，$Y_1$ 是实验组在 2014 年的各项消费支出，$Y_1 - Y_0$ 就代表了在领取了新农保之后消费支出在这段时间内的变化情况，既包括处理效应也包括时间效应；$C_0$ 代表对照组在 2010 年的各项消费支出，$C_1$ 对照组在 2014 年的各项消费支出，$C_1 - C_0$ 就是对照组在这段时间来消费支出的变化情况，其所包含的仅仅代表时间效应，再用 $(Y_1 - Y_0) - (C_1 - C_0)$ 通过这样两次的差分就可以剔除掉时间效应，仅仅留下处理效应，即领取新农保养老金对各项消费支出的影响效应。

表 9-3　　　　　　　　　　　　DID 原理图

| group | pre | post | dijj |
|---|---|---|---|
| treat | $Y_0$ | $Y_1$ | $Y_1 - Y_0$ |
| control | $C_0$ | $C_1$ | $C_1 - C_0$ |
| dijj | $C_0 - Y_0$ | $C_1 - Y_1$ | DID |

### (二) 核匹配

在进行双重差分检验之前，要选择合理的实验组和控制组，即加入不存在新农保政策、两组基本特征一致的家庭在消费结构的变动趋势随时间变化并不存在系统性差异。但是家庭间天然的异质性使得很难找到两组特征一致的家庭，由 Heckman et al (1998) 提出的 PSM-DID 则可以解决此问题，满足双重差分的前提条件。为了构造对照组，首先要进行核匹配，匹配的变量包括性别 (gender)、受教育年限 (eduyear)、户口状况 (hukou)、年龄 (age10)、家庭规模 (family size)、婚姻状况 (marriage)、农业劳动时间 (nyld)、家庭个人收入 (perinc) 和健康状况 (health)。核匹配结果显示模型设定符合平行趋势和共同支撑假设，由于结果篇幅过长不在文章中列出，整体模型的匹配情况如表9-4和图9-2所示。

表9-4　　　　　　　　　　　整体模型匹配情况

| Sample | Ps $R^2$ | LR chi2 | P > chi2 | Meanbias | MedBias | B | R | % Var |
|---|---|---|---|---|---|---|---|---|
| Unmatched | 0.426 | 1248.35 | 0.000 | 75.9 | 46.9 | 247.2* | 0.12* | 89 |
| Matched | 0.005 | 4.18 | 0.899 | 3.2 | 2.3 | 15.9 | 0.80 | 44 |

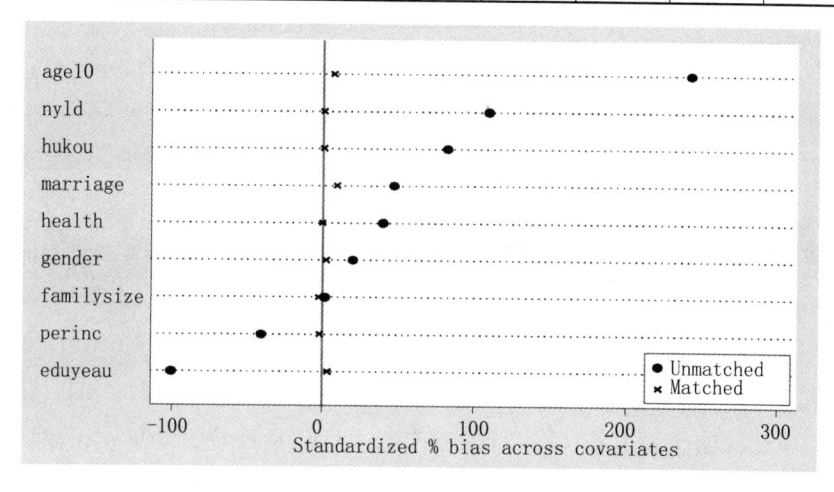

图9-2　匹配前后变量偏差图

通过表9-4可以看到在未匹配前 P 值为 0，拒绝原假设，说明在匹配前对照组和实验组存在显著的差异。

而通过匹配后，P 值为 0.899，接受原假设，说明对照组和匹配组不存在显著差异，所以我们的匹配是有效的，这一点通过图9-2也可以清楚地看到。

（三）双重差分

经过上述的核匹配已经构造出实验组与对照组，通过进一步的双重差分便可检验出其消费观念是否发生转变。双重差分模型设定如下。

$Infood = \beta_0 + \beta_1 period + \beta_2 treated + \beta_3 period \cdot treatde + \mu$

$Indess = \beta_0 + \beta_1 period + \beta_2 treated + \beta_3 period \cdot treatde + \mu$

$Indaily = \beta_0 + \beta_1 period + \beta_2 treated + \beta_3 period \cdot treatde + \mu$

$Inhouse = \beta_0 + \beta_1 period + \beta_2 treated + \beta_3 period \cdot treatde + \mu$

$$Inmed = \beta_0 + \beta_1 period + \beta_2 treated + \beta_3 period \cdot treatde + \mu$$

$$Intrco = \beta_0 + \beta_1 period + \beta_2 treated + \beta_3 period \cdot treatde + \mu$$

$$Ineec = \beta_0 + \beta_1 period + \beta_2 treated + \beta_3 period \cdot treatde + \mu$$

被解释变量为家庭人均各项消费支出的对数值；$period$ 为时期虚拟变量，$period=0$ 表示 2010 年，即实验组不受新农保政策影响，$period=1$ 表示 2014 年，即实验组受到新农保政策影响；$treated$ 为个体虚拟变量，$treated=0$ 表示对照组，$treated=1$ 表示实验组；$period \cdot treated$ 是时期虚拟变量与个体虚拟变量的交互项，我们重点关注其估计系数 $\beta_3$，它反映政策实施的净效应，若新农保能推动消费的增长则 $\beta_3$ 系数为正，反之为负；$\mu$ 为随机扰动项。

考虑到东、中、西部经济状况的显著差异，其消费支出数量和消费支出结构也会存在显著差异，因此我们在考察全国消费支出状况转变的情况下进一步分东、中、西部来观察其消费结构的转变情况。根据 CFPS 调研数据，西部地区包括陕西、甘肃、四川、重庆、云南、贵州 6 个省（直辖市、自治区）；中部地区包括山西、吉林、黑龙江、安徽、江西、河南、湖北、湖南 8 个省（自治区）；东部地区包括辽宁、北京、天津、河北、山东、江苏、上海、浙江、福建、广东、广西 11 个省（直辖市、自治区）。如图 9-3 所示。

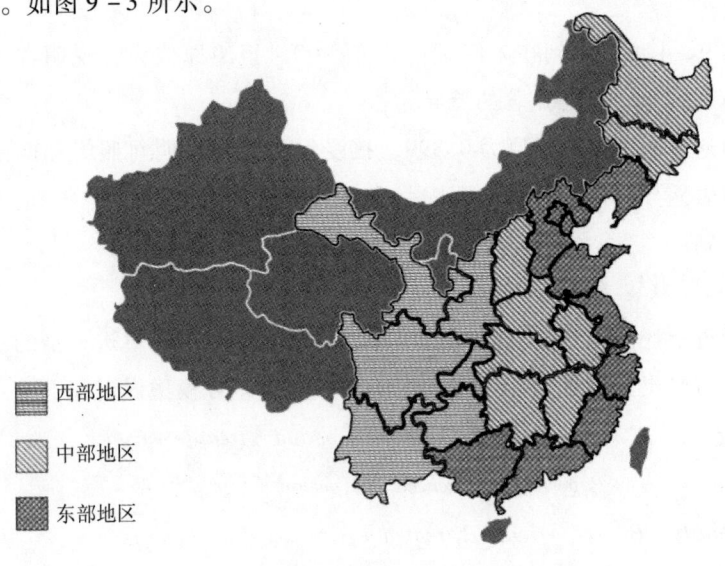

图 9-3 调研覆盖的东、中、西部地区

DID 回归结果如表 9-5 和表 9-6 所示。

表 9-5　　　　　全国层面下消费结构转变 DID 回归结果

| | 食品支出 | 衣着支出 | 医疗保健支出 | 交通通信支出 | 文教娱乐支出 | 住房支出 | 其他日常支出 |
|---|---|---|---|---|---|---|---|
| | food | dress | med | trco | edu | house | daily |
| period | -0.124*** | 0.526*** | 0.299*** | 0.139*** | 0.415*** | 0.285*** | -0.0525 |
| | (-4.52) | (18.55) | (7.69) | (4.90) | (7.77) | (7.09) | (-1.39) |
| treat | 0.00258 | -0.0325 | 0.162*** | 0.0166 | 0.165*** | 0.0269 | -0.348*** |
| | (0.11) | (-1.39) | (5.04) | (0.70) | (4.06) | (0.79) | (-10.97) |
| Period * treat | 0.0793** | -0.125*** | -0.119*** | -0.0834** | -0.0437 | -0.0380 | 0.419*** |
| | (2.43) | (-3.75) | (-2.58) | (-2.48) | (-0.71) | (-0.82) | (9.34) |
| _cons | 5.029*** | 4.672*** | 6.935*** | 5.405*** | 5.344*** | 5.324*** | 6.439*** |
| | (258.93) | (240.19) | (256.88) | (273.19) | (155.53) | (190.03) | (240.77) |
| N | 22228 | 19452 | 19001 | 20951 | 12833 | 13434 | 22228 |
| adj. R-sq | 0.001 | 0.043 | 0.007 | 0.002 | 0.018 | 0.012 | 0.012 |

注：*$P<0.05$；**$P<0.01$；***$P<0.001$.

表 9-6　　　　　东、中、西部消费结构转变 DID 回归结果

| 东部地区 |||||||||
|---|---|---|---|---|---|---|---|---|
| | 食品支出 | 衣着支出 | 医疗保健支出 | 交通通信支出 | 文教娱乐支出 | 住房支出 | 其他日常支出 |
| | food | dress | med | trco | edu | house | daily |
| period | -0.0594 | 0.529*** | 0.394*** | 0.195*** | 0.279** | 0.236*** | 0.110** |

续表

### 东部地区

| | 食品支出 | 衣着支出 | 医疗保健支出 | 交通通信支出 | 文教娱乐支出 | 住房支出 | 其他日常支出 |
|---|---|---|---|---|---|---|---|
| | (-1.63) | (11.23) | (6.06) | (4.28) | (2.05) | (4.35) | (2.04) |
| treat | -0.0879*** | 0.153*** | 0.295*** | 0.150*** | 0.147 | -0.162*** | -0.228*** |
| | (-2.88) | (3.93) | (5.55) | (4.01) | (1.44) | (-3.62) | (-5.03) |
| period_treat | 0.140*** | -0.210*** | -0.343*** | -0.234*** | 0.0291 | 0.0806 | 0.209*** |
| | (3.24) | (-3.79) | (-4.49) | (-4.38) | (0.18) | (1.28) | (3.25) |

### 中部地区

| | | | | | | | |
|---|---|---|---|---|---|---|---|
| period | -0.122* | 0.670*** | 0.131 | 0.0107 | 0.375 | 0.394** | 0.0359 |
| | (-1.91) | (10.52) | (1.55) | (0.16) | (1.45) | (2.26) | (0.39) |
| treat | -0.0673 | -0.0658 | 0.0165 | -0.150*** | 0.432** | 0.304** | -0.366*** |
| | (-1.27) | (-1.28) | (0.24) | (-2.83) | (2.16) | (2.14) | (-4.79) |
| | 食品支出 | 衣着支出 | 医疗保健支出 | 交通通信支出 | 文教娱乐支出 | 住房支出 | 其他日常支出 |
| period_treat | 0.0293 | -0.276*** | 0.200** | 0.108 | -0.189 | -0.283 | 0.555*** |
| | (0.39) | (-3.74) | (2.02) | (1.43) | (-0.64) | (-1.45) | (5.13) |

### 西部地区

| | | | | | | | |
|---|---|---|---|---|---|---|---|
| period | -0.142*** | 0.486*** | 0.421*** | 0.172*** | 0.681*** | 0.240** | -0.284*** |
| | (-3.00) | (10.29) | (4.40) | (3.58) | (3.37) | (1.96) | (-4.66) |
| treat | 0.137*** | -0.203*** | 0.170** | -0.0387 | -0.197 | -0.0768 | -0.307*** |
| | (3.38) | (-5.13) | (2.10) | (-0.95) | (-1.28) | (-0.70) | (-5.88) |

续表

| | \multicolumn{7}{c}{东部地区} |
|---|---|---|---|---|---|---|---|
| | 食品支出 | 衣着支出 | 医疗保健支出 | 交通通信支出 | 文教娱乐支出 | 住房支出 | 其他日常支出 |
| period_treat | −0.0206 | 0.0187 | −0.214* | −0.0357 | −0.0795 | 0.133 | 0.398*** |
| | (−0.36) | (0.33) | (−1.85) | (−0.62) | (−0.34) | (0.91) | (5.40) |

注：$*P<0.05$；$**P<0.01$；$***P<0.001$.

从全国范围来看，食品支出与日常支出的双重差分结果显著为正，代表食品支出、其他日常支出是随着新农保养老金的获得而显著增加的；而衣着支出、医疗保健支出与交通通信支出显著为负，则表示衣着、医疗保健以及交通通信支出随着新农保养老金的获得反而显著减少。这表明，一方面新农保对农村居民日常消费有一定的促进作用，由于新农保养老金的取得，居民的消费预期更强，从而拉动了消费，新农保制度对居民的消费存在正向的引导效应；而另一方面来看，由于老龄人口在获得新农保养老金之后加大了食品和其他日常支出的边际消费倾向，因而降低衣着、医疗保健以及交通通信的边际消费倾向，或者可以认为新农保制度使得老年人的消费结构出现了从衣着、医疗保健、交通通信消费到食品和其他日常支出消费的转变。

考虑到地区间的异质性，分东、中、西部进一步考察新农保养老金的取得对不同地区的老年人群生活方式的影响，则反映出消费结构的变动在地域上存在较大的差异。其中，东部地区的变动跟全国基本一致，新农保的获得会提高其对食品和其他日常支出，减少衣着、医疗保健和交通通信的支出；对于中部地区而言，其在其他日常支出、医疗保健显著增加，仅衣着支出是显著减少；西部地区，其他日常支出显著增加，医疗保健显著减少。进一步从系数比较来看，东、中、西部地区农村居民在领取新农保养老金之后都会加大日常消费，但是对日常消费的增大程度却有着较大的差异，呈现出中部最大、西部次之，东部最小的情况。东、中、西部消费差异的异质性，与长期以来我国东、中、西部发展不均衡、生活水平与质量存在较大差异相一致。同时，结果也显示在文教娱乐和住房支出上，东、中、西部均呈现出不显著的现象。文教娱乐的支出主要反映农村居民老年人在精神生活方面的质量，可见，不管是哪个地区，农村老人养老金收入的提高主要还是用于维持和提高其基本的生活消费，而在精神生活的消费上还没有显著的变化。此外，由于农村老年人的居住地点和环境较为稳定，加之住房支出一般属于较高的消费层次，新农保所带来的养老收入提高还不足以显著改善农村老人的住房条件。

### 三 评估结论

消费结构能够反映出居民消费质量的优劣。如前所述，究竟新农保产生的对消费的影响是消费倾向增加，还是用于当期消费的能力下降，由以上实证分析结果可以得到相关的结论。

结果表明，新农保制度的实施对农村老年居民的消费结构产生了一定的影响。总体来说，已受益的农村老人因为养老金待遇的获得，手中的可用资金增多，消费倾向的确有了显著增加。但从具体的消费结构来看，领取到养老金的农村老人主要是增加了其在食品支出与其他日常支出上的消费，同时在衣着、医疗保健、交通通信方面的消费显著减少。老年人的消费结构从衣着、医疗保健、交通通信消费转向食品和其他日常支出消费，反映出农村老人更倾向于较低层次的消费的现实。结合之前的研究，我们认为一方面原因在于基础养老金的待遇水平的确还不高，加之老人普遍的传统节俭观念和近几年较高的物价水平上涨，尤其是医疗保健、交通通信消费水平的增加，使得老年农村居民更倾向于较低层次的消费支出；另一方面的原因，在自愿选择缴费档次的情况下，由于大部分的农村居民集中选择最低100元的缴费档次，[①] 导致个人账户部分的养老金积累也相对较少，从2009年试点开始，这几年陆续进入退休年龄的农村老人其个人账户的养老金规模较小，因而除了食品和日常必需的支出外，也没有多余的收入用于其他方面的支出。同理，这也解释了研究结果中文教娱乐和住房支出变化不显著的主要原因。

---

[①] 根据我们对湖南、湖北、河南、山东乃至经济较发达的浙江等地的实地调研，大部分新农保经办管理人员在宣传推广制度时，为了扩大制度参保率都主要推荐农村居民选择100元档的缴费档次。

分地区的实证结果则进一步验证制度在平滑东、中、西部的日常消费上发挥了一定的作用。相对于东部地区而言，经济发展较为滞后的中、西部地区，在新农保制度的作用下用于日常消费的增加更显著，这对于消除东、中、西部农村居民的基本生活差异上发挥了一定的作用。

但是，对于中部地区，医疗支出显著增加，东部和西部地区的农村老人在医疗支出上却出现了显著的下降，这一区域性的差异更加反映出我国政策制定和政策效果实现的复杂性。同样都是新农保制度，对于经济相对发达的东部地区而言，其新农保待遇水平的相对购买力增加并不显著，反而"挤出"了基本的医疗需求；而对于中部地区农村医疗消费支出的显著增加，这一方面反映出中部地区农村居民对医疗健康的重视程度增加；另一方面也反映出中部地区的农村医疗成本相比农村的整体消费来说，是比较高的，中部农村人口在医疗改革的过程的，付出的成本是比较高的。而对于经济最为落后的西部地区，由于有限资源投入上的转移，医疗资源上的供给受限，间接减少了农村老人的医疗需求。新农保制度对农村老人在"衣着"和"医疗"支出上引致的"不升反降"效应，由此可见，要实现农村居民生活的"保基本"，除了进一步提高新农保制度的基本待遇水平以外，还需要辅之以其他社会保险制度，以保障农村老人在"吃"以外的"穿""医"等方面的基本保障。

同时不管是东部地区，还是中、西部地区，农村老人在文教娱乐和住房需求支出上的变化都不显著，则说明新农保制度更多的影响了农村老人低层次的消费需求，而在体现其精神慰藉、心理健康等高层次的消费需求统计结果并不显著。但随着我国城镇化、空心化的进一步突显，农村老人的精神健康的基本保障，尤其是空巢老人与外出打工子女的联系和交流更多的依赖通信手段，因此新农保制度对于农村老人交通通信消费的挤出也进一步验证了其保障水平不高的现实情况。

## 第二节　新农保对农村传统家庭养老的影响

随着"养儿防老"的观念和客观条件的逐渐改变，在"未富先老"的社会环境里，新农保是否能以有限的资源对中国农村传统的家庭养老起到一定的替代或补充作用，其意义重大，尤其是在制度运行了一段时间以后，领取到养老金的农村老人的生活究竟发生了什么样的改变，制度的介入是否影响了农村老人的家庭关系及来自子女的支持，其影响的程度如何？这关系到制度的进一步完善和可持续运行。因此，本部分针对新农保这一正式制度，研究其对农村老人的家庭养老影响及社会支持问题，有助于关注农村老人的养老需求及其面临的主要问题，了解当前新农保制度的运行效果。

## 一 理论框架与研究设计

### （一）理论框架

#### 1. 社会支持理论

许多研究者从各自的理论视角对社会支持进行阐释。韦尔曼把社会支持分为感情支持、小宗服务、大宗服务、经济支持、陪伴支持5项；[1]库恩等人将社会支持区分为归属性支持、满足自尊的支持、物质性支持和赞成性支持4种[2]；考伯则将社会支持区分为情感性支持、网络支持、满足自尊的支持、物质性支持、工具性支持和抚育性支持；卡特纳和罗素将社会支持区分为情感性支持、社会整合或网络支持、满足自尊的支持、物质性支持、信息支持，等等。国内一些学者倾向于将社会支持划分为非正式支持和正式支持：社会非正式支持是指在血缘、地缘基础上形成的，包括家庭成员、亲友、近邻和志愿者提供的支持；社会正式支持是指由政府、社区、中介组织等具有组织化和专业化特点的机构或专业人员提供的专业服务。此外，还有一种分类方式就是按照提供服务的主体来划分——分别是政府支持、社区支持、组织支持和家庭支持：政府包括中央政府、地方政府以及政府的各个相关部分；社区支持是国家与政府层面支持的具体落实，同时家庭支持与组织支持也在社区内进行；组织则涉及正式组织（如单位）与非正式组织（如团体）。[3]在实际生活当中，个人获得的社会支持的来源主要来自正式的社会支持系统与非正式的社会支持系统。正式的社会支持系统指来自政府所属的相关机

---

[1] Wellman B. and Wortley S., "Different Strokes from Different Folks: Communities and Social Support", *American Journal of Sociology*, 1990.

[2] 贺寨平：《国外社会支持网研究综述》，《国外社会科学》2002年第1期。

[3] 行红芳：《老年人的社会支持系统与需求满足》，《中州学刊》2006年第3期。

## 第九章 新型农村社会养老保险外部效应风险评估

构团体、民间福利机构等公共部门和第三部门；非正式的社会支持系统指来自个人社会网络的非正式社会支持，如家人、亲戚、朋友等来源的社会支持系统。通过正式的社会支持系统、其他成员间的陪伴和互动，个人从而得到归属感。[1]

社会支持对个体的生活具有积极的影响，不仅能满足个体最基本的需求，而且对其心理健康同样具有重要的作用。例如，可以帮助个体应对日常生活中的问题并增进个人健康和幸福；社会支持不仅提供实质性的帮助、情感支持，而且还能规范个体的思想、情感、行为等。[2]

社会支持的类型多样，主要有以下两类。一类是无形的情感性社会支持，指个人感受到他人对自己心理方面的支持，包括爱、关怀、情感、安慰、信任、尊重、倾听等，让个体主观上觉得受到了尊重、接受和保护；另一类是有形的工具性社会支持，是指向被支持者提供各种实质支持或来自社会的协助，如金钱和物质的帮扶、生病时生理照料或是亲密互动，甚至协助安排居住环境的调整等工具性支持。[3][4]

老年人作为退出劳动力市场的弱势群体，随着年龄的增长和生理功能的退化衰老，越来越依赖于其他条件来满足需求，比如生活上的照料与帮助，包括特殊的生活辅助设施和心理慰藉等。老年人的社会支持网络中存在不同类型的支持主体，不同的主体为老年人提供的资源、发挥的作用等存在差异，如老年人物质方面的需求可以来源于国家的制度性安排、市场、个人劳动、家庭尤其是配偶及子女的支持；日常照料方面的需求可来源于配偶及子女直接或间接提供，也可以通过市场来购买；精神方面的需求可通过配偶和子女、同辈群体以及正式或非正式组织来满足等。

本书根据社会支持理论，将农村的传统家庭养老提供给老人的支持分

---

[1] Karren, K. J., Hafen, B. Q., Smith, N. L. and Frandsen, K. J., "*Mind/body Health: The Effects of Attitudes, Emotions, and Relationships*", CA: Pearson Education, 2006.

[2] 李建新：《老年人口生活质量与社会支持的关系研究》，《人口研究》2007 年第 3 期。

[3] Dean, A. and Lin, N., "The Stress-buffering Role of Social Support", *The Journal of Nervous and Mental Disease*, 1977.

[4] Thoits, P. A., "Conceptual, Methodological, and Theoretical Problems in Studying Social as a Buffer Against Life Stress", *Journal of Heath and Social Behavior*, 1982.

为三个层面：经济支持、工具性支持和情感性支持，其中情感性支持主要通过家庭关系来进行考察。

2. 代际赡养的三种理论阐释

关于传统的家庭养老和子女对年老父母的赡养机制一般存在三种可能的理论解释：议价理论、基于需求的模型和互助或利益集团理论。

议价理论认为只要老年人仍在控制重要的资源，比如金钱、土地或知识，老人就拥有一定资本，具有与子女讨价还价的能力，从而得到子女的赡养。[1][2] 一些研究表明，老年人可以用获得的养老金补偿子女的生活花费，子女会赡养父母作为回报，而这在市场是无法购买到的。[3] Barrientos 和 Lloyd‐Sherlock 发现有养老金的老人能够资助年轻的一代进行教育和培训以提高他们在劳动力市场的竞争能力，从而赢得子女的尊重和照顾。[4] 根据议价理论的观点，新农保制度的养老金使老年人拥有了一定的资源，这将有助于老年人提高他们在家庭中的地位和能力，也能大大提高他们从成年子女那里获取的家庭照顾。

基于需求的模型也能较好地解释老年人的养老金和家庭养老之间的关系。该理论认为人们更倾向于为虚弱和年迈多病的老人提供更多的经济资助。[5] 而且，该理论还认为如果子女的经济支持仅仅是为了满足父母生活的基本需要，那么养老金的获得可能反而会使子女减少经济支持。已有实证研究发现，公共养老金减少了来自成年子女的经济支持。Jensen 以南非为例，发现老人每获得 1 美元的养老金，就会挤出来自子女的 25—30 美分的经济支持。[6] 关于新农保的研究，陈华帅和曾毅也发现，如果老人领

---

[1] Goode, W. J., "World Revolution and Family Patterns." *New York: Free Press of Glencoe*, 1963.

[2] McElroy, M., M. J. Horney, "Nash‐Bargained Household Decisions: Toward a Generalization of the Theory of Demand." *International Economies Review*, 1981.

[3] Lowenstein A., Katz R. and Gur‐Yaish N., "Reciprocity in parent‐child exchange and life satisfaction among the elderly: A cross‐nationalperspective", *J Soc Issues*, 2007.

[4] Barrientos A. and Lloyd‐Sherlock P., "Non‐contributory Pensionschemes: A New Model for Social Security in the South Africa", *International Research Conference on Social Security*, 2003.

[5] Cox D. and Rank M. R., "Inter‐vivos Transfers and Intergenerationalexchange", *Rev Econ Stat* 74, 1992.

[6] Jensen R. T., "Do Private Transfers' Displace the Beneits of Publictransfers? Evidence from South Africa", *J Public Econ*, 2004.

取的养老金每增加1元时,其子女为老人提供的代际支持就会减少 0.808 元。①

互助或利益集团理论认为中国的家庭成员之间好比一个有着共同利益的团体,因此不论是短期还是长期,都遵循着互助共赢的原则,通过互助使彼此家庭成员之间的共同利益达到最大化。当老年人获得了养老金,养老金一般会用于全家的消费需求。已有研究证明了养老金的发放会提高整个家庭的福利水平从而加强了代际的互助和财富转移。②

(二) 研究设计

本书采用深度访谈方式探究新农保制度如何影响农村老人的传统家庭养老及其与子女的关系。以参保的农村老年人对制度的主观评价为依据,采用质性研究方法,对湖南省湘潭市石潭镇下辖的两个村③26名已参保并领取到养老金的农村老人作为调查对象,以社会支持作为本书的理论框架,从经济支持 (Financial Support)、工具性支持 (Instrumental Support)、家庭关系 (Family Relations) 三个维度考察制度对农村老人养老生活的影响。其中经济支持指经济代际支持;工具性支持由日常照料、居住安排两方面来体现;家庭关系是由老人与子女之间的代际关系、老人的子女之间的同辈关系来体现的。具体的研究框架如图 9-4 所示。

本书考察了参保老人关于制度的整体福利水平评价。在实际访谈中操作化成"您领取到了养老金吗?每个月(年)的养老金有多少?什么时候开始领的?"用来考察基础养老金水平和制度的覆盖程度;"您日常开销的钱来源于?(养老金?子女供养?)够花吗?""领取养老金后您感觉怎么样?"以发现基础养老金的保障水平;"您感觉近些年生活水平有变化吗?哪些地方变化最大?""领取养老金后您感觉怎么样?",从中发掘农村老年人对城乡居保制度的整体满意度。

经济支持,指的是成年子女在老人参保后,给农村老人提供日常开销

---

① 陈华帅、曾毅:《"新农保"使谁受益:老人还是子女?》,《经济研究》2013年第8期。
② Barrientos A. and Lloyd-Sherlock P., "Non-contributory Pensionschemes: A New Model for Social Security in the South Africa", *International Research Conference on Social Security*, 2003.
③ 自2015年起,本书依托湘潭大学中国农村发展研究院"农村经济社会发展调查"的全样本。

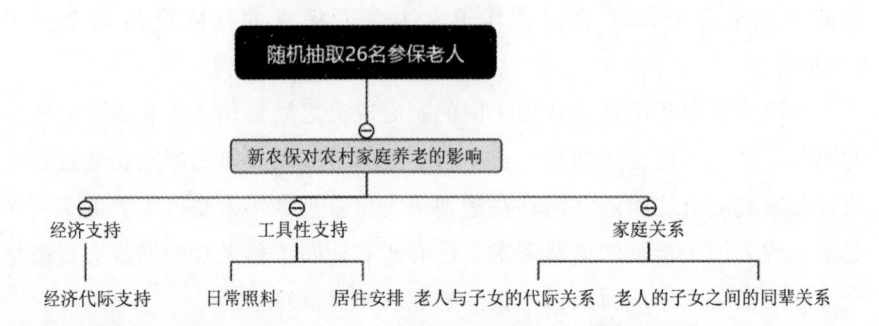

```
          随机抽取26名参保老人
                  │
          新农保对农村家庭养老的影响
        ┌─────────┼─────────┐
      经济支持   工具性支持    家庭关系
        │      ┌──┴──┐    ┌────┴────┐
     经济代际支持 日常照料 居住安排 老人与子女的代际关系 老人的子女之间的同辈关系
```

**图9-4 新农保影响农村老人研究框架**

方面的经济支持。在实际访谈中操作化为"参保之前，子女是否给您经济支持？""您的子女在您参保后还会像之前那样给钱吗？平均每月/年给多少？"以发现制度实行前后代际支持的变化；"儿女给的钱够花吗？如果不够您会怎么办？"以考察农村老人参保后经济独立性是否有变化，为之后居住模式的改变提供经济基础。

工具性支持，主要体现在日常照料和居住模式两个方面。日常照料是指农村老年人得到子女提供的金钱以外的照顾。在访谈中具体操作化为"参保前，子女如何照料您的？""您参保后，儿女还像之前那样照顾您吗？"以发现参保后子女对老人的日常照料是否存在变化；"一般多久来看您一次（或多久打一次电话）？"考察子女对老人在日常生活和精神世界的关心，研究其代际关系之间的情感交流是否因制度发生变化。居住安排是指农村老人的居住模式，在访谈中操作为"领取养老金之前您想和您的儿子住在一起吗？""领取养老金后，您还愿意和您的孩子一起住吗？"，考察制度的实行是否改变了农村老人的居住安排；以同样的问题访谈成年子女，从成年子女的角度发现农村老年人居住安排的变化，探讨制度对家庭支持模式产生的冲击。

家庭关系的考察，主要围绕两方面，即参保后农村老年人与成年子女的关系、成年子女之间的关系。在访谈中具体操作为"领取养老金之前家庭关系如何？""领取到养老金后，您与您家庭的关系是否发生了变化？（子女对待老人的态度，老人对子女的态度）""领取养老金之前子女之间关系如何？""领取养老金后您觉得的您与孩子们之间的关系有变化吗？"

以考察在正式制度的影响下农村老人的家庭关系的变化,作为进一步分析制度对农村老人家庭关系影响的事实依据。本书设计的访谈提纲如表9-7所示。

表9-7　　　　　　　　　　访谈提纲

| | 农村老人生活的表现 | | 访谈的问题 |
|---|---|---|---|
| 新农保制度对农村老人主观福利的影响 | 经济支持 | 代际经济支持 | 1. 参保之前,子女是否给您经济支持?<br>2. 您参保后子女还会像之前那样给钱吗?平均每月/年给多少?<br>3. 儿女给的钱够花吗?如果不够您会怎么办? |
| | 家庭支持 | 日常照料 | 1. 参保前,子女如何照料您的?<br>2. 您参保后,儿女还像之前那样照顾您吗?<br>3. 一般多久来看您一次(或多久打一次电话)? |
| | | 居住安排 | 1. 领取养老金之前您想和您的儿子住在一起吗?<br>2. 领取养老金后,您还愿意和您的子女一起住吗?<br>3. 你父亲/母亲领取到养老金后是否还愿意和你住在一起? |
| | 家庭关系 | 老人与子女之间的代际关系 | 1. 领取养老金之前您和子女关系如何?<br>2. 领取到养老金后,您的家庭关系有什么变化(子女对待老人的态度,老人对子女的态度)? |
| | | 成年子女之间的同辈关系 | 1. 领取养老金之前子女之间关系如何?<br>2. 领取养老金后您觉得子女/你们兄弟姐妹之间的关系有变化吗? |

## 二　调查样本与数据

(一)调查地区的选取

基于深度访谈本身的要求,从样本的可得性考虑,本书有目的地选取了湖南省湘潭市湘潭县古云村、古城村为研究样本。这两个村是我国经济社会发展历史上的重要参照点,很多知名的调研都出在这两个村,2015年湘潭大学中国农村发展研究院正式将这两个村定为"农村经济社会发展调查"的全样本,对其进行持续追踪调研。[1]早在新农保制度全国试点阶段,这两个村的相关工作人员就鼓励村民们踊跃参保,因此制度的参保率较高,对政策的认同程度也较高,自合并成城乡居保制度以来,在2016年该地区的参保率就达到了97.3%。同时由于这两个村的人口老龄化程度较高,因此相当一部分农村老人已领取了养老金。因此,新农保制度在这两个村实施的时间较长,政策的实施效果更容易凸显。古云村和古城村属于城乡交界地带,商业较发达,交通便利,除了本村户口的居民,也含有部分常住的外来人口,选择这个地区的参保老人作为调查样本数据,能较好地反映出制度在全国范围内不同地区所产生的差异性,这有助于体现本书研究的代表性。

本着随机抽样的原则,本书在古云村、古城村随机选择了26名参保老人作为调查样本进行了深度访谈。

(二)调查样本的基本情况

本书对26名访谈对象的基本情况进行了统计。性别方面,男性为13人,女性为13人;年龄方面,60—70岁的有9人,71—80岁的有15人,80岁及80岁以上有2人;养育子女的个数方面,其中只养育了1个子女的老人共有3人,养育了2—3个子女的老人共有11人,养育了4个及以上子女的老人共有12人;家庭经济状况方面较差的有13人,家庭经济状况为中等的有13人;基础养老金领取方面,领取50—100元的有23人,领取100元以上的有3人;居住安排方面,与儿子住的有10人,与女儿住的有2人,独居的有10人,祖孙同住的有3人,住养老院的有1人。基本情况如表9-8所示。

表9-8　　　　　　　　　调查样本的基本情况

| 编号 | 年龄 | 性别 | 子女数量 | 家庭经济状况(中/低) | 养老金(元) | 居住安排 |
| --- | --- | --- | --- | --- | --- | --- |
| 1 | 63 | 男 | 女儿:四个 | 低 | 70 | 独居 |

---

[1] 调研分为两个层次,第一层次是对村支"两委"进行调研,调查村庄整体经济、财政、治理、教育、环境和社会保障等情况;第二层次是对住户进行调研,主要调研家庭及家庭成员的收入、消费、信贷、就业、教育、医疗和养老等方面的内容。对住户的调研,需要进行逐一入户调查。

续表

| 编号 | 年龄 | 性别 | 子女数量 | 家庭经济状况（中/低） | 养老金（元） | 居住安排 |
|---|---|---|---|---|---|---|
| 2 | 68 | 女 | 女儿：五个 | 中 | 55 | 祖孙同住 |
| 3 | 73 | 男 | 儿子：一个 | 低 | 60 | 与儿子住 |
| 4 | 67 | 女 | 儿子：一个<br>女儿：两个 | 中 | 75 | 与儿子住 |
| 5 | 83 | 女 | 儿子：一个<br>女儿：一个 | 中 | 102 | 与大儿子住 |
| 6 | 71 | 男 | 儿子：三个<br>女儿：一个 | 中 | 55 | 独居 |
| 7 | 60 | 女 | 儿子：两个 | 低 | 55 | 祖孙合住 |
| 8 | 73 | 女 | 儿子：三个<br>女儿：一个 | 低 | 55 | 独居 |
| 9 | 77 | 男 | 儿子：一个<br>女儿：三个 | 低 | 80 | 独居 |
| 10 | 66 | 男 | 儿子：两个<br>女儿：一个 | 中 | 55 | 与小儿子住 |
| 11 | 66 | 男 | 儿子：两个 | 低 | 60 | 独居 |
| 12 | 73 | 男 | 儿子：一个<br>女儿：两个 | 中 | 82 | 与儿子住 |
| 13 | 72 | 女 | 儿子：三个<br>女儿：一个 | 中 | 100 | 与二儿子住 |
| 14 | 67 | 男 | 儿子：一个 | 低 | 75 | 与儿子住 |
| 15 | 78 | 女 | 儿子：两个<br>女儿：三个 | 低 | 55 | 独居 |
| 16 | 78 | 男 | 儿子：两个 | 低 | 55 | 独居 |
| 17 | 77 | 女 | 儿子：一个<br>女儿：一个 | 中 | 120 | 与女儿住 |
| 18 | 77 | 男 | 儿子：一个 | 低 | 55 | 养老院 |
| 19 | 63 | 女 | 儿子：四个 | 低 | 55 | 与小儿子住 |
| 20 | 61 | 女 | 女儿：三个 | 中 | 55 | 独居 |
| 21 | 74 | 女 | 儿子：三个<br>女儿：四个 | 中 | 90 | 与小女儿住 |
| 22 | 77 | 男 | 儿子：一个<br>女儿：一个 | 中 | 58 | 祖孙合住 |

续表

| 编号 | 年龄 | 性别 | 子女数量 | 家庭经济状况（中/低） | 养老金（元） | 居住安排 |
| --- | --- | --- | --- | --- | --- | --- |
| 23 | 73 | 女 | 儿子：四个 女儿：两个 | 低 | 55 | 与大儿子住 |
| 24 | 80 | 女 | 儿子：四个 | 中 | 78 | 与小儿子住 |
| 25 | 78 | 男 | 儿子：两个 女儿：一个 | 低 | 100 | 独居 |
| 26 | 74 | 男 | 儿子：三个 女儿：两个 | 中 | 55 | 独居 |

本书为了全面地分析城乡居保制度对农村老人主观福利影响，除了对26个参加新农保的老人展开深度访谈，还对参保农村老人的10位成年子女（其中包括了六个儿子、一个儿媳，三个女儿）进行了访谈，在实地调研过程中根据就近的社会调查原则，对与受访老人共同居住的成年子女进行了访谈，如果家中的成年子女不在，为了保持样本的总体特征，笔者选择同村的其他参保老人的成年子女作为访谈对象进行调查。

（三）数据收集与处理

1. 数据收集

本书主要通过使用深度访谈和观察法两种质性资料收集方法进行访谈的资料收集。

首先，根据拟定的访谈提纲，对参保老人进行深度访谈。本书确定了26名参保老人基本信息后开始约定进行具体的访谈事宜。调查人员事先与访谈对象约定好准确的时间和地点，一般情况下都确定在受访的农村老人家中进行访谈。访谈员在展开访谈之前会告知老人本书的访谈过程全程录音，调研相关成果的发表会充分尊重并保护受访者的个人隐私，如果受访者不同意录音，本书可以借助文字记录的方式对访谈内容进行记录等相关的具体事宜，之后再对受访者展开正式的深入访谈。为了引导受访对象对某一问题表达他的直观感受、主观意图、感情色彩等，调查人员将访谈提纲中围绕研究主题的问题循序渐进地向受访者发出提问，在自由的访谈氛围中进行相互间的交流。①对每一位参保老人进行40—60分钟的面对面访谈,访谈过程中调查人员一人录制访谈录音,一人记录文字信息。访谈结束后,我们将所有的访谈录音和文字信息整理成文本的形式,通过对文本资料的反复阅读分析,提炼出访谈中出现的与研究目的相关的高频词和研究主题相关的关键词,进行逐级编码,再进行进一步的研究与分析。

其次是利用观察法。在开展社会科学调查的过程中,观察法是获取原始数据和一手资料的重要方法之一。在本书中笔者运用观察法作为深度访谈的补充方式,观察受访老人言语之外表现出的外在行为,如说话的语气、肢体动作、表情和神态等一系列外在可观察到的行为表现,从中挖掘受访老人对提问的直观感受,试图发现受访老人没有或不愿谈论的其他信息,以丰富本书的初始调查数据。

2. 数据处理

根据原始录音将访谈内容转化为文本内容,在整理录音资料的过程中,保留了原始录音中的所有信息,将受访老人的语音资料包括叹气、老人说话间表达出愤慨、欣喜、犹豫等非语言表达的内容用文字表述出来,为之后进行的研究分析提供全面的定性资料。

本书在整理受访老人信息时建立了一个编号系统,对受访老人进行编号排序。通过编号系统的编制,方便通过相对应的编号和对应的关键词来查找提出观点的对象。编号系统通常包括访谈序号、年龄、性别、子女数量、家庭经济状况、养老金金额、观点关键词等信息。为了使受访老人信息直观明了,笔者将26名访谈对象的基本信息编汇成调查样本基本情况表。本书遵循为受访者保密的原则,根据访谈的编号对访谈对象进行编码,用Number的首写字母N表示访谈对象,N1—N26指的是这26名访谈对象。

资料分析的具体分析步骤是依据一定的规律将原始调查资料通过整理归纳后再提取关键词,结合不同的研究分析方法,将定性资料按照一定的逻辑关系编汇成信息完整、层次鲜明、关系密切的汇总文本。② 本书对收集到的质性资料采取类属分析方法进行分解分析。通过对文本资料的整理

---

① 风笑天:《社会学研究方法》,中国人民大学出版社2001年版,第92页。
② 陈向明:《质的研究方法与社会科学研究》,北京教育科学出版社2000年版,第273页。

归纳，首先对文本资料中反复出现的与研究主题相关的信息点进行提炼，之后将这些高频出现的信息再进行归类，即得到核心类属，各个类属的关键词便是从这些高频信息中提取出来的。根据陈向明概括的资料分析方法使用的具体步骤：一是阅读原始资料，全面了解资料内容；二是重建，将原始资料打乱，标注编码，根据相关性重新组合；三是了解当事人观点的关键；四是建立编号和归档系统。[①] 依照这四个具体的操作步骤，首先将录音转化成为文本的原始资料通读一边，全面地掌握完备的基础信息，然后将本书的研究主题与相关的文本内容结合起来，即按照本书相关的主题和主观福利变化的逻辑顺序对文本资料进行重新地整合归类，将文本中反复出现的内容纳入到同一主题中去并进行主题分类编码；根据文本列出所有相关主题，用学术语言对其进行表述，将其作为类别名称。最后将这些整理好的编码信息按照逻辑顺序进行归类整合形成完整的资料文本。

根据社会支持理论里的工具性支持和情感性支持的表现形式，表9-9是将访谈中有关于制度对农村老人传统家庭养老的影响进行概念化和范畴化的过程。范畴化的结果就是制度对老人家庭养老影响的主要因素。表9-10是依据访谈中的关键词，对存在关系的类属进行归纳，形成经济支持、工具性支持、家庭关系三个类型。

表9-9 制度对农村传统家庭养老影响的概念化和范畴化过程

| 概念化 | 范畴化 |
| --- | --- |
| 福利；基础养老金；补助；政策好；身体不好 | 经济福利水平 |
| 子女给钱；减轻负担；自己挣钱 | 经济代际支持 |
| 子女工作忙；联系少；陪老婆孩子；孤单；回家很开心 | 日常照料和沟通交流 |
| 想和子女住；一个人住；靠自己；不想麻烦孩子；看脸色；没钱去养老院 | 居住安排 |
| 没有变化；变好；想要养老金；偏心 | 老人与子女之间的关系 |
| 没有变化；和气；和睦；争养老金 | 成年子女之间的关系 |

---

① 陈向明：《质的研究方法与社会科学研究》，北京教育科学出版社2000年版，第277页。

表 9-10　制度对农村传统家庭养老的影响主从类属关系建立

| 一级类属 | | 二级类属 |
|---|---|---|
| 经济代际支持 | 经济支持 | 工具性支持 |
| 日常照料 | 工具性支持 | |
| 居住安排 | | |
| 老人与子女之间的关系 | 家庭关系 | 情感性支持 |
| 成年子女之间的关系 | | |

### 三　研究的信、效度检验

**(一) 信、效度的检验策略**

根据实证性社会研究的质量评定标准——可靠性、可信度、可确定性以及数据可靠性[①]四个方面,在实际研究检验过程中,通常从建构效度 (construct validity)、内在效度 (internal validity)、外在效度 (external validity) 和信度 (reliability) 四个维度进行检验。本书作为质性研究,主要采用 Yin 的方法策略,对研究的信、效度进行检验,具体如图 9-5 所示。

**(二) 信、效度检验结果**

利用 Yin 的方法,本书在资料收集、研究设计、证据 (文本材料) 分析以及结论总结阶段中遵循了相应的策略,保证了研究过程科学性,研究资料的可靠性,以及研究结果的可信度,保证了研究的信度和效度。

建构效度检验。在资料收集阶段,遵循"保证资料证据来源多元化"的策略,样本选取除了湖南省古云村、古城村在籍户口居民中已领取到养老金的老人以外,还包括部分外地户口的暂住老人,此外本书还对部分老人的成年子女进行了访谈。在对农村老人的深度访谈过程中,对于存在疑问的地方会反复询问被访对象进行确认,此外对访谈录音形成的文字稿,也会经过两个人的整理和确认,确保研究的建构效度。

---

① ［美］罗伯特·K. 殷:《案例研究:设计与方法》(第四版),周海涛等译,重庆大学出版社 2010 年版,第 15—24 页。

| 检验指标 | 定义 | 威胁因素 | 案例研究策略 | 使用阶段 |
|---|---|---|---|---|
| 建构效度 Construct Validity | 对所要研究的概念形成一套正确的、可操作性的测量 | 操作性测量不能有效反映构念或者反映了其他构念 | 采用多元的证据来源 | 资料收集 |
| | | | 形成证据链 | 资料收集 |
| | | | 要求证据的主要提供者对案例研究报告草案进行检查、核实 | 撰写报告 |
| 内部效度 Internal Validity | 从各种纷乱的假象中找出因果关系（仅用于解释性或因果性案例研究，不能用于描述性、探索性案例研究） | 不能有效证明某一特定的条件将会引起另一特定结果 | 进行模式匹配 | 证据分析 |
| | | | 尝试进行某种解释 | 证据分析 |
| | | | 分析与之相对立的竞争性解释 | 证据分析 |
| | | | 使用逻辑模型 | 证据分析 |
| 外部效度 External Validity | 建立一个范畴，把研究结果归纳于该类项下 | 结论可能只适用于某个特定的范围 | 用理论指导单案例研究 | 研究设计 |
| | | | 通过重复、复制的方法进行多案例研究 | 研究设计 |
| 信度 Relibility | 案例研究的每一步骤都是可重复的，而且重复这一研究就能得到相同的结果 | 重复研究得不到相同的结果 | 采用案例研究草案 | 资料收集 |
| | | | 建立案例研究数据库 | 资料收集 |

**图9-5 信度和效度指标及检验策略和方法**

内部效度检验。本书采用社会支持理论，审视新农保制度对农村老人主观福利的影响，按照开放性译码、主轴编码及选择性译码过程，对原始访谈资料通过贴标签、概念化、范畴化处理，形成福利的总水平、经济代际支持、日常照料和沟通交流、居住安排、老人与子女之间的代际关系以及子女之间关系六个下属类别，进而提炼出经济福利、家庭支持、家庭关系三个核心类别，最终形成城乡居保制度对农村老人主观福利影响上的工具性支持和情感支持两个方面。以上表明在证据分析阶段保证了研究的内部效度。

外部效度检验。为了全面真实反映研究农村传统养老的变化，研究选取了26名领取养老金的农村老人，之后还访谈了部分老人的子女（六个儿子、一个儿媳以及三个女儿），一定程度上实现了"通过重复、复制的方法"获得更加丰富、深刻和符合情境的资料，研究具有外部效度。

信度检验。在访谈方案和对象确认的基础上，研究根据访谈提纲先后对26名老人采用相同的程序和方式进行了访谈，得到了被访老人关于城乡居保制度对其生活影响的主观看法，最终形成综合性评价，在资料收集阶段保证了研究的信度。

### 四　新农保对农村老人家庭养老的影响

**（一）新农保对子女经济支持的影响**

1. 经济代际支持保持不变

"养儿防老"作为家庭成员之间互惠与互助的经济关系，由于基础养老金补贴较少，并未受到根本性的影响，子代仍是老年父母的主要赡养者。谈及参保后子女对于他们的经济支持，当被问及"孩子在您参保后还会像之前那样给钱吗？"大部分的老人的回答都是变化不大。

N12："我们有养老金领呀，是国家发的……就是靠着领养老金，然后还有儿子跟女儿给我们一点生活费……我感觉也没什么变化，因为我们的儿子跟女儿都非常的孝顺，就算国家不给我们发这个钱他们也不会嗯……让我们饿着或者冷着，我们也不会因此而怎么样，所以这个养老金我觉得是锦上添花，不是雪中送炭。"

根据交换理论，农村老人得到子女的支持是因为两者间经过交换可互相得益。养老金的取得对于老人而言是一部分增加的资源，但老人的生活并没有因为养老金发生变化，依旧要帮子女料理家务、照顾孙辈，由此更多地获取子女的照顾。

N13："这养老金也没有多大的影响，我儿子照样拿钱给我，因为要照顾小孩嘛，小孩子会闹着买东西的……生活基本上没有好大变化。"

在访谈中发现正式制度为老人提供的工具性支持没有从根本上改变中国农村家庭的养老模式，农村老人经济生活的主要来源也没有由家庭向公共部门倾斜。通过调查发现，在社会保障制度起步较晚的中国农村，城乡居保制度没有改变传统农村养老中经济代际支持的模式，家庭是农村老人最基本的活动场域，家庭成员（尤其是子女）为老人提供了重要的非正式支持，老人处理与子代的关系是他们日常生活的重要内容。由于大部分农村老人没有生活来源，平时的生活开销都是由成年子女供给，虽然有正式的制度支持，但是由于社会保障的能力有限再加上传统孝道的影响，成年子女还是会继续给老人提供工具性支持，以满足农村老人的基本物质生活需要；作为交换，老人则帮助子女料理一些日常家庭事务。

2. 经济代际支持被部分"挤出"

本书发现有部分接受访谈的农村老人反映来自子女的经济支持有所减

少。参保后子女提供的代际经济支持金额相对下降,这一城乡居保制度的"挤出效应"在很大程度上减弱了制度对于老人经济福利的改善效果。[①]

N1:"说到给就给一点,不给我也没有找她要……那当然(问及女儿会不会减少经济支持的次数或者金额),这是正常的,因为她们知道我有养老金了嘛!"

根据需求理论,即子女给予年老的父母经济支持的力度主要取决于父母的实际需要,当老人基本生活需求有所满足,子女便会相应减少提供的代际支持。当老人参保并获得来自正式制度的工具性支持之后,子女认为老人的收入状况和福利水平提高了,相应减少了代际经济支持力度。在当今中国农村由于正式制度的实施,家庭代际互动方面体现的是子女对农村老人经济代际支持正在减少,这反映了现阶段中国农村家庭养老功能的严重弱化。制度的出现虽然起到了政策保障的效果,但减弱了家庭养老保障的作用。在子女对老人代际支持的经济方面产生了"挤出"的效果。

通过对成年子女的访谈,可以从子女的立场了解他们减少提供经济代际支持的部分原因。

N14 的儿子说:"我觉得这个保险啊,就是国家的这个保障,对谁都有好处的。我有老婆有孩子嘛。小孩子上学光学费就一千多,我爹搞这个保险,虽说农村开销不大,不过也算是减轻点我的负担咯!起码缺钱的时候我就不着急我爹没钱用嘛!"

越来越多的农村劳动力从农村地区流入城市使得工业化对家庭养老产生冲击。面临压力繁重的城市生活,子女们自己生活需要都较难满足,留守农村老人的赡养压力令他们不堪重负,因此子女们在制度介入后减少对老人在经济、物质方面的工具性支持。正如 N14 老人所说,经济代际支持的减少,一定程度上反映了农村年轻一代较大的生活压力,不得不削减对老人的赡养费用。

N14 老人:"自己一个儿子也没有分家……如果我弄不到钱了每个月也就还有几十块钱(指养老金),反正比没有好。如果都靠儿子的话,他要供房贷,供孩子读书,在广州那边,消费又高,我还要他养,他也为难呢。"

---

① 陈华帅、曾毅:《"新农保"使谁受益:老人还是子女?》,《经济研究》2013 年第 8 期。

老人领取养老金这一事实情况，增加了子女的安全感，减轻了子女对农村留守老人在物质生活方面的顾虑，这无疑会"挤出"参保前子女对农村老人的经济代际支持，这使得在主要依靠家庭养老模式的中国农村，成年子女对农村老人"实质"性赡养责任逐渐被"形式"养老所取代，传统上的"刚性"需求变成了"弹性"的支持。

城乡居保制度设定的养老金"保基本"原则，是一种协助性原则，因此需要和家庭养老模式互相配合，实现对农村老人总体福利提升。但是一般的农村家庭在赡养老人时比较在意老人是否能领取养老金：当一个老人达到参保的资格时，子女会随着老人领取养老金而适当地减少他们的赡养费用，年轻一代收入水平较低、生活较为窘迫的情况下，发生这种情况的可能性更大。因此，当农村老人的基本生活有了制度保障时，将会"挤出"来自子女的经济代际支持。

(二) 新农保对子女工具性支持的影响

1. 对子女日常照料的影响

(1) 日常照料跟以前一样

农村里大多为留守老人，他们多数是独居或者与孙辈同住。当前激烈的社会竞争所带来的工作压力大，子女平时工作繁忙，子女对留守在农村的老人在日常照料方面的工具性支持和沟通交流方面的情绪性支持一直维持在一个较低的水平。子女对老人的日常照料次数和沟通交流频率原本就较少，参保并没有让子女与老人间的日常照料和沟通交流发生变化。

N17："虽然儿子媳妇工作忙，不在湘潭这边，但是他们很孝顺的，尤其是我儿媳妇！（拍大腿）哎呀！比我崽还要好啊！我儿媳妇很不错，真的不错，经常有时间就回来看我……这跟我有没有养老金没有关系嘞！"

N13："没什么变化啊，平常也就打打电话吧，他们给我买了个手机，话费也是他们在缴，不过过年他们都回来，现在也快过年了，他们也快回来了（老人笑了笑）。"

参与访谈的老人大部分都有 2 个或 2 个以上的子女，但是由于农村发展的空间有限，大部分成年子女都会选择去城市发展，平日里忙于工作，对于老人的日常照料和情感世界的关怀非常少。城居保制度实施的时间不长、基础养老金本来就不多，使得正式的制度支持效果有限，再加之常态化的城镇化进程中新生代农村居民高强度、快节奏的生活,对老人的家庭支持方面的影响较为微弱,不会直接作用到子女对老人的日常照料和沟通交流方面。

(2) 日常照料减少,尤其是联系较少

笔者在访谈中也发现有部分成年子女在制度支持介入后减少了对老人的日常照料和沟通交流,家庭成员对老人提供的非正式支持作用不断减弱。在照料安排方面,不论健康、年龄、收入状况如何,参保老人由子女照料的可能性都在下降。

N15:"以前就是按期给我打钱,顺便打个电话,现在因为不要给我打钱,电话就少了……我其实更希望他们能多陪陪我或有时间给我打打电话,一个人在家里也无聊。"

N16:"我一直自己住,孩子们偶尔回来,村里搞了这个养老保险后我发现,我也是突然发现,诶,我孩子好像很久没有回来看我了,有次我就向他们抱怨,他们却总说忙,说不会担心我,说我现在反正不缺钱用。"

从对一些子女的访谈,探讨子女对老人的日常照料和沟通交流在参保后发生变化的原因。

N16 的二儿子:"我家里有孩子有老婆,也不是说不管我爸……就是我现在主要的精力在我儿子身上,我们家所有人的精力都花在小孩子身上……我也想平时给我爸的照顾多一点,可是我老婆有意见啊,现在不是有养老金吗?我少往我爸那里走动也没关系咯。"

需求理论指出,子女为老人提供的代际帮助只会满足老人最基本的生活需求。在正式制度的介入下,有些子女认为父母物质生活得到了保障,其他方面的照顾可有可无,从而导致大部分为了生计奔波的子女遗忘了留守在农村、孤独地守望着他们的父母,进而减少对老人在精神世界的关注。

离家在外,忙碌奔波不能成为减少对父母关爱的理由,作为儿女不能陪伴在父母的身边,也要找到合适的方式去给予年迈的父母在日常生活方面尤其是精神世界的照顾,这些是作为子女的义务,不能因为社会保障制度的实行而轻易发生改变。

不管农村社会如何变迁,也不管政府在农村老人养老方面是否提供正式的制度支持,农村老年人更希望他们的赡养是源于子女在情感上的驱使,而非仅仅是工具性地履行养老义务或理性的物质交换。但很遗憾,在访谈中,笔者发现大部分农村老人为留守老人,平时与子女沟通交流基本是借助通信工具,面对面的沟通交流非常少,究其原因主要是由于子女平日里忙于工作,闲暇时间较少,还需要照顾自己的家庭。随着城镇化快速发展,传统的农业生产与农村劳动力逐渐分离,这让多数农村劳动力开始向城镇转移,在外的成年子女在面临自己的生存压力的同时还要面临家庭的养老压力,他们认为老人参保后有了一定的经济来源,在物质上得到了基本的满足,养老问题有了制度的保障,于是大部分成年子女在一定程度上减少了对老人的日常生活照料和沟通交流。①然而当今中国农村,外出务工人员的数量与因年迈而丧失劳动能力、不得已留守农村的老人数量相继增加的现象,让农村养老面临着一种尴尬的境地:老人们晚年生活缺乏来自亲情的关怀,即使正式制度保障了生活,但农村老人的精神世界依旧无法得到满足,"空巢老人"的晚年如何保障?他们的精神世界由谁抚慰?这些都是政策的制定者和作为主要家庭成员的子女需要深思的问题。

2. 新农保制度对农村老人居住安排的影响

(1) 与子女合住意愿不变

老人取得养老金后,与子女同住的居住模式未发生改变。农村老年人大部分与子女同居共爨为主、单独居住为辅。而子女出于传统的孝道以及老人可以帮忙料理家庭内部事务,也会选择与老人同住。当调查员问道:"你想和你儿子/女儿住在一起吗?"大部分老人的回答是肯定的。

N9:"想啊!儿子说我身体不好,跟他住一起,他安心。"

N21:"我一般与小女儿住,因为儿子工作比较忙,孙女还小,缺人照顾,我偶尔去二儿子家住帮忙照顾小孩子。"

可以看出,对于没有固定收入的农村老人,他们大部分乐意接受与子女合住的安排,以此从子女方获取养老支持和情感慰藉,作为交换,老人则需要帮助子女照顾孙辈或者料理一些家务,从而达到一种代际平衡。老人与子女合住的这种居住安排模式,可以看出在制度介入后,非正式的家庭支持模式并没有得到改变。

---

① 何晖、刘卓婷:《城乡居民基本养老保险制度对农村老人生活及家庭关系的影响分析》,《湖湘公共管理研究》2015年第11期。

### (2) 独居意愿增加

养老金的领取增加了农村老人的经济和生活的独立性，更多老人表示愿意独自生活。城乡居保制度提供的养老金，提高了参保老人在居住意愿和实际居住安排上与子女分开居住的可能性。

N8："我一个人住挺好的……他们也有自己的生活……我跟他们住在一起，他们也都是经常不在家里，还要我像保姆一样给他们做事，我自己一个人住也不会给他们带来过多的麻烦，但我会偶尔给他们做日常事务……可我身体不蛮好，每个月吃药就要花不少钱，我一个人住自在些。"

N18："我以前跟我儿子住，可是我跟我儿媳妇合不来……我平时呢，就把养老金存起来，喏，现在住养老院就是用存下的钱！"

N19："我年纪大了……住儿子家里帮忙带孙子呢，小孩子很吵很调皮，有时候吵得脑壳痛……有时候生活习惯不同，我儿媳妇会嫌弃我脏，带不好小孩……而且我的其他几个儿子听儿媳妇的话，认为我小儿子得了我养老金的好处，说我偏心咯，搞得一家人不像一家人。我有时候想想，还不如住出去的好，还图个清闲自在。"

由于当代城乡二元社会在生活方式、环境、养老保障制度存在差异，传统的家庭养老的含义被拓展。在城乡居保制度的影响下，农村老人的经济独立性增强，农村的养老模式从之前"养儿防老"依赖子女的"他养"方式逐步向与配偶一起住或者独居的方式转变。在日常生活中人与人之间难免会产生摩擦，有些老人子女比较多，住在哪一个子女家是个问题；有些老人与儿媳关系不好；年龄差异产生的交流代沟、生活习惯的差异等都会降低老人与子女同住的可能性。随着养老金的领取农村老人可以寻求公共养老机构，以期找到一种自由愉悦的生活氛围。

然而N11认为政府提供的基础养老金太少了，而儿子们平时的花销也不小，不好意思跟他们住一起，也想过借助社区养老，但是他表示本身的经济条件不允许。

N11："养儿防老"话虽不错，可是孩子他们还要买车啊买房啊，我还是要自己赚钱的……村子里怎么养老呢？（调查员谈及村里有养老院）没有钱去（那里）养老啊，要有钱才去得了养老院啊，没有钱你怎么去养老院呢？"

目前制度的经济补偿能力同农村的物价水平、生活成本预期相比，显得有些杯水车薪,与完全保障农村的基本生活预期存在一定的差距。有些养老机构收费较高,较低的养老金水平使得老人在寻求公共养老服务时经济承受能力不足,独居只能成为老人的一个心愿,不能真正地实现。导致有些老人不得不寻求家庭支持,只能与子女同住。

在对子女的访谈中,也可以发现制度介入后,老人会产生与其儿女分开住的想法。当笔者问那些老人的儿女"你家老人每月都能领取政府的养老金后,还愿意继续跟你们一起住吗?"

N19老人的小儿子:"自从我妈领了养老金以后,很多次啊,她都会跟我们讲要自己单独住。我想着,我们年轻人和老人家在生活方法和个人习惯方面是肯定有很多不同的,继续住在一起也或多或少会产生一些不方便。我是尊重我妈的意见,她想出去住我是乐意的,反正现在有政府政策,花不了多少钱。"

家庭居住的老人所获得的情感性支持显著高于机构居住的老人。与子女合住的老人能够得到更多的来自子女的经济和精神照顾,但照看孙辈会消耗老人的时间和精力,再加上家庭成员之间出现的沟通不畅、生活习惯不同等问题,使老人对传统的子女同住安排模式容易产生不满,制度的介入让老人对居住安排不满意时,倾向于自己去寻求外部帮助,如公共服务部门、社区养老等。独居的安排能让因老人的养老问题而产生分歧的子代家庭关系得到缓和,让家庭氛围变得更加轻松。

(三) 新农保对家庭关系的影响

1. 新农保制度对农村老人与子女之间代际关系的影响

(1) 强化了代际关系的互动联结

在制度的影响下,存在有些成年子女对农村老人的代际支持发生变化的情形,即在经济代际支持上存在一定的"挤出效应";在经济和家庭支持双双减少的情形下,农村老人与其子女间的关系和睦程度是否会因正式制度而受到影响呢?

正式的制度支持与非正式的家庭支持并不会让老人与子女间产生冲突,老人的情感支持和实际支持主要还是由亲属提供。[1]大部分的老人在

---

[1] 贺寨平:《社会经济地位、社会支持网与农村老年人身心健康》,《中国社会科学》2002年第3期。

回答"领取养老金是否会影响家庭关系?"这个问题时,他们会肯定的回答说:"几乎没有变化"。

N21:"怎么变化,我不知道怎么讲有什么变化!"老人边笑边说,在笔者的引导下,她继续说:"哎呀,他们打电话啊,我得钱他们也打电话,不得钱他们也打电话,但是我们自己用钱呢就比较方便一点咯,能得多一点钱花这样咯。感觉是这样,没什么变化。"

N24:"没什么变化,我一直跟着这个小的(儿子)……他们都……都没有人想起来我这几十块钱(指钱太少了,存得也少,不值得孩子们惦记这笔钱)。"

有些家庭因为老人参保,家庭关系变得更加和谐。N20 老人平时帮大女儿照顾小孩,所以住大女儿家,自从她参保后,那些养老金就放在存折里,想起来的时候就去取,取的钱也是给孙辈买点礼物。

N20:"我跟她们的关系很好啊!女婿们对我也还不错啊……上次孙女生日,我不是有养老金吗?就给她买了个书包,现在我孙女老是要来我这里玩,一放假就来了,有时候一大家子来,家里好热闹的!(N20 老人笑眯眯的)"

社会保障体系提供的工具性支持可以增强农村居民的消费安全感。[①] 由于制度提供的工具性支持,增加了老人的个人储蓄,老人把这笔钱用于维持家庭代际互动方面,如给孙辈买东西、给子女家庭物质方面的一些补贴,从而使家庭代际关系方面的交流活动更加频繁,增进了老人与子女之间的代际关系密切程度,促进了家庭的和谐。

(2)部分家庭代际反馈出现失衡

在访谈中少数人认为养老金的支持反而让家庭关系有所影响。N23 老人跟大儿子夫妇居住,养老金存折由其大儿媳保管。N23 谈及"领取养老金是否会影响家庭关系?"这个问题时十分生气。

N23:"我的卡在她(大儿媳)手里,我每次问她要,她就说我需要什么直接告诉她就行了,反正也是他们给我养老送终,这钱她会帮我保管着。其实我知道,她心里一直认为,是因为我儿子在缴费,我才能领到这个养老金的。我的这个儿媳在全村是很出名的,她可厉害咧,啧啧啧,真

---

① 尹宗成:《中国农村居民消费的影响因素》,《消费经济》2009 年第 2 期。

的是厉害……村里面很多干部都来我家做劝，可是她一点都不会听，哎！"

农村家庭中成员之间的利益是共享的，老人领取到养老金，用来补贴家用或转移支付给子女或孙辈，比如老人购买一些小礼物或者零食给孙子，这属于老人主观意愿上的行为，这样的行为一方面对提升整个大家庭的幸福感有促进作用；另一方面在提高老年人的家庭责任感、自信心和对晚年生活的满意度都有莫大的帮助。[1]

但是随着当代急剧转型的社会中原有的家庭代际反馈的严重失衡，亲代与子代之间抚育与反哺之间的平衡已经或正在打破。[2][3]老人对子女家庭的贡献与子女对老人提供的支持关系并没有实现互相的交换，有些子女认为老人对家庭的贡献是一种义务，老人必须无条件为家庭做贡献，不然子女会对老人产生不满的情绪，制度提供的工具性支持使老人与子代之间的代际关系变差。

2. 新农保制度对子女同辈关系的影响

（1）无碍子女同辈关系的和睦融洽

子女同辈之间并没有因为制度的支持而推让养老责任，从而影响同辈关系。当我们问道："领取养老金后您觉得的您孩子们/你们兄弟姐妹之间的关系有变化吗？"

N22："参保跟这个有什么关系啊！没什么变化嘞！这么多年了，他们兄妹的关系一直很和睦、挺好的。"

N21老人的二儿子："其实啊，家庭和睦最重要，我们家兄弟姊妹几个一直很好的……养父母啊，天经地义啊，老人为我们操心一辈子，现在老了我们应该要对他们好一点……参保也是为了老人家好嘛！不过这点钱买不到什么东西咯……我妈在我们这些子女这里吃住又不要她花钱，她自己的钱随自己咯……我们几个兄弟还说今年带老人家去海南过年呢！"

---

[1] 何晖、刘卓婷：《城乡居民基本养老保险制度对农村老人生活及家庭关系的影响分析》，《湖湘公共管理研究》2015年第11期。

[2] 朱静辉：《家庭结构、代际关系与老年人赡养——以安徽薛村为个案的考察》，《西北人口》2010年第3期。

[3] 王跃生：《城乡养老中的家庭代际关系研究——以2010年七省区调查数据为基础》，《开放时代》2012年第2期。

N21 老人的二儿子这类看法代表了大多数接受访谈的成年子女的看法，城乡居保制度规定，参保的 60 岁以上的农村老人都会领取一定金额的养老金，随着养老金的领取，老人的个人储蓄较参保前有所增加。但家庭成员仍然是农村老人最主要的照顾提供者。[1]子女是除配偶外，与老人非常亲密且重要的人，由于养老金标准过低，老人们依旧需要来自子女方正式的社会支持。出于赡养老人的义务和传统孝道的影响，子女们依旧需要保持对老人提供日常生活方面的支持，"和气""和睦"的家庭氛围也是多数受访者想要的，成年子女在这些方面也相应地采取行动，积极营造一个和谐的家庭养老环境。由此，制度的介入并不会影响成年子女之间的关系。

（2）诱发子女同辈关系的间隙争端显性化

在访谈中存在一些由于制度这一正式的社会支持引发子女争夺老年人的养老金问题，在正式的制度支持和经济条件改变的双重影响下，传统的家庭养老方式面临挑战，子女在履行赡养义务时产生推诿或者因养老金而产生纠纷。[2] 从而影响了成年子女之间关系的情况。笔者从部分参保的老人口中了解了这类关系的变化。

N25："（养老金）大儿子帮我保管，小儿子（叹气）不争气，养活他自己都难啊，小儿子会找我要养老金，可是我也没有给他的啊。他就找我大儿子闹，还说我偏心。"

作为社会保障制度提供的养老金，它是属于参保老年人的个人权益，是老年人应享受的权利，尤其是基础养老金金额设置较低，政策目标也仅仅是保障老年人的基本生活而已，不应成为成年子女争夺的目标。

在调研过程中，成年子女也向笔者表达了一些看法。N26 老人的第二个女儿认为在农村，嫁出去的女儿就是泼出去的水，经常往娘家跑会招人闲话，兄弟姊妹间会因为赡养义务不平等的现象生间隙。在传统封建观念的影响下，女儿的代际支持作用减弱，对老人的赡养"想却不可为"，而儿女的养老责任在有些农村家庭因为养老责任在子女之间不平等的转移而

---

[1] 赵芳、许芸：《城市空巢老人生活状况和社会支持体系分析》，《南京师大学报》（社会科学版）2003 年第 3 期。

[2] 陈彩霞：《经济独立才是农村老年人晚年幸福的首要条件——应用霍曼斯交换理论对农村老年人供养方式的分析和建议》，《人口研究》2000 年第 2 期。

相互推诿，这对同辈代际关系产生不利的影响。

N26 老人的第二个女儿："他老人家哦，那不用操心咧，他有我哥照顾着挺好的啊，而且在我们这边，一个出嫁的姑娘老是往娘屋里跑一点都不和气，别人会家长里短的说一些不好听的话……每当我过去的时候，我嫂嫂总是怪里怪气的话里有话，总说我爸吃他们的，用他们的，说我想打老人家退休钱的主意。我基本不怎么去呢，也不会担心她那样想了。"

城乡居保制度设立的初衷之一就是利用正式的社会支持缓解家庭养老的压力，在基本生活上给予农村老人经济保障。首先，制度实施需要一个循序渐进的过程，现在随着生活水平的提高，养老金要达到保基本的目的会因地域和农村老人的消费结构的不同而不能大范围地保证实现，所以大部分老人日常花销还需要依靠家庭养老的支持。其次，中国作为一个发展中国家，要让众多农村老人全面依靠制度养老在现阶段是不切实际的。所以，农村养老依旧要依靠家庭养老模式为主。农村老人参保后，子女们无论是从制度的角度还是从道德的角度，都不应该觊觎老人的养老金，并因此与自己的兄弟姐妹产生间隙，所谓"家和万事兴"，成年子女要"以和为贵"，担负起为父母营造一个良好温馨的养老环境的责任。

### 五 评估结论

本书运用质性研究方法对 26 名参保农村老人进行深度访谈，将访谈得到的个案资料经过汇总、归纳、分析，以社会支持理论为视角，厘清制度对农村老人主观福利的影响。研究发现，其实际上就是其制度在经济福利、家庭支持及家庭关系等维度上提供的社会支持的过程。城乡居保制度对农村老人主观福利的影响既包含了积极因素，也包含了影响家庭关系等方面的风险因素。

经济支持方面，总体提升了农村老人的经济福利水平，起到了减贫的作用，但由于来自工具性支持的养老金额不多，政策保障的效果有限，制度的介入减轻了成年子女家庭养老压力的同时，在一定程度上"挤出"了成年子女对农村老人的经济支持。这一研究结论与陈华帅、曾毅（2013）的观点"老人领取的养老金每增加 1 元时，其子女为老人提供的代际支持就会减少 0.808 元"一致。①基础养老金的标准较低，金额较少，老人的议价能力并没有得到实质性的提升，加之生活成本日益增加，因而不能在制度介入后的家庭代际关系中产生有效议价的作用，而主要效果在于帮助子女们减轻了赡养老人的经济压力，与制度设置初衷有所偏移。

工具性支持方面，城乡居保制度所提供的正式支持会改变农村老人在家庭支持方面的一些看法，他们会更加关注自己的养老待遇水平。随着制度的不断推进，老人对制度保障的能力也会有更高的要求。传统的家庭养老方式在一定程度上会受到冲击，正式制度会对老人产生更多的吸引力，从而增加了部分农村老人的独居意愿。这与程令国（2013）"发现新农保提高了参保老人的经济独立性，并对老年人居住安排意愿产生影响"的研究结论一致。②退出劳动领域的老人在基本生活方面的需求得到满足之后，他们会收到来自子女更少的物质和精神方面的支持。从访谈的结果中笔者也发现，子女会对参保后的老人减少代际方面的支持，因为他们觉得政府可以给予父母在基本生活方面的保障。造成这样的结果可能有多方面的原因：第一是由子女的经济状况决定的。在我国，大部分的农村家庭的经济水平相比于城镇家庭的经济水平处于较低的水平，大部分子女认为家庭的养老责任只需要满足老人的基本生活，于是子女在为老人提供家庭代际支持时会对老人是否参保、是否领取养老金十分在意，因为他们觉得老人在自己有经济能力的情况下是完全可以减轻养老负担的。第二是子女的现实状况与老年人日常需要之间的矛盾。农村大多数成年子女都是外出务工人员，城市生活压力较大，子女在有限的经济条件下除了需要照顾自己的家庭还需要兼顾留守农村的老人，因此即使有孝心想遵循孝道，但现实状况也只能使他们对父母的支持通常保持在一个非常低的水平。

正式的社会养老制度的推行在养老制度层面上给老人提供了安全感；制度的介入减轻了成年子女的赡养负担，因此子女对农村老人的日常照料和沟通交流也在减少，这样一来，在家庭支持"挤出效应"越来越明显的情况下，农村老人的养老状况反而不会更好，对农村老人的代际关系在

---

① 陈华帅、曾毅：《"新农保"使谁受益：老人还是子女？》，《经济研究》2013 年第 8 期。
② 程令国、张晔、刘志彪：《"新农保"改变了中国农村居民的养老模式吗？》，《经济研究》2013 年第 8 期。

一定程度上也存在负面影响，正式的制度运作存在一定的风险。

家庭关系方面，大部分农村老人的家庭关系没有发生实质性的变化。但是有些老人与子女之间的代际关系因养老金的获取而产生分歧，从而一定程度上产生使老人与子女之间的代际关系恶化的风险。农村老人由于获得了正式的制度保障，使得有些子女误以为父母已经无须照料，从而发生养老责任在成年子女之间推诿的情形，这不仅破坏了老人与子女之间的代际关系，也让同辈的关系陷入了尴尬的境地。根据交换理论，在制度的影响下老人除了像参保之前那样帮助子女料理家务照看孙辈，还需为子女在经济上提供物质性的帮助，作为交换，子女也会为老人提供经济支持、日常照料和沟通交流、居住安排。然而通过本文的研究，传统代际关系的均衡依赖于代际交换的公平原则已不被人们所遵守。[①] 参保后的部分老人并没有得到来自子女的代际反馈，反而由于制度带来的经济补偿，老人在依旧需要照顾孙辈同时，还要为子女的家庭提供经济帮助，因为子女认为老人对家庭进行资助是作为家庭成员之一应尽的义务。当老人不把领取的养老金拿出来用于家庭成员中的日常花费中，子女们会认为老人没有尽到作为一名家庭内部成员的义务。

## 第三节 新农保对农村居民幸福感的影响

幸福是人类永恒的追求，也是经济发展和公共政策的最终目标。党的十九大报告指出，要不断满足人民日益增长的美好生活需要，使人们获得感、幸福感、安全感更加充实、更有保障、更可持续。基本养老保险制度作为保障居民老年基本生活的安全网，在调节收入分配、[②] 促进社会公平、[③] 改善居民健康状况[④]以及促进城乡经济社会协调发展等方面发挥出

---

[①] 郭于华：《代际关系中的公平逻辑及其变迁——对河北农村养老时间的分析》，《中国学术》2001年第4期。

[②] 李实、朱梦冰、詹鹏：《中国社会保障制度的收入再分配效应》，《社会保障评论》2017年第4期。

[③] 陈晨：《养老与医疗：社会保险参保行为对社会公平感的影响研究》，《华中农业大学学报》（社会科学版）2019年第2期。

[④] 刘昌平、汪连杰：《社会经济地位对老年人健康状况的影响研究》，《中国人口科学》2017年第5期。

越来越重要的功能。除了从经济、社会和民生等角度来探讨基本养老保险的功能外,较少的研究也开始关注其对个人幸福感的影响。

诺贝尔经济学奖得主 Angus Deaton 认为健康、收入和公平在人类生存与发展中具有主导地位。[1]幸福感是个人在对实际生活状态的比较中产生的肯定态度和积极感受,具有主观性、积极性和综合性的特征,[2] 徐延辉(2013)根据已有研究提出居民幸福感主要表现为生活满意度,[3] 而作为一项以保障居民老年基本生活为目标的社会政策,基本养老保险制度与居民幸福感之间的关系到底如何?虽然已有研究表明基本养老保险能够显著提升居民的幸福感,[4] 但是基本养老保险对幸福感的影响机制并不明确。作为居民老年主要收入补偿机制之一,其待遇水平的高低将直接影响到居民的老年生活水平和抗风险能力,[5] 同时随着居民年龄的增长,身体机能的老化,其对自身健康的预期将很大程度上影响老年人的幸福体验。因此,本书试图说明养老保险制度如何影响居民幸福感,并检验自评健康对基本养老保险制度和居民幸福感的中介作用和生活水平感知在自评健康与居民幸福感之间的调节效应。

## 一 文献评述与研究假设

### (一) 基本养老保险与居民幸福感

我国基本养老保险已实现制度全覆盖,其对个人幸福感的影响越来越受到学界的关注。少数研究发现基本养老保险对老年人的幸福感的影响并不显著,[6] 但是大部分学者研究认为基本养老保险可以显著提升居民的幸

---

[1] 何泱泱、周钦:《"新农保"对农村居民主观福利的影响研究》,《保险研究》2016年第3期。

[2] Diener E., "Subjective Well-being: The Science of Happiness and a Proposal for a National Index", *American Psychologist*, Vol. 55, No. 1, 2000.

[3] 徐延辉、黄云凌:《城市低收入居民的幸福感及其影响因素研究》,《经济社会体制比较》2013年第4期。

[4] 霍雨慧:《养老保险金与老年人幸福指数的实证检验》,《统计与决策》2014年第13期。

[5] 张川川、John Giles、赵耀辉:《新型农村社会养老保险政策效果评估——收入、贫困、消费、主观福利和劳动供给》,《经济学(季刊)》2015年第1期。

[6] 徐鹏、周长城:《我国老年人主观幸福感的影响因素研究——基于Anderson健康行为模型的实证分析》,《社会保障研究》2014年第2期。

福感,且对于身体健康状况较差且财富水平较低的人作用更明显。[①]社会养老保险的主观福利效应为绝对收入效应、相对收入效应及时间分配效应,其中,相对收入效应在其中发挥了主要的作用。[②]基于以上研究,本书提出的研究假设为

H1：基本养老保险对居民幸福感具有显著正向影响。

### （二）基本养老保险与自评健康关系的研究

基本养老保险与居民健康的关系一直受到学界的关注。世界卫生组织（WHO）认为健康不仅是指疾病的消除,而且还包括体格、精神与社会完全健康方面的内涵,自评健康是根据居民自身身体、心理以及社会功能等各方面做出的健康状况的综合评价,是评价健康水平中较好的指标,[③] 其不仅对个体的客观寿命有良好的预测效果,而且它的稳健性甚至优于某些客观测量指标。基本养老保险作为政府再分配的一种形式,在改善居民健康状况[④]方面发挥了重要的作用,有学者发现参加养老保险的人身心健康的概率是没有参加养老保险人的 1.534 倍。[⑤] 另外社会保障收入的高低,对老年人的自评健康也有显著影响。因此,本书的假设如下

H2：基本养老保险对于自评健康具有显著的正向影响,参加基本养老保险的居民,其自评健康状况较好。

### （三）自评健康、基本养老保险与居民幸福感

#### 1. 自评健康与居民幸福感

健康与幸福感关系的研究主要集中在心理学领域,已有研究对二者的关系进行了分析。Shields 和 Price（2005）运用有序 Probit 模型研究经济和社会因素对幸福感的影响,发现患有急性和慢性身体疾病的人幸福感水

---

① 何泱泱、周钦：《"新农保"对农村居民主观福利的影响研究》,《保险研究》2016 年第 3 期。

② 郑晓冬、方向明：《社会养老保险与农村老年人主观福利》,《财经研究》2018 年第 3 期。

③ 高凯、汪泓、刘婷婷：《劳动人口健康水平影响因素及健康状况演变趋势》,《社会科学研究》2018 年第 1 期。

④ 刘昌平、汪连杰：《社会经济地位对老年人健康状况的影响研究》,《中国人口科学》2017 年第 5 期。

⑤ 陶裕春、申昱：《社会支持对农村老年人身心健康的影响》,《人口与经济》2014 年第 3 期。

平较低;[1] 另外 Oswald 和 Powdthavee（2008）的研究证实了残疾会使个体的生活满意度水平降低。[2] 针对老年人的研究，Watson 和 Kivett 发现自评健康与老年人的生活满意度呈正相关。因此，本书提出的假设为

H3：自评健康对幸福感具有显著的正向影响，自评健康状况越好，居民越幸福。

2. 自评健康在基本养老保险与居民幸福感之间的中介作用

保障居民老年基本生活是我国基本养老保险的目标，其不仅可以一定程度上免除居民养老的后顾之忧，而且可以降低他们对子女的依赖程度，减轻居民心理压力并提升自尊感，对自身健康的评价也更乐观向上;[3]同时已有研究已经证实，自评健康与幸福感之间呈正相关，居民较好的健康评价会带来更高的幸福感，但是已有研究较少将自评健康作为基本养老保险与居民幸福感之间的中介变量进行研究。基于三者之间关系的研究，本书提出：

H4：自评健康在养老保险与幸福感之间的正向关系中起中介作用，即基本养老保险通过居民的自评健康影响其幸福感。

（四）生活水平感知、自评健康与居民幸福感

生活水平是居民对其物质生活和精神生活做出的综合性评价，收入水平是生活水平的重要方面。[4] 学界在研究收入与健康的关系时提出了相对收入假说，认为影响居民健康的并不是绝对收入，而是与平均水平相比的相对收入水平，在已有的关于收入不平等和人口健康关系的研究中，多数学者认为收入差距与健康呈负相关。[5]收入差距的扩大会对健康产生不利

---

[1] Shields M. A. and Price S. W., "Exploring the Economic and Social Determinants of Psychological well - being and Perceived Social Support in England", *Journal of the Royal Statistical Society: Series A (Statistics in Society)*, Vol. 168, No. 3, 2005.

[2] Oswald A. J. and Powdthavee N., "Does Happiness Adapt? A Longitudinal Study of Disability with Implications for Economists and Judges", *Journal of Public Economics*, Vol. 92, No. 5, 2008.

[3] 王大华、佟雁、周丽清、申继亮：《亲子支持对老年人主观幸福感的影响机制》，《心理学报》2004 年第 1 期。

[4] 周钦、蒋炜歌、郭昕：《社会保险对农村居民心理健康的影响——基于 CHARLS 数据的实证研究》，《中国经济问题》2018 年第 5 期。

[5] Wilkinson R. G. and Pickett K. E., "Income Inequality and Population Health: A Review and Explanation of the Evidence", *Social Science & Medicine*, Vol. 62, No. 7, 2006.

第九章 新型农村社会养老保险外部效应风险评估

的影响,但也有研究发现二者之间存在正向关系。国内对相对收入与健康关系的研究同样表明相对收入差距的扩大对健康产生了不利影响,经济状况较好的人,其健康状况好于经济状况差的人。[1]同时已有研究发现收入对幸福的影响取决于个体与其所参照群体(如邻居、同事)的感知状况。[2]鉴于此,我们提出如下假设

H5:生活水平感知正向调节自评健康对居民幸福感的影响,与他人生活水平相比,生活水平感知越好,自评健康对居民幸福感的影响越强;反之,自评健康对居民幸福感的影响越弱。

综上所述,本书的假设模型如图9-6所示。

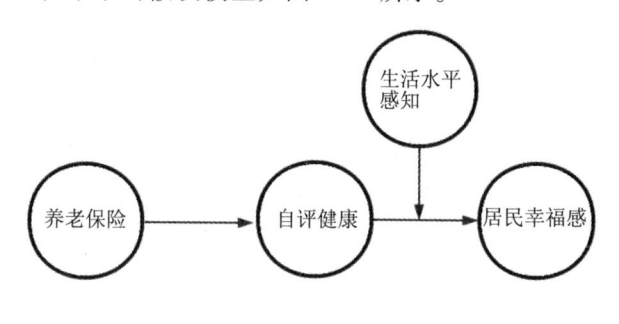

图9-6 假设模型

## 二 研究设计

### (一)数据来源

本书数据来源于中国健康与养老追踪调查(China Health and Retirement Longitudinal Study,以下简称CHARLS)(2013),是由北京大学国家发展研究院主持的一项全国范围的大型抽样调查项目。该项调查是我国目前唯一的以中老年人(45岁及以上)为调查对象的大型家户高质量微观数据,2011年在全国范围内开展基线调查,覆盖全国28个省份的150个县级单位,450个村级单位,约1万户家庭中的1.7万人,并每隔两年对基线调查家庭做一次追踪访问。2013年是CHARLS的第二次调查,其调

---

[1] 齐良书、余秋梅:《社会经济状况与健康关系的研究综述》,《经济学家》2008年第2期。

[2] Clark A. E. and Oswald A. J., "Satisfaction and Comparison Income", *Journal of Public Economics*, Vol. 61, No. 3, 1996.

查内容包括个人基本信息、家庭基本情况、健康状况和功能、收入以及养老金等方面的详细信息。

为了保证样本分析过程中的统一性,本书在进行中介效用检验前,删除核心变量存在缺失值的样本,删除后的样本量为16461;在进行调节效应检验前,继续删除调节变量存在缺失值的样本,此时的样本量为13871。

(二) 变量选取

1. 被解释变量

居民幸福感。本书选取"总体来看,您对自己的生活是否感到满意?"这一问题来对居民幸福感进行衡量。测量采用五点量表,从极其满意=1到一点也不满意=5。为了保证研究问题衡量方向的一致性,我们对赋值进行重置:一点也不满意=1;不太满意=2;比较满意=3;非常满意=4;极其满意=5,得分越高代表其幸福感越高。

2. 解释变量

基本养老保险。基本养老保险指标来自于对问题"您现在是否参加了新型农村社会养老保险?"的回答,参加=1,没参加=2。由于CHARLS数据库问卷中设置了跳答选项,因此我们可以确保没有参加新农保的居民同样没有参加其他的养老保险。

自评健康。自评健康通过问题"您觉得您的健康状况怎么样?是极好,很好,好,一般,还是不好?"其中,从极好=1到不好=5。为了保证研究问题衡量方向的一致性,同样对选项赋值进行重置,不好=1,一般=2;好=3;很好=4;极好=5,数值越大代表其自评的健康状况越好。

生活水平感知。选取问卷中五个问题对生活水平感知进行衡量,即"与您的(1)亲戚们,(2)和您教育程度一样的同学们,(3)同事们,(4)邻居/村里人,(5)本县/市/区人们的平均生活水平相比,您觉得自己的生活水平是好很多、好一些、差不多、差一些,还是差很多"。同样为了保证研究问题衡量方向的一致性,本文对其选项赋值重置,差很多=1,差一些=2,差不多=3,好一些=4,好很多=5,得分越高代表对自我生活水平的感知越好。

3. 控制变量

本书中，我们选取了人口社会学因素作为控制变量。具体包括：性别，年龄，教育程度，有无配偶，非正规就业，民族，政治面貌。其中，教育程度分为11类：从"未受过教育（文盲）"=1到"博士毕业"=11，分数越高代表教育程度越高；有无配偶，根据问卷中"已婚与配偶一同居住"=1，"已婚，但因为工作等原因暂时没有跟配偶在一起居住"=2，"分居（不再作为配偶共同生活）"=3，"离异"=4，"丧偶"=5，"从未结婚"=6，"同居"=7，本文将其转化为"有配偶"=1（含1、2、7项）和"无配偶"=0（含3、4、5、6项）两大类；非正规就业，根据问卷中"过去一年，您有没有为其他农户打工至少10天？（指从事农业劳动挣钱）"和"上周您有没有工作（包括挣工资工作、从事个体、私营活动或不拿工资为家庭经营活动帮工等）至少一个小时？"两道题目，只要任一回答为"是"，则定义为有非正规就业（是=1），反之则没有非正规就业（否=0）；民族，问卷中"汉族"=1，从"回族"=2到"其他"=10均为少数民族，我们将其赋值重置为汉族=1，少数民族=0。

(三) 研究方法

本书采用 Stata 14 进行统计分析。首先，进行描述性统计分析和主要变量间的相关性分析；其次，运用回归分析考察自评健康在养老保险与幸福感之间的中介作用；最后，采用层级回归检验生活水平感知在自评健康与幸福感中的调节效应。

### 三 实证结果与讨论

(一) 描述性分析

本书样本中，女性所占比例（52.83%）比男性（47.17%）略多，平均年龄为59.69岁（标准差=9.63岁），年龄范围从16岁到103岁。教育程度方面，按照所占的比例从多到少，主要分为：未受过教育（文盲）的占21.91%，小学毕业的占18.50%，读过私塾的占17.82%，初中毕业的为17.17%，未读完小学，但能够读、写占14.82%，高中毕业的为6.24%，样本中最高学历为硕士毕业，仅占0.02%，样本整体受教育程度不高。有配偶的占87.78%，10.61%的人为中共党员，而有

92.14%的人为汉族。从基本养老保险参保情况来看,54.16%的居民参加了基本养老保险;与同事相比,感觉自己的生活水平最高(均值=3.82,标准差=1.83),而与本地区人们的平均生活水平相比得分最低(均值=1.78,标准差=1.03),相应的生活水平感知最差。幸福感的平均得分为3.11分(标准差=0.75),范围1—5分,表明居民对自己的生活比较满意;自评健康的平均得分为2.66分(标准差=1.01),居民的健康状况处于"良好"水平。进一步分析基本养老保险参保状况与居民幸福感的分布状况发现,相较于未参保居民,参保居民的幸福感评价更倾向于比较满意和非常满意。具体如表9-11所示。

表9-11　　　　　　　　变量描述性统计

| 变量 | 均值(标准差) | % | 范围 |
|---|---|---|---|
| 年龄(岁) | 59.69(9.63) | | 16—103 |
| 性别(1=男) | | | |
| 男 | | 47.17 | |
| 女 | | 52.83 | |
| 教育程度 | | | 1—11 |
| 未受过教育(文盲) | | 21.91 | |
| 小学毕业 | | 18.50 | |
| 私塾 | | 17.82 | |
| 初中毕业 | | 17.17 | |
| 未读完小学,但能够读、写 | | 14.82 | |
| 高中毕业 | | 6.24 | |
| 有无配偶(1=有配偶) | | | |
| 有配偶 | | 87.78 | |
| 无配偶 | | 12.22 | |
| 民族(1=汉) | | | |
| 汉族 | | 92.14 | |
| 少数民族 | | 7.86 | |
| 政治面貌(1=中共党员) | | | |

续表

| 变量 | 均值（标准差） | % | 范围 |
|---|---|---|---|
| 中共党员 | | 10.61 | |
| 非中共党员 | | 89.39 | |
| 居民幸福感 | 3.11（0.75） | | 1—5 |
| 基本养老保险（1=参加） | | | |
| 参加 | | 54.16 | |
| 没参加 | | 45.84 | |
| 自评健康 | 2.66（1.01） | | 1—5 |
| 与亲戚相比 | 2.51（0.96） | | 1—5 |
| 与同学相比 | 3.17（1.80） | | 1—5 |
| 与同事相比 | 3.82（1.83） | | 1—5 |
| 与邻居相比 | 2.54（0.93） | | 1—5 |
| 与本地平均相比 | 1.78（1.03） | | 1—5 |

（二）相关性分析

从表9-12对主要变量之间的相关性分析可以看出，基本养老保险与幸福感之间有显著的正相关关系（$B=0.0173$，$P<0.05$），基本养老保险与自评健康之间也呈正相关关系（$B=0.0492$，$P<0.001$），同样自评健康和幸福感之间也存在极强的正相关关系（$B=0.2578$，$P<0.001$）。生活水平感知的五个维度与居民幸福感、自评健康都具有很强的相关性（$P<0.001$）。

表9-12　　　　　　　　主要变量的相关系数分析

| 变量名称 | 基本养老保险 | 居民幸福感 | 自评健康 | 与亲戚相比 | 与同学相比 | 与同事相比 | 与邻居相比 | 与本地平均相比 |
|---|---|---|---|---|---|---|---|---|
| 基本养老保险 | 1 | | | | | | | |
| 居民幸福感 | 0.0173** | 1 | | | | | | |

续表

| 变量名称 | 基本养老保险 | 居民幸福感 | 自评健康 | 与亲戚相比 | 与同学相比 | 与同事相比 | 与邻居相比 | 与本地平均相比 |
|---|---|---|---|---|---|---|---|---|
| 自评健康 | 0.0492*** | 0.2578*** | 1 | | | | | |
| 与亲戚相比 | 0.0372*** | 0.2586*** | 0.1679*** | 1 | | | | |
| 与同学相比 | -0.1012*** | 0.0981*** | 0.0121* | 0.1342*** | 1 | | | |
| 与同事相比 | -0.1957*** | 0.0501*** | -0.0366*** | 0.0504*** | 0.4588*** | 1 | | |
| 与邻居相比 | -0.0067 | 0.2320*** | 0.1655*** | 0.4766*** | 0.1163*** | 0.0814*** | 1 | |
| 与本地平均相比 | 0.1120*** | 0.1651*** | 0.1340*** | 0.3430*** | 0.0531*** | -0.0383*** | 0.3437*** | 1 |

注：＊＊＊表示 $P<0.001$；＊＊表示 $P<0.05$；＊表示 $P<0.1$。

### （三）基本养老保险与居民幸福感：自评健康的中介作用检验

本书采用 BK 法进行中介变量检验（Baron、Kenny，1986）。[①]首先，检验基本养老保险对自评健康是否具有显著影响（H2）；其次，检验自评健康对居民幸福感是否影响显著（H3）；再次，检验基本养老保险对居民幸福感是否具有显著作用（H1）；最后，如果前述三个关系都成立，则把基本养老保险与自评健康代入回归方程，检验基本养老保险与自评健康是否会同时对居民幸福感产生显著影响。如果基本养老保险对居民幸福感的影响相较于未加入自评健康时的作用减弱，或者变得不再显著，则说明基

---

[①] Baron R. M. and Kenny D. A., "The Moderator - Mediator Variable Distinction in Social Psychological Research: Conceptual, Strategic, and Statistical Considerations", *Journal of Personality and Social Psychology*, Vol. 51, No. 6, 1986.

本养老保险对居民幸福感的作用可能是通过自评健康来传递的,自评健康的中介作用成立。

如表9-13的模型1所示,除了有无配偶外,其他控制变量对自评健康均影响显著。其中性别($B=-0.130$,$P<0.001$)与非正规就业($B=0.136$,$P<0.001$)对自评健康的影响最大。年龄($B=-0.007$,$P<0.001$)越大,居民对健康的自我评价越低,可能的解释是随着居民年龄的增大,居民的身体健康状况会由于身体机能的老化而越来越差;男性的自评健康状况高于女性;教育程度($B=0.019$,$P<0.001$)越高,自评健康状况越好,相关原因在于教育程度高的居民具有较好的保健意识和生活习惯,其生活水平和生活质量也相对较高;非正规就业($B=0.136$,$P<0.001$)对居民自评健康有正向影响,可能的解释是非正规就业可以带来更多的经济收益和良好的心理预期,有利于居民的健康。模型2将核心自变量基本养老保险代入回归方程,其对自评健康的标准回归系数为0.086($P<0.001$),表明在控制了其他变量后,参加基本养老保险可以显著提高居民的自评健康,这支持了本书的假设H2。模型3的回归结果显示,除了教育程度与民族对居民幸福感的影响不显著外,其他变量对幸福感的影响均显著,其中有无配偶对居民幸福感的影响最大($B=0.093$,$P<0.001$),有配偶居民的幸福感高于无配偶的;年龄($B=0.007$,$P<0.001$)越大,居民幸福感越高;非正规就业($B=-0.045$,$P<0.1$)会显著降低居民的幸福感。模型4的结果显示,在控制了其他变量后,是否参加基本养老保险对居民幸福感具有显著的正向影响,参加基本养老保险的居民比没参加的幸福感得分高出0.019($P<0.1$),假设H1得到验证。模型5表明,自评健康对居民幸福感同样具有显著的正向影响($B=0.195$,$P<0.001$),假设H3得到验证。最后将自评健康和是否参加基本养老保险共同代入方程,结果如表9-13模型6所示,自评健康依然对居民幸福感影响显著($B=0.195$,$P<0.001$),但是否参加基本养老保险对居民幸福感的影响不再显著,这说明参加基本养老保险对居民幸福感的影响完全是通过自评健康进行传递的,表明自评健康在参加基本养老保险和居民幸福感之间起着完全中介的作用,假设H4得到验证。

表9-13　基本养老保险与居民幸福感：自评健康的中介作用检验

| 变量类型 | | 自评健康 | | 居民幸福感 | | | |
|---|---|---|---|---|---|---|---|
| | | 模型1 | 模型2 | 模型3 | 模型4 | 模型5 | 模型6 |
| 控制变量 | 性别 | -0.130*** | -0.133*** | -0.020* | -0.0193* | 0.006 | 0.007 |
| | 年龄 | -0.007*** | -0.007*** | 0.007*** | 0.007*** | 0.009*** | 0.009*** |
| | 教育程度 | 0.019*** | 0.013*** | -0.002 | -0.003 | -0.005 | -0.006* |
| | 有无配偶 | -0.021 | -0.016 | 0.093*** | 0.097*** | 0.096*** | 0.010*** |
| | 非正规就业 | 0.136*** | 0.140*** | -0.045* | -0.045* | -0.071** | -0.073*** |
| | 民族 | 0.090*** | 0.091*** | -0.005 | -0.005 | -0.021 | -0.021 |
| | 政治面貌 | 0.081*** | 0.070*** | 0.077*** | 0.076*** | 0.061*** | 0.062*** |
| 自变量 | 是否参加基本养老保险 | | 0.086*** | | 0.019* | | 0.003 |
| 中介变量 | 自评健康 | | | | | 0.195*** | 0.195*** |
| 观测值 | | 16399 | 16271 | 16415 | 16287 | 16399 | 16271 |
| R-squared | | 1.38% | 1.54% | 1.11% | 1.12% | 7.99% | 7.98% |
| F值 | | 32.68*** | 31.70*** | 26.21*** | 23.03*** | 177.94*** | 156.77*** |

注：***表示 $P<0.001$；**表示 $P<0.05$；*表示 $P<0.1$。

## (四) 自评健康与居民幸福感: 生活水平感知的调节效应检验

本书提出的最后一个假设 H5: 生活水平感知正向调节自评健康与居民幸福感之间的关系,即与他人相比,对自我生活水平的感知越好,自评健康对居民幸福感的影响越大;反之,自评健康对居民幸福感的影响越弱。本书采用 Nowell B, et al. (2016) 三步骤检验法,将相关变量代入回归方程,对居民生活水平感知的调节效应进行分析和检验。如果加入交互项后,仍具有统计显著性,则证实调节效用存在。具体的检验步骤为:第一,检验自评健康对居民幸福感的影响;第二,检验自评健康与生活水平感知二者对居民幸福感的共同作用;第三,将自评健康、生活水平感知以及两者的交互项代入方程,检验这些变量对居民幸福感是否有显著影响,在此之前已对相关变量做中心化处理,使变量具有一致性。若第三个步骤的交互项系数为正且显著,则表明生活水平感知起正向调节效应;反之则为负向调节。

从表 9-14 的模型 1 可以看出,自评健康 ($B = 0.197$, $P < 0.001$) 对居民幸福感有显著正向影响。模型 2 中自评健康 ($B = 0.162$, $P < 0.001$) 及生活水平感知的五个维度 [分别为与亲戚相比 ($B = 0.114$, $P < 0.001$);与同学相比 ($B = 0.013$, $P < 0.001$);与同事相比 ($B = 0.007$, $P < 0.05$);与邻居相比 ($B = 0.084$, $P < 0.001$);与当地平均水平相比 ($B = 0.037$, $P < 0.001$)] 均对居民幸福感有显著正向影响。为了验证假设 H5,在模型 3 中,我们将自评健康和居民生活水平感知五个维度的交互项代入方程进行多元回归分析。结果显示,生活水平感知的五个维度,除了与同事相比的生活水平感知与自评健康的交互项对居民幸福感的影响不显著外,其他四个维度影响均显著,假设 H5 得到了验证。其中,与亲戚相比生活水平感知和与邻居相比生活水平感知两个维度反向调节自评健康对居民幸福感的影响,与同学相比与与本地区平均水平相比的生活水平感知则正向调节了自评健康对居民幸福感的影响。

表 9-14  自评健康与居民幸福感: 生活水平感知的调节效应检验

| 变量类型 | | 幸福感 | | |
|---|---|---|---|---|
| | | 模型 1 | 模型 2 | 模型 3 |
| 控制变量 | 性别 | -0.001 | -0.010 | -0.011 |

续表

| 变量类型 | | 幸福感 | | |
|---|---|---|---|---|
| | | 模型 1 | 模型 2 | 模型 3 |
| 控制变量 | 年龄 | 0.009*** | 0.007*** | 0.008*** |
| | 教育程度 | -0.006* | -0.010*** | -0.009** |
| | 有无配偶 | 0.077*** | 0.046** | 0.045** |
| | 非正规就业 | -0.046 | -0.030 | -0.031 |
| | 民族 | -0.016 | -0.0002 | -0.003 |
| | 政治面貌 | 0.065*** | 0.016 | 0.017 |
| 自变量 | 自评健康 | 0.197*** | 0.162*** | 0.163*** |
| 调节变量 | 与亲戚相比 | | 0.114*** | 0.112*** |
| 生活水平感知 | 与同学相比 | | 0.013*** | 0.150*** |
| | 与同事相比 | | 0.007** | 0.008** |
| | 与邻居相比 | | 0.084*** | 0.082*** |
| | 与本地平均相比 | | 0.037*** | 0.037*** |
| 交互项 | 自评健康×与亲戚相比 | | | -0.026*** |
| | 自评健康×与同学相比 | | | 0.009** |
| | 自评健康×与同事相比 | | | 0.002 |
| | 自评健康×与邻居相比 | | | -0.030*** |
| | 自评健康×与本地平均相比 | | | 0.013** |
| 观测值 | | 13845 | 13684 | 13684 |
| R-squared | | 8.17% | 14.33% | 14.70% |
| F 值 | | 153.82*** | 175.83*** | 130.83*** |

注：***表示 $P<0.001$；**表示 $P<0.05$；*表示 $P<0.1$。

## 四 研究结论

本书不仅实证检验了基本养老保险制度对居民幸福感的影响，而且也证实了自评健康在基本养老保险制度及居民幸福感之间的中介作用和生活水平感知在自评健康与居民幸福感中的调节效应。具体结论如下。

第一，基本养老保险能够显著提升居民的幸福感，参加基本养老保险的居民比没参加的明显更幸福，这与已有研究相一致。对于我国居民来说，参加基本养老保险一方面能够为居民提供稳定的经济来源，增强其对未来生活的信心；另一方面还可以增强居民的获得感、安全感以及幸福感。

第二，自评健康在基本养老保险与幸福感之间起完全中介的作用，基本养老保险对幸福感的作用通过自评健康进行传导。基本养老保险对自评健康有显著正向影响，其可以为老年人提供稳定的收入来源和心理预期，同时可以降低他们对子女的依赖程度，减轻其心理压力，提升他们对自身健康的评价，同时自评健康与居民的幸福感呈正相关，基本养老保险对幸福感的影响通过自评健康发生作用。

第三，生活水平感知在自评健康与幸福感之间具有调节效应，其中与同学相比和与本地区平均水平相比感觉自己过得好的居民，其自评健康对幸福感的影响更显著；感觉比亲戚和邻居过得好的人其自评健康对幸福感的影响有所缓冲。这可能是因为我国自古以来就重视血缘关系和邻里互助，血缘关系和邻里关系在当下仍然发挥着重要的作用，再加上普遍存在的"强者"应当帮助"弱者"的心理，使得具有血缘关系和较近的地缘关系的亲戚和邻居更容易寻求其帮助，长久下去会对其产生一种帮助的依赖心理，同时还存在有些亲戚和邻居会有不管被托人的能力状况，大事小事都找其帮忙的现象，给被托人造成心理压力和生活负担，从而缓冲了自评健康对居民幸福感的作用；而与同学和当地平均水平相比感觉自己过得好，表明其生活水平和生活质量相对较高，不仅可以充分满足其"攀比"的心理，同时与亲戚和邻居相比，同学和当地居民寻求自身帮助的机会更小，不会对其造成太大压力，既有"面子"也有"里子"，使得自评健康对幸福感的影响更显著。

# 第十章  新农保制度内生风险防范

## 第一节  稳定养老金替代率水平

### 一  基础养老金以统一比率计发方式替代定额补贴制

首先,参照城镇职工基本养老保险基础养老金的计发办法,新农保基础养老金采取按照农村居民纯收入的一定比率进行计发,采取现收现付方式。根据"艾伦条件",当人口增长率与工资增长率之和大于实际市场利率时,在不提高缴费率的情况下,现收现付制比基金制有利于养老保险福利的帕累托改进,由于我国在未来一段时期内仍满足"艾伦条件",[①] 因此,现收现付的基础养老金部分应发挥主要作用。基础养老金作为国家对农村居民老有所养的体现方式,目的是能够保障农村老年居民的最基本生活,与最低生活保障制度有共同的目标,基础养老金的标准可参照农村最低生活保障标准进行。[②] 如前文所述,依据肖金萍提出的最低养老金与农村居民人均纯收入关联度大的研究结论(肖金萍,2010),参照城镇基本养老保险中的与收入相关联的基础养老金统一比率待遇计发方式,将新农保基础养老金定额计发补贴的办法进行类似改良,即按照农村居民上一年纯收入的一定比率进行基础养老金计发。在固定的养老金收入替代率下,由中央政府承担全国统一的补贴标准以体现公平性,由地方各级政府配套补贴差额部分,[③] 既可以保证基础养老金替代率的稳定,防范基础养老金替代率随农村

---

① 邵挺:《养老保险从现收现付制向基金积累制转变的时机到了吗?》,《财贸经济》2010年第11期。

② 米红、王鹏:《新农保制度模式与财政投入实证研究》,《中国社会保障》2010年第6期。

③ 刘昌平、殷宝明:《新型农村社会养老保险财政补贴机制的可行性研究——基于现收现付平衡模式的角度》,《江西财经大学学报》2010年第3期。

居民个人收入逐年增加而不断下降的风险,也可适应各地不同的经济情况和生活水平差异,使养老金具体金额因地而异,实现公平性、均衡性,有效实现"保基本"的目标。另外,这一比率计发办法与城镇职工基本养老保险的计发方式相同,有利于二者的顺利对接和养老保险关系的城乡转续。

再者,上述与农村居民收入相关联的统一比率的基础养老金计发方式需要中央政府和地方政府共同参与补贴,并采取逐级补贴差额方式进行。因为各地经济发展水平差异较大,考虑到当前的基础养老金主要由中央财政负担,为了避免出现中央财政基础养老金"保富不保贫"现象,即农村居民人均纯收入越高的地区,获得中央财政基础养老金补贴额度就越多,因此收入相关联的统一比率基础养老金计发方式需要中央政府和地方政府的共同参与补贴,采取逐级差额补贴方式进行。

最后,对上述新农保基础养老金"统一比率计发+分层补贴差额"的待遇计发办法加以具体说明。参照城镇职工基础养老金15%的养老金替代率,设定新农保基础养老金目标替代率为15%,分三步完成。第一步,中央政府按照上一年全国农村居民人均纯收入为计发系数,按照15%的比率建立全国最低养老金标准并由中央财政负责补贴(与《指导意见》一致,也可规定中央财政对东部地区承担一半,对中、西部地区全部承担);第二步,省级政府以本省上一年农村居民人均纯收入为计发系数,按照计发系数的15%确定本省的基础养老金标准,高于全国最低养老金标准的差额部分由省级财政负担;第三步,县级政府以本县(区、市)上一年度农村居民人均纯收入为计发系数,按此计发系数的15%确定本县的基础养老金标准,高于省级最低养老金标准的差额部分由县级财政负担。最终形成不同地区的基础养老金标准存在差异,而同一层级财政补贴有相同的新农保基础养老金补贴模式。这一补贴模式依然发挥了中央财政在基础养老金补贴中的主导作用,同时农村居民人均纯收入越高的地方需要的财政补贴层数越多,保证其保基本替代率的需求,而农村居民纯收入较低的地方虽然得到的财政补贴层数较少,但是在养老金的替代率上却超过了15%,从而使越贫穷的地方基础养老金的实际替代率越高,起到了较好的收入再分配的效用。[①]这样既可明确中央政府与地方政府在新

---

① 本部分得到了刘昌平、殷宝明的指导和启发。

农保基础养老金中的财政责任,又可实现财政对农村新农保投入增长固定比例化和制度化,而地方政府也达到了新农保上的财权、事权与新农保责任统一。

## 二 发挥地方补贴作用激励个人缴费

如前所述,个人账户的缴费档次越高、缴费时间越长,个人账户的养老金替代率越高,新农保制度的养老保障效果越接近预期目标。但由本书第四章评估结论可知,实际上参保农村居民选择的缴费档次普遍较低,导致个人账户替代率较低,由此产生不可"保基本"的风险。在《指导意见》中明文规定"对选择较高档次标准缴费的,可给予适当鼓励,具体标准和办法由省(区、市)人民政府确定",应通过以县级政府为主导,加大地方政府对个人账户补贴的财政投入力度,通过多种方式激励农村居民选择较高档次,并保持长期缴费。

其一,明确县级财政补贴在激励方面的主导作用。就参保激励而言,县级政府比中央政府或省级政府的效率更高且更具公平性。国家公共财政补贴更多体现在再分配功能上,而县级财政由于县域经济范围小且群体间的收入情况更为接近,由县级财政承担以激励缴费参保为目标的财政补贴一定程度上可削弱补贴财政激励的公平性悖论。首先,县级政府的目标定位更准确。县级行政区划较小,地区内部的差异不大,在设置补贴标准等激励机制方面"瞄准"更精确。其次,县域经济历来是地方最直接最基层的责任主体,县级政府作为最贴近群众、了解民情,侧重于执行的一级行政区划,是新农保制度运行成功与否的试金石,新农保的参保激励政策直接关系到制度的覆盖率和吸引力,也是县级政府的主要工作重点。再次,在财政体制改革大背景下,县级财权得到进一步加强,根据财权事权对等的原则,县级政府对民生支出也将承担更大的责任,县级政府将对通过增强财政补贴以激励农村居民参保缴费,扩大新农保制度覆盖面直接负责。最后,县级政府掌握着充分的信息,激励政策更有针对性,且能及时反馈政策实施效果,并灵活地进行相关激励政策的微调,达到因地制宜,四两拨千斤,提高财政补贴效率的效果。

其二,强化激励机制,落实多缴多"补"、长缴多"补"个人账户补贴原则。为了规避个人账户替代率过低的风险,在农村居民纯收入稳定提高的前提下，鼓励参保农村居民选择较高档次持续缴费参保，这需要以更加直观的方式增加个人账户补贴，完善多缴多得、长缴多得机制①，即落实多缴多"补"和长缴多"补"。对选择高档次缴费、长期缴费和持续缴费的参保农村居民给予梯度财政补贴奖励或提供增值服务，使农村居民看到长远利益，以切实利益激发广大农村居民的参保积极性。其中，"多缴多补"在制度实施之初，新农保保障水平不高，甚至低于现实需要的情况下，鼓励选择较高档次缴费，维持一定的保障水平，其积极作用大于产生"补富不补贫"的相对不公平的消极作用。而"长缴多补"由于推迟了养老金的领取，从保险意义上则更应大力提倡和鼓励。如成都市2009年从土地出让金中拿出20亿元，以"耕地保护基金"的方式补贴农户，补贴标准为基本农田360元/亩，对于愿意或已经参加新农保的农户，将补贴直接作为新农保个人账户缴费。②又如，新疆对选择较高档次长期缴费的农牧民给予不同程度的鼓励，对选择100元以上档次缴费的，按照每提高一个档次增加不低于5元的标准给予补贴，标准较高的为每增加一个缴费档次增加缴费补贴30元；对累计缴费满15年的农牧民，每增加1年缴费，月增发不低于2元的基础养老金。这些做法值得借鉴和推广。

其三，传递并细化政府补贴效果。明确地方财政补贴"贴息"效果，将补贴力度的激励机制传递给广大的参保对象。以地方政府30元的激励补贴为例，分析制度的激励力度。

表10-1　　30元/年地方补贴的"贴息率"与其他利率水平的比较分析

| 缴费档次（元） | 100 | 200 | 300 | 400 | 500 | 600 | 700 | 800 | 900 | 1000 | 1200 | 1500 | 2000 |
|---|---|---|---|---|---|---|---|---|---|---|---|---|---|
| 30元贴息率（%） | 30.0 | 15.0 | 10.0 | 7.5 | 6.0 | 5.0 | 4.3 | 3.8 | 3.3 | 3.0 | 2.5 | 2.0 | 1.5 |
| 个人账户总收益率(%) | 33.5 | 18.5 | 13.5 | 11.0 | 9.5 | 8.5 | 7.8 | 7.3 | 6.8 | 6.5 | 6.0 | 5.5 | 5.0 |
| 一年定期利率（%） | 3.5 | 3.5 | 3.5 | 3.5 | 3.5 | 3.5 | 3.5 | 3.5 | 3.5 | 3.5 | 3.5 | 3.5 | 3.5 |
| 五年定期利率（%） | 5.5 | 5.5 | 5.5 | 5.5 | 5.5 | 5.5 | 5.5 | 5.5 | 5.5 | 5.5 | 5.5 | 5.5 | 5.5 |

资料来源：由本书测算得来。

---

① 何晖：《新型农村社会养老保险试点的微观考察及启示》，《农村经济》2011年第12期。
② 《成都市耕地保护基金使用管理办法（试行）》，成府发〔2008〕8号（http://www.cdlocalax.chengdu.gov.cn）。

表10-1是各档次相应的资金在不同的情况下对应的收益率水平。从新农保的收益率来看，按照现行制度规定，个人账户收益率为每年30元的地方财政补贴实际上产生了较高的贴息效果。

### 三 继续发挥土地和家庭的养老保障功能

由本书第二章风险识别依据可知，制度设计的目标替代率水平15.33%远低于满足农村老人最低生活需求的"保基本"替代率水平23.5%，这种制度初始阶段低水平、审慎的福利待遇设计原则，导致制度本身无法有效地满足农村居民的现实需要，新农保保障水平的相对较低必然降低了农村居民应对各类社会经济风险的能力，农村现有的老有所养无法完全依赖于新农保制度，家庭和土地仍然是重要的养老资源。受经济发展水平的制约，新农保保障水平一开始并没有定得比较高，甚至低于现实需要。当农村居民年老以后，因疾病和身体上的原因不能参加劳动，需要经济供养、生活照料及精神慰藉，这三个方面是分不开的，是相辅相成的。而家庭作为防范风险的基石，无论在传统社会还是当代社会，始终发挥着不可或缺的规避社会风险的积极作用，既包括物质支持、服务支持，也有情感支持，是个人规避风险的基本保障，也是社会稳定和文明传承的基石。长期以来，土地是农村居民最重要的生产资料，几乎全部的收入来源都来自于土地。农村居民对土地有很强的依附性，穷其一生在土地上辛勤劳作，以获得生活所必需的全部消费资料。与自给自足的自然经济相适应，土地保障与家庭养老一样是中国农村居民重要的养老方式。因此，在构建新农保制度时，还应发挥土地保障的有益补充作用。

## 第二节 规避个人账户计发系数风险

根据前述第四章第二节的评估结论，在我国人口老龄化加剧、人口寿命不断提高以及各地人口结构情况迥异的情况下，目前新农保制度的全国统一且不变的个人账户计发系数过低，造成个人账户基金提前亏空，基金失衡，从而导致给付风险或政府的财政风险。

如前所述的个人账户计发系数精算模型，其中的三个变量中，预期余命属于自然规律不能人为调控，因此需从其余两个变量——个人账户养老金计发系数和个人账户基金收益率水平两个方面进行调整，一个涉及制度设计；另一个涉及制度运行。若假设个人账户基金收益率不变，则计发系数与平均余命成正比，需提高个人账户计发系数，使其与人口老龄化趋势下的预期余命增加趋势保持一致；若假设计发系数不变，个人账户基金收益率与平均余命亦成正比，则需要提高收益率，使其与平均余命的增长同步或者快于平均余命的增长。此外，根据相关学者的研究，还可在制度设计上，采取调整地方政府"补入口"的方式，新增加一个社会统筹账户，用于个人账户上的风险共担。

### 一 提高个人账户计发系数，并适时因地调整

一方面，在人口老龄化、人口预期余命普遍提高的趋势下，根据目前新农保个人账户计发系数过小的现状，应尽快提高个人账户计发系数，根据农村人口的预期余命、个人账户的收益率情况，对个人账户计发系数进行相应提高，并定期调整一次；另一方面，应增加各地区新农保个人账户计发系数设置的弹性空间，各地在参考中央根据全国平均水平设置的计发系数基础上，结合本地实际人口结构情况，在做好人口精算的前提下，应因地制宜设置相应的计发系数，并报省级新农保试点工作领导管理机构审批并备案。根据前文的分析，如果按照2010年湖南省张家界市60岁人口预期余命情况，在3%的收益率下，计发系数应提高为204个月，这样才能实现个人账户基金的平衡。

### 二 调整地方政府"补入口"的方式，新增社会统筹账户

这是规避个人账户计发系数风险的第三种选择，按照崔凤、李红英的研究结论[①]，创新现有的地方政府补贴个人缴费的办法，将政府每年最低30元的个人账户补助金分成两部分，一部分按照现有规定仍计入新农保个人账户，归个人所有，产权明晰；另一部分（比如取30元中的5元）计入新设立的新农保社会统筹账户。社会统筹账户的主要功能就是实现风险共担的社会保险再分配功能。相应的《指导意见》规定为"参保人死

---

① 崔凤、李红英：《新型农村社会养老保险可能面临的主要问题与政策建议》，《西北人口》2011年第2期。

亡,个人账户中的资金余额,除政府补贴外,可以依法继承;政府补贴余额用于继续支付其他参保人的养老金"则更改为"参保人死亡,个人账户中的资金余额,可以依法继承"。这在提高农村居民福利水平、增强制度吸引力的同时,也可简化工作程序。

### 三 科学确立养老金保障水平,研究完善养老金给付的正常调整机制

重视精算在养老金标准的确定和资金预算方面的作用,引入精算因素,使制度更加科学化和透明化。制定财政补贴的财务平衡发展规划,同时进一步完善新农保缴费标准的制定和基础养老金发放标准调整机制,减少定额的缴费和发放标准中的不确定性。

## 第三节 制度碎片化与衔接风险防范

制度"碎片化"的存在,涉及参保人的切身利益,也影响了人们对制度的满意度,削弱农村消费者的信心,从而抑制国内消费需求,难以实现城乡一体化和公共服务均等化、阻碍新农保制度的可持续发展。社会保障制度改革的一个总体趋势就是通过逐步统一社会保障架构和待遇水平从而实现放松对劳动力合理流动的限制,因此实现新农保制度与其他相关制度的衔接和整合,可以为建立全国统一的社会保障体系奠定基础。[①] 而短期内,如何建立养老保险各个制度(制度间、区域间)的衔接和转移接续机制将是一个重要任务和挑战。

### 一 制度"碎片化"的大统一

随着农村社会的发展,单一的社会结构逐渐分化,随之农村居民的身份也开始分化,从而在社会保障覆盖范围不断扩大的过程中,很容易出现将不同的特殊群体分割开来导致制度条块分割的问题。"碎片化"制度会导致不同群体之间的互相攀比,增加制度运行的管理成本,不利于各群体之间的互济,因而建立"大一统"的制度是根本的解决办法。然而,在

---

[①] 崔凤、李红英:《新型农村社会养老保险可能面临的主要问题与政策建议》,《西北人口》2011年第2期。

新制度建设过程中,也不能采取"一刀切"的方式强制推行,应该实事求是,在不改变大政方针的基础上努力维护各特殊群体的利益。

(一)完善一体化的制度框架

新农保制度作为国家维护农村居民养老保障权利的正式制度安排,是我国社会基本养老保险制度的重要组成部分,按照世界银行建议,新农保制度代表着未来多支柱养老保险制度的趋势,应进一步将其与城职保、机关事业单位基本养老保险制度相统一,形成我国多层次的一体化的社会基本养老保险制度框架。在这个统一框架下,[①] 覆盖城乡所有劳动者和退休人员,也便于劳动力流动和养老保险关系的转移接续。具体框架如图10-1所示。

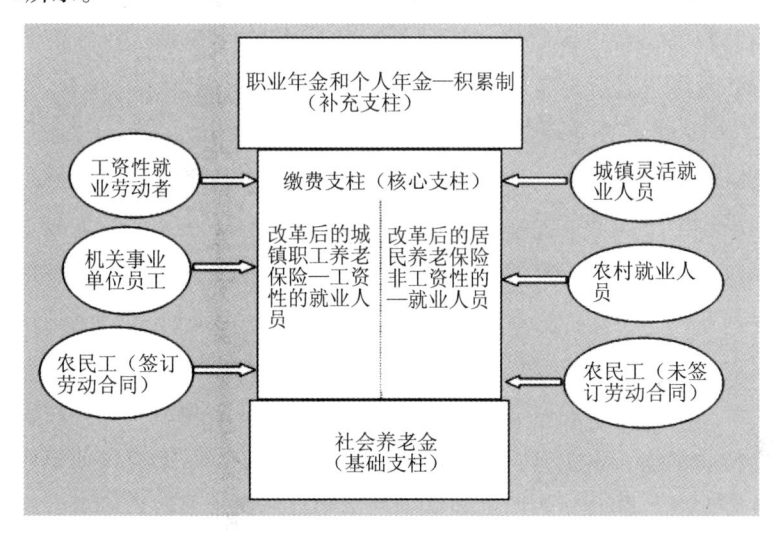

图10-1 我国多层次的一体化的社会基本养老保险制度框架

由图10-1可见,制度模式由基础支柱、缴费支柱和补充支柱三部分组成,多层次的制度设计有利于确保养老待遇的适当水平。

其中,基础支柱由社会养老金构成,覆盖全部老年人口,属于非缴费型普惠制,采用现收现付制,由财政预算收入进行筹资,具体待遇水平根据各地收入确定,同时采取指数化调整和根据退休收入抵扣。

---

① 王德文在2018年4月14日北京召开的"养老保险经济论坛"上的关于养老保险制度改革若干重要问题探讨的世界银行推介的养老保险制度模式观点。

缴费支柱按不同人群分为两类，一类是改革后的城镇职工养老保险，针对的主要是有工资性收入的就业人员，采取强制缴费型的名义账户，主要包括城镇职工、机关事业单位人员、签订劳动合同的农村居民工等；另一类是改革后的居民养老保险制度（即新农保和城居保，也就是现在的城乡居民基本养老保险制度），针对非工资性劳动者，采取自愿参保缴费，也采用缴费型名义账户制，主要人群是城镇灵活就业人员、农村居民工和农村就业人员。在具体的筹资方式上，两类都属于缴费型的现收现付制，只是前者由用人单位和劳动者个人缴费形成；后者由劳动者个人缴费形成，各级政府提供配套缴费补贴。

补充支柱主要指职业年金和个人养老储蓄，用于补充养老收入，也主要采取缴费确定型，实行完全积累制，由用人单位或劳动者自我缴费积累，但必须妥善进行监督和管理。

（二）统中有分兼顾不同群体特征

公平并不意味着绝对的均等。在建立新农保制度的过程中还必须充分考虑到农村中不同群体的特征，尊重各地社会经济发展水平存在较大差异的实际以及做好新旧制度的合理衔接。随着农村社会的发展，单一的社会结构逐渐瓦解，随之农村居民的身份也开始分化，出现了包括被征地农村居民、农村计划生育户、村组干部、从事农业生产的农场职工、返乡农村居民工、孤寡老人、农村义务兵和复员退伍军人、农村教师、到村任职大学生等特殊群体，不仅其自身有不同的养老保障需求，而且国家也存在不同的政策取向。同时，不同的经济发展水平使不同地区政府的财政补贴能力以及当地合理的养老金水平也存在着较大的差异。当前，各地实施的新农保试点政策都是在一定程度上基于本地区的实际情况进行的，部分地区通过探索已经形成了较为完善的具有可持续发展能力的制度和政策。不仅如此，传统农村社会养老保险制度与新农保制度之间的平稳过渡也事关部分农村居民的养老保障权益的维护和实现。以上的种种差异和难题都是新农保制度建立过程中难以回避的，从而决定了在保证足够的制度统一规范刚性的前提下必须实现制度充分的包容性、灵活性和开放性。在制度整合中，最重要地是解决资金来源和待遇计发问题。坚持统一的制度模式并不意味着制度完全相同，根据新农保"统账结合"的特点，对于特征群体的养老保险政策，按照财政补贴资金的性质，属于补贴待遇的则直接与新农保基础养老金合并累积计发，属于补贴缴费的则进入新农保个人账户并按相应的缴费档次视同缴费年限，从而实现在坚持统一制度模式的基础上兼顾特殊群体的合理利益，实现待遇的差别化。

**二 城乡养老保险制度的衔接**

党的十六届六中全会通过的《中共中央关于构建社会主义和谐社会若干重大问题的决定》提出，到2020年要基本建立覆盖城乡居民的社会保障体系，2011年《国民经济和社会发展第十二个五年规划纲要》进一步明确"实现新农保制度全覆盖"，"逐步推进城乡养老保障制度有效衔接"，"加快推进覆盖城乡居民的社会保障体系建设"。

根据城居保和新农保两种制度相衔接时出现的基础养老金对接时权利与义务平衡，缴费地与退休地责任划分和维护养老金权益与承认养老金待遇差别等问题，城乡社会养老保险关系实现有效衔接必须在维护参保者养老金权益的同时不影响养老保险基金的平衡状况，均衡转出地和转入地的负担，以及控制城乡养老金待遇绝对数额上差距的扩大。

（一）破除最低缴费年限规定

在当前政策规定的最低缴费年限限制下，在城乡间转移就业的参保者难以获得基础养老金的领取资格下，这部分参保者可能因为在城乡两类制度中的总参保年长超过15年但在各制度中的参保年长少于15年而失去养老金领取资格。最低缴费年限限制已经成为社会养老保险关系在城乡间转续的最大障碍。破除最低缴费年限限制可以实施"两步走"战略：第一步，视同城乡基本养老保险的参保缴费年限，参保者在城乡两类制度中的参保年长合并计算，合计参保满15年即可获得养老金权益，在城保和新农保中的养老金权益来累积计算；第二步，赋予城居保和新农保基础养老金既得受益权，城居保基础养老金每参保1年即获得工资替代率为1%的养老金权益，新农保基础养老金按参保年长对比最低缴费年限折算权益，每参保1年获得1/15的基础养老金待遇。

（二）基础养老金待遇单独计发

由于城居保和新农保养老金待遇计发方法存在很大不同，在制度衔接时可以将基础养老金待遇单独分开计发。参保者在城乡两类制度中的参保缴费独立记账，分开支付，同时只转移参保者在两类制度中的养老金权益，基础养老金缴费与补贴不转移。当参保者达到法定退休年龄（城保参保者）或年满 60 岁（农保参保者）时，基础养老金待遇由各地分段计发；各地社保机构（或农保机构）分别兑现参保者累计的基础养老金权益并按照各自的计发标准由其参保年长折算出待遇，并全部汇总进入参保者退休地的社保机构（或农保机构）。对在城镇进行灵活就业的农村劳动力，且不符合参加城镇社会养老保险的标准而未能参保的，可自愿选择继续参加原居住地的新农保制度。

## 第四节 创新新农保基金管理方式

### 一 提高基金统筹管理层次

《社会保险法》要求基本养老保险制度要实现全国统筹，目前较为成熟的城镇企业职工基本养老保险制度里，有北京、天津、上海、重庆、陕西、青海和西藏 7 个省区市实现了省级完全统筹，大多数省份采取调剂金方式也实现了部分统筹，而作为保障广大农村居民的新农保制度，也应将基金管理层次从县级政府逐渐过渡到省级统筹。其中，省级社会保险经办机构负责新农保个人账户养老基金的受托管理，省级社会保障基金信托管理委员会和财政部门负责新农保基础养老基金的统筹管理和资本运营；省级人力资源和社会保障厅作为新农保的行政管理部门，负责各级新农保的统筹计划和监督指导等工作；各级人力资源和社会保障局是新农保的经办机构，负责管理新农保的各项业务。

### 二 完善基金投资管理机制

建立规范透明的治理结构，明确决策结构、关键部门及其责任，完善投资、投资管理程序，按照风险管理要求对各级风险有清晰的界定。建立规范化的预算制度和财务制度，设定社保基金预算管理的短期和中长期目标，突出重点、分步骤完善制度建设，提供新农保基金投资运营管理的法律基础。由财政部门、社会保障部门等组建和监督的省级社会保障基金信托管理委员会根据基础养老金基金的特点和国家宏观经济政策取向对其进行投资；省级社会保险经办机构根据个人账户养老基金的特点和政策规定，将个人账户养老基金交给经批准的商业机构实行准市场化运营管理。

### 三 改变新农保基金给付方式

在新农保基金的给付环节中,将基础养老金和个人账户养老金分开计发,其中基础养老金由各级社会保险经办机构依据支付需要向财政部门报告后采取社会化方式向参保退休农村居民给付;个人账户养老金由各级社会保险经办机构采取定期给付或购买商业保险年金的方式向参保退休农村居民给付。

### 四 完善新农保基金监管机制

有效监管是新农保制度得以正常运行的重要保证。确保新农保基金的投资运营符合政策和法律的规则要求。社会保障基金监管机构和社会监督机构应该对新农保基金运行的三大环节进行全程监管。监管内容包括许可证、投资指南、审计要求、交易、资产分类、报告和信息公开、监测评估等。监管的一个主要方面就是在保证资金安全的前提下,根据实际情况,实现基金投资安全性、流动性和收益性三者的有机统一。监管主体不仅包括行政监督、会计监督、技术监督,还包括审计监督、财政监督、群众监督和法律监督等。其中,会计监督方面,需要探索完善农村会计从业人员统一培训制度,从新农保基金营运的源头上防范新农保资金财务管理漏洞,达到降低监管成本、实现监管资源效益最大化的目的。

## 第五节 资金筹集风险防范

根据本书第七章的资金筹集风险评估结论,本节重点探讨财政风险、集体筹资风险以及个人缴费能力风险的防范策略。

### 一 完善建立协同筹资机制

防范新农保资金筹集风险,最重要的环节就是多元主体协同筹资机制的建立。长期以来,受限于政府主体筹资模式、政府职能转变滞后和政府权力极大化动机等现实条件,新农保筹资过程中各级政府之间权限划分不清晰,各级政府与居民之间的供给责任划分不明、事权与财权不统一等错位现象依然存在,导致新农保资金筹集短缺、结构失衡和效率低下等诸多问题。新农保市场化筹资、社会组织筹资和居民自愿筹资等多元主体协同筹资模式开始出现并逐步得到试验,该模式显示出了比较优势,改变了以往政府在新农保筹资和供给中大包大揽的角色,既增加了新农保筹资渠道,又提高了新农保筹资社会化水平,为整个新农保筹资机制的建立提供了新的思路和途径。在当前城乡居保运行中,完善建立新农保协同筹资机制的步骤如下。

第一,分析新农保协同筹资的主体和筹资渠道,对新农保协同筹资过程中政府、市场、社会组织、居民的共生关系进行判定。在对共生单元、共生模式、共生界面以及共生环境等内容进行规范性分析的基础上,构建"政府主导、市场运作、社会组织和居民多主体参与"的新农保协同筹资的"共生关系"分析框架。

第二,应用共生度分析法寻绎新农保多元主体协同筹资成因。理论层面,分别从政府、市场、社会组织和居民等角度分析新农保单一主体筹资的困境;应用新农保协同筹资的非均衡模型研究多主体协同筹资对单一主体筹资困境的改善。现实层面,分析政府、市场、社会组织和居民在新农保协同筹资方面的互补优势和"目标—利益"耦合关系等现实基础。

第三,分析新农保多元主体协同筹资的共生组织模式和共生行为模式,阐释基于一体化共生组织模式和对称互惠共生行为模式的共生界面作用机理,构建新农保协同筹资机理模型。对于一次合作模式,通过对政府、市场社会组织和居民等协同筹资主体各自的利益进行分析,构建各共生主体的目标函数;通过对筹资主体的资金禀赋进行分析,构建相应的约束条件函数;根据满足各共生主体禀赋约束条件下的目标函数最大化进行联合求解,揭示新农保多元主体协同筹资的运行特性和发展规律。对于一体化互惠共生模式,主要从跨期角度通过约束条件下的利益最大化进行分析。

第四,通过描述性统计以及回归分析等实证研究方法检验新农保多元主体协同筹资的组织行为模式以及筹资的结果,以此检验新农保多元主体协同筹资机理模型的合理性,并为新农保的有效筹资提供借鉴的实践经验。运用共生关系进化分析方法,研究新农保协同筹资共生关系中各主体的本质特征和协同关系演变规律,针对协同筹资的影响因素,拟从筹资渠道选择,筹资制度设计、决策实施以及筹资能力建设等方面提出新农保协同筹资的优化路径和实施方案。

## 二 建立稳健的财政分级补贴机制

第一,建立"中央+省级+县级"三级财政"阶梯式"基础养老金补贴分担模式。在协同筹资机制建立的基础上,作为政府主导的公共政策,需进一步明确中央与地方政府之间的财政补贴,稳定制度筹资各方主体心理预期。根据前文评估结果,虽然中央和省级财政补贴负担压力不大,但由于上级补贴责任太过于固定化,导致下级财政支出被约束,这种负面影响在我国中、西部地区更为严重,导致其县、乡级的财政力度补贴较小或补贴不到位,甚至参保的农村居民基本的生活保障都成问题。建立新农保财政分级补贴机制,明确界定划分中央、省级、地市级以及县级的财政补贴责任,减轻县级的财政补贴压力,可以起到优化各级财政分担比例的作用。根据当前各级财政实际能力,本文建议构建"中央+省级+县级"的三级财政补贴分担模式。[①] 首先中央财政的主导地位不变,这有利于保障全国范围内公共财政再分配的公平。同时按照各地方经济发展水平的差异,其地区的新农保缴费补贴也应不同,增强对贫困落后地区的资金支持,促进农村居民的参保积极性和对新农保的信心,均衡地区间的财政能力。参照城镇职工基本养老保险办法,财政补贴政策设计为中央和地方各级政府从上到下按照15%的纯收入替代率水平,以各层级上年度农村居民人均纯收入为补贴基数进行差额补贴,各级财政构建如图10-2所示的"阶梯式"补贴结构。

将基础养老金的补贴依次分为:国家最低基础养老金、省级补助金、县(区、市)级补助金。国家最低基础养老金由中央财政承担,与《指导意见》中的负担责任和水平设计相当,省级和县级补助金的补贴额度存在差异,且与各地经济发展情况相适宜,但同一级公共财政的补贴责任和标准一致。

第二,出台《新农保财政补助资金管理办法》。国家财政部应尽快出台《新农保财政补助资金管理办法》,要求地方各级财政部门根据本地实

---

[①] 此模式最早在2012年项目主持人的博士学位论文提出,后来作为政策咨询建议提交给相关政府部门。

```
┌─────────────────────────────────┐
│   中央财政补贴国家最低基础养老金    │
└─────────────────────────────────┘
              ⇓
┌─────────────────────────────────────────────┐
│  省级财政补贴 = 省级基础养老金标准 - 最低基础养老金   │
└─────────────────────────────────────────────┘
              ⇓
┌─────────────────────────────────────────────┐
│  县级财政补贴 = 县级基础养老金标准 - 省级基础养老金   │
└─────────────────────────────────────────────┘
```

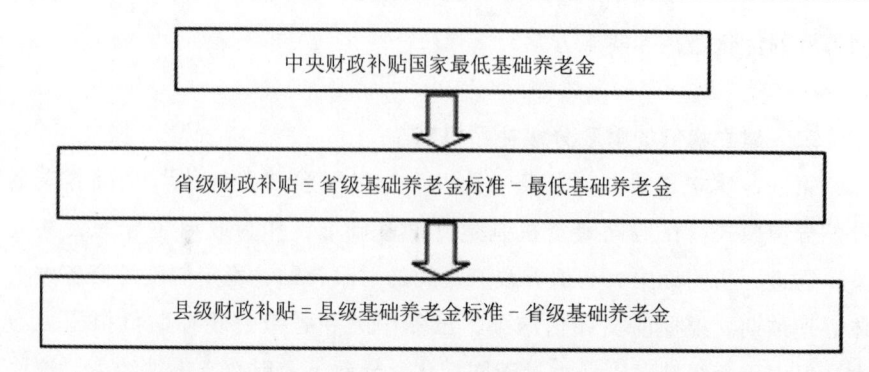

图 10-2 "阶梯式"新农保基础养老金财政补贴结构

际情况，制定财政补助资金管理办法，科学预算补助资金，严谨规范资金拨付程序，监督资金使用过程。同时，相关部门需要预防以下两种情况的发生：1. 由于贫困落后地区的养老金标准偏低，很大程度上会导致其农村居民向养老金标准高的富裕发达地区流动，而富裕发达地区为了防止该情况发生，将强化户籍壁垒阻碍人口流动；2. 地方政府为了减少财政补贴责任，故意虚报当地农村居民人均收入水平。对于这两种情况，可规定将基础养老金的收益资格标准和个人的新农保参保缴费记录挂钩，且与个人所在地是否变动无关；还需建立农村居民收入统计制度，强化对地方政府的监督，严禁私自篡改数据，保证新农保财政补贴落实到位。

### 三 因地制宜明确集体筹资责任

如本书第七章的分析，在东部经济较为发达的地区和少部分富裕村，其集体补助积极性大部分偏低。而在集体经济实力较低的中、西部农村地区，大部分乡镇乃至集体愿意为参保人提供缴费补助，但由于资金短缺，心有余而力不足。新农保制度的集体筹资存在较大风险。为此，应大力发展落后贫困地区的集体经济，壮大经济实力水平。第二，提高富裕发达地区的集体经济扶持积极性，扩大集体筹资的发展。还可以引导条件较好、发展较好的村对农村居民进行参保补贴。

加大财政扶持力度。结合精准扶贫相关政策，针对经济基础较为薄弱的贫困村，如本年度村集体经营收益较少或没有收益的村，设立专项资金补贴机制，加大扶持力度。充分利用已有资源，盘活资产，为村级建设项目的顺利实施提供保障，将"多予、少取"方针落到实处。探索建立产权制度，改革村扶持发展资金制度，对进行产权制度改革的村提供扶持发展资金，解决改革过程中遇到的问题，提供改革后的经济发展启动资金。

鼓励将农村的耕地、房基地、山林地进行流转，集中给农村集体，增强农村集体经济能力。随着城镇化的加快，很多农村地区出现空心化，这些空置的房屋、土地等资源，可以通过集中经营，结合当前"美丽乡村"工程，发展农村集体经济，防止资源浪费的同时还可提高集体收益，切实增强村集体的新农保的集体筹资能力。除此之外，没有进城选择留在农村的人们也可以享受城镇化带来的好处。

第三，加大农村市场金融支持力度。适度调整和放宽农村地区银行业金融机构准入政策，降低准入门槛，强化监督约束，加大政策支持，形成投资多元、种类多样、覆盖全面、治理灵活、服务高效的银行业金融支持农村服务体系。进一步丰富金融机构向村集体经济发展提供的金融服务。

第四，完善农村土地征、占用等利益分配机制。[①] 在农村集体经济组织中，土地是最重要的、最不可忽视的资产。想要实现集体经济利益最大化，完善农村土地利益分配机制是最有效的方式。其中，征地补偿和安置制度是维护农村居民土地权益的重要切入点。应规范政府征地程序，完善农村土地征收征用及其补偿方案，加快建立完善征地补偿安置争议协调和裁决机制，切实保障村集体经济组织实现有保障的经济来源。

第五，制定配套的资助激励机制或免税措施，鼓励"其他经济组织、社会公益组织、个人"对新农保筹资的资助。根据欧美发达国家经验，第三部门参与新农保制度的建设有利于新农保更好、更稳定的运行和发展。设置具体的激励机制，鼓励第三部门参与到新农保建设中来。比如，第三部门参与新农保建设的资金全部实施免税或减税政策，提高其对新农保筹资捐赠的积极性。探索建立"第三部门"公益基金会，通过法制化和规范化的手段募捐社会闲散资金。其中的稳定部分用于基金会志愿宗旨，既有利于资金的保值和增值，又有利于扩充新农保资金来源。[②]同时，资金的来源加大了社会参与程度和民众的关注，有助于新农保制度的可持

---

① 农业部课题组：《农业农村经济重大问题研究》，中国财政经济出版社2009年版，第249—279页。

② 何晖：《基于第三者政府理论的养老保险隐性债务问题研究》，《行政与法》2006年第5期。

续发展。

第六，积极引导开展村集体经济新农保补助试点。可参照新农保选取试点县的方法，在每个试点县下选择经济条件较差的几个村展开村集体经济新农保补贴试点，并制定新农保村集体补贴方案，为试点补贴提高科学的参考依据。同时，为了推动村集体经济新农保补助试点方案的运行，提供相应比例的财政配套资金。最后，还要加强对补助财政资金的监督，严格控制资金支出流向，杜绝出现贪污、滥用资金的情况出现。

### 四 优化档次设置匹配个人缴费能力

在对缴费能力风险的评估中发现，虽然大部分的农村居民都可以负担最低档的新农保缴费，其个人缴费能力风险较低。但是在对缴费能力的影响因素分析中也表明，新农保在实施过程中必须考虑不同群体的缴费承受能力，如一些特殊群体，尤其是自己无法独立缴费、依赖政府或村里缴费的特困人群，需考虑到这类人群的缴费承受能力相对偏低。因此，对这些人的财政补贴应该更大。而对于缴费能力较强的人群，政府应加大对新农保制度的宣传力度和激励力度，吸引他们继续参保。同时，应科学设置新农保的缴费标准，优化缴费档次，在保基本的基础上，利用调研数据，结合模拟计算结果，使得新农保的缴费档次的可调整性和长效性完美结合。

## 第六节 经办管理风险防范

新农保经办管理风险防范的目标是减少负偏离结果出现的可能性，让新农保制度的相关政策能顺利实施，达到该制度的预期目标，更好地服务广大参保群众，让制度覆盖下的人民切实得到保障。明确新农保经办管理风险防范的原则并且按照新农保经办管理风险防范原则来指导和开展新农保经办管理风险防范工作，可以更加科学有效地对新农保经办管理风险进行防范。

### 一 充实基层经办队伍并提升经办队伍的素质

和我国的其他公共服务体系一样，新农保经办工作在基层中面临着微弱的服务系统难以支撑庞大的需求的问题。针对我国新农保经办人员配备不足和素质不高引发的风险,充实经办队伍、提升经办人员素质势在必行;然而,我们不能为了扩充经办队伍而盲目地增加人员编制,虽然目前经办人员紧缺引起的风险比较突出,但是必须保持理智,合理、科学增加人员编制,具体可以从以下几个方面来进行防范。

(一) 政府应该合理地调整和充实经办机构工作人员队伍

科学、合理的人员配置方案是防范新农保经办人员因素引发的风险的重要措施之一。首先,对经办人员的配备,不能盲目增添,要依据负荷比来进行裁定。我国目前新农保基层经办人员的工作负荷过重,这是足以引发经办风险的一个十分敏感的点,因此,经办人员尤其是基层经办工作人员的编制配备应当充分地考虑到经办工作服务人员的人员负荷比,对经办工作人员的配备应当与城居保、新农保的参保人数、该机构所管理的新农保基金的数量和具体的工作困难的程度结合,建立起动态的人员编制调整方案。另外,在适当地增加经办人员的数量的时候,还要注重具有高学历的人才的引进或者注重提升经办人员的学历。多年来的数据显示,全国社会保障经办管理系统中,硕士及以上占比极低,大学本科占比也不高,专科和高中及以下占大部分,这样的学历结构越来越难以满足经办服务工作的要求;因此,往新农保经办队伍中注入高学历的"新鲜血液"势在必行。所以,在实行经办人员动态配比制之后,本科及以上学历的工作人员的比例应当得到大幅提高,以完善经办队伍的建设;这样一来,不仅可以提高经办队伍的人员素质,进而提高经办工作的质量和经办服务窗口的工作效率,而且还可以缓解大学生就业压力。其次,可以从人社部门内部或相关部门选调派遣,但是各级经办机构人员都不算充裕,因此,这个方法适用于特殊情况下的应急方案;通常情况下,国家应该通过考试,从高校毕业生或者具有相关工作经验的人员中选拔一批素质较高的人才来从事经办工作,并且在上岗前必须对所选拔的人才进行专门、系统的培训,这也有利于解决当前严峻的就业形势问题。最后,可以借鉴其他社会保障项目政府购买服务以增强服务能力和增添活力的方法,在新农保经办管理工作上,也可以通过政府购买服务的方式与一些优质的、相关的服务主体的服务来增强基本经办工作能力。另外,还可以鼓励、积极接纳社会保障专业的大学生参加新农保经办工作,可以是志愿服务活动,也可以是实习,这样既能一定程度上增添经办管理人手,也可以为培养更多更专业的潜在经办人员作出贡献,从长远来看是十分具有意义的。

(二)严把"质量关",落实新农保经办人员培训

针对基层经办人员素养不高引发的包括失职违规在内的各种风险,首先,除了在选拔基层经办人员时严把"质量关",既重视对所选人才的能力考察同时也要注重对其进行道德考察,力争基层经办人员的职业技能素养和道德素养都合格。其次,对基层经办工作人员进行定期培训和考察,不管是原有经办人员还是新进的经办人员,并积极组织经办工作人员对国家的相关政策新规进行学习和思想道德教育,接受正确的价值观和道德观的熏陶,不仅可以及时地了解和掌握国家相关的新规定,提高我国基层经办人员对相关政策的把握和道德素质,还能减少误导咨询者和工作出错的风险以及失职违规风险,更好地服务人民群众。

(三)提高基层经办人员的待遇建立激励机制

由于目前我国特殊的经办形势,基层经办人员工作量比较大,工作压力也比较大,如果得不到很好的激励,基层经办人员流失的风险还是比较大的。一是强化"保健"因素。通过整合经办业务内容,优化经办流程,提高经办自动化程度,让经办管理人员从重复性操作性工作中解放出来,降低工作强度。同时要发挥"激励"因素。建立完善经办工作绩效评价体系,并与个人绩效津贴、岗位调整等挂钩,为其提供良好的职业发展前景,借鉴税务经办部门人员的薪资待遇结构,激发工作积极性,以保障经办队伍稳定。

## 二 推进经办管理标准化体系的建设

防范我国新农保经办管理风险,需要推进经办管理标准化体系的建设,全面提升服务质量。首先,要理顺管理机制,实现经办机制的标准化。我国各级经办机构数量颇多,设置比较烦琐,而且机构设置分散,"五险统管"的经办管理体系尚未建立。因此,应进一步厘清经办机构的机制,促进其标准化,建立起全国范围内统一的新农保经办管理机构,促进经办业务流程的规范化和标准化,不断提升我国新农保经办管理服务机构的经办服务能力。另外,有多位社会保障方面的专家都曾提出建议,专家们认为可以考虑将社保中心从人社部独立开来,专门将其设立为"全国社会保险管理总局",省级以下的各级则可开设社保管理

分局，这样一来，可以实现全系统的垂直化的管理，这也有利于实现国家行政机构和事业单位政事分离。本文认为这是实现我国社保经办管理服务规范化、标准化的一项意义非凡的举措，而且对我国来说是切实可行的。我国各级经办机构的工作人员要严格按照《新农保服务规范》以及国家规定的其他相关的规范法规来指导具体的经办工作，规范我国新农保各项经办工作的具体要求，努力实现我国新农保经办管理工作的规范化和信息化。其次，尽快建立起全国统一的经办管理信息系统，推进我国新农保经办管理的信息化建设。目前我国不仅还没有在全国范围内建立起统一的信息系统，而且还有很多的省份的经办管理信息系统未能实现数据共享，社保部门与其他政府部门之间的信息系统也还不能实现信息的对接，经办服务工作的信息化建设还未实现规范化。因此，我国政府应当集中力量投入到全国统筹的公共服务的信息管理系统的建立，一步一步地实现各种服务渠道的有效对接，推动新农保经办管理服务的标准化的建设。

### 三 加强经办网络信息安全

信息化是提升新农保管理集中和服务延伸的重要手段。针对网络信息安全建设的举措也应该相应的出台并得到完善。作为支撑中国社会保险体制建设的重要基础设施，社会保险信息系统在经办管理工作中越来越重要，必须对其存在的风险进行防范。

第一，增强网络信息风险抗压能力及完善管理工作。新农保信息化作为社保系统中的一名新兴的角色，覆盖了极广的对象，涵盖了农村大部分参保人员的个人信息，并且管理着每一个参保人员的个人账户资金。因此，新农保信息化系统建设的首要前提就是要做好网络安全的预防和解决工作，保护网络信息的安全，建立起具有多层次的多重安全保护体系，促进信息系统安全这一目标的实现。一方面应该建立起一套致力于保障经办管理信息系统安全的管理制度体系，明确规定好各级各部门各单位的主要负责人员，可以把负责经办管理信息系统进行维护的工作人员设置为对系统负责人员的监督者，该系统中的每一个工作人员是要作为自己工作的直接负责主体，这样一来就实实在在地落实了网络信息工作中各工作人员在各环节的具体责任，有利于使网络信息安全系统的工作有一个比较清晰的问责机制。建立起这样的问责机制后，信息系统工作人员的具体工作行为就有了一个比较规范化的规定，如果哪一个环节出现了什么问题，就可以很快速地将其解决掉，做到把多种多样的信息安全隐患消灭在未造成严重的后果之前；另一方面，可以从网络安全技术角度着手，我国目前正在使用的社会保障信息安全系统属于一种内网，所以，它必须要和那些公共的网络以及其他各种行业的信息系统等外网隔断，不能与它们有连接。对内网的信息系统安全的保护通常是通过设立虚拟的网络（VLAN）或者将这个内网系统分成很多不同的独立的段，形成子网之间的安全验证和设置。

第二，要不断地完善与之相关的法规条例。除了要切实做好信息系统的安全工作之外，还要不断跟进和完善有关网络信息系统安全相应的立法和监督工作。在我国第十一届全国人民代表大会常务委员会第三十次会议上，通过了有关加强对我国的信息系统安全保护的决定，第一次通过法律的方式对各参与主体的具体权责做了明确的规定，此举大大促进了我国信息网络安全的管理效果的提高。决定的出台，只是网络立法的第一步。立法机关和各级行政机关还会建立起更加具体、更加全面、更加具有操作性的法律法规体系，不断明晰各责任主体的权力、义务及其相关的法律责任，切实保障信息系统的安全。随着"金保工程"的实施，信息技术更进一步地进入到了关系国计民生的新农保领域，对信息安全的相关立法保障也应跟进。因此，立法机构应及时制定和完善相关法律法规，为"金保工程"营造一个良好的法律环境。

第三，要不断夯实我国的信息安全的相关基础设施。协调好统一平台和单独平台的关系，实现财政与"金保工程"的协调，实现收入户、财政专户、支出户的资金流信息安全和共享，同时与个人和企业的信息实现交换互通。不断促进我国的网络安全建设和我国各领域管理的信息化的构建和完善工作，不断开发和完善新农保配套的信息安全基础设施。因此，不仅要完善各级经办机构的信息化设施，完善新农保信息化建设，实现新农保关系顺利转续还要依赖社会保险信息化管理水平的提高。破除最低缴费年限限制按照参保年长折算待遇，两类制度单独计发以及只转移权益而不转移缴费的政策不仅需要参保者在不同地区的参保缴费记录、工资基数、计发标准等数据，而且需要统一协调不同参保地区的养老金待遇计发方式，在较长的时间跨度内掌握各地养老保险基金的运行情况。建立全国范围的养老保险数据库，实现参保者一生各阶段在不同工作地的缴费信息在全国范围内的共享互通，为参保者在城乡之间以及全国各地转移养老保险关系提供信息支持。

# 第十一章 新农保制度外生及外部效应风险防范策略

通过第八章、第九章对新农保的制度外生风险及外部效应风险的评估，研究发现，不论是新农保对农村居民消费的影响，还是对农村传统家庭养老、农村居民主观福利或幸福感的影响，这些风险因素之间都是相互交叉、互相关联、互相影响的。根据新制度经济学的相关理论，实际上属于制度外部效应的交互外部性。因此，相应风险的防范也应是一揽子的策略。不仅需要宏观的政策制度的完善，从根源上阻断风险源的产生，而且具体的风险防范策略上也应注意关联性，否则容易造成风险防范效果上"按下葫芦浮起瓢"的后果，达不到风险有效防范的目标。

鉴于无法将制度外生风险和外部效应风险的防范策略截然分开，或者说仅从制度外生风险防范或外部效应风险防范都很难保证防范措施的有效性，因此，本章将新农保制度外生风险和外部效应风险的防范策略结合起来，以期相关措施能够全面有效地防范新农保风险，推动新农保制度预期目标顺利实现。

## 第一节 建立新农保精算制度

新农保精算制度是指通过定期制定精算报告，对人口结构变化趋势、制度基金收支缺口等参数进行预测、评估，确保新农保基金顺利运转，为社会保障体系的公平和可持续运行保驾护航。根据前文的评估结果，人们对新农保制度的满意度偏低会阻碍制度的运行和发展，制度对人们的日常生活也有着负向影响。这主要是因为新农保政策在制定和调整过程中由于缺乏科学性和精准度，而造成了人们心理预期的欠稳定，对政策调整任意性的担忧。而通过构建新农保精算制度,不仅能完善新农保制度顶层设计,而且是有效防范新农保风险的重要途径。纵观已建立社会保障制度的发达国家,都普遍建立了相应的精算制度。

伴随着人口老龄化的加剧,新农保的支付压力将会逐年增加。要解决这些问题,需要发挥保险的风险管理作用,而精算工作在这些领域扮演着举足轻重的角色。然而,当前我国社会保险精算却面临着诸多挑战和困难:社会保险精算起步低、发展慢,长期落后于商业保险精算;受体制约束和就业市场影响,社保难以引进和留住高素质的精算专业人才;除少数部门和地区外,精算没有受到足够重视,在整个社保决策机制中的地位和作用还不明显,等等。①英国、美国、德国和日本是保险精算技术的发源地,也是精算技术在社会保障领域应用最早的国家,政府部门都较早建立负责社会保险精算工作的专门机构,社会保险精算管理体制相对完善,积累了宝贵的经验,并拥有成熟的精算技术。因此,本节借鉴英国、美国、德国和日本的社会保险精算制度模式的经验,对我国探索建立新农保精算制度提供一些启示,从而有效防范新农保外生及外部效应风险,保障基金保值增值,推动新农保制度高效、可持续发展。

**一 健全新农保精算法律法规**

健全新农保精算法律法规,奠定精算工作法律基础。精算是随着社会保障制度和精算科学的发展而逐步建立和发展起来的,包括英国、美国、德国、日本等在内的发达国家大多都颁布了相关法律法规来保证精算制度的稳定运行。比如借鉴德国的做法,其作为最早建立社会保障制度的国家,不仅建立了相关的精算保险机构,而且还配套颁布了《社会保险财务条例》《社会保险支付、会计和账簿条例》及《社会保险会计一般管理办法》等系列法规作为社保精算制度的配套法律法规制度,通过这些法规对精算报告编制的周期、流程以及具体实施原则等进行详尽全面的规定,可以有效地保障社会保险精算报告制度的运行,促进新农保精算工作的落地和可持续发展。

---

① 盖根路:《社会保险精算人才培养的四种路径》,《中国劳动保障报》2012 年 5 月 9 日。

## 二 设立新农保保险精算机构

首先,保险精算机构的设立应以政府为主体,由政府相关部门统领和负责社保精算工作。如美国的精算机构设立在社保署,日本的精算机构设立在厚生省,英国精算机构则由财政部组建和负责。这样以政府为主体的做法,不仅有利于规避社保政策出台和调整的随意性,提高制度运行的稳健度,而且能有效克服部门利益和地区利益,保证社保制度的公平性和长远性。

其次,在精算具体机构设置模式上应保持与新农保制度及价值取向一致。比如英国属于高福利水平,其全民福利待遇较平均,因而其精算机构设置相对单一,通过社会保险精算分析提供专业的合理化福利开支预测和政策建议;而美国"投保资助"型社会保障制度模式最初是作为反经济危机的工具之一,因此社保项目以综合性和全民化为特点,且强调社保的效率,其社会保险精算部门主要是社会保障署和社保基金信托委员会,对应的精算由各州各自管理,具有灵活和分散的特点;德国社保机构林立,精算机构就由多个部门组成。而德国的精算机构设置呈现以联邦政府劳动与社会事务部为主,社会咨询委员会、联邦议院和联邦参议院以及联邦保险局等多主体参与特点。由联邦政府劳动与社会事务部指派拥有三年以上保险实务工作经验的精算人员负责编制每年的养老保险报告。然后,报告提交给由参保员工、雇主、银行代表及专家组成的社会咨询委员会,并由其出具鉴定意见。联邦政府汇总报告和鉴定意见交给立法机构——联邦议院和联邦参议院进行审阅备案后向全社会公示。德国的政府监管机构——联邦保险局负责根据最新报告对养老保险费率进行调整。而带有鲜明的东亚福利体制特色的日本,其精算监管体系以政府机构牵头,保险公司内控为基础,社会中介机构监管,行业自律为辅。其中,政府监管职能由厚生省劳动部承担,其养老金局下设有精算事务处。

由此可见,英国的福利制度统一,其精算机构则较为单一;美国强调社保的效率,其精算机构则分散于各州;德国保险机构林立,相应的精算机构就由多个部门组成。而不管机构如何设置,都应以政府为主体(如美国的社保署,日本的厚生省或英国的财政部)建立专门社保精算机构,统领和负责社保精算工作,这有利于规避新农保政策出台和调整的随意性，提高制度运行的稳健度，克服部门利益和地区利益，保证了新农保制度的公平性和长远性。

### 三 定期编制精算报告

精算报告是对未来一段时期新农保或城乡居保的财务精算，内容主要包括全国人口结构的变化、缴费率的设置及相关政策参数的变动所产生的财务收支影响的预测。精算报告的定期编制对于新农保基金及其制度可持续运营具有重要意义。当新农保待遇或缴费政策需要变动时，则可以通过精算论证和预测，对制度在收支及其他方面造成的影响或变化，使相应政策的出台更为科学合理。精算报告的种类，根据美国社会保障署下设的社会保险精算办公室的做法，大致可分为两类：一类是每年的短期精算评估报告，主要测算基金3—5年内的收支盈余或缺口情况，为财政预算服务；另一类是每5年的长期精算评估报告，主要评估基金未来75年发展趋势，预测宏观经济、人口等因素对社保基金财务的影响。因此作为国家治理体系中的支柱性制度安排，保险精算制度的核心职能即定期进行精算报告的编制和基金规模预测，这对于构建积极的社会保障体系，保障社会保险制度的自我修正和与时俱进功能意义重大。定时编制新农保精算年度报告和中、长期精算报告，对基金收支规模精准预测，及时发现新农保基金运行中存在的问题，并进行积极的参数调整干预，可以确保新农保计划建立在稳定的财务基础上。

### 四 注重精算人才选拔和培养

这不仅对于新农保或城乡居保精算制度的建立非常重要，而且对于我国整个社会保障制度的稳健发展意义非凡。新农保精算人才的选拔和培养，一是要完善精算师职业资格考试制度，二是要注重精算人才培养的常态化。比如，英国就设有专门的社会保险精算师的职业认证考试制度，考试和认证由英国精算师协会（the Institute and Faculty of Actuaries，简称IFOA）组织，并注重精算师长期的经验积累和不断的后续培训。通过考试和认证后，精算师每年需接受后续项目培训，以保证精算报告的高质量，而在精算人才培养方面，以美国为例，其在一定专业能力普及基础上，再根据具体精算领域按需培训。除了美国的高校开设风险管理与精算学科外，鼎鼎有名的北美精算师协会（Society of Actuaries，SOA）是国际上最具权威、规模最大、拥有会员最多的精算师组织，向全球招募人才，通过在职教育的方式提高精算师咨询和解决金融、保险、财务等领域问题的能力，在社保政策制定和运行中发挥着举足轻重的作用。值得一提的是，人才的选拔和培养都需要相应的激励机制，不仅是职业成就上的激励，还要通过市场机制达到高薪留人的效果。比如，在英国，精算师的收入不菲。3年以上工作经验的精算师年收入可达5万英镑，高级精算师的年收入超过8万英镑，而一旦成为首席精算师，年收入10万英镑左右，还能享受其他多项福利。

因此，随着保险精算科学及技术的日臻成熟和广泛运用，新农保精算实践专业人才的培养，既可参照英国的定向人才培训，也可仿效美国的"专业基础＋职业培训"的模式。但无论是何种方式，都应强调资格认定的非终身制，以保证精算人才的工作质量。

### 五　建立精算成本补偿机制

不论是新农保风险防范也好，还是建立精算制度也好，都需要考虑其中的成本—收益问题。作为以财政负担的新农保政策，在实现较好的管理效果、吸纳专业的精算人才的同时，也应考虑到相应成本的分担，不然精算制度不仅因为成本较高导致其无法普及，而且还可能对整个新农保制度或国家财政带来较高的负担。因此建立精算成本补偿机制是实现新农保精算制度能够落地的重要保障。比如英国精算署，其作为全球第一个社保精算机构，其在具体运行上，就设计了有偿为其他国家或者相关机构提供精算咨询的职能。这种方式既在经济上补偿了该机构的运营成本，也一定程度上保障其决策不会因为经济因素受制于其他干扰，而保持绝对的中立。此外其一定的营利性可以保障精算人才工资的高水平，进而能够吸引到足够优秀的人才进入精算领域，保障了专业人才的供给。

## 第二节　建立小额养老金制度

针对我国目前新农保参保缴费存在的"不缴、少缴、欠缴"问题以及养老保险关系转移接续、待遇计发等经办效率低下现状，而且如前评估结论，由于新农保实行属地管理，统筹层次偏低，基金统筹形成了几千个分散的县市级统筹，县级地方政府缺少专门的人才和技术，不仅增加了包括征缴催缴、人员机构带来的费用等在内的行政管理成本、具体经办银行的商业管理成本，而且对于缴费的广大参保群体而言，其往返缴费也提高了其中的"鞋底钱"。因此建议借鉴印度的小额养老金的做法，解决上述问题，进而达到降低诸如制度满意度风险、经办管理风险、基金管理风险，等等。

### 一　印度小额养老金计划

小额养老金计划是一个未来在老年阶段获取回报的长期的自愿储蓄项目。通常小额养老金计划只针对特定群体，这类群体的成员往往属于弱势群体。印度小额养老金计划的主要特征包括：1. 缴费水平低。每月仅需缴纳50—200卢比/月，折合人民币约4.8—19.2元/月，即使一年也总共只需缴纳57.6—230.4元；2. 缴费灵活。参保人群的缴费按年或月都行，并允许以合作社、自助组织（SHG）或非政府组织（NGO）的方式"抱团"参与。作为第三方的NGO组织参与小额养老金计划的职能，主要是组织更多会员，行使管理功能，便于沟通组织，降低沟通成本。而小额养老金计划的加入非常便捷，例如，参保人使用手机就可在官方平台上自由选择按月或按年缴纳费用，有银行账户的参保人可通过账户缴费，没有银行账户的则可通过VISA信用卡或手机缴费。缴纳资金按个人账户进行记录，然后后台将金额汇集后统一营运。在该计划实施近一年的时间，参加小额养老金计划的印度人就超过了20万人，参照与之相似的印度小额金融计划的参加人数高达3500万人，可见未来印度小额养老金计划市场潜力巨大。聚沙成塔的小额养老金制度创新和实践促进了多元治理的良性循环，其不仅解决了低收入群体缴费的不稳定性，而且使多方合作分担养老风险成为可能。

### 二　建立新农保小额养老金的启示

（一）加强养老金制度顶层设计，完善新农保多层次养老保障体系

立足于社会保障制度甚至是社会保护的立场上统揽全局进行制度顶层设计。印度的养老金制度改革动机与中国不同，一方面，由于印度当前更

为迫切的问题是如何激发年轻一代的人口红利,并通过各种途径提升年轻人口素质;另一方面,相关研究表明养老金待遇能提高人们尤其是年青一代对新农保制度的满意度,因此聚焦和关注了养老保险的治理功能的顶层设计。以理论创新、制度创新为引领,确定政府在新农保基本养老金上的兜底责任和养老层次的主导地位的基础上,完善新农保多层次养老保障体系,明确各层次的制度目标、功能和结构。在新农保现有基础养老金制度的基础上,逐步建立全国统一的新农保基础养老金制度,有效发挥其维护社会公平的功能。[①]同时降低新农保基础养老金缴费率和个人账户份额,让"多缴多得,长缴多得"回归到企业(职业)年金、商保范畴,实现多元发展,使创新政策条件调动社会各方主体和资源参与到养老事业建设中。

(二)积极探索养老金制度的治理功能,丰富国家综合治理手段

新农保小额养老金制度不仅在于解决养老问题,其在社会治理、经济治理和政治治理等方面也可发挥积极作用。通过小额养老金制度扶助社会弱势群体,可实现制度的社会治理功能,促进社会公平正义;通过第一、二支柱的储蓄养老制度,实现制度的经济治理功能,促进资本积累实现经济增长,投资人力资本提升国民人力资源质量,达到改善劳动关系增加劳动生产率的目的;通过制度的可持续运行,形成稳定心理预期,实现制度的政治治理功能,强化国民对国家的认同意识和促进整个社会团结;通过小额养老金制度的示范功能,集中体现国家软实力,可发挥区域共同体治理的重要纽带作用。

(三)创新养老经办管理手段,采用小额养老金合作模式

一方面,将分散于小微企业和个体私营经济中的零散养老金汇集起来,形成庞大的"基金池";另一方面,在每次缴费金额不受限的情况下,通过金融移动终端,每月或每年灵活缴费,能更大程度上收集到参保缴费"零用"养老金,减轻定额定时缴费压力,使新农保参保者平日不起眼的小钱堆积成一笔养老储备资金。从强调政府主体责任到重视多中心的公共行动者合作,发挥市场、社会企业的优势,通过"连锁加盟"方

---

① 林义:《中国多层次养老保险的制度创新与路径优化》,《社会保障评论》2017年第3期。

式扩充基层经办力量，实现缴费征集、基金运营和待遇发放等环节的社会化。

(四) 发挥小额养老金的贫困治理功能，丰富养老待遇给付方式

推广普及小额养老金在整个养老保险体系中的覆盖，使新农保制度覆盖对象的退休金达到一定的目标收入替代率，满足贫困老年人的基本生活需要。同时发挥其收入替代功能，实现反贫困，提高预期寿命，推动贫困地区整体社会福利水平提升的目标。结合低保制度、特困人员供养制度和精准扶贫政策，从大保障的角度来解决老年贫困和脆弱问题，丰富养老待遇形式，满足老人在经济保障、服务保障、精神关爱等方面的多元化、个性化的养老需求。

(五) 加强制度的整体开放性，推进全球养老治理进程

当前我国已成为世界第二大经济体，所发起的"一带一路"合作倡议影响范围广泛。通过开放具有中国理念、中国思路的养老保险制度，加强与其他国家的养老保障国际合作，实现发展经验共享的目标。积极开展一对一国际社会保障协议的签订，维护我国在国外务工人员以及在我国务工的外来人员的相关权益，提高国家在全球竞争中的软实力，寻求全球范围内的养老治理合作，是养老国家参与全球社会经济治理的有力工具。

## 第三节 新农保制度满意度风险防范

### 一 加强经办机构管理

根据模型拟合结果显示，领取养老金的便利程度确实和经办服务感知存在正向影响。要健全新型农村养老保险经办服务管理就必须有一个可靠且强有力的政府。为此，首先我们需要分门别类地对新农保基金、经办服务、社会监督等体系制定规则；其次，搭上"互联网+"的快车，完善末端组织建设，运用互联网思维建设人机互动服务系统，降低工作人员负担，提高办事效率，共享信息资源，强化农村经办服务设施，充实人员，稳定发展。经办流程方面，按照统一的全省全区农村保险养老中心规定的业务操作要求，建立统一的财务、数据管理结构，各职位专岗专人，责任到人，相互监督制衡。在数据库的建设管理上，要

构建与公安、人口计生部门、医疗卫生等部门的协调机制，实现数据资源共建共享；同时继续完善各乡、镇、村各级经办机构的软硬件设施，对经办人员进行相关计算机软件的培训，使其熟练使用新农保相关信息化软件的操作。在人员选拔上，重点挑选农村工作经验丰富、吃苦耐劳、富有责任心、政治觉悟高的同志作为各基层专职工作人员；定期组织业务经办人员培训，实行绩效考核制度，加强职业道德教育，坚决打击违法贪污行为，支持鼓励群众监督，开通上访通道，促使经办人员提供更优质的经办服务。

## 二 创新社会保障基金管理

养老金待遇水平的高低，各级政府补贴额度多少都会影响农村居民参保积极性和满意度，而如果社会保障基金的运营投资不能保证养老金的保值增值，一切都是空谈。我们可以适当增加基金的投资渠道，避免购买期货、国债等单一投资方式，可以转向房地产、股票等区域；合理搭配中长期基金投资项目，实现资金最佳投资组合。同时也要建立健全基金投资监管机制，首先，建立应对不时之需的风险金，缓解基金投资失败时农村居民的损失；其次，建立专门的基金投保监督委员会，按照市场准入制度，对各级单位进行信息公开、绩效核算、信用评级。

## 三 完善参保宣传激励

一些落后的偏远地区可以从最基本的横幅和纸质公告做起，基层干部和党员充分履行义务，积极下乡宣传和解答相关疑问，引导人民群众主动地去了解制度政策；有条件的地区还可以通过设立公众号，有组织地在合适的位置贴上相关的二维码，比如2017年陕西省彬县养老保险经办中心在它的微信公众号上发布《彬县城镇企业职工2017年检工作通知》，详细告知地点、时间、需要携带的证件等重要信息，一目了然，那么，在新农保工作中也可以借鉴这一类的做法，避免群众走冤枉路，让老百姓真正享受到一次性办理业务的便利；还可以安排专家网上为人民群众在线咨询，并加强对各种人民群众可以利用的途径的宣传，引导人们自觉地去关注和使用这些可以比较及时地了解到养老保险等最新消息的网络平台，等等。总之，要以一切想得到的、可行的形式和途径来大力宣传我国的新农保政策，让人民群众能够尽可能地了解该制度。

**四 合理化补贴方式和额度**

中青年的持续缴费能力与意愿是制度运行的根本，真正激励农村居民参保缴费意愿的内驱力是财政激励功能的发挥程度，因此需要采取阶梯式补充标准方式。合理化补贴额度，加大参保激励力度。在参考国家制定的参保激励补贴基础上，适当拉开档次激励，对于缴费层次较高的人群，给予相对较高的补贴，体现缴费标准与档次差别。同时完善基本养老金正常调整机制。重视精算在养老金标准的确定和资金预算方面的作用，引入精算因素，使制度更加科学化和透明化。制定财政补贴的财务平衡发展规划，同时进一步完善新农保缴费标准的制定和基础养老金发放标准调整机制，减少定额的缴费和发放标准中的不确定性，做好必要的财政补贴精算。[①]

## 第四节 完善相关防范措施

**一 新农保对农村居民消费影响风险防范**

首先，加大新农保政策宣传力度，提高新农保参保率。新农保对农村居民日常消费有一定的促进作用，那么国家应着力健全农村居民养老保障体系，加大新农保政策的宣传力度，提高农村居民对新农保的认识和信任意识，鼓励更多农户参与新农保。当地政府应加强新农保政策的宣传，引导农村居民积极参加新农保。多向农村居民讲解政策的内容，比如可利用宣传栏、横幅、宣传画、走村入户等多种形式，一对一、面对面解释群众对新农保存在的疑问，确保宣传"村不漏组、组不漏户、户不漏人"，真真切切将新农保的相关政策宣传落到实处。

其次，提高新农保的保障水平，促进农村消费结构升级。本书研究结果表明，在领取新农保养老金后，农村老人的食品和日常消费有增加趋势，而衣着、医疗保健以及交通通信的消费倾向降低，其根本原因在于新农保的保障水平不够，导致其养老保障的心理预期偏低，即使在领取养老

---

① 颜佳华：《湖湘公共管理研究》（第四卷），湘潭大学出版社2013年版。

金后，他们也是增加食品等日常生活必需品，而不是衣着、医疗保健等非必需品。因此，建议各级政府可以尝试在现有基础上，在财政预算允许范围内，加大对新农保的投入补贴力度，适当提高基础养老金给付水平，以增加农村居民的可支配收入。在满足农村居民基本生活需求的同时，一定程度上提高其生活质量和幸福感，从而促进农村消费结构升级。

最后，采用区域差异化标准，促进新农保制度可持续发展。新农保在中、西部地区对农村居民日常消费的影响大，在东部地区的影响较小，这说明参保后农村居民消费观念存在较大的地区差异。建议充分地考虑各地区农村老年人的基本生活需求水平的差异，采用各不相同和更加细化的差异化标准，优化农村居民消费结构。具体可从以下方面着手：对东部地区，由于其基本生活需求已能满足，则可注重提高社会养老服务水平，如增加文教娱乐项目，满足其精神生活需求；对中部地区，可适当提高基础养老金，增加农村居民可支配收入。同时可有偿提供部分社会保障服务，如上门医疗保健、邻居一帮一服务等；对西部地区，政府可适当加大参加新农保的激励力度，鼓励多缴多得，提高农村居民对新农保养老金的收入预期，从而促进其消费，促进社会和谐稳定发展。

## 二　基本养老保险对农村居民幸福感的影响风险防范

在城乡生活水平差距依旧存在的背景下，农村老人作为一个相对弱势的群体，其幸福感受到多方面的影响。前文基于新农保制度的角度研究农村老人的幸福感，发现该制度能提升农村老人主观福利水平。因此，本节侧重于从政府和相关制度改革的立场出发，对提升农村老人幸福感提出政策建议。

第一，整合制度资源实施养老领域治理现代化。考虑到养老要同时照顾到老人的精神和物质需求，显然让社会各类主体共同参与到社会养老事务中，实施养老领域治理现代化是我国当今最合适的养老途径。一方面，需要社会多方主体通力合作，共同分担养老责任，也有利于分散养老风险；另一方面，需要充分整合政策资源，最大程度保障老年人基本生存。将新农保制度同精准扶贫政策，低保制度紧密结合，贯彻执行《人力资源社会保障部关于在打赢脱贫攻坚战中做好人力资源社会保障扶贫工作的意见》的文件精神，充分发挥养老救助的扶贫减贫功能，并考虑加强低保制度对脆弱老人的保障力度。另外，完善基本养老保险制度既要从经济和社会等宏观角度考虑，也应从居民个人角度注重发挥基本养老保险制度对居民的幸福感的提升作用，把基本养老保险制度的完善与居民获得感、幸福感、安全感切实地对接起来，使基本养老保险制度更好地服务于居民，增强居民幸福感，真正实现"让人民生活得更加美好"的目标。

第二，贯彻落实"健康中国战略"，完善配套的医疗保障制度。在调查中发现，农村老年人整体身体健康状况不佳，对个人幸福感易产生负面影响，入户问卷调查时也发现仍有老人从事体力劳动。这也反映了农村老年人普遍存在的一些问题，比如过度的劳作，小病靠抗，大病不及时医治等问题。大部分农村老年人在60岁以后，常常超越自己的身体年龄去从事一些农活，导致他们的身体超负荷工作，提前引发一些身体上的病痛。而且农村老年人的保健意识较弱，一般都对疾病疼痛的发现较晚，这又非常不利于疾病的治愈，大大影响了他们老年生活的质量。因此，农村医疗保障配套措施的加强非常必要与迫切，同时在基本养老保险制度的完善过程中应建立与基本医疗保险的协同作用机制。尤其是在人口老龄化形势日益严峻的背景下，为推动积极老龄化、健康老龄化，在提高养老金水平、增进居民福祉的同时，应努力为人民群众提供全方位的生活保障和健康服务，在提高居民健康水平的基础上，增强基本养老保险的收入补偿和稳定心理预期的作用，增强基本养老保险对居民幸福感的积极作用。

第三，亟待发展养老服务产业，满足居民身心健康的要求。应建设更平衡更充分的养老服务产业，首先要从完善养老服务政策入手，同时从养老基础设施建设、养老服务内容以及服务项目等多方面共同发力，以达到激发养老服务产业市场活力、增加有效供给、提升服务质量的目标，促进养老服务产业的健康发展，满足居民生活照料及精神慰藉等多方面的养老需求，增强居民获得感，让所有居民都能老有所养。

第四，维护社会公平。公平感知对幸福感的影响日益重要，因此在促进经济发展的同时，应关注居民生活水平感知，减缓生活水平差距不断扩大的严重发展态势，降低居民的相对剥夺感，提高居民幸福感。在满足社会弱势群体生活需要的基础上，通过顶层设计和精准识别，运用大数据对不同群体的生活水平进行精准识别，并建立基本养老保险待遇给付动态调整机制，以更好地发挥基本养老保险的收入再分配功能，构建和谐的亲情关系、邻里关系及社区关系。

第五，发挥家庭养老重要功能。经过前文的研究分析可以看出，家人陪伴不管是在经济上还是在精神上都有利于农村老人主观福利的提高。家庭养老不仅有着经济养老保障的作用也有精神养老保障的作用。家庭作为一个最基本的社会组织单元，这决定了我国养老保障体系中的重要基石只能是家庭养老。由于护理型、医养结合型的养老服务供给严重短缺，90%的居家老人基本处于自维状态，居家养老也就成了我国95%以上老人的养老首选。另外，根据第四次全国卫生服务调查，我国城乡老年人患有焦虑、抑郁等心理疾病的比例已经高达13.2%。因此家庭成员对家中老人的照料和关怀也变得尤其重要。而我国多年沿袭的养儿防老传统，近年随着经济社会的发展、生育率的逐渐下降而慢慢淡化。但如今养老负担比不断攀升，使得现有社会养老保障制度难以长久持续。所以家庭养老理应得到重视。

# 第十二章　主要结论、研究局限与展望

新农保作为一项具有人口、经济和社会功能的农村社会保障核心制度之一，其制度目标包括两个层面：一是制度本身的目标。其主要包括保障农村居民在老年时的基本生活需要，应对农村人口结构的变化，尤其是应对人口老龄化的挑战，实现制度的可持续性，保障资金监管安全，实现基金累积的保值增值，以及经办管理环节流程规范、运行高效，实现城乡统筹的目标。简单来说，就是制度在生活和经济上对参保人的保障作用，能够实现"老有所养"。二是制度对外部经济、社会及国家的影响：即制度相应的经济社会功能的实现，稳定发挥经济保障功能，包括收入再分配功能、消费需求扩大功能、人力资本保护功能、家庭养老促进功能、推动经济增长功能以及实现社会公平等。

新农保风险是相对于新农保预期目标而言的，是指在特定条件和境况下，由于无法准确预见的因素，导致新农保活动与制度预期目标之间发生负偏离的可能性。新农保风险内涵丰富、涉及面广，与经济、政治和社会文化等方面有着千丝万缕的联系。因此，其既可能由于制度本身设计的不完善，或受到制度实际运行的外部环境因素对其造成的不利影响，也可能因为制度对外部经济、政治和社会文化等诸多因素产生负面效应，造成新农保风险的产生。新农保风险的识别与防范是一项重大的社会和经济工程，如同其他社会经济风险一样，笔者对新农保风险的探索也尽了最大的努力，在研究的最后，对主要研究发现及后续研究予以呈列。

## 第一节　主要结论

第一，本研究基于博士论文的前期研究，在新农保风险识别与防范的相关理论的基础上，对新农保风险因素进行重新整理和分类。本研究按照风险源的作用方向，将新农保风险划分为制度内生风险、制度外生风险和外部效应风险。其中，制度内生风险指由于制度设计本身的不完善，新农保的子系统运转失灵，导致制度效果与预期目标发生负偏离的可能。制度外生风险指新农保系统处于复杂的环境中，易受到外部环境的负面影响，这种外在不确定性属于"系统性风险"。外部效应风险即新农保制度的"外部性"，是指新农保给其他的经济主体带来的影响，主要表现在新农保制度的低效率现象。

第二，据世行建议，养老金制度改革的目标可明确为充足性、可负担性、可持续性以及稳健性。按照这一标准并结合新农保制度的目标，本书将新农保风险识别的依据确定为"保基本""可持续"和"城乡统筹"，并在关键风险因素的具体评估中进行量化，作为新农保风险等级划分的标准。

第三，本书根据新农保风险识别的关键性及有效性等原则和新农保风险防范的成本效益等原则，从降低风险管理成本出发，基于多层次分析法的 YAAHP 软件和德尔菲专家预测法的反复甄别，对其中的关键性风险因素进行了初步筛选，最终筛选出了养老金替代率风险、个人账户计发系数风险、制度碎片化与衔接风险、个人账户基金投资风险、财政筹资风险、集体筹资风险、个人账户缴费能力风险、经办主体风险、内部流程风险、经办管理信息化风险、外部事件风险、制度满意度风险、影响农村居民消费、影响农村家庭养老以及影响农村居民幸福感共 15 个关键风险因素。

第四，新农保制度在运行过程中受到诸多风险因素的影响，这些风险因素之间存在着一定的联系，各风险因素之间会发生相互作用和相互衍化，同时由于新农保制度的快速推进以及新农保面临的复杂外部环境，这些风险因素之间相互作用的效果不是简单的相互叠加，可能会形成更加复杂的风险。因此，在识别和评估新农保关键风险因素时，除了要对各个风险采取相应的措施来进行风险防范，还要从宏观的角度来制定风险防范策略，构建新农保风险防范预警体系。

第五，综合运用定性、定量分析方法，采用问卷调查、权威数据库及最新量表，通过构建精算模型、结构方程及 Logistic 回归分析，对筛选出的新农保 15 个关键风险进行了一一评估，结论如下。

# 第十二章 主要结论、研究局限与展望

（1）新农保存在较大的替代率风险。总的养老金最低档替代率较低，其不仅低于国际养老保险建议标准，且低于最低生活保障标准，总的养老金最高档替代率仍有 8 个省份低于当地最低生活保障标准替代率。对基础养老金替代率风险的动态评估结果表明，其实际替代率低于制度设计的理论替代率会导致保基本风险；而参保时间长的参保者的基础养老金实际替代率可能低于参保时间短的参保者又会导致新农保不可持续运行的风险；制度设计的理论替代率低于城镇职工基础养老金替代率会带来城乡统筹风险。个人账户养老金替代率也面临保基本风险，不能满足大部分参保农民的基本生活需求。

（2）个人账户计发系数普遍偏小。本研究通过对广东省、辽宁省、湖北省、湖南省、重庆市、四川省、宁夏回族自治区、青海省、西藏自治区 9 省（市、自治区）以及湖南省湘潭市和张家界市两个地级市的农村居民的国民生命余命进行测算，发现当前的新农保个人账户计发系数偏小，在未来会存在农村居民养老保险个人账户基金收不抵支的风险。

（3）新农保存在制度碎片化与衔接风险。主要表现在两个方面：农村社会养老保险制度体系"碎片化"（以下简称"碎片化风险"）和新农保制度与城镇企业职工基本养老保险制度（以下简称"城职保"）的衔接风险（以下简称"衔接风险"）。前者主要是部分地区政府部门针对农村特殊群体实施具有身份化的养老保障政策，不同身份的养老权益不同导致的"碎片化"将产生新的制度转轨成本；后者风险在于新农保或城乡居保制度与城职保在账户性质、资金来源及待遇标准等方面存在较大差异，导致基本养老保险关系在城乡居保与城职保两类社会养老保险制度间转续必然在政策落地方面面临挑战。

（4）个人账户基金投资风险。主要分为现行模式下的新农保个人账户基金投资风险评估和未来资本市场投资风险评估。前者存在因投资渠道狭窄而难以抵御通货膨胀风险；后者评估显示不同的投资组合可以得到不同收益率，而在风险可控的情况下，即收益率为 6.33%，风险为 4.47% 时，为新农保个人账户基金投资风险可控且收益适当的范围。

（5）新农保资金筹集风险。研究发现中央和省级财政风险较小，但由于各地经济发展水平存在较大差异，县级财政补贴压力较大，而集体经济补助存在补助意愿不强或公平性、透明度不高的问题，面临较大的制度筹资困境与风险。通过对个人缴费能力风险的评估发现，就新农保缴费最低档而言，大部分农村居民完全有能力承担，但也有部分地区例外，而最高档对大部分农村居民而言，都存在个人最大缴费能力风险，以 9 省 320 个县级统筹地区为样本，发现较发达的地方经济，存在最高缴费档次设置太低的问题，同时也存在缴费档次设置过高而超出地方经济发展水平的问题。

（6）新农保经办管理风险。主要表现在基层经办主体风险、内部流程操作失范造成的失误、经办管理信息化风险及参保人员的道德风险。

（7）外部效应风险。研究发现新农保制度的实施对农村老年居民的消费结构产生了一定的影响，领取养老金的农村老人消费水平显著提升。从具体的消费结构来看，农村老人更倾向于较低层次的消费，主要用于增加食品和日常的消费支出。同时相对于中部地区医疗支出的显著增加，东部和西部地区的农村老人在医疗支出方面显著下降。同时，新农保对传统家庭养老的影响方面，新农保会对子女经济支持、子女工具性支持以及农村老人的家庭关系产生影响，最后是新农保对农村居民的幸福感具有显著正向影响，自评健康在基本养老保险和居民幸福感之间发挥了完全中介作用，生活水平感知在自评健康与居民幸福感中具有调节作用，需要采取措施更好地发挥新农保对农村居民幸福感的满足和提升的作用。

第六，新农保制度内生风险防范。根据风险防范的关键性和成本效益原则，提出关键风险的防范策略。

（1）替代率风险规避。积极采取一系列措施稳定养老金替代率水平，包括以统一比率基础养老金计发方式替代定额补贴制，同时发挥地方补贴作用，激励个人缴费，还要发挥土地和家庭的养老保障功能。

（2）个人账户计发系数风险防范。规避个人账户计发系数风险，应提高个人账户计发系数，可根据实际情况适时因地调整。同时可以调整地方政府"补入口"的方式，新增社会统筹账户，还要科学确立养老金保障水平，研究完善养老金给付的正常调整机制。

（3）制度碎片化与衔接风险防范。完善一体化的制度框架，在基础养老金待遇计发系数的调整中应兼顾不同群体特征，破除最低缴费年限规定。

(4) 个人账户基金投资风险规避。创新保险基金管理方式，提高基金管理层次，探索个人账户基金投资营运方式，提高收益率，完善基金投资管理机制，改变新农保基金给付方式，建立民主、科学的新农保基金监管机制。

(5) 新农保资金筹集风险防范。创新"中央+省级+县级"三级财政"阶梯式"基础养老金补贴分担模式，出台《城乡居民养老保险财政补助资金管理办法》，因地制宜落实集体筹资责任，也要优化缴费档次设置匹配个人缴费能力。

(6) 新农保经办管理风险防范。充实基层经办队伍并提升经办队伍的素质，适当提高基层经办人员待遇水平，建立激励机制，推进经办管理标准化体系建设，加强经办网络信息安全。

第七，新农保制度外生风险和外部效应风险之间具有交互性，两者互相影响。因此无法只从某一方面对其进行风险防范，只有将新农保外生风险和外部效应风险的防范策略合二为一，才能更为全面有效地防范新农保风险，推动新农保制度预期目标顺利完成。相关措施主要包括建立新农保精算制度，建立小额养老金制度，多渠道加大宣传力度，构建新农保风险预警体系，优化城乡居民养老保险运行的外部环境等方面。

## 第二节 研究局限及展望

### 一 研究局限

如前所述，新农保风险识别与防范是一个复杂综合的系统工程。本文在对新农保的风险因素进行识别和分类时，发现各个风险都是相互联系和相互衍化的，每一个风险都难以排除其他因素所造成的"噪音"，虽然尽量综合运用了目前所能够得到的各种资料和数据，结合宏观统计数据和微观调查数据，增强研究科学性，但在风险的分类上还是难免出现互为因果或因素重叠的问题；同时在对关键风险评估时，有的风险可以明确量化，有的风险只能在方向上加以明确。而这些判断和结论都有待后续的追踪研究，使其更加精确。

与风险因素的识别一样，新农保关键风险的防范措施难以做到一一对应。防范措施在维度上也不尽相同，有包含与被包含的关系，有的措施可以防范整个新农保风险，有的则仅针对某一特定风险。本文采取了将相应的防范措施对应到关联度更高的风险上的方式。比如，关于完善新农保信息化建设的措施，既能防范制度碎片化和衔接风险，又能防范经办管理风险，最后考虑到该措施最终涉及更多的经办管理内容，因而将其放于经办管理风险防范的措施中。另外，改革制度设计框架的措施，从层次上属于整个新农保顶层制度完善，有利于防范新农保制度设计风险，但根据本文划分，其更多的是关联"制度碎片化和衔接风险"，因而将其作为制度碎片化和衔接风险的防范措施。还如，建立新农保精算制度及小额养老金制度，既有利于解决个人缴费能力风险，又能有效提高制度满意度，甚至对于整个社会保障制度都有着积极意义，但考虑到其效果更多的是针对制度外部效应和外部环境系统，因而将其归到制度外生和外部效应风险防范中。

扩大穷人和弱势群体的养老保险覆盖面成为国际新趋势。随着城乡居保的不断推进，目前最大的问题是制度的自愿参加原则带来的参保人数的全覆盖和缴费档次提高的问题。如何进一步扩大对社会保障未覆盖群体的保障，包括个体户、从事农业生产和非正规就业的人员、移民及其家庭成员，是新农保和城乡居保风险识别和防范中的重点，也是今后应进一步推进的研究领域。

养老金制度既是建设市场经济体制的根本要求之一，也是一国政策和制度现代化建设的重要内容，更是国家治理体系与治理能力现代化的重要支柱之一。随着医疗水平和生活质量的提升，人口寿命普遍延长，养老保障诉求的满足已成为全球各国面临的重要社会治理问题。为满足日益迫切的养老需求，我国的养老金制度改革注定是一项大工程。养老金制度安排本身具有复杂性，仅管理机构就涉及财政、人社及民政等各级政府的多个部门，职能纵横交织，再加上利益多边化和调整的敏感性，使得养老金制度的改革不得不考虑多方立场。因此，未来我国城乡居保制度的风险识别和防范，不仅要通过理论创新来摆脱制度改革中的路径依赖，寻求"社会最大公约数"，构建社会多方"养老事业命运共同体"，而且要在完善制度本身的基础上充分利用其治理功能，积极解决社会多元利益诉求，在推进国家治理体系与治理能力现代化目标的时代背景下，加快我国新农保制度领域的风险识别与治理。

## 二 研究展望

新农保风险的识别、评估及防范是一个技术性强、综合性强的研究方向，诸多风险因素中既有能量化的又有不能量化的因素；在风险评估和度量时既需要定性分析也需要定量分析；在新农保的风险管理上既需要结合管理学、金融学、经济学、投资学及保险学等学科的知识和理论，以作为定性风险分析和非量化风险分析的知识基础，又需要引入数理统计、精算及计算机等自然科学的学科作为量化分析、定量分析的技术支持，加之新农保外部的经济环境与制度本身还处于不断的变化中，所以风险识别和防范策略有待不断丰富和调整。由于时间与经费所限，本课题仅仅侧重于对新农保涉及的农村居民基本养老保险制度的风险识别和防范的探索性工作，在接下来的研究中，我们将进一步研究现行的包括城镇居民的城乡居保制度效率与风险管理等问题，为我国社会养老保险制度改革贡献自己的绵薄之力。

# 参考文献

## 一 中文文献

### 1. 中文专著

陈向明：《质的研究方法与社会科学研究》，北京教育科学出版社2000年版。

邓大松、刘昌平：《教育部哲学社会科学系列发展报告——中国社会保障改革与发展报告》，人民出版社2011年版。

邓大松：《社会保障风险管理》，人民出版社2016年版。

风笑天：《社会学研究方法》，中国人民大学出版社2001年版。

顾孟迪，雷鹏：《风险管理》，清华大学出版社2009年版。

郭爱妹、张戎凡：《多学科视野下的农村社会保障研究》，中山大学出版社2011年版。

黄方铭：《结构方程模式理论与应用》，中国税务出版社2005年版。

霍映宝：《顾客满意度测评理论与应用研究》，东南大学出版社2010年版。

李恒琦、张运刚：《社会保险精算教程》，西南财经大学出版社2009年版。

李连友：《企业年金基金运行论》，湖南大学出版社2006年版。

李珍、孙永勇、张昭华：《中国社会养老保险基金管理体制选择——以国际比较为基础》，人民出版社2005年版。

刘金章：《保险学导论》，清华大学出版社、北京交通大学出版社2009年版。

刘均：《养老保险基金投资运营的风险预警和防范》，清华大学出版社2010年版。

刘燕生：《社会保障的道德风险与负激励问题》，中国劳动社会保障出版社 2009 年版。

马鸣家：《金融风险管理全书》，中国金融出版社 1994 年版。

农业部课题组：《农业农村经济重大问题研究》，中国财政经济出版社 2009 年版。

王仁祥、喻平：《金融风险管理》，武汉理工大学出版社 2004 年版。

王顺：《金融风险管理》，中国金融出版社 2007 年版。

王晓军：《社会保险精算原理与实务》，中国人民大学出版社 2009 年版。

王学民：《应用概率统计》，上海财经大学出版社 2005 年版。

吴忠、汪泓：《社会保险基金预警预报系统开发研究》，北京大学出版社 2008 年版。

许晖：《中国企业国际社会化风险识别与控制研究》，科学出版社 2010 年版。

薛惠元：《新型农村社会养老保险风险管理研究》，中国社会科学出版社 2013 年版。

苑梅：《我国农村社会养老保险制度研究》，东北财经大学出版社 2011 年版。

张娟：《制度创新》，湖南人民出版社 2010 年版。

张思锋：《社会保障精算理论与应用》，人民出版社 2006 年版。

赵锡斌：《企业环境分析与调适—理论与方法》，中国社会科学出版社 2007 年版。

郑功成：《社会保障学——理念、制度、实践与思辨》，商务印书馆 2015 年版。

周宜波：《风险管理概论》，武汉大学出版社 1992 年版。

卓志：《风险管理研究》，中国金融出版社 2006 年版。

2. 中文译著

［英］安东尼·吉登斯：《第三条道路——社会民主主义的复兴》，北京大学出版社 2000 年版。

［美］C. 小阿瑟·威廉斯等：《风险管理与保险》，马从辉等译，经济科学出版社 2000 年版。

［美］弗兰克·J·法博齐、弗朗哥·莫迪利亚尼：《资本市场：机构与工具》，唐旭等译，经济科学出版社 1998 年版，第 480 页。

［美］约翰·梅纳德·凯恩斯：《就业、利息和货币通论》，商务印书馆 1997 年版。

［美］约瑟夫·熊彼特：《资本主义、社会主义与民主》，商务印书馆 1999 年版。

［英］克里斯·查普曼、斯蒂芬·沃德：《项目风险管理：过程、技术和洞察力》，电子工业出版社 2003 年版。

［美］罗伯特·K. 殷：《案例研究：设计与方法（第四版）》，周海涛等译，重庆大学出版社 2010 年版。

［美］威廉姆斯 C. A、汉斯 RM：《风险管理与保险》，陈伟等译，中国商业出版社 1994 年版。

［美］兹维·博迪等：《金融学》，曹辉 等译，中国人民大学出版社 2010 年版。

3. 中文论文

白维军、韩羚：《社会保障新风险及公共服务治理回应：基于新社会风险的视角》，《青海社会科学》2017 年第 2 期。

白维军：《社会风险与社会保障制度的负相关分析》，《特区经济》2009 年第 2 期。

毕红霞、薛兴利：《财政支持农村社保的差异性及其有限责任》，《改革》2011 年第 2 期。

边恕、孙雅娜：《农村基础养老金调整与财政负担水平研究》，《北京航空航天大学学报（社会科学版）》2015 年第 1 期。

蔡昉：《刘易斯转折点与公共政策方向的转变——关于中国社会保护的若干特征性事实》，《中国社会科学》2010 年第 6 期。

曹信邦、王建伟：《风险：我国社会保障面临的挑战》，《税务与经济》2004 年第 1 期。

陈晨：《养老与医疗：社会保险参保行为对社会公平感的影响研究》，《华中农业大学学报（社会科学版）》2019 年第 2 期。

陈彩霞：《经济独立才是农村老年人晚年幸福的首要条件——应用霍曼斯交换理论对农村老年人供养方式的分析和建议》，《人口研究》2000

年第 2 期。

陈华帅、曾毅：《"新农保"使谁受益：老人还是子女》，《经济研究》2013 年第 8 期。

陈其芳、罗荷花《农村居民参与新农保意愿影响因素的实证分析》，《经济地理》2016 年第 8 期。

陈士新、杨力：《防范社会保障风险的财政政策研究》，《湖北财税》2001 年第 2 期。

陈志国：《发展中国家农村养老保障构架与我国农村养老保险模式选择》，《改革》2005 年第 1 期。

[日] 成濑龙夫：《社会保障与风险管理》，崔万有译，《东北财经大学学报》2004 年第 3 期。

成志刚、曹平：《新型农村社会养老保险满意度研究》，《湘潭大学学报（哲学社会科学版）》2014 年第 5 期。

程乐华：《社保经办应防范五大风险》，《中国社会保障》2009 年第 12 期。

程令国、张晔、刘志彪：《"新农保"改变了中国农村居民的养老模式吗?》，《经济研究》2013 年第 8 期。

崔凤、李红英：《新型农村社会养老保险可能面临的主要问题与政策建议》，《西北人口》2011 年第 2 期。

邓大松、薛惠元：《新农保则政补助数额的测算与分析》，《江西财经大学学报》2010 年第 2 期。

邓大松、何晖：《社会保障风险及其防范的几点理论认识》，《求实》2011 年第 6 期。

邓大松、何辉：《社会保障风险管理的几点理论认识》，《求实》2011 年第 4 期。

邓大松、刘远风：《社会保障制度风险：以新型农村养老保险为例》，《当代经济科学》2011 年第 4 期。

邓大松、刘远风：《制度替代与制度整合—基于新农保的规范分析》，《经济学家》2010 年第 4 期。

邓大松、薛惠元：《新型农村社会养老保险替代率的测算与分析》，《山西财经大学学报》2010 年第 4 期。

邓大松、薛惠元：《新型农村社会养老保险替代率精算模型及其实证分析》，《经济管理》2010年第5期。

邓大松、杨红燕：《政府与农村合作医疗制度》，《学习论坛》2006年第2期。

刁玉宇、刘青：《中国养老基金投资风险与控制研究》，《中国集体经济》2018年第4期。

丁煜：《城乡居保个人账户设计的改进：基于精算模型的分析》，《社会保障研究》2011年第5期。

范辰辰、陈东：《新型农村社会养老保险的减贫增收效应——基于"中国健康与营养追踪调查"的实证检验》，《求是学刊》2014年第6期。

范辰辰、李文：《"新农保"如何影响农村居民消费——以山东省为例》，《江西财经大学学报》2015年第1期。

方倩雪：《延迟领取与基金投资对新农保替代率影响的比较》，《湖南农业大学学报（社会科学版）》2015年第2期。

封铁英、仇敏：《新型农村社会养老保险经办机构服务能力及其影响因素的实证研究》，《西安交通大学学报（社会科学版）》2013年第1版。

封铁英、高鑫：《人口老龄化对农村养老金可持续性的冲击：基于VAR模型的实证研究》，《管理评论》2015年第6期。

封铁英、李梦伊：《新型农村社会养老保险基金收支平衡模拟与预测——基于制度风险参数优化的视角》，《公共管理学报》2010年第4期。

冯丽：《养老金产品模式下企业年金风险管控机制研究》，《企业改革与管理》2017年第23期。

高鉴国：《中国新型农村社会养老保险的社会包容特征：解释框架》，《社会科学》2011年第3期。

高凯、汪泓、刘婷婷：《劳动人口健康水平影响因素及健康状况演变趋势》，《社会科学研究》2018年第1期。

高萍：《基于模糊综合评价模型在养老基金投资风险中的应用》，《时代金融》2016年第15期。

宫晓霞：《财政支持城乡居民养老保险制度：面临的风险及应对策略》，《经济社会体制比较》2018年第1期。

郭于华：《代际关系中的公平逻辑及其变迁——对河北农村养老时间

的分析》,《中国学术》2001年第4期。

国务院:《国务院关于开展新型农村社会养老保险试点的指导意见》,《司法业务文选》2009年第39期。

行红芳:《老年人的社会支持系统与需求满足》,《中州学刊》2006年第3期。

何晖、邓大松:《新型农村社会养老保险试点运行的微观考察》,《农村经济》2011年第12期。

何晖、李惠华:《城乡居民养老保险制度经办管理风险及其防范对策》,《湖湘公共管理研究》2014年第5期。

何晖、刘卓婷:《城乡居民基本养老保险制度对农村老人生活及家庭关系的影响分析》,《湖湘公共管理研究》2015年第11期。

何晖、芦艳子:《创新与治理:印度社会养老金制度的改革与前瞻》,《湘潭大学学报(哲学社会科学版)》2018年第5期。

何晖、闫国章:《城乡居民社会养老保险制度满意度评价研究》,《武汉大学学报信息科学版》2017第42期。

何晖:《城乡居民基本养老保险农民个人缴费能力风险评估——以湖南省43个县(市、区)为考察样本》,《湘潭大学学报(哲学社会科学版)》2014年第5期。

何晖:《基于第三者政府理论的养老保险隐性债务问题研究》,《行政与法》2006年第5期。

何晖:《新型农村社会养老保险风险识别及其分类》,《湘潭大学学报(哲学社会科学版)》2013年第1期。

何晖:《新型农村社会养老保险试点的微观考察及启示》,《农村经济》2011年第12期。

何晖:《新型农村社会养老保险县级财政补贴风险识别——以湖北为例》,《海南大学学报人文社会科学版》2011年第12期。

何泱泱、周钦:《"新农保"对农村居民主观福利的影响研究》,《保险研究》2016年第3期。

贺寨平:《国外社会支持网研究综述》,《国外社会科学》2002年第1期。

贺寨平:《社会经济地位、社会支持网与农村老年人身心健康》,

《中国社会科学》2002 年第 3 期。

胡志华、王岱山:《社会保障基金管理风险的认识》,《社会保障研究》2004 年第 9 期。

黄诚:《企业年金的风险识别研究》,《科技经济市场》2014 年第 9 期。

黄丽、罗锋、刘红梅:《城乡居民社会养老保险政府补贴问题研究——基于广东省的实证研究》,《人口与经济》2014 年第 3 期。

黄丽:《城乡居民基本养老保险保障水平评估与反思》,《人口与经济》2015 年第 5 期。

黄瑞:《完善社会保障制度刍议》,《西南民族大学学报(人文社科版)》2005 年 1 期。

霍雨慧:《养老保险金与老年人幸福指数的实证检验》,《统计与决策》2014 年第 13 期。

贾占标、刘进财:《中国社会养老保险的财政负担与可持续性研究》,《未来与发展》2016 第 12 期。

黎民:《社会保障领域的道德风险及其规避》,《社会科学研究》2004 年第 5 期。

李实、朱梦冰、詹鹏:《中国社会保障制度的收入再分配效应》,《社会保障评论》2017 年第 4 期。

李海飞、谢颖:《社会保障风险的财政分析与防范》,《财贸研究》2002 年第 1 期。

李建新:《老年人口生活质量与社会支持的关系研究》,《人口研究》2007 年第 3 期。

李琼、汪慧:《统一的城乡居民基本养老保险筹资机制构建研究》,《甘肃社会科学》2015 年第 2 期。

李时宇、冯俊新:《城乡居民社会养老保险制度的经济效应—基于多阶段世代交叠模型的模拟分析》,《经济评论》2014 年第 3 期。

李伟、赵斌、宋翔:《新型农村社会养老保险的替代率水平浅析》,《中国经济导刊》2010 年第 16 期。

李永杰、游炳俊:《社会保障领域的道德风险与财政防范》,《华南师范大学学报(社会科学版)》,2006 年第 5 期。

李运华、叶璐：《城乡居民基本养老保险待遇调整方案的优化与选择》，《华南农业大学学报（社会科学版）》2015年第4期。

李珍：《论社会保障个人帐户制度的风险及其控制》，《管理世界》1997年第6期。

李中义：《农村社会养老保险制度建设中的政府行为重构》，《社会科学战线》2008年第9期。

梁庆文：《农业生产资料价格波动与农业经济发展关系的实证分析》，《运筹与管理》2006年第2期。

林义：《中国多层次养老保险的制度创新与路径优化》，《社会保障评论》2017年第3期。

林毓铭：《社会保障财政风险与危机管理战略》，《人口与发展》2009年第6期。

刘昌平、汪连杰：《社会经济地位对老年人健康状况的影响研究》，《中国人口科学》2017年第5期。

刘昌平、殷宝明：《新型农村社会养老保险财政补贴机制的可行性研究——基于现收现付平衡模式的角度》，《江西财经大学学报》2010年第3期。

刘畅：《社会保障水平对居民消费影响的实证分析》，《消费经济》2008年第3期。

刘仁辉、安实：《项目风险识别量化方法研究》，《中国管理科学》2007年第15期。

刘尚希、财政部财科所、王敏等：《以公共风险为导向完善我国社保制度》，《经济参考报》2010年6月4日第8版。

刘鑫等：《中国农村养老保险制度完善之关键：演化路径的"解锁"》，《江西财经大学学报》2008年第1期。

刘燕：《制度化养老的意外后果及其风险分配——基于纵向多案例研究》，《社会保障研究》2016年第6期。

刘玉璞：《健全缴费基数管理机制》，《天津社会保险》2009年第9期。

刘远风、宋晓毅：《城乡居保基础养老金动态调整机制研究》，《湖南财政经济学院学报》2015年第10期。

刘远风：《城乡居保扩大内需的实证分析》，《中国人口·资源与环境》201 年第 2 期。

刘子兰、严明：《全国社会保障基金投资风险管理研究》，《当代经济研究》2006 年 8 月 15 日第 8 版。

柳晨：《农村居民参与新农保的影响因素》，《西北农林科技大学学报（社会科学版）》2017 年第 4 期。

陆解芬：《企业年金投资风险研究》，《统计与决策》2010 年第 6 期。

马光荣、周广肃：《新型农村养老保险对家庭储蓄的影响：基于 CFPS 数据的研究》，《经济研究》2014 年第 11 期。

米红、王鹏：《新农保制度模式与财政投入实证研究》，《中国社会保障》2010 年第 6 期。

穆怀中、沈毅、陈曦：《农村养老保险综合替代率及其结构分析》，《人口与发展》2013 年第 6 期。

齐良书、余秋梅：《社会经济状况与健康关系的研究综述》，《经济学家》2008 年第 2 期。

邵挺：《养老保险从现收现付制想基金积累制转变的时机到了吗》，《财贸经济》2010 年第 11 期。

沈毅、杜晓宇：《城乡居保基础养老金动态调整方式及其选择》，《党政干部学刊》2012 年第 6 期。

宋安：《我国社会保障制度的风险研究》，《生产力研究》2006 年第 7 期。

陶裕春、申昱：《社会支持对农村老年人身心健康的影响》，《人口与经济》2014 年第 3 期。

田北海、丁镇：《农村居民参与新型农村社会养老保险的意愿研究》，《甘肃行政学院学报》2011 年第 3 期。

童星：《社会保障的外部风险探析》，《社会保障研究》2010 年第 6 期。

万春梅、林玲：《层次分析法在工程项目风险管理中的应用》，《现代商贸工业》2015 年第 1 期。

汪雪：《农村社会保障中政府责任的反思》，《湖北社会科学》2009 年第 1 期。

王翠琴、田勇:《城乡居民基本养老保险缩小了收入差距吗?——基于湖北省数据的实证检验》,《农村经济》2015年第12期。

王翠琴、薛惠元、龙小红:《新型农村社会养老保险政策绩效的评估》,《统计与决策》2014年第19期。

王翠琴、薛惠元:《新型农村社会养老保险风险预警指标体系的构建》,《统计与决策》2011第16期。

王大华、佟雁、周丽清、申继亮:《亲子支持对老年人主观幸福感的影响机制》,《心理学报》2004年第1期。

王美桃:《我国社会保险经办服务体系的历史变迁及启示》,《当代经济》2014年第18期。

王明涛:《证券投资风险计量理论评述》,《经济经纬》2003年第5期。

王榕彬:《非缴费型农村养老保险制度的构建》,《台湾农业探索》2008年第4期。

王仕明:《新形势下社保养老基金支付风险浅析》,《中国集体经济》2017年第18期。

王跃生:《城乡养老中的家庭代际关系研究——以2010年七省区调查数据为基础》,《开放时代》2012年第2期。

魏心怡:《养老保险的道德风险及规避——基于制度惩戒视角》,《管理观察》2016年第6期。

吴复成、毕舟、杨光明:《企业年金治理及其风险控制的影响因素分析》,《武汉金融》2017年第1期。

吴振亚:《新型农村社会养老保险经办管理服务问题研究——基于政府购买服务理论视角》,《劳动保障世界》(理论版)2013年第7期。

肖金萍:《农村老年人最低生活保障水平的测量及实施》,《人口与经济》2010年第6期。

肖金萍:《中国养老金制度的公平与效率的价值取向》,《中国经济问题》2006年第4期。

徐鹏、周长城:《我国老年人主观幸福感的影响因素研究——基于Anderson健康行为模型的实证分析》,《社会保障研究》2014年第2期。

徐延辉、黄云凌:《城市低收入居民的幸福感及其影响因素研究》,

《经济社会体制比较》2013 年第 4 期。

薛惠元、仙蜜花：《城乡居民基本养老保险个人账户基金收支平衡模拟与预测—基于个体法的一项研究》，《当代经济管理》2015 年第 10 期。

薛惠元、仙蜜花：《城乡居民基本养老保险基础养老金调整机制研究》，《统计与决策》2015 年第 15 期。

薛惠元：《新型农村社会养老保险风险的识别》，《现代经济探讨》2012 年第 1 期。

薛惠元：《新型农村社会养老保险减贫效应评估——基于对广西和湖北的抽样调研》，《现代经济探讨》2013 年第 3 期。

杨红燕、陈天红：《社会保障财政支付风险的多角度分析与全方位应对》，《华中科技大学学报（社会科学版）》2011 年第 4 期。

杨仁君：《中国社会保障风险研究》，《技术经济》2004 年 6 期。

杨燕绥：《社会保险基金风险管理研究》，《广西大学学报》2010 年第 8 期。

姚金海：《人口老龄化，养老金收支缺口与财政风险的传导与化解——以 A 市为例的一项实证研究》，《管理评论》2016 年第 4 期。

叶小兰、张佩：《企业年金全面风险管理框架构建》，《保险研究》2010 年第 7 期。

殷俊、黄蓉：《中国基础养老金长期财务可持续性分析——基于随机模拟方法的研究》，《云南社会科学》2013 年第 1 期。

尹静、秦增元：《对新型农村社会养老保险制度存在的问题的思考》，《劳动保障世界（理论版）》2011 年第 2 期。

尹宗成：《中国农村居民消费的影响因素》，《消费经济》2009 年第 2 期。

游文茹：《城乡居民社会养老保险基金风险防控的分析与思考》，《就业与保障》2017 年第 21 期。

于阳、王瑞梅：《企业年金风险管理略论》，《社会科学家》2012 年第 S1 期。

于长革：《政府社会保障支出的社会经济效益及其政策含义》，《广州大学学报》2007 年第 9 期。

张川川、John Giles、赵耀辉：《新型农村社会养老保险政策效果评估——收入、贫困、消费、主观福利和劳动供给》,《经济学（季刊）》2015年第1期。

张海英：《基于CVaR模型的企业年金投资风险研究》,《财会通讯》2017年第29期。

张晶：《浅析养老保险的道德风险与规避》,《科技经济导刊》2017年第25期。

张若瑾、邓啓平、刘科：《新农保参保行为影响因素的中西部跨省研究——基于1010份问卷的实证分析》,《辽宁大学学报（哲学社会科学版）》2017年第6期。

张运刚、陈志国：《非纳费型养老保险制度国际比较及其在我国农村的适用性》,《社会保障制度》2008年第1期。

章萍：《个人账户养老基金"实账"运行的潜在风险分析》,《管理百科》2010年第3期。

章伟、何勇：《企业年金投资风险的识别与管理》,《统计与决策》2006年第8期。

赵芳、许芸：《城市空巢老人生活状况和社会支持体系分析》,《南京师大学报（社会科学版）》2003年第3期。

郑晓冬、方向明：《社会养老保险与农村老年人主观福利》,《财经研究》2018年第3期。

中国社会保障学会理论研究组：《中国社会保障推进国家治理现代化的基本思路与主要方向》,《社会保障评论》2017年第3期。

周钦、蒋炜歌、郭昕：《社会保险对农村居民心理健康的影响——基于CHARLS数据的实证研究》,《中国经济问题》2018年第5期。

朱静辉：《家庭结构、代际关系与老年人赡养——以安徽薛村为个案的考察》,《西北人口》2010年第3期。

朱淑珍、双刃剑：《金融创新中技术进步的影响》,《上海管理科学》2002年2期。

祝献忠：《社保基金进入资本市场的风险收益实证分析》,《中央财经大学学报》2008年第6期。

祝志明等：《企业战略风险识别研究》,《科研管理》2005年第6期。

4. 中文报纸文章

盖根路:《社会保险精算人才培养的四种路径》,《中国劳动保障报》2012年05月09日。

李晓超:《开局之年实现了良好开局》,《经济日报》2017年03月01日第7版。

游芸芸、吉姆. 奥尼尔:《2027年中国将成为最大经济体》,《证券时报》2009年11月3日第6版。

郑功成:《优化社会保障制度设计_核心在于明确政府责任》,《中国社会报》2007年2月13日第3版。

## 二 英文文献

Baron, R. M. and Kenny, D. A. , "The Moderator – Mediator Variable Distinction in Social Psychological Research: Conceptual, Strategic, and Statistical Considerations." *Journal of Personality and Social Psychology*, Vol. 51, No. 6, December1986, p. 1173 – 1182.

Barrientos, A. and Lloyd – Sherlock, P. , "Non – Contributory Pension-schemes: A New Model for Social Security in the South Africa." International Research Conference on Social Security, 2003.

Barrientos, A. and Lloyd – Sherlock, P. , "Non – Contributory Pension Schemes: A New Model for Social Security in the South Africa." Geneva, International Research Conference on Social Security", *Social Security in a Long Life Society*, May 2003.

Barrientos Armando and Peter Lloyd – Sherlock, "Non – contributory Pensions and Social Protection." Issues in Social Protection, 2000.

Booth, P. M. , "The Management of Investment Risk for Defined Contribution Pension Schemes." *Transactions ICA Brussels*, Vol. 3, Vol. 17, No. 1, June1995, p. 74.

Cem Baslevent and Hasan Kirmanoglu, "Discerning Self – Interested Behavior in Attitudes Towards Welfare State Responsibilities Across Europe." *International Journal of Social Welfare*, Vol. 20, No. 4, 2011, p. 344 – 352.

Clark, A. E. and Oswald, A. J. , "Satisfaction and Comparison Income."

*Journal of Public Economics*, Vol. 61, No. 3, 1996.

Cox, D. and Rank, M. R., "Inter-Vivos Transfers and Intergenerational exchange." Rev Econ Stat 74, 1992.

Curran, P. J., West, S. G. and Finch, J. F., "The Robustness of Test Statistics to Non-Normality and Specification Error in Confirmatory Factor Analysis." *Psychological Methods*, 1989.

Cutrona, C. E. and Rusell, D. W., "Type of Social Support and Specific Stress: Toward a Theory of Optimal Matching." Social Support and Interactional Processes: A Triadic Hypothesis. New York: Wiley In: Sarason I. G., Sarason B. R. and Pierce G. R., 1990.

David A. Love, Paul A. Smith, and David W. Wilcox, "The Effect of Regulation on Optional Corporate Pension Risk." *Journal of Financial Economics*, Vol. 101, No. 1, June2011, p. 20.

De Jong, Piet, "*Gillian Z and Heller. Generalized linear Models forInsurance Data.*" Cambridge University Press, 2008.

Dean, A. and Lin, N., "The Stress-Buffering Role of Social Support." *The Journal of Nervous and Mental Disease*, 1977.

Dennis C., *Mueller*, Public ChoiceII, Cambridge University Press, 1989, p. 1-2.

Devereux, S., "Social Pensions in Namibia and South Africa." Sussex, Institute of Development Studies Discussion Paper, No. 379, 2001.

Diener, E., "Subjective Well-being: The Science of Happiness and a Proposal For a National Index." *American psychologist*, Vol. 55, No. 1, January 2000, p. 34-43.

Duflo and Esthe, "Child Health and Household Resources in South Africa: Evidence from The Old Age Pension Program." *American Economic Review*, Vol. 90, No. 2, May2000, p. 393-398.

Flinoy, S., "Corporate Risk Strategy: Does It Vary Across Business Activities?" *European Management Journal*, Vol. 21, No. 1, 2003, p. 119-128.

Fornell and Claes, "A National Customer Satisfaction Barometer: The Swedish Experience." *Journal of Marketing*, Vol. 56, No. 1, January 1992,

p. 6 – 21.

Fornell, Claes, et al. , "The American Customer Satisfaction Index: Nature, Purpose, and Findings. " *Journal of Marketing* , Vol. 60, No. 4, October 1996, p. 7 – 18.

Goode, W. J. , "World Revolution and Family Patterns. " New York: Free Press of Glencoe, 1963.

Gorman, M. , "Age and Security, How Social Pensions can Deliver Effective Aid to Poor Older People and Their Family. " , London, Help Age International, 2004.

Jensen, R. T. , "Do Private Transfers' displace the Beneits of Public-transfers? Evidence from South Africa. " *J Public Econ*, 2004.

Jerome. Siegel, "China's Economic Growth and the U. S. Social Security Crisis . " *Journal of New Economy*, 2005.

Johnson, Jessica, K. M. , and John, B. Williamson, "Do Universal Non - Contributory Old - age Pensions Make Sense for Rural Areas in Low - income Countries?" *International Social Security Review* , Vol. 59, No. 4, 2006, p. 47 – 56.

José Vilares, Manuel, and Pedro Sim? es Coelho, "The Employee – Customer Satisfaction Chain in the ECSI Model. " *European Journal of Marketing*, Vol. 37, No. 11, June 2003, p. 1703 – 1722.

Kakwani, N. and Subbarao, K. , "Ageing and Poverty in Africa and the Role of Social Pensions. " United Nations Development Programme, International Poverty Centre, 2005.

Karren, K. J. , Hafen, B. Q. , Smith, N. L. and Frandsen, K. J, "Mind/body Health : The Effects of Attitudes, Emotions, and Relationships . " CA: Pearson Education, 2006.

Kevin, M. Murphy, "Finis Welch. Perspectives on the Social Security Crisis and Proposed Solutions. " *Journal of American Economic Association*, 1998.

Lawrence J. Lau, "The Sources of Long – Term Economic Growth: Observations from the Experience of Developed and Developing Countries. " *The Mosaic of Economic Growth*, 1996, p. 63 – 91.

Lowenstein, A., Katz, R. and Gur-Yaish, N., " Reciprocity in Parent-Childexchange and life Satisfaction Among the Elderly: A Cross-nationalperspective." *J Soc Issues*, 2007.

McElroy, M. M. J. Horney, "Nash-Bargained Household Decisions: Toward a Generalization of the Theory of Demand." *International Economies Review*, 1981.

Menoncin, Francesco, "Cyclical Risk Exposure of Pension Funds: A Theoretical Framework." *Insurance: Mathematics and Economics*, Vol. 36, No. 3, June 1995, p. 469-484.

Ohlson and James, A., "Financial Ratios and the Probabilistic Prediction of Bankruptcy." *Journal of Accounting Research*, 1980.

Oswald, A. J. and Powdthavee, N., "Does Happiness Adapt? A Longitudinal Study of Disability with Implications for Economists and Judges." *Journal of Public Economics*, Vol. 92, No. 5, June2008, p. 1061-1077.

Richard A., Derrig and Krzysztof, M., "Ostaszewski, Fuzzy Techniques of Pattern Recognition in Risk and Claim Classification." *Journal of Risk and Insurance*, Vol. 62, No. 3, September 1995, p. 447-482.

Robert, J. Shiller, "Social Security and Individual Accounts as Elements of Overall Risk-Sharing." *The American Economic Review*, Vol. 93, No. 2, May 2003, p. 343-347.

Schwarzer, H. and Querino, A. C., "Non-Contributory Pensions in Brazil: The Impact on Poverty Reduction." Geneva, Extension of Social Security Paper, No. 1, 2002.

Shields, M. A. and Price, S. W., "Exploring the Economic and Social Determinants of Psychological Well-being and Perceived Social Support in England." *Journal of the Royal Statistical Society: Series A (Statistics in Society)*, Vol. 168, No. 3, 2005, p. 513-537.

Thoits, P. A., "Conceptual, Methodological, and Theoretical Problems in Studying Social as a Buffer Against Life Stress." *Journal of Heath and Social Behavior*, 1982.

Van Zyle, "The Old Age Pension System in South Africa", Paper presented at the Globalization & Social Protection Research Conference, held at Chateau de Coppet, Switzerland, February 2003.

Wellman, B. and Wortley, S., "Differents Strokes from Differents Folks: Communities and Social Support." *American Journal of Sociology*, 1990.

Wilkinson, R. G. and Pickett, K. E., "Income Inequality and Population Health: A Review and Explanation of the Evidence." *Social Science & Medicine*, Vol. 62, No. 7, June2006, p. 1768 - 1784.

Willmore, Larry, "Universal Pensions for Developing Countries." *World Development*, Vol. 35, No. 1, June2007, p. 24 - 51.

Zolghadri and Ali, "Early Warning and Prediction of Flight Parameter Abnormalities for Improved System Safety Assessment." *Reliability Engineering & System Safety*, Vol. 76, No. 1, June2007, p. 19 - 27.